爲的重重「禁區」，仍然給人以「猶抱琵琶」、「以論帶史」的感覺。共產國際與中國革命問題，即其明例。

一九七九年底，北京大學學報（哲學社會科學版）發表了向青教授撰寫的《關於共產國際與中國革命問題》。據筆者所知，這是三十年來中共史學界第一篇詳論共產國際與國共統一戰線和抗日民族統一戰線全面歷史關係的長文❷，應予重視。不過本文祇擬討論一九二三年至一九二四年第一次國共統一戰線成立的前史，解答一個問題：即「第一次國內革命戰爭時期」的國共關係，究竟是不是如中共所強調的「第一次國共合作」？

容共、聯共、國共合作

中共二大決議加入共產國際。共產國際與其支部的關係，前者有明確而嚴格的規定。根據一九二〇年共產國際第二次世界代表大會通過的「加入共產國際的二十一條件」，共產國際代表大會及其執行委員會的一切決議，所有加入共產國際的黨必須執行（十六條）。黨員中如有在原則上拒絕共產國際的條件和提綱者，應即開除黨籍（二一條）。另外，共產國際二全大會通過的「

---

❷ 向青：《關於共產國際和中國革命問題》，《北京大學學報》（哲學社會科學版），一九七九年第六期，頁二五—三八；《新華月報》（文摘版），一九八〇年第四期，頁七五—八二（轉載）。

共產國際章程」又明確指出：「共產國際執行委員會要察看加入國際各支部黨的全部實踐和他們的策略，應完全與國際的原則以及世界革命發展的利益相符合。」換句話說，共產國際支部黨沒有權力決定自己的策略、路線，中共也不例外，這是共產國際的最高權力。基於這一事實，當我們討論共產國際與中國革命問題的時候，對於共產國際和史大林就不能抱有「諱疾忌醫」的態度。相反地，當時共產國際對中國革命的看法和決策，應該是討論這一段歷史的重點。

從一九二三年到一九二七年這一段的國共關係，國民黨稱之爲「容共」。容共是指一九二三年中共黨員以個人身份宣誓加入國民黨，信仰三民主義，服從黨綱黨紀；容共不是國共兩黨基於平等地位的兩黨合作。可是在孫中山總理逝世以後，特別是一九二六年五月國民黨二屆二中全會以後，中共在國民黨內的勢力、影響，不僅日漸擴大，舉足輕重，而且國民黨自己也在官方文件中（整理黨務案），使用「兩黨合作」的字樣，並採取兩黨合作的具體措施（聯席會議）了❸。換句話說，「容共」政策從一九二五年三月孫中山總理逝世到一九二七年四月「清黨」，在內容上已經發生了質的變化。因此，把自一九二三年到一九二七年四月的國共關係籠統地稱爲「從容共到清黨」❹，是值得商榷的。

---

❸《整理黨務第一決議案——附聯席會議組織大綱》（一九二六年五月一七日）。《革命文獻》，臺北，一九五七，卷一六，頁二七七一—二七七八。

❹ 李雲漢：《從容共到清黨》（上、下），臺北，一九六六。

另一方面，從一九二三年到一九二七年這一段的國共關係，中共稱之爲「聯共」，也就是「聯俄、聯共、扶助農工」三大政策之一❺。不過「聯共」這個名詞是陳獨秀於一九二六年九月北伐後才第一次提出來的❻。此後一直到今天，中共始終堅持「聯共」的說法。聯共是指國共兩黨基於平等地位的一種合作。不過顧名思義，聯共是指國民黨有求於中共，要與它聯合；即國民黨是求的一方，中共是給的一方。史料證明，這是不符合史實的。不僅在一九二六年九月以前無論國民黨還是中共的文獻中，都沒有出現過「聯共」的字樣、說法，就是從國共的實質關係來看，把一九二三年到一九二七年七月（武漢分共）的國共關係籠統地稱之爲「聯共」，也是值得商榷的。

在海外，有些學者把一九二三年到一九二七年這一段國共關係稱之爲「第一次國共合作」。國共合作給予人們一種假象，認爲國共兩黨在某種的政治情況下，爲了打倒一個共同敵人而暫時攜手聯盟。事實上不是這樣的。我們知道，孫中山總理拒絕與中共「合作」，從而提出「容共」的條件。中共最初也反對與國民黨聯盟，接着又反對以個人身份加入國民黨，在國民黨內工作。

❺ 廖偉章：《孫中山聯俄、聯共、扶助農工三大政策的形成》，《中山大學學報》，一九七九年第四期，頁七九—九〇。

❻ 陳獨秀：《讀者之聲：討論北伐問題》，《嚮導》，第一七一期（一九二六年九月二〇日），頁一七四九。

把國共兩黨硬拉到一起的，是共產國際。但是，在當時共產國際把無產階級的共產黨和一個資產階級政黨的聯盟關係不說是「兩黨合作」，而稱之爲「統一戰線」。

統一戰線的涵義

統一戰線是個新名詞，是共產國際（第三國際）成立以後才有的。今天我們在書刊上常常看到「統戰」這個名詞，不過它的內容涵義已經有些不同了。那麼當時共產國際怎樣解釋這個名詞呢？在這裏，我想引用共產國際主席西諾耶夫（G. J. Sinowjew）的說法。一九二二年初，共產國際召開執行委員會第一次全會，與會代表對於統一戰線的涵義與策略，爭辯甚烈。西諾耶夫說：「每一種蔬菜都有它的季節（俄國諺語）。我們不僅要懂得使用手槍，而且也要懂得運用統一戰線。」❼他的意思是說，在沒有手槍可用而且又必須消滅敵人的情形下，就要製造一個擁抱敵人的機會，在擁抱中用雙手扼死敵人。一九二二年底，共產國際四全大會通過了「統一戰線提綱」，對於統一戰線給予文字上的定義：「統一戰線是共產黨人爲了反對資產階級、保衞工人階

❼ Sinowjew, G. J., "Taktik der Einheitsfront" auf der 6. Sitzung vom 24. 2. 1922. Die Taktik der Kommunistischen Internationale gegen die Offensive des Kapitals, Hamburg 1922, S. 47.

級最基本的生存權益向所有屬於其他黨派以及無黨派的工人們提出共同戰鬥的要求。」❽這樣的統一戰線包涵了無產階級奪取政權的最終目的。兩個資產階級政黨的合作，沒有某一方在合作期間打倒或消滅對方、奪取政權、實行專政的內涵。因此，一九二三年到一九二七年七月的國共關係不是「第一次國共合作」，而是「國共統一戰線」。

以上所說的，可以視爲「正名」。不過這個簡短的「正名」已經觸及了一個複雜的歷史問題的核心。在這裏，不擬詳述容共、聯共，還是國共統一戰線的全面歷史，如前所述，祇想談談一九二三年到一九二四年國共統一戰線成立的前史。在這個範圍內，繼續討論兩個問題：(一)共產國際爲什麼要在中國促成國共統一戰線？(二)共產國際指令中共黨員加入國民黨，採取一般所謂「黨內合作」方式的統一戰線。這種方式的統一戰線是不是符合馬克思學說和列寧的統一戰線策略呢？談第一個問題的人較多，至於第二個問題就很少有人討論。就內容來看，兩個問題構成一個主體。下面提出我個人對於這個問題的一點看法。

一九一九年三月，共產國際在莫斯科成立。共產國際一全和二全大會的文獻一再指出：帝國主義的武裝干涉與戰爭一再證明，工人的解放運動已不再是一個區域性的或民族的問題，而是一個國際性的問題。因此，反對帝國主義的工人解放運動應該在一個世界性的國際組織，也就是在

---

❽ "Ueber die Taktik der Komintern." Protokoll des Vierten Kongresses der Kommunistischen Internationale, Hamburg 1923, S. 1014.

共產國際的統一指揮下一致行動，而且民族的利益要服從反帝的世界革命的國際利益❾。因爲當時蘇俄是唯一的社會主義國家，而且共產國際又受蘇共政治局的間接領導，所以這裏所說的「反帝的世界革命的國際利益」也就是蘇俄的民族利益。共產國際在一九一九年初成立，而且提出這樣的「全球任務」，是有它的歷史背景的。

十月革命後，新的社會主義蘇俄政府在一九一八年七月成立。可是新政府在成立伊始，就面對由於長年內戰遺留下來的諸多問題；經濟危機，特別是帝國主義國家的武裝干涉與封鎖。當時列寧認爲，解救蘇俄新政府克服諸多危機的唯一出路就是反對帝國主義的世界革命。

就在同一時間，在西歐的一連串革命行動（德匈）接連地遭到失敗。這一事實又間接地使列寧的世界革命論點的正確性得到證實和進一步的發展。列寧的世界革命理論，簡單地說，就是在進步的西歐進行反對帝國主義的工人解放運動，已經遭到阻礙，必須要走一條迂迴的路。即反對帝國主義的世界革命要在東方着手進行。我們常常讀到一句話：「到巴黎去，最近的路是經過北京和加爾各答。」就是這個意思。不過要補充的是，許多臺北方面的中共黨史專著都說這是列寧

---

❾ Der Zweite Kongress der Kommunistischen Internationale. Protokoll der Verhandlungen vom 19. Juli in Petrograd und vom 23. Juli bis 7. August 1920 in Moskau, Hamburg 1921, S. 601; "Richtlinien der Kommunistischen Internationale." Der I. Kongress der Kommunistischen Internationale. Protokoll der Verhandlungen in Moskau vom 2. bis zum 19. Maerz 1919, Hamburg 1921, S. 192.

的名句，想係訛傳。早在一九一九年八月五日托洛斯基就在寫給列寧的信中表示，世界革命的行動要從西方轉移到東方去，接着他說：

"We have up to now devoted too little attention to agitation in Asia. However, the international situation is evidently shaping in such a way that the road to Paris and London lies via the towns of Afghanistan, the Punjab and Bengal."⑩

列寧根據他的世界革命理論，在共產國際第二次世界代表大會上(一九二〇年七月至八月)，第一次提出他的反帝統一戰線策略：

「必須堅決反對把落後國家內的資產階級民主解放思潮塗上共產主義的色彩；共產國際只是在一切落後國家中未來的無產階級政黨（不僅名義上是共產黨）的分子集合起來，並且通過教育認識到同本國資產階級民主運動作鬥爭這些特別任務的條件下，才應當援助殖民地和落後國家的資產階級民主民族運動；共產國際應當同殖民地和落後國家的資產階級民主派結成臨時聯盟，但是不要同他們融合，甚至當無產階級運動還處在萌芽狀態時，也絕對要保持這一運動的獨立性。」⑪

---

⑩ The Trotsky Papers 1917-1922, ed. and ann. by Meijer, Jau M., London/Paris 1964, p. 1/625.

⑪ 《民族和殖民地提綱初稿》，《列寧選集》，北京，一九七二，卷四，頁二七五。

統一戰線策略在中國的發展

列寧的這個「反帝統一戰線策略」祇是籠統地提出一個概念；這個統一戰線的理論還未成熟，統一戰線的策略也不具體。正因爲這個關係，一九二七年中國大革命失敗後，當史大林派與托洛斯基反對派爭論共產國際的中國政策時，雙方都引用列寧上面講的那段「放之四海而皆準」的話來支持自己的立場，攻擊對方。

一年後（一九二一年六月至七月），共產國際召開第三次世界代表大會。大會一共開了二十一天。在七月十二日第二十三次會議上，也就是大會閉幕那一天的下午，大會才開始討論議程表上的「東方問題」。說是「討論」，未免言過其實，因爲大會已接近收場了。羅易(M. N. Roy)本來應就東方革命問題提出報告，但是他祇獲得五分鐘的發言權。於是他就利用這僅有的幾分鐘提出抗議；抗議大會根本不重視東方問題。執行主席卡拉羅夫(Wassil Kolarow)對於沒有充分時間來討論東方問題表示遺憾，但是他認爲：「對我們來說，最重要的是，西方無產階級和殖民地以及東方國家被壓迫的人民藉此機會做出國際團結的公開表態。這一表態已經達成了，這是主要事情。討論就此結束。」⑫雖然列寧、托洛斯基、共產國際二全和三全大會都一再強調在東方

⑫ Protokoll des III. Kongresses der Kommunistischen Internationale, Hamburg 1921, S. 1035.

推動世界革命的重要性，或者強調東方落後國家或殖民地的革命運動在世界革命中佔有非常重要的位置等等，但是他們對於「東方」或「亞洲」並沒有明確的認識，至於中國的情況就更不清楚了。如果有所論及，也不過是泛泛地指出一點東方民族運動的一般傾向。換句話說，當時在東方推動反帝的世界革命仍然是一個口號，宣傳重於行動。但是共產國際與東方，特別是與中國的關係，自一九二二年初起，也就是自華盛頓會議以後，發生了顯著的變化。

華盛頓會議是從一九二一年十一月開到翌年二月六日。九國公約簽字後，共產國際認為中國已經成為帝國主義勢力在東方角逐權益和侵略的主要對象；中國是帝國主義國際政治的重點了。換句話說，華盛頓會議後的中國，為列寧的反帝統一戰線策略和他的世界革命論點提供了具體的樣板。從共產國際的文獻中，我們可以清楚地看出，自一九二二年初起，共產國際已經把它的視線集中到中國來了。

除了華盛頓會議這個因素外，還有一個同樣重要的事實，同時使共產國際的視線轉移到中國來，那就是一九二二年一月至五月的香港海員大罷工。這個有三萬海員、海港工人參加、持續將近半年之久的反帝大罷工，在工人的空前團結和南方廣州政府的支持下，終於獲得最後勝利。共產國際當時對於南方中國工人的階級意識和反帝鬥爭的團結情感，有高度的評價，從而認為：香港海員罷工不僅僅是中國工人反對外國資本剝削的罷工運動，這一罷工行動實際上已經具有反帝的民族革命運動的性格。海員罷工之所以得到最後勝利，又是因為受了孫中山先生領導的廣州政府在精神上和物質上的支持。因爲這個關係，共產國際深信，在孫中山先生領導下的廣東應該是「中國工人運動的中心」和中國反帝民族革命運動的基地；孫中山先生應該是這個民族運動的領導人，所有中國的革命勢力都應該在孫中山先生的領導下聯合起來，共同反對帝國主義。共產國際更進一步地認爲，在中國成立一個聯合各種革命勢力的反帝統一戰線的時機已經到來了。就在這個時候，達林(A. S. Dahlin)於一九二二年五月與孫中山先生談判聯合戰線問題。越飛同年八月來華，派代表訪孫；一九二三年一月中旬又親自與孫中山先生商談「聯共」問題。馬林也於一九二二年初，由廣西桂林前往廣州。

從上面所述的，我們可以看出，共產國際爲什麼從一九二二年初起，積極地要在中國成立一個以國民黨爲中心的、反帝的國共統一戰線。它主要受了兩個因素的影響：華盛頓會議後的中國和香港海員大罷工。對共產國際來說，後者尤爲重要。當時共產國際確信，在中國組織工人，組織工會，發動羣眾運動的時機已經成熟了。年輕的中國共產黨應該直接參與反帝的工人羣眾運動，並且在羣眾運動中擴大自己的勢力，進而奪取民族革命的領導權。共產國際於一九二三年五月二十四日給中國共產黨第三次全國代表大會的指示中的第五點⑬，就說明了這一事實。有人認

---

⑬ "The ECCI's Directive of Policy to the Third Congress of the Chinese Communist Party, May 1923." Eudin/North, Soviet Russia and the East, 1920-1927. A Documentary Survey, Stanford 1964, pp. 344-346.

爲馬林個人的影響改變了「伊爾庫茨克路線」，未免突出「歷史人物」，忽視客觀事實。另外，當時共產國際對於孫中山先生在中國民族革命運動中的領導地位與作用的高度評價，也是一個不可忽視的因素⑭。

上面提到，一九二二年五月青年共產國際代表達林來華，並與孫中山先生談判國共聯盟問題。當時孫先生堅持中共要加入國民黨，反對兩黨合作，同年八月越飛來華，翌年一月二十二日發表孫越聯合聲明，這是國民黨「聯俄」的開始。基於這個聯俄政策又產生了「容共」路線。就在這個時候，一九二三年一月十二日，共產國際執行委員會通過了關於中國共產黨對於國民黨態度的決議，命令中共黨員加入國民黨，在中國成立反帝的國共統一戰線。這個「一月指示」在國共統一戰線史，也就是「第一次國內革命戰爭時期」的國共關係史上，是一個具有歷史意義的文獻。它共有七點，下面摘述四點：「一、國民黨是中國唯一嚴肅的民族革命團體；它以部份自由民主資產階級和小資產階級以及部份知識分子和工人爲依據。二、因爲在中國獨立的工人運動尙居薄弱，因爲中國的中心任務是反對帝國主義及其國內的封建代理人的民族革命，又因爲工人階級有意直接參與解決此一民族革命問題，但其本身尙未形成完全獨立的社會力量，所以共產國際執行委員會認爲國民黨與年青的中國共產黨在行動取得協調是必要的。三、基此，在目前的條件

⑭ Maring, H., "Die revolutionaer-nationalistische Bewegung in Sued-China." Die Kommunistische Internationale, Nr. 22 (13.9.1922), S. 49–55.

下，中國共產黨員留在國民黨內是適當的。……七、只要國民黨客觀上實行正確的政策，中國共產黨就應該在民族革命戰線上的一切運動中支持國民黨，但不得被其同化，不得在這些運動中隱藏自己的旗幟。」⑮

這個在文字上模稜兩可、在內容上前後矛盾的「一月指示」是共產國際此後對中國問題決議或指示的標準樣板。共產國際在這裏用「留在國民黨內」代替了「加入國民黨」，換句話說，共產國際「在目前的條件下」，接受了孫中山先生的「容共」條件。容共是說，中共黨員要以個人身份宣誓加入國民黨，信仰三民主義，服從國民黨的黨綱黨紀。《北京代表李大釗意見書》（一九二四年一月二十八日），即其明證⑯。在這樣的容共的條件下，中共沒有資格和權利以一個黨的立場與國民黨「在行動上取得協調」，更不可能「在民族革命戰線上的一切運動中」打出自己的旗幟。如果中共一定要「不隱藏自己的旗幟」，勢將無法避免與國民黨在民族革命運動中發生正面衝突，使統一戰線破裂，從而影響了反帝鬥爭。

---

⑮ "Resolution of the ECCI on the Expected Attitude of the Chinese Communist Party Toward the Kuomintang, January 12, 1923." Eudin North, Soviet Russia and the East, 1920–1927, ibid., pp. 343–344.

⑯ 《革命文獻》，臺北，一九五五，卷一九，頁三七一—四〇。

向青把這個「一月指示」寫爲「共產國際關於國共合作的決議」⑰。無論是俄文原題⑱，還是英譯⑲，都沒有「國共合作」的字樣與涵義。如果不是誤譯，而是爲「第一次國共合作」尋找文獻上的根據，那就值得商榷了。

統一戰線是不是符合馬、列的學說和策略

這個在「容共」條件下成立的國共統一戰線是不是符合馬克思學說和列寧的統一戰線策略呢？

---

⑰ 向青，見②，頁二八。

⑱ "Rezolutsiya IKKI Po voprosu ob otnoshenii Kommunisticheskoi Partii Kitaya k Partii Gomindan." Strategiya i Taktika Kominterna v Natsional' no-kolonial' noi Revolyutsii, str. 112.

⑲ 見⑮。

向青文原（8）僅書「見《共產國際關於國共合作的決議》，頁三七。」未註明文獻來源。據推測，可能引自珍妮·德格拉斯選編的《共產國際文件》（筆者未見中文譯本），不過原文也無「合作」字樣；"ECCI Resolution on the Relations between the Chinese Communist Party and the Kuomintang." The Communist International, 1919–1943, Documents, selected and ed. by Jane Degras, London, 1971, pp. 1/5–6.

馬克思反對勢力較弱的無產階級爲了反對一個共同敵人，和一個勢力較強的資產階級政黨形成一個特殊的聯盟：「這種聯合無疑會使無產階級受到損害，而只對小資產者有利。無產階級會完全喪失它辛辛苦苦爭得的獨立地位，而重又降爲正式資產階級民主派的附庸。因此，無產階級對於這種聯合應該採取極堅決的拒絕態度。」馬克思認爲：「在反對共同的敵人時，不需要任何特別的聯合。既然必須進行反對共同敵人的直接鬥爭，兩個黨派雙方的利益也就會暫時趨於一致，因而將來——也如迄今有過的情形一樣——自然會產生出這種只適合一定時機的需要的聯盟。」馬克思強調無產階級應該認清自己的階級利益，採取自己獨立政黨的立場，一時一刻也不要離開無產階級政黨保持獨立組織的道路⑳。

基於國內外的革命情勢，列寧修正了馬克思上述的觀點。前者認爲，爲了反對一個共同敵人——帝國主義，無產階級與資產階級政黨建立暫時的聯盟關係，不僅是允許，而且是必要的。

在一九二〇年召開的共產國際第二次世界代表大會的最後一次會議上，與會代表討論了英國共產黨員是否可以加入工黨、在工黨黨內工作的問題。英國社會黨代表麥克倫（W. MacLaine）支持列寧的立場，認爲工黨是工會運動的政治組織、政治表現，因爲工黨大部份是由工人組成的。列寧指出：「究竟一個政黨在政治上是不是一個屬於工人的政黨，並不取決於它的成員是否

---

⑳ 馬克思和恩格斯：《中央委員會告共產主義者同盟書》（一八五〇年三月），《馬克思恩格斯選集》，北京，一九七二，卷一，頁三八六，三九二。

來自工人。這要看這個政黨由什麼人來領導，它的政治行動的內容是什麼，以及它所採取的政治策略又是什麼。祇有這三點才能決定一個政黨是否屬於無產階級。從這個立場來看，英國工黨的成員雖然都是工人，但它卻是一個徹頭徹尾的資產階級的政黨，是一個由最反動的資產階級領導的政黨。」列寧認爲，工黨不是獨立的政黨，它代表黨、職工會和其他勞動團體爲保護職工利益的一個團體；因爲工黨中的每個組織都擁有批評工黨領袖和宣傳自己政綱的自由，所以英國共產黨黨員應該加入工黨。共產國際二全大會接受了列寧的建議，並作成決議說：在工黨允許屬於該黨的各種組織「擁有目前批評的自由和擁有爲實行無產階級專政和蘇維埃政權在宣傳上、煽動上和行動上的自由的前提下」，共產國際同意英國共產黨黨員加入工黨㉑。

現在我們可以看出，爲了在中國成立反帝的國共統一戰線，中共黨員加入國民黨，在國民黨內工作，是符合列寧的統一戰線策略的，而且也有先例。問題是，當共產國際接受孫中山總理的「容共」條件後，再命令中共黨員加入國民黨，不僅違背了馬克思的教訓，也違反了列寧的統一戰線策略以及共產國際二全大會和四全大會有關統一戰線決議的精神了。

㉑ Der Zweite Kongress der Kommunistischen Internationale. Protokoll..., ibid., S. 763.

是國共統一戰線，不是國共合作

國共統一戰線成立時，中共建黨年餘，無論在數字上、組織上或影響力上，都微不足道，還未「形成一個完全獨立的社會力量」。同時在孫中山先生領導下的廣州政府又是當時中國唯一的革命政權。如果共產國際不願喪失在中國成立反帝統一戰線的機會，就祇有接受孫中山先生的「容共」條件。共產國際之所以敢接受容共條件，也是因爲它深信國民黨不是一個組織嚴密的「政黨」，而是一個包括不同革命勢力的、鬆弛的「革命團體」。中共加入國民黨，可以從上層——領導機構，也可以從下層——羣眾運動中，逐漸擴大勢力，奪取民族革命的領導權。從共產國際的政策和立場來看，一九二三年至一九二七年的國共關係是「國共統一戰線」，不是「第一次國共合作」，因此，也與「抗日民族統一戰線」有別。

共產國際不僅在促成國共統一戰線時，無視馬克思關於無產階級與資產階級政黨聯盟的教訓，違背列寧的統一戰線策略的精神，它在此後指導中國革命的過程中，更漠視中國革命發展的實際情況和客觀條件，終於導致中國革命於一九二七年的失敗[22]。如果今天仍然指摘陳獨秀在第一次國內革命戰爭時期「實行一切工作歸國民黨的右傾政策」，「採取妥協退讓方針」，終於導致革命失敗，不談共產國際，迴避史大林，不問這一右傾政策的來源，是不符合史實的，是不公平的。如果因爲東望臺灣，期待實現「第三次國共合作」，於是在史學文章中強調「第一次國共合作」，那就不是「實事求是」，不無「以論帶史」之嫌。雖然「只有忠實於事實，才能忠實於眞理」，知易行難，仍望「思想再解放一點，步子再邁大一點」，百家爭鳴！

（原載「明報月刊」，第十五卷第十期、一九八〇年十月號）

㉒ 毛澤東的「既聯合又鬥爭」的統一戰線策略可以說是總結國共統一戰線的失敗教訓，根據中國實際情況，對列寧的統一戰線策略的修正和發展，參閱拙著：Kuo Heng-yu, Die Komintern und die Chinesische Revolution–Die Einheitsfront zwischen der KP Chinas und der Kuomintang 1924–1927, Paderborn 1979, S. 288–290.

目次

第三章　統一戰線的破裂（一九二七年）……二一五

引言

一九二七年中國共產黨和國民黨第一次統一戰線的破裂，是中國現代史上一個具有決定性意義的事件，它對於中國共產黨人產生了災難性的影響，也成了中俄黨內爭論的主要內容。

本書共有三部分。第一部分敘述一九一九——一九二四年中國共產黨和國民黨第一次統一戰線的形成歷史。統一戰線的一個有爭議的形式，即共產黨員在國民黨內工作，按照列寧主義關於和資產階級建立暫時聯盟的統一戰線策略，在具備了某些前提的情況下，是可以允許的。共產國際採取這個政策——中國共產黨員參加國民黨——的重要原因，在於企圖利用中國反帝的民族運動，以達到自己的目的，卽使這個運動在開始階段並不是由無產階級力量領導的。因爲，在共產國際看來，民族範圍內階級鬥爭的利益應當和「國際共產主義」的利益，就是說，應當和蘇俄的利益聯繫在一起，並且在國際範圍內協調一致起來。共產國際認爲代表中國資產階級的國民黨，是一個包含許多階級的、反對帝國主義的「革命集團」。因此，共產國際在和國民黨建立統一戰線期間忽視了中國資產階級在資產階級民主革命中的眞正作用，它的社會結構，尤其是它的兩面性。甚至列寧在不久前提出的、由共產國際第二次代表大會通過的關於英國共產黨員參加工黨的原則，在和國民黨建立統一戰線期間也被完全置之度外了。

一九二五——一九二六年的軍事政治發展，是本書的第二部分內容；中心是一九二六年三月二十日事件。共產黨支持恰好在這一起「反革命」事件以後進行的、由蔣介石領導的北伐戰爭，觸及了中國革命的核心問題，即無產階級對待中國資產階級的態度問題，它也是蘇聯共產黨和共產國際，斯大林和布哈林，以及以托洛茨基、季諾維也夫爲首的反對派之間爭論的重要問題之一。

本書第一、第二部分具有導言性質，重點在第三部分。這一部分詳細地敍述了一九二六年七月北伐戰爭至一九二七年七月統一戰線徹底破裂這段時期的軍事政治發展，以及共產國際在中國革命這個多事之秋的政策。與此相關，在第三部分也敍述了俄國黨內的意見分歧。

本書的敍述按年月順序進行，緊緊抓住共產國際、中國共產黨和國民黨當時的反應、觀點和策略路線，借以避免在某些著作中常常重複的錯誤，即利用以後在改變了的情況下所發表的言論和文件來爲一種論點尋找根據。本書正文和注釋、特別是第三部分，主要依據原始材料，即共產國際、中國共產黨和國民黨當時期刊上的文件和文章，以及當時報紙、雜誌和著作上的文件和文章。至於和各派作者關於這個問題的不同意見，沒有在書中展開，只好留給另一篇專論了。這樣做，目的在於保持本書敘述的完整，而不致過於偏離本來的主題。

第一章 中國共產黨和國民黨統一戰線的形成

（一九一九——一九二四年）

一 「國際範圍內」的反帝的民族革命運動

共產主義，儘管同中國文化有着表面上的相似之處，實際上並沒有內在的親緣關係，它是從西方經過蘇俄傳到中國的。共產國際派往中國的第一批代表固然在組織上爲中國共產黨的成立起了決定性的推動作用，但是俄國新政府的積極外交活動和十月社會主義革命的影響對激進的中國知識界，也起了重要作用。

義和團起義遭到帝國主義列強鎮壓以後，列寧開始把注意力移到中國。他在第一篇關於中國的文章《中國的戰爭》中，抨擊了包括俄國專制政府在內的歐洲資產階級政府對中國的掠奪政策❶。列寧是這樣描述中國人民所受到的雙重苦難的：「……中國人民也遭到俄國人民所遭到的那種苦難，他們遭受到向饑餓農民橫征暴斂和用武力壓制自由願望的亞洲式政府的壓迫，遭受到侵入中國的資本的壓迫。」❷雖然當時關於義和團起義被鎮壓以後的中國革命運動「尚無定論」，但是列寧相信，「新精神」和「歐洲思潮」在中國的強有力的發展，特別是在日俄戰爭以後，是用不着懷疑的。「所以」，列寧在另一篇文章中寫道，「中國的舊式的騷動必然會轉變爲自覺的民主運動」❸。這一個「民主運動」，準確地說，即一九一一年的中國革命，在幾個月內就推翻了滿清政府。爲了贊許這次革命的「國際意義」，俄國社會民主工黨布拉格全國代表會議於一九一二年一月致電「祝賀中國的革命共和派，表明俄國無產階級懷着深切的熱忱和衷心的同情……。」❹關於這個「新生的中國」，列寧寫道：「四億落後的亞洲人爭得了自由，覺醒了起來，參加了政治生活。地球上四分之一的人口已經從酣睡中清醒，走向光明、運動和鬥爭了。」❺同時，列寧

❶ 列寧：《中國的戰爭》（一九〇〇年一二月），見：《列寧全集》中文版第四卷，第三三四頁。
❷ 同上，第三三八頁。
❸ 列寧：《世界政治中的引火物》（一九〇八年七月二三日），見：《列寧全集》中文版第一五卷，第一五九頁。
❹ 《俄國社會民主工黨第六次（布拉格）全國代表會議》（一九一二年一月一八—三〇日），見：《列寧全集》中文版第一七卷，第四五七頁。
❺ 列寧，《新生的中國》（一九一二年一一月八日），同上，第一八卷，第三九五頁。

也批評「國父」孫中山的理論是「小資產階級『社會主義者』反動分子的理論」❻。根據列寧的分析，中國人民在遭受封建統治的壓迫和剝削，因此他認爲，中國的未來取決於中國無產階級的增長和興起：「沒有眞誠的民主主義的高漲，中國人民就不可能擺脫歷來的奴隸地位而求得眞正的解放，只有這種高漲才能激發勞動羣衆，使他們創造奇蹟。」❼

從一九一三年到一九一六年，列寧在提到中國或亞洲的許多文章中❽，總是一再強調殖民地和半殖民地國家的無產階級和民族運動共同進行反帝鬥爭的重要性和必要性，他說：「在帝國主義時代，殖民地和半殖民地的民族戰爭不僅是可能的，而且是**不可避免的**。在殖民地和半殖民地（中國、土耳其、波斯），有將近十億人口，也就是說，佔世界人口**一半以上**。在這裏，民族解放運動不是已經很強大，就是正在發展和成熟。任何戰爭都是政治通過另一種手段的繼續。殖民地**反對**帝國主義的民族戰爭**必然**是它們的民族解放這種政治的繼續。」❾（黑體字爲原文所有）

---

❻ 列寧：《中國的民主主義和民粹主義》（一九一二年七月一五日），同上，第一八卷，第一五五頁。

❼ 同上，第一五三頁。

❽ 列寧：《馬克思學說的歷史命運》（一九一三年三月一日），同上，第一八卷，第五八一—五八四頁；《中華民國的巨大勝利》（一九一三年三月二日），同上，第一九卷，第九—一〇頁；《文明的歐洲人和野蠻的亞洲人》（一九一三年四月一日），同上，第三七—三八頁；《亞洲的覺醒》（一九一三年五月七日），同上，第六七—六八頁；《落後的歐洲和先進的亞洲》（一九一三年五月一八日），第八二—八三頁。

❾ 列寧：《論尤尼烏斯的小冊子》（一九一六年一〇月），同上，第二二卷，第三〇三頁。

列寧的這種觀點正是建立在「帝國主義是資本主義的高級階段」（一九一六年）這個理論之上的。

根據這種理論，帝國主義體系中最薄弱的地方，不再是西方工業國，而是歐洲以外的邊緣地區。正是俄國，帝國主義陣線上的最薄弱的環節，可能成為國際革命的槓桿。「在這裏，人們把歐洲和歐洲以外的東方農民羣眾的革命行動列爲無產階級革命，並試圖把無產階級革命同被壓迫民族爭取民族自主和獨立的鬥爭協調起來。」⑩

列寧的這個論點，斯大林更具體地繼承了。他強調說，人們一分鐘也不能忘記東方，因爲東方是世界帝國主義「取之不盡的」後備力量和「最可靠的」後方。因此，斯大林認爲，共產主義的任務就是要打破東方被壓迫民族數百年來的沉睡，用革命的解放精神來感染這些國家的工人和農民，喚起他們去反對帝國主義，從而使世界帝國主義失去它的「最可靠的」後方，失去它的「取之不盡的」後備力量。「不這樣做，就休想社會主義取得最終勝利，休想完全戰勝帝國主義」⑪。

所以，按照斯大林的觀點，十月革命的世界意義主要在於，它「**從而在社會主義的西方和被**

---

⑩ 廸特里希·蓋爾：《共產國際》，見：《蘇維埃制度與民主社會》，弗賴堡、巴塞爾、維也納，一九六九年，第三卷，第七七三頁。

⑪ 斯大林：《不要忘記東方》（一九一八年一一月二四日），見：《斯大林全集》中文版第四卷，第一五二—一五四頁。

奴役的東方之間架起了一座橋樑，建成了一條從西方無產者經過俄國革命到東方被壓迫民族的新的反對世界帝國主義的革命戰線。」⑫（黑體字爲原文所有）

一九一九年三月在莫斯科成立的共產國際，認爲它的任務是繼續第二國際開創的偉大事業：「帝國主義的戰爭再一次證實了第一國際總綱中的論點：工人的解放既不是一個地區的、也不是一個民族的問題，而是一個國際問題。」⑬共產國際第一次代表大會的方針，就是強調必須協調無產階級的行動，使所謂民族利益隸屬於「國際革命的利益」⑭。

如果說第一次代表大會爲國際無產階級的團結創造了思想和組織上的基礎，那麼第二次代表大會（一九二〇年七月十九日——八月七日）則制定了「新型無產階級政黨」的思想、策略和組織原則（二一條）⑮，以及國際共產主義運動的理論和策略等基本問題⑯。對於共產國際及執行

---

⑫ 斯大林：《十月革命和民族問題》（一九一八年一一月六日和一九日），見：《斯大林全集》中文版第四卷，第一四九頁。

⑬ 《共產國際第二次代表大會會議記錄，一九二〇年七月一九日彼得格勒，一九二〇年七月二三日—八月七日莫斯科》，漢堡，一九二一年，第六〇一頁。

⑭ 《共產國際的方針，共產國際莫斯科代表大會通過（一九一九年三月二日—六日）》，見：《共產國際第一次代表大會會議記錄，一九一九年三月二日—一九日莫斯科》，漢堡一九二一年，第一九二頁。另見：《共產國際—簡短的歷史概要》，蘇共中央馬列研究院出版，東柏林，一九七〇年，第四五頁。

⑮ 《加入共產國際的條件》，見：《共產國際》，一九二〇年第一三期，第九一—九六頁。

⑯ 《共產國際章程》，《共產黨在無產階級革命中的作用》，同上，第七一—七五頁，第九七—一〇五頁。

委員會的一切決議，所有參加共產國際的黨都必須執行。然而，代表大會又退一步說：「當然，共產國際及其執行委員會在一切工作中，同時必須考慮到各黨鬥爭和活動的種種條件，只是在可能的情況下，才對某些問題作出全體成員都應當執行的決議。」⑰共產國際執行委員會事實上成了某種形式的總參謀部，它「塑造了」參加國際的政黨——它們的組織形式、鬥爭方法和目標⑱。

在第二次代表大會上，關於民族和殖民地問題，列寧從「世界資產階級反對蘇維埃共和國」這個論點出發，要求實現一切民族和殖民地的自由運動同蘇俄結成最緊密的聯盟政策，至於這個聯盟的形式應由各個國家無產階級或者落後民族共產主義運動的發展程度來決定。從根本上說，列寧在這裏第一次表述了建立反帝統一戰線的思想：「共產國際有責任支持殖民地和落後國家的革命運動，其目的只是在於使一切落後國家中未來的無產階級政黨——眞正的而不是徒具空名的

⑰《加入共產國際的條件》，同上，第九五頁。
列寧在一九一九年會說過類似的話：「你們面臨着一個全世界共產主義者所沒有遇到過的任務，就是必須根據歐洲各國所沒有的特殊情況來運用一般的共產主義理論和共產主義措施，必須看到農民是主要的羣衆，要反對的不是資本而是中世紀殘餘。」列寧：《在全俄東部各民族共產黨組織第二次代表大會上的報告》（一九一九年一一月二二日），見：《列寧全集》中文版第三〇卷，第一三八頁。

⑱海因茨·布拉姆：《俄國革命與世界革命》，《議會周報》副刊，一九六七年第四三期，第一五頁；尤利烏斯·布勞恩塔爾：《共產國際史》，漢諾威，一九六三年，第二卷，第一九七頁。

共產黨——的分子組織起來，並教育他們認識到同本國資產階級民主運動作鬥爭的特殊任務。共產國際應當同殖民地和落後國家的革命運動暫時合作，甚至同它結成聯盟，但是不允許同它混爲一體，甚至當無產階級運動還處在萌芽狀態時，也必須無條件地保持無產階級運動的獨立性⑲。

這樣說來，共產黨員可以參加資產階級政黨了？列寧肯定了這個問題。共產國際第二次代表大會最後一次會議討論了英國共產黨員參加工黨的問題。列寧在談到馬克·萊因在發言中認爲工黨是工會工人的政治表現形式時說：「一個政黨是否眞正是一個工人政黨，這不僅取決於它是否由工人組成，而且也取決於它由誰領導，它的行動和政治策略的內容是什麼。只有這一點才能決定，我們遇到的是不是一個眞正的無產階級的政黨。從這個唯一正確的立場來看，工黨是一個徹頭徹尾的資產階級政黨，它由工人組成，但是由反動分子領導——充滿資產階級思想意識的最可惡的反動分子……。」⑳

列寧解釋英國共產黨員參加工黨的必要性在於工黨的特殊情況：「但是我們在英國工黨內遇到了非常特殊的情況……工黨允許英國社會黨附屬於它，並且允許工黨黨員在社會黨的機關刊物上自由和公開地說，他們黨的領袖是社會主義叛徒……

如果共產黨人有這樣的自由，那末他們就有責任參加工黨——如果他們考慮的是一切國家的、

⑲《民族和殖民地問題提綱和補充提綱》，見：《共產國際》，一九二〇年第一三期，第一三一頁。

⑳《共產國際第二次代表大會會議記錄》，同上，第六四八頁。

而不是俄國革命者的經驗，因爲我們這裏不是一個俄國代表大會，而是一個國際代表大會。」㉑

共產國際第二次代表大會決定（五十八票贊成，二十四票反對，兩票棄權），英國共產黨員必須參加工黨。《關於共產國際基本任務的指導原則》說：「同時共產國際第二次代表大會也表示同意英國共產黨員或者同情共產主義的小組和組織參加『工黨』，……只要這個黨允許附屬它的組織擁有現在的批評自由，擁有爲了無產階級專政和蘇維埃政權而進行宣傳、鼓動和組織活動的自由……。」㉒

列寧關於同殖民地和落後國家的革命運動結成暫時聯盟、關於共產黨員參加資產階級政黨這些在共產國際第二次代表大會上被接受的論點，應該是共產黨員在解決中國革命最重要的問題、特別是解決中國共產黨和國民黨在民族革命統一戰線中相互關係問題時的一般前提。中國這兩個政黨之間建立統一戰線（一九二三——一九二四年），尤其是在一九二六年三月二十日事件以後中國共產黨員繼續留在國民黨內，違背了列寧的這些基本教導，關於這個問題，我們在第三章中再進一步討論。

共產國際第二次代表大會制定了旨在反對帝國主義的世界共產主義運動的政治路線。正是以這種國際尺度，第二次代表大會衡量了民族和殖民地問題。印度代表自一九二〇年以來一直在共

㉑ 同上，第六五〇—六五一頁。

㉒ 同上，第七六三頁。

產國際機關工作的共產國際執行委員會主席團委員羅易在《民族和殖民地問題的補充提綱》中，根據自己的經驗，分析了共產國際同政治上受本國資本主義制度壓迫和統治的國家（如中國和印度）革命運動的相互關係。羅易在他的補充提綱中指出有兩種運動日益背道而馳。「一種是資產階級民主的、民族主義的運動，其綱領是在保存資本主義制度的情況下實現政治獨立；另一種是一無所有的農民為了擺脫一切剝削、謀求解放的鬥爭。第一種運動企圖控制第二種運動，而且往往得到成功。共產國際因而必須反對這種形式的控制，必須促進殖民地國家工人羣眾的階級覺悟的提高，推翻外國資本主義。但是最重要和最必要的任務是建立農民和工人的共產黨組織，以便領導他們進行革命，建立蘇維埃共和國。」㉓

列寧和羅易在第二次代表大會上對待民族和殖民地問題的根本意見分歧在於羅易的補充提綱，如列寧所說㉔，「主要是從印度和其他遭受英國壓迫的亞洲大國的立場出發，因此對我們來說特別重要」，而列寧的十二條——其中只有三條詳細談了殖民地問題——主要是從俄國的情況出發的㉕。列寧在他的《原始草稿》中說的是落後國家的「資產階級民主的自由運動」，而羅易

㉓ 同上，第一三二—一三三頁，一三四—一三五頁。
㉔《列寧同志的報告》，一九二〇年七月二六日第四次會議，同上，第一三八頁。
㉕ 魯道夫・施勒辛格爾：《共產國際中的殖民地問題》，法蘭克福（美因河），一九七〇年，第四四—四五頁，四七頁。

相反，他把那些應該給予支持的自由運動稱之為「民族革命的」運動。經過詳細討論以後，「委員會一致指出……，唯一重要的是要考慮到這個區別，並且要在幾乎各個地方以『民族革命的』一詞代替『資產階級民主的』字樣。」㉖在蘇聯的著作中並沒有提到這個修改，只是說，委員會對列寧的提綱「經過不重要的修改」，對羅易的補充提綱根據列寧的修改意見一致同意了㉗。至於有人指責羅易，說他曾斷言：世界共產主義的命運完全取決於東方社會主義革命的成敗㉘，那不過是出於敵意而已。羅易在他補充提綱中說——顯然是指上面提到的提綱和斯大林的歷史敍述——：「歐洲資本主義主要不是從歐洲工業國家汲取力量，而是從它佔領的殖民地中汲取力量。它為了生存，必須控制範圍廣濶的殖民地市場和可以進行剝削的大片土地。」因此，羅易得出結論，殖民地的喪失和國內無產階級的革命將推翻歐洲資本主義制度㉙。

羅易批評第二國際，說它對於殖民地問題的整個重要性未曾給予應有的估價㉚，具有諷刺意味的是，這個批評也正好合乎共產國際第三次代表大會的情況，關於這一點我們還要討論。

㉖《列寧同志的報告》，見前頁㉔，第一四〇頁。

㉗《共產國際——簡短的歷史概要》，見本書第五頁⑭，第一〇三頁。

㉘烏爾揚諾夫斯基：《共產國際為列寧的民族解放運動的戰略和策略而鬥爭》，見：《共產國際及其革命傳統》，蘇共中央馬列研究院出版，東柏林，一九七〇年，第一一一頁。

㉙《民族和殖民地問題的提綱和補充提綱》，見本書第七頁⑲，第一三三頁。

㉚同上，第一三四頁。

為什麼要提出建立一個新的、反對世界帝國主義的戰線這個論點呢，其根據在於當時俄國的政治和經濟情況。十月革命以後，一九一八年七月建立了俄羅斯蘇維埃聯邦社會主義共和國。可是這個國家「為了擺脫帝國主義戰爭和經濟崩潰的絕境」㉛，從一開始就必須克服許多困難。這一點從共產國際第一次代表大會的《告世界各國工人書》㉜中看得尤其明顯。新政權由於激烈的國內戰爭和帝國主義的武裝干涉正處在危險的形勢下，解決辦法，按照列寧的觀點，就是世界革命㉝。

由於發展中的國家（匈牙利和德國）革命運動的失敗，世界革命的論點更有所發展。一九一九年八月五日托洛茨基在致列寧的信中指出：「總之，歐洲革命看來已經退到幕後，毫無疑問，我們本身也已經從西方退到東方」。㉞從這一事實出發，他得到的結論是：「到目前為止，我們對亞洲的動蕩的注意一直很不夠。但是，國際形勢卻正以這樣的方式表現得十分明顯，即通向巴

㉛ 斯大林：《十月革命和民族問題》（一九一八年一一月六日和一九日），見：《斯大林全集》中文版第四卷，第一四三頁。
㉜《共產國際第一次代表大會會議記錄》，見本書第五頁⑭，第一九五—一九八頁。
㉝ 列寧：《關於戰爭與和平的決議》，見：《列寧全集》，中文版第二七卷，第一〇六頁。
㉞《托洛茨基文集一九一七—一九二二》，M・簡・米杰爾編，倫敦／巴黎，一九六四年，第一卷，第六二七頁。

黎和倫敦的道路在於阿富汗、旁遮普和孟加拉的一些城鎮。」㉟

托洛茨基把這種發展稱之爲「新的階段」㊱。他認爲，自一九一九年中期以後人們已不再指望世界革命在可以預見的時間內在國際範圍內突然爆發，而是希圖世界革命緩慢地重新成熟起來。卡爾・拉狄克，共產國際重要人物、執行委員會主席團委員（至一九二四年）在一九二一年底證實：「我們在一九一九年秋天以後、一九一九年九月致海德堡黨代會的信以後，就代表了這個觀點。」㊲

可是共產國際第三次代表大會（一九二一年六月二十二日——七月十二日）經過激烈討論才得出結論：革命運動處在退卻階段，處在「無產階級的防禦」階段，「革命運動的第一時期在戰

㉟ 同上，第六二五頁。
列寧：《在全俄東部各民族共產黨組織第二次代表大會上的報告》（一九一九年一一月二二日）中指出：社會主義革命「不會僅僅是或主要是每一個國家的革命無產者反對本國資產階級的鬥爭。不會的，這個革命將是受帝國主義壓迫的一切殖民地和國家、一切附屬國反對國際帝國主義的鬥爭。」見：《列寧全集》中文版第三〇卷，第一三七頁。

㊱ 托洛茨基：《新的階段，世界形勢和我們的任務》，漢堡，一九二一年，本書收集了托洛斯基在共產國際第三次代表大會前後關於國際經濟形勢和共產國際任務的報告。

㊲ 卡爾・拉狄克：《共產國際的最近任務》，見：《國際新聞通訊》，第四三期（一九二一年一二月三一日），第三七二頁。

後……看來已基本結束。」[39]

第三次代表大會的意義並不如有些人所認為的那樣[39]，在於共產國際將自己的策略適應了新的條件，提出了「到羣眾中去」的口號。它的中心意義在於制定了《共產黨的組織建設、工作方法和工作內容的決議》。根據這個決議，各黨作為一個整體處在共產國際的領導之下。「共產國際的指示和決議是各黨必須執行的，當然也是每一個黨員必須執行的……各黨的中央機關對黨代表大會和共產國際領導負責。」[40]

考慮到共產國際代表在當時中國革命中的重要作用，這裏有必要特別提一提《共產國際的組織決議》的第四點：「執行委員會通過派遣全權代表到各支部去，可以在組織上有效地協助全世界的無產階級建立一個進行日常共同鬥爭的眞正的國際。代表的任務是，向執行委員會報告殖民地國家進行鬥爭的特殊條件。另外，他們必須設法使這些黨同執行委員會以及各黨之間保持最密

---

[38] 《世界形勢和共產國際的任務》（一九二一年七月四日第三次世界代表大會第十六次會議通過）。見：《共產國際第三次代表大會的提綱和決議》（莫斯科，一九二一年六月二二日—七月一二日），漢堡，一九二一年，第八—九頁，二九頁；《共產國際——簡短的歷史概要》，見本書第五頁[14]，第一四一頁。

[39] 季諾維也夫：《共產國際的策略》，見：《國際新聞通訊》，第一三期（一九二一年一〇月二二日），第一〇五頁。

[40] 《共產黨的組織建設、工作方法和工作內容的決議》（一九二一年七月一二日第三次代表大會第二十四次會議通過），見：《第三次代表大會的提綱和決議》，見前[38]，第一三五頁。

切的聯繫，以提高執行委員會和各黨的戰鬥力。共產國際執行委員會及其所屬各黨都必須設法加強執行委員會同各黨之間的聯絡，通過代表親自進行聯絡或者以書面通信形式進行聯絡，使之比以前更加頻繁和迅速，以便在一切重要政治問題上取得一致意見。」[41]

這個決議——在組織方面是希什維克化的理論綱領——正如列寧以後所指出的那樣，「幾乎完全是俄國式的」，因爲它只是根據俄國黨的經驗寫的，而沒有考慮到不同國家鬥爭的條件和任務的特點[42]。然而，如庫西寧——共產國際締造者之一、一九二一——一九四〇年任執行委員會書記、主席團委員——所說，這個決議卻可以要求「下達實際指示，它的錯誤也正在於此」[43]。

執行委員會雖然決定把「東方問題」列入議事日程，但是這個問題卻是在一九二一年七月十二日下午一時舉行的第二十三次會議上才討論的。羅易利用給他作報告的五分鐘時間提出了強烈抗議，他說：「這次代表大會對待東方問題的方式和方法，純粹是機會主義的，更適合第二國際的代表大會。」[44]他說，這樣不可能從東方代表團所發表的隻言片語中得出任何具體的結論。另

[41]《共產國際的組織決議》（一九二一年七月一二日第三次代表大會第二十四次會議通過），同上，第一四五頁；參見：本書第二五四頁[1]。

[42]《共產國際——簡短的歷史概要》，見本書第五頁[14]，第一六〇頁。

[43] 同上，第一六一頁。

[44]《共產國際第三次代表大會記錄》（莫斯科，一九二一年六月二二日—七月一二日），漢堡，一九二一年，第一〇一八頁。

外，這個問題在代表大會整個期間也根本沒有受到注意㊺。法國代表朱利恩從原則出發支持羅易同志的抗議，他指出：「今天晚上我們參加了一次會議，會上電影攝影機扮演了主要角色。」㊻

擔任會議主席的科拉羅夫雖然對代表大會沒有時間充分討論東方問題表示遺憾，但是接着又以家長式的教訓人的口吻說：「對於我們最重要的是，在這次會上起草了一個西方無產階級和東方殖民地及其他各國被壓迫人民國際團結的宣言。宣言寫成了；這是主要的。討論結束。」㊼施勒辛格爾正確地指出：「在俄國運動日益被理解爲東、西方革命的媒介以後，處理殖民地問題的條件也就日益成熟起來，這些條件在『第二國際』的大部分時期內是明顯缺乏的，這就是：願意認識別國的不同發展情況，改變致命的自恃文明的高傲態度。」㊽

第三次代表大會所制定的統一戰線策略，爲共產黨人爭取工人階級和勞動羣眾的多數開闢了前景㊾。新階段的第一個任務，如卡爾・拉狄克所說，是組織黨，進行自覺的共產主義的鼓動和宣傳工作，以便盡可能地深化和普及無產階級的部分鬥爭，並使它成爲一個眞正的革命鬥爭。各

㊺ 同上。
㊻ 同上，第一〇二九—一〇三〇頁。
㊼ 同上，第一〇三五頁。
㊽ 施勒辛格爾：《共產國際中的殖民地問題》，見本書第九頁㉕，第三八頁。
㊾ 《共產國際——簡短的歷史概要》，見本書第五頁⑭，第一七〇頁。

國共產黨應該「根據不同國家的情況通過不同的途徑組織起來」㊿。中國共產黨於是在一九二一年七月一日成立了。至於中國的統一戰線，即中國共產黨員參加國民黨，那不過是共產國際第二次代表大會通過的有關其他問題決議的邏輯發展。

二　給孫中山一盞俄國的指路「明燈」

儘管列寧、斯大林、托洛茨基和其他人一再談到「東方」和「亞洲」民族革命運動的意義和必要性，但是直到第三次代表大會他們對「這些落後國家」的政治、經濟和文化情況並不了解。在他們看來最重要的是把東方的民族革命運動爲反對世界帝國主義「在國際範圍內」結合和協調起來，當時也只有很少的文章涉及了這個問題。共產國際的幹部們那時顯然認爲，日本將在遠東起着重要作用。

《遠東的繩症》這篇文章，也是共產國際執行委員會機關報《共產國際》第一篇關於遠東的文章，指出了這樣的事實，日本從世界大戰的第一天起就想從遠東獲得經濟利益，並且頑強地走

㊿ 拉狄克：《共產國際的最近任務》，見：《國際新聞通訊》，第四三期（一九二一年一二月三一日），第三七三頁；參見：《關於策略問題的提綱》（一九二一年七月一二日第三次代表大會第二十四次會議通過），見：《第三次代表大會的提綱和決議》，見本書第一三頁㊳，第三五－三六頁。

自己的路。文章說，日本的無產階級「在最近三十年從二十五萬增加到二百五十萬。城市居民增加了百分之三百一十五，日本人口的總增加量爲百分之五十（這些數字是不久前國民經濟學家戴維斯公布的）。階級對立發展到了異常尖銳的程度；世界大戰正好應運而生，結果使得日本歷史上從未有過的勞動羣眾對社會的不滿情緒變成了所謂的『米騷動』。儘管這些動亂都被窒息在工人的血泊之中，但它們卻成了日本工人運動的歷史轉折點，從此，日本工人運動走上了自覺頑強的階級鬥爭階段。」❶本文作者弗・希比爾雅可夫（瓦倫斯基）——共產國際東亞問題專家，在他的文章結尾說：「我們的目光、我們的希望正是向着那裏，向着遠東各民族無產階級運動的發展，因爲我們在成長壯大的遠東無產者身上看到了能夠斬斷帝國主義強盜在遠東繩症的力量。」❷

這裏人們也許會誤解，似乎在東方反對帝國主義的民族革命運動的槓桿是在日本這樣一個發達的帝國主義國家，而不是在「一個落後的國家」。這種誤解必須消除。對此《共產國際》的社論《東亞的形勢》（一九二〇年）曾指出：「日本的政治運動目前還遠遠沒有成熟到國際主義和

---

❶ 弗・希比爾雅可夫：《遠東的繩症》（莫斯科，一九一九年八月），見：《共產國際》，一九一九年八—九月第四—五期，第六四頁；參見：片山潛：《日本與蘇聯》，同上，一九二〇年第九期，第四九—五一頁。

❷ 同上。

共產主義原則的程度。」❸

人們在分析了中國北方和南方的內部政治形勢以後，認爲：上海現在是東亞政治生活的中心，因而也是中國社會主義運動的中心。那裏有孫中山，「中國青年的靈魂」，他正不斷向左靠攏。在他身上體現了中國革命運動的智慧和力量。社論接着說，「孫中山對我們之所以尤其寶貴，在於他第一個認清了舊中國宮廷貴族無力從事國家建設活動，因爲亞洲的頑固思想和封建傳統已經浸透了它的骨髓，所以孫中山放棄了依靠舊中國從事革命創造活動的希望。」在同一篇文章裏也批評了孫中山，說他作爲一個知識分子，在新世界的輪廓還沒有清晰地從未來的濃霧中顯現出來的時候，總不能毅然決然地同過去決裂。說他雖然具有政治家和改革家的智慧和天才，但缺乏不顧驚濤駭浪、不顧在通向解放人類光輝理想的漫長革命道路上必然會遇到的一切障礙和深淵、毫不動搖地把握政治航船航向的能力❹。

不要以爲，這只是消極的批評，這裏隱藏着使某種意圖合法化的目的。文章接着說：「現在迫切需要一個明亮的火炬，以驅散黑暗，成爲革命中國進步思想的指路明燈。蘇俄和共產國際必須幫助中國知識分子的革命者（孫中山），向他指出內部政治思想鬥爭中的明確的無產階級策略，使他不僅能夠同自己國家的舊的過去、而且能夠同整個資產階級世界斷絕任何聯繫，堅定地站到

❸《東亞的形勢》，見：《共產國際》，一九二〇年第一三期，第二四〇頁。
❹同上，第二三六—二三七頁。

共產國際的立場上來。必須使他明白我們堅信的眞理：中國的解放，整個被奴役的亞洲的解放，只有無產階級的理想取得勝利才有可能。」❺在這篇關於中國文章的結尾作者還再一次強調了共產國際給予幫助的意義：我們一定要利用這個時機，對中國革命的領導給予道義上和物質上的幫助，使得慶賀第三次中國革命勝利的歡樂節日早日到來❻。

一九二一年在《國際新聞通訊》和《共產國際》上發表的文章，以及中國代表張太雷在共產國際第三次代表大會上的發言，其觀點都沒有超出上面提到的這篇指導性社論的範圍。張太雷在說到遠東運動的意義時認爲，打倒日本帝國主義將意味着世界資本主義三大支柱之一的崩潰，只有那時，我們才能打敗世界資本主義，完成世界革命的事業。因此張太雷在談及共產國際對中國革命的幫助時並沒有請求給予「俄國的指路明燈」。有趣的是，他從另一個角度來說明這個問題：「在這個偉大事業中，中國的無產階級和中國的其他革命力量可以給你們以巨大的幫助，如果你們能更多地關注中國的發展的話。」❼在估價革命力量時，他特別強調了目前正在反對舊中國社會制度的青年學生的作用。他說，中國工人已經開始覺醒，小規模的罷工在中國時有發生。

---

❺ 同上，第二三七頁。

❻ 同上，第二三八頁。

❼ 張太雷：《一九二一年七月一二日在第三次代表大會第二十三次會議上的講話》，見：《共產國際第三次代表大會記錄》，見本書第一四頁㊹，第一〇一九頁。

他接着說：「我們必須把這個正在形成的運動置於我們的紅旗之下，不使它變成黃色運動。否則，到以後我們要作出很大的努力，才能得到它的同情。」❽張太雷在結束他的簡短發言時——「我的時間太有限了」——警告說：「在今後的世界革命中，中國富饒的自然資源和龐大的勞動力，是同資本家聯合起來反對無產階級，還是同無產階級聯合起來反對資本主義，這一點將取決於中國共產黨，主要取決於共產國際的援助。」❾

希比爾雅可夫在他的《中國共產黨成立前夕》一文中，同張太雷一樣也強調了中國大學生的作用；他認爲，他們的思想是同社會主義思想、是同中國現存的革命組織緊緊聯繫在一起的，他們作爲一支革命力量是參加國家政治生活的最活躍成分❿。但是中國的革命堡壘在中國南方，以孫中山爲首的黨是「激進的，它傾向於社會主義」⓫。

與希比爾雅可夫的表面敍述相反，阿圖爾·羅森貝格更具體地研究了這個問題。他認爲，中華民國不過是殘酷、腐敗和混亂的軍事統治的招牌。在四億人口的大國中只在一個地方有一個眞正共和民主政府，這就是中國南方的大城市——廣州，在那裏孫中山是獨立政府的首領。孫中山

❽ 同上。

❾ 同上，第一〇二〇頁。

❿ 希比爾雅可夫：《中國共產黨成立前夕》，見：《共產國際》，一九二一年第一六期，第一三七頁。

⓫ 同上，第一三八頁。

在第一次中國革命時已經是最重要的精神領袖，他反抗軍閥的武力，力圖聯合他的朋友從廣州來完成中國的革命。在他的周圍主要聚集着大學生和整個青年知識分子。他們認識到，只有同本國工人和農民結合起來才能進行中國的革命。因此，廣州預示着中國革命的發展，孫中山公開宣布對北京軍閥進行最激烈的鬥爭⑫。羅森貝格在談到華盛頓會議時（一九二一年十一月十二日——一九二二年二月六日），認爲，這次會議使得共產國際把注意力轉向遠東，特別轉向中國。他寫道：「國際上的資本家對廣州政府並沒有多少好感，因爲中國激進的民主政府既反對國內壓迫者也反對國外的剝削者。」⑬希比爾雅可夫建議，不參加華盛頓會議，因爲，在華盛頓人們認爲北京政府是中國的眞正代表。「再說，俄羅斯蘇維埃聯邦社會主義共和國和遠東共和國，這些中國最親近的天然鄰邦和朋友也不參加華盛頓會議」。他的結論是：「中國只有同這些國家在一起，才可能反對帝國主義的聯合，保持住自己的獨立。」⑭

華盛頓會議的意義看來好像是重新劃分勢力範圍。但是，資產階級專家通過對形勢的仔細研

---

⑫ 羅森貝格：《中國的未來在華盛頓》，見：《國際新聞通訊》，第二五期（一九二一年一一月一九日），第二二二頁。

⑬ 同上。關於華盛頓會議另見：片山潛：《日本和盎格魯撒克遜列強》，見：《國際新聞通訊》，第三八期（一九二一年一二月二〇日），第三三六—三三八頁。

⑭ W·希比爾雅可夫（莫斯科）：《中國的最近事件》，見：《國際新聞通訊》，第七期（一九二二年一〇月八日），第六〇頁。

究，認爲，外國資本主義一時在中國不能得到發展，因爲中國的社會和政治情況一片混亂。共產國際經濟專家E・瓦爾加在這裏提出一個問題：「中國究竟發生了什麼事？」雖然，他缺乏用以判斷形勢的詳細材料，但仍試圖將「中國之謎」，即表面上似乎是矛盾的事實「在馬克思主義基礎上」統一到一個畫面裏，下面就是瓦爾加所描繪的「景象」。

「看來，在世界大戰期間，由於歐美國家停止了競爭，本來發展緩慢的**中國國內的資本主義得到了迅速的發展**。舊的中央官僚政權不再適合蓬勃發展的資本主義的利益。因此，**新的資產階**級投靠了以軍閥爲代表的地方統治者……」⑮（黑體字爲原文所有）瓦爾加由此推測，在中國交通和通訊不發達的情況下，不可能組成一個適合資產階級利益的、控制全國整個地區的中央政府。瓦爾加認爲，舊的官僚政府機構的解體將引起經濟的崩潰和嚴重的社會動蕩。他說：「那些構成各個軍閥勢力直接基礎的殘暴橫行的兵士，大部分是曾在政府任職的、因中央政府無力付給工資而失業的職員，其中也可能有手工業工人，他們由於資本主義的強大發展而被拋入無產階級的行列。在這裏我們看到世界歷史上一個屢見不鮮的事實，前進的階級，這裏指資產階級（原文如此），常常把從統治階級瓦解出來的社會成分用來作爲其軍事政權的實力基礎。」⑯

⑮ E・瓦爾加：《中國之謎》，見：《國際新聞通訊》，第四〇—四一期（一九二二年一二月二四日），第三五七頁。

⑯ 同上。

在一九二一年以前，瓦爾加的《中國之謎》是《國際新聞通訊》和《共產國際》這兩份機關刊物上唯一一篇「在馬克思主義基礎上」分析中國社會結構的文章，也是唯一一篇從世界歷史觀點出發粗略論述中國「新資產階級」的文章。但瓦爾加在他的文章中沒有詳細討論的一個最重要的問題——中國民族運動中新資產階級的作用問題，共產國際第三次代表大會作了回答，雖然只是在《世界形勢和共產國際的任務》這個提綱的範圍內回答的。由於這個提綱對評價中國後來的發展很有意義，不妨摘引其中的一節：「二六·資本主義在東方、特別是在印度和中國的蓬勃發展，已爲那裏的革命鬥爭創造了新的社會基礎。這些國家的資產階級加緊與外國資本進行勾結，從而成了外國資本手中的重要工具。他們反對外國帝國主義的鬥爭——在鬥爭中，他們是軟弱的對手——就本質來說是三心二意、軟弱無力的。國內無產階級的壯大，使資本主義資產階級的民族革命傾向陷於癱瘓……」⑰

年青的中國共產黨與之結成統一戰線的國民黨是一個什麼黨？它同上面提到的「新資產階級」有什麼關係？它的社會結構、它同中國軍閥以及外國帝國主義的聯繫如何？誰是中國革命的領袖？是孫中山嗎？他的理論、即列寧稱之爲「小資產階級『社會主義者』反動分子的理論」是

⑰《世界形勢和共產國際的任務》（一九二一年七月四日第三次代表大會第十六次會議通過），見：《第三次代表大會的提綱和決議》，見本書第一三頁㊳，第一九頁。

什麼？對於這些涉及中國共產黨和國民黨統一戰線的形成很重要的問題，共產國際及其專家們在一九二一年以前很少給予足夠的注意。在他們看來，行進的方向已經確定，孫中山只要竭力起步同行就好了。

三　十月革命對中國的影響

在東亞、特別在中國組成一個新的反帝戰線，除了有內部的必要性而外，還有外在的因素。為了盡快地粉碎西伯利亞反布爾什維克白俄分子的反抗，得到國際的承認，蘇維埃共和國的領袖們把他們的目光也移到了中國。這次外交攻勢不僅具有傳統的意義，同時也展現了中國的革命前景，因為外交人民委員會（外交部）和共產國際之間的關係，如布哈林在共產國際第三次代表大會上所說，是建立在「分工」的基礎上。

外交人民委員G·W·契切林一九一八年七月四日在第五次蘇維埃代表大會上聲明，蘇維埃政府放棄沙皇政府在滿洲搶奪的一切物資和一切戰爭賠款，重新恢復中國在滿洲的主權❶。這個講話於次日在《消息報》上發表，但是中國沒有公布。北京政府非但沒有感到鼓舞，反而在八月

❶ 惠廷／艾倫：《蘇聯在中國的政策一九一七—一九二四年》，斯坦福，一九六八年，第二八頁。

二十四日聲明，中國將聯合同盟國出兵西伯利亞[2]。

儘管局勢發展不甚樂觀，但蘇維埃共和國新政府並沒有放棄希望，它在等待有利時機。當凡爾賽和會拒絕中國的正當要求、把山東權利讓給日本，這時，聲勢浩大的憤怒浪潮席捲全國，結果爆發了「五四運動」，口號是「外爭主權，內除國賊！」「五四運動」引起了全國範圍內的罷工和騷動[3]。

這一起「澎湃的浪潮」，大學生們稱它是「五四運動」。「五四運動」後來所具有的意義比起它發生時更爲重大，因爲它在以後發展成了社會和文化運動。在中國，由於對西方文化看法不一，幾代人之間的鴻溝幾乎是無法逾越的。與老一代人相反，大學生們在思想上是青年一代最活躍的代表，他們對一切新事物不持成見。中國的大學生很重視輿論，他們通過自己的政治積極性對公眾輿論也起着決定性的影響[4]。因此，共產國際的幹部們在分析中國革命力量時如此高度評價大學生的作用，就不奇怪了。

在這種背景下，蘇維埃政府於一九一九年八月二十六日發表了《第一次對華宣言》（一九一

[2]《第一回中國年鑑一九二三年》，阮湘編，見附錄：《一九〇三—一九二三中國大事記》，第二〇三五頁。

[3] 沃爾夫岡・弗蘭克：《中國的文化革命，一九一九年五四運動》，慕尼黑，一九五七年，第七—一五頁。

[4] 郭恒鈺：《華夏與「蠻夷」》，思想歷史的觀察，普夫林恩，一九六七年，第一二一—一二二頁。

九年七月十五日），由副外交人民委員加拉罕簽署❺。宣言稱：1.廢除俄國和日本，以及俄國和其他列強以前與中國所締結的一切秘密條約。蘇維埃政府邀請中國政府就廢除一八九六年條約、一九〇一年條約，以及一九〇七年至一九一六年俄國與日本簽訂的一切條約進行談判。2.將中國的中東鐵路以及與此有關的一切權利無條件地、不要賠償地歸還中國。3.蘇維埃政府放棄中國因一九〇〇年義和團起義所負擔的賠款餘額。4.廢除一切特權，例如領事裁判權❻。

蘇維埃政府想利用這個聲明得到中國、卽北方北京政府在外交上的承認，消除白俄在中國的影響，特別是贏得中國人對俄國革命和蘇維埃政府的同情。然而，北京政府不僅反應冷淡，而且從根本上懷疑蘇維埃新政府此舉的誠意。儘管北京政府顧慮重重，但又不願放棄可望重新獲得失去的土地和權利的機會，於是派張斯麟將軍去莫斯科（一九二〇年六月），以便實地研究形勢。張氏於一九二〇年十一月底返回中國，帶回了《第二次對華宣言》（一九二〇年九月二十七日），此文同樣由加拉罕簽署❼。

---

❺《消息報》第一八八期，一九一九年八月二六日；《眞理報》第一八八期，一九一九年八月二六日。

❻惠廷：《蘇聯在中國的政策》，中譯文發表在《新青年》第七卷第六期上（一九二〇年五月一日）。附錄：《公衆與論對俄國工農政府宣言的反映》，第一一三頁；《革命文獻》，羅家倫編輯，臺北，一九五五年，第九輯，第二一九頁。

❼中、英譯文見：《革命文獻》，同上，第九一一七頁；參見：《第一回中國年鑑》，見本書第二五頁❷，第二〇四八頁。

蘇維埃政府的政權此時已日益鞏固，它的第二次宣言措辭更爲具體和謹愼，包括八個要點，其內容與第一次宣言有所不同。根據第二次宣言，兩國政府應儘快建立外交關係，中國有義務幫助消除白俄在中國的影響。關於中國收回中東鐵路的權利和免除一九〇一年對俄國的戰爭賠款的餘額，這時也附加了某些條件。其他如貿易、國境、鐵路、關稅問題，兩國尙需另訂專門協定。

北京政府對蘇維埃政府的「友好」姿態依然抱着懷疑和冷淡的態度，因爲對俄國外交的消極回憶實在是過於強烈⑧。令人驚異的是，直到一九二〇年四月三日才遞交給中國的⑨《第一次對華宣言》在中國居然引起了很大的同情，甚至可以說對新的蘇維埃共和國產生了熱烈的感情。這一個歷史因素在中國共產黨形成過程中起了重要作用。

全國報界聯合會、全國學生聯合會、中華勞動工會以及全國的工人和其他團體聯合會紛紛打電報和寫信對蘇維埃政府和俄國人民表示「無任歡喜」⑩。全國主要報紙和雜誌也發表評論，對此也表示了積極的態度⑪。

⑧ 參見：巴斯雅·魏因貝格：《德國外交觀點下的俄國一八九〇—一九一四年對外政策》，巴塞爾，一九三四年。

⑨ 《第一回中國年鑑》，見本書第二五頁②，第二〇四二頁。

⑩ 《新青年》，第七卷，第六期（一九二〇年五月一日），附錄：《公衆輿論對俄國工農政府宣言的反映》，第三—一〇頁。

⑪ 同上，第一〇—二九頁。

歸納起來，公眾輿論有以下幾個要點：1.蘇維埃新政府放棄全部特權、土地和戰爭賠款這在人類歷史上是第一次，因而認爲，從此開闢了歷史的新紀元，創造了和平的基礎；2.中國政府和中國人民對蘇俄的誠摰態度應表示衷心的感謝；3.中國政府應接受蘇維埃共和國答應歸還的一切權利，儘快在外交上承認新的蘇維埃共和國；4.中國人民應和俄國人民一道在自由、平等和互相幫助的精神下，共同反對國際壓迫，消滅種族和階級差別⓬。

對蘇維埃新政府和十月革命的這種同情，還明顯地反映在一九二三年十二月十七日紀念北京大學建校二十五周年的一次民意測驗上——這在中國當時是很不尋常的。民意測驗的第五個問題是「俄國和美國這兩個國家誰是中國的朋友？」被問的不同職業的八百二十四人中有四百九十七人（占百分之五十九）認爲俄國是中國的朋友。特別值得提出的，其中三百七十二人是大學的教師和學生。其理由是：1.俄國是社會主義國家，因此不會侵略別國；2.中國正可以依據這個事實同俄國結成聯盟反對英、美帝國主義列強；3.俄國人民過去如同中國人民現在一樣也曾經是被壓迫人民⓭。

中國知識界對俄國態度的變化是基於這種信仰，卽新的社會主義蘇維埃共和國是中國反帝鬥爭中的可靠「朋友」。中國共產黨創始人之一李大釗的文章《十月革命與中國人民》（一九二二

⓬ 同上，第二六頁。

⓭ 李雲漢：《從容共到淸黨》，臺北，一九六六年，第一卷，第八九—九一頁。

年十一月七日）就是最好的證明：「中國人民在近百年來，旣被那些歐美把長成的資本主義武裝起來的侵略的帝國主義踐踏摧淩於他的鐵騎下面，而淪降於弱敗的地位，我們勞苦的民眾，在雙重乃至數重重壓迫之下，忽然聽到十月革命喊出的『顚覆世界的資本主義』、『顚覆世界的帝國主義』的呼聲，這種聲音在我們的耳鼓裏，格外沉痛，格外嚴重，格外有意義。」⑭

這也是大多數「先進」的知識分子的態度。這種態度可以從當時中國的政治形勢來說明。世界大戰結束以後，到處洋溢着一種樂觀情緒，以爲凡爾賽會議可能給中國帶來幸福。人們歡欣鼓舞，把希望寄託在威爾遜總統身上，以爲他的十四點可以改變世界形勢，使中國從不幸走向萬幸。但是在凡爾賽會議上威爾遜遭到失敗，僅存的一線希望也就此破滅。中國受到很大的羞辱，於是爆發了「五四運動」。

各種各樣的知識分子，不論是激進的還是溫和的，當時都試圖達到兩個目的：對內摧毀舊勢力，對外反對帝國主義。他們把十月社會主義革命的範例看成是上天的福音⑮。當時首屈一指的文藝批評家汪淑明寫道：「我向一切資本主義社會的美學理論告別，而專心致力於社會主義的研

---

⑭ 李大釗：《十月革命與中國人民》（一九二二年一一月七日），見：《李大釗選集》，北京，一九六二年，第四〇一頁。德文摘自：《李大釗，爲社會主義中國而奮鬥》，東柏林，一九六九年，第一一二頁。

⑮ 張國燾：《我的回憶》，香港，一九七一－一九七四年，第一卷，第七九頁；參見：第八〇、八三－八四頁。

究。」[16]

毛澤東後來認爲，十月革命幫助了全世界的也幫助了中國的先進分子「用無產階級的宇宙觀作爲觀察國家命運的工具，重新考慮自己的問題。」[17]但在當時，一九二〇年和一九二一年，中國還談不上有這樣的信念。當時中國的「先進」知識分子對十月社會主義革命的熱情和對馬克思主義的信仰，並不是出自思想上對世界的認識和理論上的考慮，而是出自一種渴望，渴望中國在馬克思主義的幫助下重新贏得自由和獨立。

四　一九二一年中國共產黨第一次代表大會——一個人爲的早產

一九二〇年初，第一批共產國際代表在G·N·維經斯基帶領下到達北京[1]。接着，一九二〇年五月，在陳獨秀領導下成立了「臨時中央」，作爲中共的臨時領導機關[2]，並「以這種方式

---

[16] 蕭乾：《當代中國文學》，蘇黎世，一九四七年，第二二頁。

[17] 毛澤東：《論人民民主專政——紀念中國共產黨二十八周年》（一九四九年六月三〇日），見：《毛澤東選集》，中文版第四卷，第一四〇八頁。

[1] 廸特爾·海因齊希：《從張國燾的回憶看中國共產黨的早期活動》，漢堡，一九七〇年，第一一頁。

[2] 多夫·賓根據他的最新研究成果認爲，中國共產黨早在一九二〇年八月二二日業已成立。見多夫·賓：《維經斯基與中共的建立》，《第三十次亞洲、北非人道主義國際會議》，墨西哥，一九七六年；中文

建立了中國共產黨基層組織」❸，於一九二〇年夏開展活動❹。爲了進一步了解中國形勢，尤其是爲了儘快成立中國共產黨，馬林（斯尼弗力）於一九二一年四月由共產國際派往中國❺。經過一年的準備工作，由於維經斯基和馬林的積極努力，一九二一年七月一日在上海召開了中國共產黨第一次黨員代表大會❻。十二名代表，代表着五十七名黨員參加了大會。

第一次黨員代表大會通過了黨綱、決議和公報。

（續）見：《匪情月報》，臺北，全第一九集，第一五期（一九七六年一一月五日），第八三—九〇頁；參見：《遠東共產國際代表處的建立》，見：《學習與研究》，臺北，一九七二年四月，第五四—六五頁。

❸ 汝安利：《共產國際與中國共產黨的建立》，見：《共產國際》，第九—一一期（一九二九年三月一三日），第六六〇頁。

❹ T：《中國的工人運動》（中國代表團報告），見：《遠東共產主義和革命組織第一次代表大會莫斯科一九二二年一月》，漢堡，一九二二年，第六六〇頁。

❺ 多夫·賓：《斯尼弗力與中共早年》，見：《中國季刊》，第四八期，一九七一年一〇—一二月，第六七七—六九七頁。

❻ 關於這個日期，有許多不同的說法，中國共產黨人斷定中國共產黨的成立日期是一九二一年七月一日。見陳公博一九二四年寫的文章：《中國共產主義運動》，威爾伯序，馬丁出版公司，紐約，一九六六年，第二四、三〇頁。陳潭秋：《回憶中國共產黨第一次全國代表大會》，見：《共產國際》，第九期，一九三六年九月，第九〇一頁。汝安利說，第一次全國代表大會是一九二一年六月在上海召開的；見：《共產國際與中國共產黨的建立》，見前❹，第六六〇頁。

公報在代表中間引起了激烈的爭論，中心是中國共產黨對孫中山和他領導的黨應取何種態度。有幾個代表認爲，國民黨的綱領，儘管有些地方觀點錯誤，但畢竟反映了新時代的潮流；孫中山爲人民造福的原則也近似社會主義的原則。其他代表則辯白說，民族主義者壓迫共產黨員，因此必須推翻南方政府。最後雙方達成妥協，黨代表大會決定，對孫中山和他領導的進步運動以「黨外的合作形式」給予支持❼。

公報被通過了，但公報的發表要由新當選的以陳獨秀爲首的中央局決定。代表大會以後，公報非正式地傳開了。人們估計，公開發表公報首先會遭到共產國際代表的反對，因爲國際代表不同意對孫中山採取針鋒相對的態度❽。

在討論黨綱的時候，代表們中也同樣存在着不同意見。李漢俊——此人專心研究過馬克思主義，與其他代表相比堪稱「馬克思主義者」——首先表示了他的顧慮。他在指出俄國十月革命和德國社會主義革命以後，認爲，中國共產黨在決定黨綱和政綱以前，應先派人到俄國和德國去考察，在國內成立一個研究機構如馬克思主義大學等。他強調，共產主義革命在中國既未成熟，目前中國共產黨人應着重研究和宣傳方面的工作，並應支持孫中山的革命運動，在孫中山的革命成

---

❼ 胡華：《中國革命史講義》，北京，一九六二年，第五四頁。

❽ 郭華倫：《中共史論》，臺北，一九六九年，第一卷，第三一頁。

功後，共產黨人可以參加議會⑨。

李漢俊的意見成了討論的焦點，遭到了嚴厲的批評，主要批評者是劉仁靜。他主張中國共產黨應信仰革命的馬克思主義，以武裝暴動奪取政權，建立無產階級專政，實現共產主義爲最高原則。劉氏反對西歐社會主義者的議會政策以及一切改良派的思想。他認爲中國共產黨不應該只是馬克思主義的研究團體，也不應對國民黨和議會活動有過多的幻想，應積極從事工人運動，以爲共產主義革命的準備⑩。

被通過的黨綱有以下四個要點：

1. 依靠無產階級革命羣眾的幫助，推翻資本家階級，依靠工人階級建設國家；
2. 承認無產階級專政；
3. 消滅私人資本，沒收一切生產資料；
4. 隸屬於共產國際⑪。

決議表示拒絕與其他政黨發生任何聯繫，強調對工人進行教育和組織工作⑫。

---

⑨ 張國燾：《我的回憶》，見本書第二九頁⑮，第一四〇頁。

⑩ 同上。

⑪ 《一九二一年中國共產黨的第一個綱領》，見陳公博：《中國共產主義運動》，見本書第三一頁⑥，第一〇二頁。

⑫ 《一九二一年中國共產黨關於目標的第一個決議》，同上，第一〇三—一〇五頁。

第一次黨員代表大會的十二名代表之一陳公博稱一大文件上所反映的政策是「不妥協的政策」，原因是：1.一九一八年以來內戰把中國人民帶到困苦境地；2.巴黎和會說明，弱小民族不能擺脫大國的控制；3.儘管中國代表拒絕在和平條約上簽字，但山東問題並未解決；4.在這種被壓迫的形勢下，不僅激進的、甚至溫和的知識分子都認爲，中國要想從內外壓迫下解放出來，除了立卽進行社會革命沒有別的出路⓭。

因此，共產黨當時尙處在這樣一個階段上，它感到自己只是同工人階級息息相通，因而應制定根本綱領，至於同中國社會的其他階級和政黨共同進行民族鬥爭、從帝國主義的桎梏下解放出來這個問題的意義，共產黨還不十分淸楚。

一九一九年和一九二〇年的政治氣氛，如汝安利在他後來寫的《共產國際與中國共產黨的建立》一文中所述，充滿了無政府主義和工聯社會主義、巴枯寧主義、托爾斯泰主義和甘地主義，充滿了「秘密馬克思主義」和孫中山的三民主義——充滿了資產階級、小資產階級和流氓無產階級所有思想活動的產物；在這種情況下，要組織一個馬克思列寧主義旗幟下的無產階級政黨是無比困難的⓮。在建黨的代表中間沒有一個是馬克思主義者（卡爾・馬克思的《資本論》第一個完

⓭ 同上，第七九頁；參見第八〇頁以後。

⓮ 汝安利：《共產國際與中國共產黨的建立》，見：《共產國際》，第九－一一期（一九二九年三月一三日），第六六一頁。

全的中譯本到一九三八年才出版）⑮！正如汝安利所說，搖擺於暴動、無政府主義和資產階級政黨之間的小資產階級的汪洋大海，中國無產階級生活的流氓無產階級的環境（很多就出身於流氓無產階級），落後的對未來抱着偏見的保守勢力，所有這些本應使共產黨人感到有責任「首先同上述各種思潮劃清界限，分離出單一的無產階級……」⑯。但是，在共產國際代表努力下建立起來的作爲中國革命戰鬥組織的中國共產黨是一個人爲的早產，客觀條件在那時尚未成熟。

五　共產國際的統一戰線策略：參加國民黨

早在共產國際第三次代表大會期間（一九二一年六月二十二日——七月十二日），共產國際就獲悉了華盛頓會議計劃召開的消息，作爲反對措施，一九二二年在莫斯科舉行了遠東共產主義和革命組織第一次代表大會，參加大會的中國共產黨員有王盡美、瞿秋白和張國燾。

一個由三十九人組成的中國代表團也參加了這次會議，從大會代表調查表來看，中國代表團的人員組成是：

---

⑮ 關於馬克思主義著作在中國的傳播，見：《卡爾·馬克思著作傳入中國簡略介紹——紀念〈資本論〉出版一〇〇周年》，見：《學習與研究》，臺北，一九六七年一一月，第六—一六頁。

⑯ 汝安利，見本書第三一頁❸，第六六二頁。

(1)社會階層：知識分子和學生九人，工人九人，農民九人，職員一人；
(2)文化程度：高等教育九人，中等教育二十六人，低等教育四人；
(3)黨派：共產黨十四人，社會主義青年團十一人，無黨派（包括國民黨代表）十四人❶。

大會關於季諾維也夫（一九一九——一九二六年共產國際主席）報告的決議指出，華盛頓會議清楚說明，遠東問題目前「成了帝國主義世界政策的最重要的樞紐」❷。決議說，對中國來說，這次會議的意義是，它在全世界面前暴露了大國的眞正面目，教育了中國的勞動羣眾，使他們認識到，在他們爲了民族和社會解放的鬥爭中，除了依靠全世界受剝削的勞動人民羣眾而外，不可能有別的同盟者，全世界勞動人民羣眾正在俄羅斯蘇維埃聯邦社會主義共和國帶領下起來向帝國主義進行堅決的鬥爭❸。遠東第一次代表大會的目的因而在於，「把遠東的勞動羣眾團結在

---

❶《遠東代表大會代表調查表資料摘錄》，見：《遠東共產主義和革命組織第一次代表大會，莫斯科，一九二二年一月》，漢堡，一九二三年，第一二一一三頁；參見第一一頁。中國代表團的人數在第一二頁上寫成三十七人，係印刷錯誤。

❷《華盛頓會議的結果與遠東形勢——關於季諾維也夫報告的決議》，同上，第一一五頁；參見：季諾維也夫：《國際形勢與遠東》，同上，第一七一一八頁。

❸同上，第一二〇頁；參見：季諾維也夫：《國際形勢與遠東》，第二四頁和沙發洛夫：《民族與殖民地問題》，第四一、四九頁。

兄弟般的反帝同盟之內」，「建立反對軍國主義力量的合作」❹。

與此相聯繫，季諾維也夫和沙發洛夫（共產國際東方部部長，他們在這次代表大會上起了很重要的作用）令人吃驚地又重新提出過去的觀點，卽解決遠東問題的關鍵在日本。季諾維也夫只是依據馬克思說過的話，他並不眞正了解華盛頓會議所引起的遠東形勢的變化，他說：「如果馬克思說過，沒有英國的革命，歐洲的任何革命只不過是一小杯水中的不重要的風暴，因爲英國決定着歐洲革命的命運，那末，我們不妨借用馬克思的話說，沒有日本的革命，遠東的任何革命就只能是局部現象，是比較小的一杯水中的比較不重要的風暴。」❺「因此」，季諾維也夫認爲，「我們可以有理由說，在中國、朝鮮和蒙古生活的幾億人命運的關鍵，掌握在日本工人階級的手裏。」❻

沙發洛夫也從中得出錯誤的估計，他說：「我們沒有考慮在不久將來會出現宏大的遠景，比方中國工人階級也會像日本無產階級那樣，在不久的將來取得同樣的領導地位。在這方面我們不抱有烏托邦的思想。」❼

❹ 澳依廷斯基：《前言》，同上，第七—八頁。
❺ 季諾維也夫，同上，第三一頁。
❻ 同上，第三三頁。
❼ 沙發洛夫，同上，第五一頁；參見：第五九、六一頁。

可是這些觀點既沒有爲《關於季諾維也夫報告的決議》所接受，也沒有被《關於沙發洛夫報告的決議》所採納❽。代表大會僅強調，必須正確認識民族革命運動和勞動人民爭取社會解放鬥爭之間的關係。大會表示相信，受帝國主義奴役的遠東勞動羣眾只有和國際無產階級結成同盟，才能獲得民族和社會的解放❾。

除此而外，這次代表大會可以說只是遠東共產主義和革命組織的一次團結盛會❿。

從一九二二年二月二十一日至一九二二年三月四日召開了共產國際執行委員會第一次會議，會議的中心是討論無產階級統一戰線問題。會議僅確認，繼續執行和發展共產國際第三次代表大會的策略決定⓫。在討論統一戰線策略時，意大利代表團同法國代表團的大多數代表之間發生了激烈爭論，共產國際開始注意了歐洲改良主義者和中央集權主義者之間的分歧⓬，可是並沒有注

---

❽ 見本書第三六頁❷和❸。

❾ 《關於沙發洛夫民族和殖民地問題報告的決議》，同上，第一二四頁。

❿ 《遠東共產主義和革命組織第一次代表大會致遠東各國人民宣言》，同上，第一三五—一四〇頁。

⓫ 《關於統一戰線提綱的決議》，見：《國際新聞通訊》，特刊第二期（一九二二年四月一日），第二頁；另見：《無產階級的統一戰線》，一九二一年一二月二七日共產國際執行委員會主席團會議，見：《一九二一年七月一三日至一九二二年二月一日共產國際執行委員會主席團和執行委員會的活動》，彼得格勒，一九二二年，第三六三—三七〇頁。

⓬ 托洛茨基：《縱觀統一戰線》，見：《國際新聞通訊》，第二九期（一九二二年三月一一日），第二二七—二二八頁；布哈林：《國際無產階級的統一戰線》，見：《國際新聞通訊》，第三八期（一九二二年四月一日），第三〇三—三〇四頁。

意到遠東的情況。執行委員會委託主席團同最重要支部的代表團共同決定最近實際可行的步驟，然後立即在有關國家貫徹執行，至於策略，當然應該適合各個國家的情況。塔爾海麥爾補充說，統一戰線的策略對於尙處在開始階段的共產黨是不適用的⑬。關於統一戰線的討論一直延續到共產國際執行委員會第二次會議（一九二二年六月七日——十一日）；會議決定，繼續執行第三次代表大會的統一戰線策略⑭，就是說，一個反帝的統一戰線策略還有待於擬定。但是，中國的統一戰線在這次會議之後卻有了具體的形式。

共產國際執行委員會第二次會議及遠東共產主義和革命組織第一次代表大會是在中國共產黨第二次全國大會（一九二二年七月十六日——二十三日）之前召開的。這次代表大會對中國共產黨的意義，維經斯基寫道：中國共產黨把大會「到羣眾中去」的口號變成了自己的口號，並將在代表大會所通過的決議基礎上制定出政治和經濟綱領。他接着指出，最近在中國又壯大起來的、在羣眾示威和抗議集會上表現出的、有工人、手工業者、商人甚至官員參加的反對日本和盎格魯薩克遜的運動，無疑將爲貫徹代表大會所制訂的團結中國一切反帝力量的計劃創造有利的基礎⑮。

---

⑬ 塔爾海麥爾：《共產國際執行委員會擴大會議的最重要成果》，見：《國際新聞通訊》，特刊第二期，同上，第一頁。

⑭ 《共產國際——簡短的歷史概要》，見本書第五頁⑭，第一九〇頁。

⑮ 維經斯基：《前言》，見：《遠東共產主義和革命組織第一次代表大會》，見本書第三六頁❶，第八—九頁；參見：第二五頁。

莫斯科代表大會爲中國共產黨分析階級之間的相互關係，並且確定在這種相互關係中自己的作用和策略任務開闊了視野，使中國共產黨能夠重新審查它同中國民族革命組織的關係，首先是同國民黨的關係⑯。

這種轉變，這種從社團和工會的宣傳工作到積極參加政治鬥爭、即參加無產階級爲爭取民族資產階級民主革命領導權鬥爭的轉變⑰，已經明顯地反映在中國共產黨《第一次對於時局的主張》中（一九二二年六月十五日）：「中國共產黨是無產階級的先鋒軍，爲無產階級奮鬥和爲無產階級的革命黨。但是無產階級未能獲得政權以前，依中國政治經濟的現狀，依歷史進化的過程，無產階級在目前最切要的工作，還應該聯絡民主派共同對封建式的軍閥革命，以達到軍閥覆滅能夠建設民主政治爲止。」⑱《第一次對於時局的主張》提出，中國共產黨要邀請國民黨等革命民主派及革命的社會主義各團體，開一個聯席會議，在上列十一點原則的基礎上，共同建立一個民主主義的聯合戰線⑲。

⑯ 汝安利：《共產國際與中國共產黨的建立》，見：《共產國際》，第九——一期（一九二九年三月一三日），第六六二頁。
⑰ 同上，第六六三頁。
⑱ 《第一次對於時局的主張》，一九二二年六月一五日，見：《中國共產黨五年來之政治主張》，廣州，一九二六年，第二版，第三七—三八頁。
⑲ 同上，第三九頁。

《中國共產黨第二次全國大會宣言》（一九二二年七月）就是從《第一次對於時局的主張》的指導思想出發，同時依據對國際形勢和中國政治經濟形勢的分析而產生的。宣言指出，加給中國人民（無論是資產階級、工人或農人）最大的痛苦的是資本帝國主義和軍閥官僚的封建勢力，因此反對那兩種勢力的民主主義的革命運動是極有意義的。宣言的結論是：「無產階級去幫助民主主義革命，不是無產階級降服資產階級的意義，這是不使封建制度延長生命和養成無產階級眞實力量的必要步驟。

我們無產階級有我們自己階級的利益，民主主義革命成功了，無產階級不過得着一些自由與權利，還是不能完全解放。而且民主主義成功，幼稚的資產階級便會迅速發展，與無產階級處於對抗地位。因此無產階級便須對付資產階級，實行『與貧苦農民聯合的無產階級專政』的第二步奮鬥。如果無產階級的組織力和戰鬥力強固，這第二步奮鬥是能跟着民主主義革命勝利以後即刻成功的……

中國共產黨爲工人和貧農的目前利益計，引導工人們幫助民主主義的革命運動，使工人和貧農與小資產階級建立民主主義的聯合戰線。」⑳

---

⑳ 同上，第一九—二〇頁。這裏說宣言發表的日期爲「一九二二年五月」。根據有關國內政治發展情況的敍述，特別是根據有關陳炯明反對孫中山的「反革命」行動（一九二二年六月一六日）的敍述來看，這個文件很可能是一九二二年六月以後寫的。一九二二年七月的日期係根據陳公博：《中國共產主義運動》附錄之三《一九二二年七月第二次代表大會通過的中國共產黨宣言》，第一〇五—一一七頁。

考慮到聯合戰線策略可能隱藏着危險，宣言要求：「但是工人們要在這個民主主義聯合戰線裏，不至爲小資產階級的附屬物，同時又能爲自己階級的利益奮鬥，那麼，工人們要組織在共產黨和工會裏是非常重要的；所以工人們時常要記得他們是一個獨立的階級，訓練自己的組織力和戰鬥力，預備與貧農聯合組織蘇維埃，達到完全解放的目的。」㉑

中華人民共和國成立以後，在關於中共黨史的表述中，這個宣言只是作爲第二次全國大會的文件被引用，並且受到了有目的的批評，說宣言包含了導致一九二四——一九二七年革命失敗的萌芽。例如胡喬木就認爲：「宣言的缺點，是沒有指出民主革命必須在無產階級的領導之下，沒有提出工人農民的政權要求和農民的土地要求，只是號召工人農民參加民主革命和爭取自己的權利。而這個缺點，後來就在黨對一九二四年到一九二七年革命的領導工作中，被陳獨秀機會主義集團發展成爲嚴重的路線錯誤。」㉒

這個宣言在關於中共黨史的敍述中，如果說被引用過的話，也只是斷簡殘篇，對它的批評是片面的，對於一九二四——一九二七年革命失敗的結論也過於簡單，對這個問題我們還要進一步研究。批評者忽略了，這個宣言是爲公開發表用的，未公開發表的第二次全國大會議決案，他們沒有提到。

㉑《第二次代表大會宣言……》，見：《中國共產黨五年來……》，同上，第二二頁。

㉒胡喬木：《中國共產黨的三十年》，中文版第七頁。

北京的批評是多麼站不住腳，這一點看一看關於《民主的聯合戰線》的議決案就淸楚了。因爲這一個議決案在中國共產黨和國民黨第一次聯合戰線的形成史上是一個重要文件，因此在這裏有必要把其中重要內容敍述如下：

「無產階級倘還不能夠單獨革命，扶助民主派對於封建革命也是必要的；因爲封建武人是無產者和民主派公共的仇敵，兩派聯合起來打倒公敵，才能得着出版集會結社的自由，任何階級都必須得着這幾種自由方有充分發展的機會。民主派打倒封建以後，他們爲自己階級的利害計，必然要用他們從封建奪得政權來壓迫無產階級，這時他們壓迫的程度和無產階級能夠抵抗的程度，乃看無產階級在民主的戰爭期間所發揮的組織能力和戰鬥能力至何程度而定。

我們要知道，無產階級加入民主革命的運動，並不是投降於代表資產階級的民主派來做他們的附屬品，也不是妄想民主派勝利可以完全解放無產階級；乃因爲在事實上必須暫時聯合民主派才能夠打倒公共的敵人——本國的封建軍閥及國際帝國主義——之壓迫，不如此無產階級便無法得着爲自己階級開始團結所必須的初步自由，所以在民主的戰爭期間，無產階級一方面固然應該聯合民主派，援助民主派，然亦只是聯合與援助，決不是投降附屬與合併，因爲民主派不是代表無產階級爲無產階級利益而奮鬥的政黨；一方面應該集合在無產階級的政黨——共產黨旗幟之下，獨立做自己階級的運動。

同時又須告訴他們：無產階級加入此種戰爭，不是爲了民主派的利益，做他們的犧牲，乃是爲了無產階級自己眼前所必須的自由而加入此種戰爭，所以無產階級在戰爭中不可忘了自己階級的獨立組織。」㉓

關於《工會運動與共產黨》的議決案着重指出：「共產黨人在國民黨、無政府黨或基督教所組織的工會裏面活動，不得任意引導工人脫離已成的工會。我們的戰術是要在他們勢力大的工會裏面，漸漸積成勢力，推翻國民黨、無政府黨或基督教的領袖地位，自己奪得領袖地位。」㉔

宣言和第二次全國大會議決案所涉及的同資產階級國民黨建立民主統一戰線的論述，完全符合列寧主義的策略，也完全符合共產國際第二次代表大會的決議以及遠東共產主義和革命組織第一次代表大會的思想，在下面幾節裏我們還要進一步闡述這個問題。此外，中國共產黨第二次全國大會還通過了加入共產國際的議決案㉕。中國共產黨中央委員會由五人組成（陳獨秀、李大釗、張國燾、蔡和森和高君宇）㉖。作爲黨中央的機關刊物，出版了《嚮導》週報（一九二二年

㉓ 「一九二二年中國共產黨第二次全國大會議決案」附錄之四：《關於民主的聯合戰線的議決案》，見陳公博：《中國共產主義運動》，第一一九—一二〇頁。
㉔ 同上，第一二五頁。
㉕ 同上，第一二一頁。
㉖ 陳獨秀：《告全黨同志書》（一九二九年一二月一〇日）。見：《共匪禍國史料彙編》（簡稱：禍國史料），臺北，一九六四年，第一卷，第四二八頁。

九月十三日）。

中國共產黨第二次全國大會以後不久，中國共產黨和國民黨統一戰線的政策發生了策略性的轉變。一九二二年八月共產國際決定中國共產黨員參加國民黨㉗。一九二二年八月馬林從俄國返回上海，按照他的倡議，中國共產黨從一九二二年八月二十九日至三十日在西湖召開會議㉘，參加這次會議的除了上面提到的五名中央委員外，還有張太雷；馬林作爲共產國際代表也參加了會議。會議的主題是中共黨員參加國民黨以建立統一戰線的問題。

馬林批評了中國共產黨第二次全國大會關於同國民黨有目的組成統一戰線的決議，他稱這種黨外合作形式是「左派」幼稚病。馬林認爲，國民黨不是資產階級政黨，而是一切階級的政黨；中國共產黨員必須參加這個黨，以便改變國民黨的性質，推動革命的發展。他說，這才是實現中國共產黨和國民黨統一戰線的唯一具體和可能的步驟。陳獨秀反駁說，國民黨是資產階級政黨，人們不應該因爲國民黨內包含了某些非資產階級成分，而忽視它的資產階級性質。參加會議的中國同志反對共產國際決議的最重要理由，是在國民黨內進行合作模糊了階級組織的性質，尤其是

㉗ 格盧寧：《共產國際與中國共產主義運動的發展》（一九二〇—一九二七年），見：《共產國際與東方》，蘇聯科學院，一九六九年；日文：《共產國際與東方》，東京，一九七一年，第二一一頁。

㉘ 同上，頁二一二。根據李雲漢著《從容共到清黨》（第一卷，頁一〇七），西湖會議係於一九二二年八月二日召開。

對外，有損於中共的獨立性㉙。

可是，中國共產黨中央委員會在共產國際的壓力下最後還是決定參加國民黨㉚。共產國際怎麼會發生這種策略上的轉變？回答這個問題，必須聯繫到孫中山對中國共產黨員的態度以及他當時的政治立場。

六　「秋菊春桃，物各有時」

如何對待統一戰線的策略問題，一九二二年初在共產國際執行委員會第一次會議上，引起了熱烈的討論。季諾維也夫在報告中談到某些與會同志的誤解和懷疑時指出，大體說來這裏涉及的是一個「策略手法」問題。他引用俄國諺語說：「秋菊春桃，物各有時。我們必須懂得用手槍作戰，也要學會用統一戰線行動。」❶然而，季諾維也夫大概還不知道中國也有一句諺語：「橘逾淮而為枳」。中國「同志」自二大以後並不是一般地反對統一戰線，而是對組成中國統一戰線的

㉙ 關於這次討論，見陳獨秀：《告全黨同志書》，見本書第四四頁㉖，第四二八—四二九頁；張國燾：《我的回憶》，見本書第二九頁⑮，第一卷，第二四二—二四七頁。

㉚ 格盧寧，見本書第四五頁㉗，第二一二頁。

❶ 季諾維也夫：《統一戰線的策略》，一九二二年二月二四日第六次會議，見：《共產國際反對資本進攻的策略》，漢堡，一九二二年，第四七頁。

方式，即參加國民黨的做法，有所顧忌。在一九二二年八月的會議上由馬林強迫通過的決議，沒有消除中國同志的顧慮，討論在另一層繼續展開了。

會議之後不久，陳獨秀在《嚮導》週報上重新提出：「國民黨是什麼？」陳獨秀承認，從國民黨的歷史來看，國民黨是一個革命政黨，它不代表一定的階級，而代表民族運動。根據他的分析，國民黨有一半黨員是代表資產階級的知識分子；華僑和廣州工人占百分之十二至十三，小資本家和失業工人占百分之十。

國民黨怎麼會是這樣一個複雜的黨派呢？按照陳氏的觀點，有兩個重大的原因：(一)是國內產業發達的程度，尚未到階級反抗顯然分裂的時期，因此代表一階級的政黨自然不易發達；(二)是國人思想進步落後，至今尚在封建時代，而外來的民主主義與社會主義同時輸入，思想界頓呈複雜的狀況，中國國民黨正是這種複雜狀況具體的表現。「我希望」，陳氏在文章結尾說，「國民黨黨員和他黨黨員，贊成國民黨和反對國民黨或批評國民黨的人，都不可忽視了這一點。」❷

與此同時，一九二二年九月，馬林在共產國際機關報《共產國際》上也發生了一篇文章，題爲《中國南方的革命——民族運動》。文章說，國民黨的綱領可以把中國人中的不同黨派組織到這個黨裏來。但與陳的觀點相反，他認爲：「中國民族革命的推動力量，不是同外國有千絲萬縷

❷ 隻眼（陳獨秀）：《國民黨是什麼？》，見：《嚮導》週報，第二期（一九二二年九月二〇日），第一六頁。

關係的資產階級分子和知識分子，而主要是在外國殖民地流亡的中國人，他們幾乎都出身於中國的南方省份。」❸

馬林說，南方的領袖在向羣眾宣傳時，他們的宣傳總是或多或少具有社會主義的內容，「國民黨的特殊性質使它在宣傳中沒有受到自己所代表的資產階級的阻止」❹。

馬林關於革命推動力量的觀點，以及與此相聯繫過低地估計國民黨中資產階級分子的觀點，是很成問題的。共產國際第四次代表大會（一九二二年十一月五日——十二月五日）所通過的《東方問題總提綱》稱：「由於資產階級民族主義知識分子把工人階級的革命納入反帝鬥爭的軌道，因而工人階級早期的工會組織和工會活動最初是由這些知識分子的代表人物領導的。……這些資產階級民族主義的代表人物……為了適合工人的階級本能，往往把他們的資產階級民主要求改頭換面，使這些要求披上『社會主義』和『共產主義』的外衣，以便用這種辦法（有時連他們自己也不知道）使第一批萌芽狀態的無產階級小組丟下其階級組織的直接任務（……例如中國『國民黨』某些代表人物所吹噓的『國家社會主義』）。」❺與此相聯繫，總提綱的下面一段話

❸ 馬林：《中國南方的革命——民族運動》，見：《共產國際》，第二三期（一九二二年九月一三日），第五一頁。

❹ 同上，第五二頁。

❺ 《東方問題總提綱》，見：《共產國際第四次代表大會記錄》，一九二二年一一月五日—一二月五日於彼得格勒—莫斯科，漢堡，一九二三年，第一〇三八頁。

更有特別的意義：「如果說，最初民族資產階級和資產階級知識分子是殖民地革命運動的先鋒，那麼，由於無產階級和半無產階級的農民羣眾參加到這個運動中來，大資產階級和資產階級土地佔有者就開始脫離出去，因爲底層人民的社會利益已被提到首要地位上來。」❻

關於中國的統一戰線，馬林在上述文章中寫道：「對於無產階級剛剛在很低程度上發展的中國來說，第二次代表大會的決議只有通過我們對南方革命民族主義分子的眞正支持才能實現。我們的任務是儘量把這些革命民族主義分子團結在一起，推動整個運動向左發展。」❼馬林並沒有說明在中國應如何進行。中國代表劉仁靜在一九二二年十一月二十三日共產國際第四次代表大會關於東方問題的第二十次會議上首先回答了這個問題，他說：「這個統一戰線的形式是我們共產黨員以個人名義參加國民黨。通過這樣的形式，我們想要達到兩個目的：第一，我們希望通過我們在國民黨內許多有組織的工人中進行宣傳，把他們爭取到我們這邊來；第二，我們只有把自己的力量同小資產階級和無產階級的力量結合起來，才能打擊帝國主義。我們打算在組織羣眾和通過宣傳說服羣眾方面和國民黨競爭。如果我們不加入國民黨，我們就會孤立，我們所宣傳的共產主義就會是一種雖然偉大崇高，卻不能爲羣眾接受的理想。羣眾會寧可追隨小資產階級政黨並且被該黨利用來達到自己的目的。如果我們加入國民黨，我們就可以向羣眾說明我們也是贊成革命

❻ 同上，第一〇三九頁。

❼ 馬林：《中國南方的革命——民族運動》，見本書第四八頁❸，第五五頁。

的民主的，但是這種革命的民主，對我們來說，只是爲了達到目的的一種手段。而且我們還能夠指出，雖然我們是爲了這一尙爲遙遠的目標而奮鬥，但是我們並不忽視羣眾的日常要求。我們能夠把羣眾團結在我們周圍，並分化國民黨。」❽

中國眞的迫切需要這種在國民黨內進行合作的統一戰線的形式嗎？年青的、在思想和組織上、在反對資產階級鬥爭中還沒有經驗的中國共產黨眞的有能力進行這樣的「競爭」嗎？對這些問題，關於東方問題的第二十次會議沒有進行討論，但是我們在第四次代表大會的記錄上卻可以吃驚地讀到拉狄克的如下的總結發言：「你們必須懂得，無論是實現社會主義的問題，還是建立蘇維埃共和國的問題，在中國都沒有提上日程。遺憾的是，在中國甚至連全國統一和建立全國統一的共和國問題，都還沒有提上歷史的日程……儘管我們有遠大的前途，而且你們要以你們年青的共產主義信念的全部熱情爲之奮鬥，但是我們的任務仍舊在於，把工人階級中正在形成的現實力量統一到兩個目的上來：一、組織年青的工人階級；二、使它對資產階級分子的客觀革命力量採取明智的態度，以便組織反對歐洲和亞洲帝國主義的鬥爭。」拉狄克當着中共領導人陳獨秀的面繼續說：「我們許多同志把自己關在書齋裏研究馬克思和列寧，就像從前他們研究孔夫子一樣……而我們對你們講的第一句話是，走出孔夫子式的共產主義學者書齋，到羣眾中去！」❾

---

❽《劉仁靜的講話》，見：《第四次代表大會記錄》，見本書第四八頁❺，第六一五頁。

❾拉狄克：《東方問題》（一九二二年一一月二三日在第二十次全會上的總結發言），見本書第四八頁❺，第六三二、六三三頁。

共產國際第四次代表大會終於制定了統一戰線的策略，內容是：

「統一戰線的策略是共產黨人願意同所有屬於其他黨派的工人以及無黨派工人進行共同鬥爭，以反對資產階級，保衞工人階級最基本的切身利益……

要想使統一戰線眞正得到成功，只有『從下層』，從工人羣衆的最深處出發……

獨立的共產黨的存在和它們對資產階級和反革命社會民主黨所具有的充分的行動自由，乃是無產階級在歷史上最重要的成就，只有共產黨才是維護整個無產階級利益的。」❿

雖然第四次代表大會也附帶指出，統一戰線的策略要根據具體條件，以不同的方式應用於不同的國家，但是在《關於東方問題的總提綱》中對於不同受壓迫國家無產階級的階級任務和民族任務之間的相互緊密關係，沒有「精確地規定」⓫；而且，在中國共產黨和國民黨統一戰線的形成過程中，上面所說的「無產階級在歷史上最重要的成就」也被共產國際踐踏了。

總提綱在某種程度上可以說是一個不明確的決議⓬，代表大會對一切殖民地國家，因爲它們在政治和經濟上都很落後，就不加區別地一樣對待⓭。例如代表大會強調指出，殖民地國家的革

❿《關於共產國際的策略》，同上，第一〇一四—一〇一五頁。

⓫《共產國際——簡短的歷史概要》，見本書第五頁⓮，第二〇九頁。

⓬惠廷：《蘇聯在中國的政策》，美國，斯坦福，一九六八年，見本書第二四頁❶，第九九頁。

⓭參見：《羅易一九二二年一一月二三日在第十九次全會上的講話》，見：《第四次代表大會記錄》，見本書第四八頁❺，第五九一頁。

命運動，如果不依靠廣大農民羣眾，就不可能取得勝利。但是也有人認為，《關於東方問題的總提綱》中所包含的土地綱領「對大多數東方國家（印度、波斯、埃及、敍利亞和美索不達米亞）」[14]無論這些國家的政治和經濟情況如何都是適用的。

共產國際第四次代表大會提出了解決反帝統一戰線的策略，並着重指出，殖民地和半殖民地國家的工人運動，首先應在反帝戰線中爭取成為一個獨立的革命因素。只有承認工人運動的這種獨立作用，並保持它在政治上的完全自主，才有可能而且有必要同資產階級民主派達成暫時的妥協[15]。

可是共產國際執行委員會，不顧第二次、第四次代表大會的決議和列寧關於同殖民地資產階級合作的保留意見，在第四次代表大會不久決定中國共產黨員參加國民黨。對於一九二四——一九二七年中國革命意義重大的共產國際執行委員會一九二三年一月十二日的指示說：

「中國唯一的鄭重的民族革命集團是國民黨，它既依靠自由資產階級民主派和小資產階級，又依靠知識分子和工人。

由於國內獨立的工人運動尚不強大，由於中國的中心任務是反對帝國主義者及其在中國的封

---

⑭《關於東方問題的總提綱》，同上，第一〇三六頁。

⑮同上，第一〇四一頁。

建代理人的民族革命，而且由於這個民族革命問題的解決直接關係到工人階級的利益，而工人階級又尚未完全形成獨立的社會力量，所以共產國際執行委員會認爲，國民黨與年青的中國共產黨合作是必要的。

因此，在目前條件下，中國共產黨黨員留在國民黨內是適宜的……

只要國民黨在客觀上實行正確的政策，中國共產黨就應當在民族革命戰線的一切運動中支持它。但是，中國共產黨絕對不能與它合併，也絕對不能在這些運動中捲起自己原來的旗幟。」⑯

共產國際決定中國共產黨參加國民黨以後，又根據第四次代表大會所通過的《關於東方問題的總提綱》，給中國共產黨第三次全國大會（一九二三年五月）發出了另一份指示，指示把農民問題提到了首位：

「（一）在中國進行民族革命和建立反帝戰線之際，必須同時進行反對封建主義殘餘的農民土地革命。只有把中國人民的基本羣眾，卽佔有小塊土地的農民吸引到運動中來，中國革命才能取得勝利。

（二）因此，全部政策的中心問題乃是**農民問題**。無論出於任何考慮回避這一基本點，都意

---

⑯《共產國際執行委員會關於中國共產黨對待國民黨態度的決議》，一九二三年一月一二日，見尤丁／諾恩：《蘇俄與東方》，一九二〇—一九二七年，斯坦福，一九六四年，第三四三—三四四頁；參見米夫：《中國共產黨爲中國人民的解放而鬥爭》，莫斯科，一九三七年，第二三—二四頁。

味着不理解這個社會經濟基礎的重大意義，而只有在這個基礎上才能勝利地進行反對外國帝國主義和徹底消滅中國封建制度的鬥爭。

（三）所以，共產黨作爲工人階級政黨，應當力求實現工農聯盟。只有通過堅持不懈的宣傳工作和眞正實現下述土地革命口號才能達到此目的：沒收地主土地，沒收寺廟土地並將其無償分給農民；歉收年不收地租；廢除現行徵稅制度；取消各省間的包稅和稅卡；鏟除舊官僚統治；建立農民自治機構，並由此機構負責分配沒收的土地等等。

（四）……只有給反帝戰線的口號找出土地問題的根據，我們才能有希望取得眞正的勝利。

（五）毫無疑問，領導權應當歸於工人階級的政黨。最近的工人運動事件（大規模罷工）清楚地表明了中國工人運動的極大意義。鞏固共產黨，使其成爲羣眾性的無產階級政黨，在工會中聚集工人階級的力量，這就是共產黨人的首要任務。

（六）共產黨必須不斷地推動國民黨支持土地革命。在孫中山軍隊佔領地區，必須實行有利於貧苦農民的沒收土地政策，並採取一系列其他革命措施。只有這樣，才能保證孫中山革命部隊取得勝利，才能保證得到農民的支持，並擴大反帝革命的基礎。」⑰

---

⑰《共產國際執行委員會對中國共產黨第三次代表大會的指示》，一九二三年五月，見尤金／諾恩：《蘇俄與東方》，見前⑯，第三四四—三四六頁；德文根據汝安利：《共產國際與中國共產黨的建立》，見：《共產國際》，第九—一一期（一九二九年三月一三日），第六六三—六六四頁。

格盧寧認爲，共產國際執行委員會的上述指示是根據一九二三年一月十二日指示的精神擬定的，在這兩個指示中，共產國際對於國共合作的立場十分清楚，不存在產生任何曲解的地方。另外，這兩個指示也符合共產國際第二次和第四次代表大會決議的精神⑱。格盧寧的這種意見完全是出於誤解，因此這裏有必要加以說明。

決定中國共產黨和國民黨採取統一戰線形式，對共產國際來說不外乎有兩條理由：1.中國唯一的鄭重的民族革命組織是國民黨，2.工人階級尚未形成完全獨立的社會力量。共產國際的這兩條理由難道眞的證明有必要同資產階級的國民黨建立特殊的合作形式嗎？

關於允許無產階級同民主資產階級在可能的情況下共同鬥爭的問題，馬克思在一八五〇年寫道：「這種聯合無疑會使無產階級受到損害，而只對小資產者有利。無產階級會完全喪失它辛辛苦苦爭得的獨立地位，而重又降爲正式資產階級民主派的附庸。因此，無產階級對於這種聯合應該採取極堅決的拒絕態度。」「在反對共同的敵人時，不需要任何特別的聯合。既然必須進行反對共同敵人的直接鬥爭，兩個黨派雙方的利益也就會暫時趨於一致，因而將來——也如迄今有過的情形一樣——自然會產生出這種只適合一定時機的需要的聯盟。」⑲與此相聯繫，馬克思還指

⑱ 格盧寧：《共產國際與中國共產主義運動的發展》（一九二〇—一九二七年），見本書第四五頁㉗，第二一四頁。

⑲ 馬克思和恩格斯：《中央委員會告共產主義者同盟書》一八五〇年三月，見：《馬恩全集》中文版第七卷第二九三—二九四頁。

出，這個資產階級政黨從勝利的頭一小時起就會背叛工人。

當然，一八五〇年德國資產階級的情況與一九二二——一九二三年中國資產階級情況有所不同，但是它們共同之處在於都受壓迫，都有比較積極的革命態度，也都害怕同無產階級合作，害怕共產主義革命⑳。

共產國際在決定中國採取統一戰線特殊形式，即「內部聯盟」時，至少應該在一九二三年一月十二日的指示中指明下面幾點：

1.統一戰線的分裂是不可避免的，羣眾運動即階級鬥爭的發展愈迅速，中共本身在政治上和組織上愈強大，中共在廣大羣眾中的影響愈增加，分裂就會愈快到來；

2.要準備分裂，繼續進行革命鬥爭的目標可以也必須從一定時候起只反對國民黨；

3.爲了無產階級專政，應該像列寧在英國共產黨員參加工黨時作爲條件所提出的那樣，保持批評自由、宣傳鼓動和組織活動自由㉑。

然而，作爲世界革命總參謀部的共產國際在它的指示中，在內部聯盟統一戰線的形成和保持過程中，並沒有提明這幾點，卻要求年青的中國共產黨在這些運動中絕對不能捲起自己的旗幟，

---

⑳ K·A·維特福格爾：《覺醒中的中國》，《中國歷史與當前問題概要》，維也納，一九二六年，第一二六頁。

㉑ 參見W：《東方國家的組織問題》，見：《共產國際》，第二五—二六期（一九二八年六月二七日），第一四七五—一四七六頁。

應當力求實現工農聯盟，應當「通過堅持不懈的宣傳工作，實現土地革命的口號：沒收地主土地……」，應當把領導權歸於工人階級政黨。

中國共產黨員參加的黨是一個什麼黨呢？按照共產國際指示的說法，它既依靠資產階級民主派和小資產階級，又依靠知識分子和工人；它的綱領，如馬林所說，可以把中國人民中的不同黨派組織到這個黨裏面來。試問，當時（一九二三年）只有四百三十二名黨員的年青的中國共產黨，沒有思想、組織和戰鬥經驗又如何能實現這一切呢？

共產國際的這兩個指示，作爲共產黨人聯盟政策的方針，必然會引起革命力量爲一方和資產階級集團爲另一方爭奪領導權的鬥爭㉒，特別是把農民問題提到首位的一九二三年五月二十四日的指示。這個指示沒有對中國廣大地區眞實的社會經濟情況進行詳細的分析，它強調吸引農民參加民族革命雖然是馬克思列寧主義的，但是共產國際要求將土地、「地主的土地」國有化，要求在中國消滅「封建主義的殘餘」，這在和國民黨的統一戰線中卻是既不現實也是無法實現的。在這個指示中所包含的關於中國農民問題的立場和措施，共產國際一直堅持到一九二七年，並且重複出現在與此有關的對中共的指示和關於中國問題的決議中。

東方各國的共產黨，正如維經斯基在紀念共產國際成立五周年的文章中正確指出的那樣，在

㉒《共產國際——簡短的歷史扼要》，見本書第五頁⑭，第二二九頁。

本國的無產階級組織起來以前，就幾乎都建立了，年青的共產黨在共產國際的領導下不得不完成雙重任務：1.組織無產階級爲本階級的利益而鬥爭；2.將無產階級的鬥爭與本國的民族自由運動結合起來，反對外國資本和帝國主義。維經斯基接着說：「東方殖民地國家的共產黨人從共產主義運動剛剛開始時候起就面臨着比資本主義國家共產黨人更爲艱巨的任務。他們過去和現在都必須支持本國資產階級民主派的民族運動……同時又必須提高工人羣眾的階級覺悟，並且用階級鬥爭的思想教育他們。把這兩項任務在每一個殖民地國家具體的歷史和經濟情況下結合起來，這是一項非常艱巨的工作，要求我們東方國家的同志具有非常豐富的經驗。」[23]

這樣的經驗，年青的中國共產黨沒有。解決這樣困難的問題，當然也只能依靠共產國際的經驗和直接指示了。上述共產國際關於中國共產黨員參加國民黨的兩個指示，既不符合共產國際第二次和第四次代表大會決議的精神，就本質來說，也是與馬克思和列寧關於無產階級如何對待資產階級革命民主派的觀點相矛盾的。在這些指示中已經埋藏了導致中國革命失敗的萌芽。

共產國際執行委員會歷次代表大會和全會只是在籠統地把西方無產階級與東方和殖民地國家的解放運動相結合的意義上對待民族和殖民地問題，而沒有逐個考慮每一個殖民地和半殖民地國家民族革命和階級運動的特點。因此，共產國際也沒有認識到，人們在評價東方時不能脫離它的

[23] 維經斯基：《共產國際與東方》，見：《國際新聞通訊》，第二八期（一九二四年二月二九日），第三一〇頁。

反帝鬥爭，必須有區別地觀察和對待東方每個國家的社會結構和解放運動的動力㉔。

共產國際怎麼會要求在中國實行這樣一個統一戰線的形式呢？這個問題必須聯繫到孫中山對待中國共產黨人和蘇聯的態度來回答。在探討這個問題之前，我們還必須談一談中國共產黨第三次全國代表大會。

一九二三年六月在廣州公開召開了中國共產黨第三次全國代表大會。在代表中間圍繞着建立統一戰線，尤其是一九二三年一月十二日共產國際指示參加國民黨問題展開了激烈爭論。

一直主要從事工人運動組織工作的張國燾主張，擔任各級領導工作和擔任職工運動工作的中國共產黨黨員不必加入國民黨，或加入而不必在國民黨內擔任實際工作。張強調了職工運動的意義，他說，職工運動雖然應當在共產黨的領導下積極參加國民革命，但必須是共產黨領導下的獨立運動㉕。

張的觀點，據他自己說是根據共產國際的指示，即中共必須保持它政治和組織上的獨立性。但這個觀點受到了共產國際代表馬林的嚴厲批駁㉖。在中共黨史的論著中，說是有「兩種錯誤傾

㉔ 維經斯基：《擴大執行委員會上的殖民地問題》，見：《共產國際》，第四期（一九二五年四月），第四三三頁。

㉕ 張國燾：《我的回憶》，第一卷，第二九〇、二九一頁。

㉖ 同上，第二九一—二九二頁。

向」，「左傾關門主義的錯誤傾向」和陳獨秀的「右傾投降主義錯誤傾向」，說按照陳獨秀的觀點，資產階級民主革命應當由資產階級領導㉗。

黨代表大會依據共產國際的指示決定，中共與國民黨進行合作，共產黨員參加國民黨㉘。

《共產國際執行委員會的報告》是這樣寫的：「至於國民黨是否能與中國民族資產階級相結合，組成一個戰鬥的民族革命的政黨，不久的將來會作出說明，中國共產黨願意推動國民黨走上這條道路。」㉙

㉗ 胡喬木：《中國共產黨的三十年》，見本書第四二頁㉒，第一七—一八頁；胡華：《中國革命史講義》，見本書第三二頁❼，第七六—七七頁；何干之：《中國近代革命史》，香港，一九五八年，第五一—五二頁。

㉘ 《關於民族運動與國民黨問題的決議》，見郭華倫：《中共史論》，同前，第一卷，第一一〇—一一一頁（附錄一）。

威爾伯注：「正統的共產黨人的看法：根據『集中在國民黨內進行活動』的措辭來看，陳獨秀企圖取消中國共產黨。但是，《關於民族運動和國民黨問題的決議》證明，在幫助國民黨發展的同時，中共領導集團一直沒有準備犧牲自己組織的打算。」見威爾伯／豪：《共產主義、民族主義文獻和一九一八—一九二七年蘇聯顧問在中國》，紐約，一九七二年，第八六頁；參見：第六六—六九頁。

㉙ 《共產國際執行委員會報告》（一九二二年一二月一五日—一九二三年五月一五日），莫斯科，一九二三年，第三八頁。

七　孫中山的「容共政策」

一九一六年地方軍閥首領袁世凱死去以後，北洋軍閥分裂成：

1.直系，（一九一九年馮國璋死後）以曹錕、吳佩孚爲首領，在他們背後有英美列強；

2.皖系，以段祺瑞爲首領，日本爲了保持自己在中國的利益，用貸款方式加以支持。除了這兩個派系外，還有：

3.奉系，以張作霖爲首領，在東北各省，同樣與日本人關係密切。

後兩個派系企圖聯合起來，共同反對當時最強大的派系——直系。一九二一年五月，國民黨在軍政府被解散以後，在廣州成立了以孫中山爲首的臨時政府，孫中山企圖聯合皖系和奉系反對北洋軍閥，以拯救民國，統一四分五裂的國土。孫中山之所以求助於南方和西方的軍閥，主要是他自己沒有軍力可用。西方和南方的軍閥願意與孫中山合作，主要也不是爲了民族的統一，他們的根本意圖是爲了打敗北方的敵手，盡可能地擴大自己的勢力。

一九二一年十二月，馬林在廣西桂林拜訪了孫中山。孫氏開始認爲共產之在蘇俄行之，而在中國則斷乎不能。對北伐期間同蘇聯結成聯盟也有所顧慮，因爲孫必須考慮到爲直系首領吳佩孚撐腰的英國。孫中山向馬林保證，一俟義師北指，直搗黃龍，再謀具體合作，未爲晚也❶。

不久，青年共產國際代表達林來到中國，參加了在廣州舉行的中國社會主義青年團第一次代表大會（一九二二年五月五日）。達林也拜訪了孫中山，但與馬林不同，他向孫中山建議，中國共產黨和國民黨組成民主革命統一戰線。孫中山斷然拒絕了這個建議，並補充說，他只有在中國共產黨黨員和中國社會主義青年團團員參加國民黨、服從國民黨領導的條件下才能同意這個建議；他不能接受黨外合作❷。孫中山和達林的會談沒有得出具體的結果。這樣，共產國際要想和國民黨建立國際範圍內的反帝統一戰線，除了接受孫中山的條件外，沒有別的選擇。我們在這一節的末尾還要詳細談到這個問題。

孫中山進行北伐，依靠的是陳炯明和他的軍隊，當時這是唯一的革命武裝。但是，孫中山的一切希望都由於陳的背叛（與吳佩孚相勾結）和一九二二年六月十六日廣州叛變而成了泡影❸。

---

❶ 鄧家彥：《馬林謁總理實紀》，見：《革命文獻》，見本書第二六頁❻，第九輯，第二〇四—二〇五頁；參見：第二〇五—二〇七頁。

❷ 陳獨秀：《告全黨同志書》，見：《禍國史料》，見本書第四四頁㉖，第一卷，第四二八頁；威爾伯／豪：《共產主義……》，見前❶，第一四〇—一四一頁；參見多夫・賓：《孫博士、達林先生與國共聯合》，見：《東方研究雜誌》全第一三集，第一期，一九七五年一月，《香港大學學報》，第二三—二七頁。

❸ 孫中山：《宣布陳炯明叛變始末表示統一意見宣言》，一九二二年八月一五日，見：《革命文獻》，見本書第二六頁❻，第七輯，第一〇二一—一〇五頁；參見：第十輯，第九六—九七頁；《國父全書》，臺北，一九六〇年，第七五一—七五二頁。

經過五十四天徒勞的反抗，孫中山最後離開了他的革命根據地廣州，於一九二二年八月十四日抵達上海。這一起意外事變對國民黨，特別是對孫中山個人是一個沉重的打擊。

它使得孫中山認識到：嚴格組織國民黨的必要，積極進行革命宣傳工作的必要，尤其是建立自己的軍隊和根據地的必要。一九二三年十一月二十一日孫中山在致蔣介石的一封信中寫道：「然根本之辦法，必在吾人稍有憑藉，乃能有所措施。若毫無所藉，則雖如吾國之青年共產黨與彼主義完全相同矣，亦奚能為？所以彼都人士，只有勸共產黨之加入國民黨者，職是故也。」❹他決定，奪回廣州根據地，尋求幫助，改組國民黨。

正當孫中山處於絕望之際——這是一個歷史的偶然——蘇聯代表越飛於八月十二日率領一個龐大的代表團到達北京，同北京政府進行外交談判。從一九二二年八月到十二月越飛的一名代表在上海與孫中山會談。對此，契切林作了如下的說明：「蘇俄和中國是天然盟友，未來屬於雙方的聯盟政策……蘇維埃共和國是唯一願意支持中國在各方面完全獨立和中國繁榮發展的大國。蘇俄以極大的同情注視着中國人民反對外來奴役、反對外來干涉和反對專制都督在一些省竊據絕對權力、瓜分中國的鬥爭……自從蘇俄全權代表越飛同志到北京後，中國和蘇俄的友好關係得到發展，有關一切現實問題協議的起草工作正在加速進行。」❺

---

❹《國父全書》，第八一七頁；《國父年譜》，臺北，一九六九年，第二卷，第九二七頁。

❺《契切林同志論遠東形勢》，見：《國際新聞通訊》，第二一〇期（一九二二年一一月二日），第一四四八頁。

協議是達成了，但不是同北京政府，而是同孫中山。同北京政府的談判沒有達到預期的結果以後，越飛從北京到了上海，於一九二三年一月二十二日訪問了孫中山。四天後，經過幾次會談發表了《孫中山和越飛聯合宣言》。宣言說：「孫博士認爲共產主義及蘇維埃制，均不能施行於中國，因爲中國缺少成功運用之必要準備。越飛先生完全贊同這個觀點；他還認爲，中國最重要和最迫切的問題是取得民族獨立。越飛先生向孫博士保證，在這個偉大任務中俄國人民對中國將給予最熱烈的同情與幫助。」❻

以這個聯合宣言爲起點，開始了孫中山的聯俄政策。孫中山爲了實現他的民族統一目標，一向把外交視爲成功的一個重要因素。從一九一二年民國的建立到一九一六年的反對袁世凱的鬥爭，他希望得到日本的支持，結果因日本懷有獨霸中國的野心而不能如願。一九一七年以後，他希望美國人支持他的革命，可是美國人不僅表示冷淡，甚至還在一九二三年聯合英、法、日把炮艦開到廣州，企圖瓜分孫中山任總統的廣州臨時政府的關稅收入。英國人呢，又一貫與地方軍閥狼狽爲奸。一九二一年年中以後，孫中山希望得到德國對他事業的同情與幫助，結果希望成了失望。他曾想通過當時德國駐華大使欣策同德國取得聯繫，可是陳炯明在一九二二年六月十六日叛

---

❻《共產主義在中國》，C·布蘭德、B·施瓦茨、J·K·費爾班克編，慕尼黑，一九五五年，第四八頁。

變時公開了孫中山闡明他靠攏蘇俄和德國政策的三封信後❼，欣策取消了他計畫中的中國之行。

孫中山不無痛楚地說：「中國革命從沒有得到外國的贊同，每當我們的敵人企圖破壞我們黨的時候，他們總是幫助我們的敵人。資本主義國家對我們黨決不會同情，我們只能希望從俄國那裏得到同情，從被壓迫民族和被壓迫人民那裏得到同情。」❽孫中山從聯俄政策中不僅希望接受俄國共產黨人在組織和宣傳方面的某些方法，更主要的是想得到軍事援助❾。

孫中山曾對達林說過，從這個聯俄政策產生了他的「容共政策」，卽容許共產黨員參加國民黨的政策。所以，這個政策並不是同中共綱領一致、對中共同情的結果。恰恰相反，孫中山堅持這種黨內合作形式，是因爲他對共產黨人不太信任，他的意圖是「以防不測」。容許共產黨員參加國民黨的政策規定，每一個共產黨員必須宣誓效忠國民黨的原則，服從國民黨的紀律。他希望，在共產黨員成爲國民黨員以後，可以更便於控制他們❿。如果中國共產黨黨員不服從領導，

---

❼ 李雲漢：《從容共到淸黨》，見本書第二八頁⓭，第一卷，第二〇六－二〇七頁。

❽ 《孫中山對一份控告中國共產黨彈劾書的批注》，（一九二三年一二月），見：《共產主義在中國》，見本書第六四頁❻，第五一頁。

❾ 《國父年譜》，見本書第六三頁❹，第二卷，第一〇一二頁；參見：《國父全書》，見本書第六二頁❸，第九二八－九二九頁，第九三六－九三九頁。

❿ 《共產主義在中國》，見本書第六四頁❻，第四六頁。

孫中山保證，將他們清除出黨⓫。

孫中山的政策在自己隊伍裏引起了混亂和懷疑，有的同志表示反對這種政策⓬。孫對他的批評者劉成禹說：「在我成立廣州政府以後，英、美、日三國一有機會就給我製造困難，特別是英國！幸好，今天俄國給我們派人來了，還要用一切重要物資支援我們。這並不是說俄國對我們特別友好，它是想通過國民黨貫徹它在中國的政策。我們從外交考慮願意同俄國結成聯盟，藉以威脅英、美、日。如果英、美、日改善同我們的外交關係，我們爲什麼只同俄國結成同盟呢？聯俄的基礎是容共。雖然共產黨員都加入了國民黨，你以爲，這是眞心誠意的嗎？我知道，並不像他們所說的那樣！」⓭可見，孫中山是希望隨着時間的推移把爲數很小的共產黨員溶化到國民黨裏。

而共產國際則希望，中國共產黨人能推動國民黨向左轉，變成「一個民族的羣眾性政黨」⓮，就是說，從上下兩方面來佔據國民黨。共產國際所以敢於如此，因爲國民黨在組織上尚未成熟。當然，這不是共產國際接受孫中山的條件——在國民黨內進行合作的唯一理由。在我們研究了共產國際的文件資料後，可以看出，促使共產國際採取這個政策的原因有三：1.華盛頓會議。2.香

⓫ 李雲漢：《從容共到清黨》，見本書第二八頁⓭，第九卷，第六五—六七頁。

⓬ 《革命文獻》，見本書第二六頁❻，第九輯，第六五—六七頁。

⓭ 劉成禹：《先總理舊德錄》，見：《國史館館刊》，第一期（一九四七年一二月），南京，第五三頁。

⓮ 《共產主義在中國》，見本書第六四頁❻，第四六頁。

港罷工。3.孫中山在中國民族革命運動中的作用。

1.華盛頓會議

一九二二年一月，在莫斯科召開了與華盛頓會議相抗衡的遠東共產主義和革命組織第一次代表大會，大會著重指出，華盛頓會議必然會打破朝鮮、中國和蒙古人民羣眾對帝國主義列強的任何幫助的最後幻想，並且必然會向這些人民羣眾證明，他們只有通過團結一致的有組織的鬥爭，反對一切掠奪者，聯合國際無產階級和蘇俄，才能得到獨立和自由⑮。

一九二二年二月，九國公約簽訂後，華盛頓會議明顯表明，中國成了帝國主義世界政策的最重要的樞紐。日本在世界大戰期間一度獨占的在中國的特權，被迫放棄，代之以帝國主義列強共同統治中國的形勢，它們以貸款方式直接支持地方軍閥，以維護和擴大它們的勢力範圍。

一九二二年共產國際執行委員會委員片山潛說，中國早已被英國、法國、日本和美國資本家以所謂勢力和利益範圍的形式給瓜分了，中國必須同蘇維埃共和國緊密地結成同盟⑯。瓦倫斯

---

⑮《遠東共產主義和革命組織第一次代表大會》，見本書第三五頁⑯，第一一六、一二〇、一二三頁；參見：第二四、四一、四九頁。另見亞歷克斯·博爾加爾：《遠東》，見：《國際新聞通訊》，第一七七期（一九二二年九月七日），第一一六六—一一六七頁；片山潛：《遠東共產主義和革命組織第一次代表大會》，見：《國際新聞通訊》，第二三期（一九二二年二月二五日），第一八一—一八二頁。

⑯片山潛：《四國條約與遠東形勢》，見：《國際新聞通訊》，第三二期（一九二二年三月一八日），第二五六頁。

基・希比爾雅可夫指出：「中國正經受政治高燒的重新發作。華盛頓會議並沒有使中國滿意，卻向他提出了一個至關重要的問題——財政破產問題。財政破產的危險日益威脅着中國，結果就是『四國聯盟』對中國這個無力支付債務的人的共管。這樣一個結果當然既不能使中國公眾滿意，也不能令統治階層歡心，於是他們就轉而追求並不陌生的民族獨立運動。」[17]中國民族資產階級在華盛頓會議後，如同在凡爾賽會議以後一樣，兩手空空，一無所獲[18]。華盛頓會議對於中國，尤其是對南方結盟問題意味着什麼，馬林是這樣寫的：「南方民族主義運動的領袖清楚看到，在華盛頓，中國的境況不是改善了，而是惡化了……這種情況在革命運動的領袖們中間產生了有利於同蘇俄合作的思想，使得我們共產黨人有可能在同革命運動取得諒解的情況下，現在就進行重要的有成效的工作。」[19]

2.香港罷工

繼一九一九年「五四運動」之後，在中國發生了多次政治罷工[20]，工人運動的浪潮起始於香

---

[17] 瓦倫斯基・希比爾雅可夫：《爭奪中國權力的鬥爭》，見：《國際新聞通訊》，第六三期（一九二二年五月九日），第四八六頁。

[18] S・斯力派克：《日本與山東條約》，見：《國際新聞通訊》，第八四期（一九二二年六月八日），第六四五頁。

[19] 馬林：《中國南方的民族主義運動》，見：《共產國際》，第二二期（一九二二年九月一三日），第五五頁。

[20] 劉立凱、王眞：《一九一九—一九二七年的中國工人運動》，北京，一九五七年，第一三—一六頁。

港海員的罷工，這次罷工從一九二二年一月十二日一直延續到五月五日，參加罷工的海員和運輸工人有三萬多人。

香港海員要求增加工資，反對英帝國主義的壓迫。二月底，香港全市工人舉行同情罷工，支援海員，罷工工人取得了完全勝利㉑。

罷工結束後不久，《國際新聞通訊》發表了一篇文章，題爲《中國南方的一次勝利總罷工》。文章說，香港罷工值得我們特別注意，因爲它表明，中國南方無產階級的階級覺悟和團結意識有了多麼大的發展。文章的結論是：「面對外來資本的入侵，眞正代表廣大羣眾利益的中國的唯一政府，就是廣州的孫中山政府。環境的壓力會日益把廣州有組織的工人推到政治事件的重要地位，同時也使得廣州的共產黨組織顯得特別重要。中國工人階級有能力進行戰鬥，這是香港總罷工清楚證明了的。」㉒

㉑《中國歷史概要》，翦伯贊、邵循正、胡華編，北京，一九五八年，第一九三頁。另見何干之：《中國近代革命史》，見本書第六〇頁㉗，第四三—四四頁；A·弗里德里希：《中國的工業化》，見：《國際新聞通訊》，第二四期（一九二二年二月二八日），第一九〇—一九一頁；《紅色工會國際致中國工人階級》，見：《國際新聞通訊》，第七八期（一九二二年五月二七日），第五九七—五九八頁。

㉒R·A·《中國南方的一次勝利總罷工》，見：《國際新聞通訊》，第三二期（一九二二年三月一八日），第二五八—二五九頁。

對於共產國際的幹部們意義特別重大的是，工人運動如今在孫中山的政府中得到了重要的發展。因此，有人認爲，孫中山的政府正尋求工人的支持，因而不會給罷工和工會運動設置障礙，政府在工人的組織工作中甚至還給了財政和宣傳鼓動上的直接支持。「資產階級和工人運動的這種關係，是資產階級和無產階級的對抗剛剛處於開始階段的結果」㉓。有人認爲，廣州可以作爲中國工人運動的中心㉔；因爲，在中國沒有一個地方的工人運動像廣州這樣先進，這裏還有一個共產黨㉕。

維經斯基在《中國的工人運動》一文中，特別強調了香港罷工的意義，他說，由於中國的特殊情況，這次罷工不僅成了反對資本的鬥爭，而且更具有了民族鬥爭的性質㉖。因爲中國工人運動既是一個反對帝國主義殖民政策的鬥爭，即爲了民族解放的鬥爭，也是一個反對外國資本剝削工人的鬥爭。維經斯基相信：「在香港工人罷工中，階級利益以非常具體的形式顯示出來了，這

㉓ J．斯穆爾吉斯：《中國的工人運動》，見：《國際新聞通訊》，第一六四期（一九二二年八月一六日），第一〇六七頁。

㉔ 同上，第一〇六八頁。

㉕ 阿圖爾·羅森貝格：《東亞新的世界政治衝突》，見：《國際新聞通訊》，第八〇期（一九二二年五月三〇日），第六〇六頁。參見：《廣州冶金工人聯合會》，見：《國際新聞通訊》，第一七五期（一九二二年九月二日），第一一五四—一一五五頁。

㉖ 維經斯基：《中國的工人運動》，見：《國際新聞通訊》，第二一六期（一九二三年一一月九日），第一五二七頁；參見：共產國際執行委員會（一九二三年五月二四日）指示第五點，第四二頁。

次罷工在聯合全體中國無產階級方面留下了不可磨滅的痕跡。」[27]維經斯基接着說：「還有一個問題也在香港罷工中第一次有了現實意義，這就是承認工會和通過工會保障工人工作的問題。」[28]

3.孫中山在民族革命運動中的作用

華盛頓會議和香港罷工以後，孫中山愈來愈得到共產國際的重視。

維經斯基根據他對一九二二年四月末即將發生的直系（吳佩孚）和奉系（張作霖）戰爭的分析，一九二二年五月就得出結論：「在中國的一切活動陣地和一切活動領域內進行反帝鬥爭，必要時，聯合民族資產階級；可能或需要時，沒有民族資產階級就依靠勞動人民自己的力量！」[29]

羅森貝格從帝國主義在中國的階級鬥爭角度出發，分析了一九二二年六月十六日的陳炯明叛變，他說，孫中山的民主政府依靠農民和工人，對外國資本主義懷有敵意[30]。他說，這期間吳佩

---

[27] 同上，第一五二八頁。

[28] 同上。

[29] 維經斯基：《中國內戰與帝國主義》，見：《國際新聞通訊》，第七八期（一九二二年五月二七日），第五八九頁。

[30] 阿圖爾·羅森貝格：《中國的最近鬥爭》，見：《國際新聞通訊》，第一一三期（一九二二年六月二四日），第七六九頁；參見：A·弗里德里希：《亞洲》，見：《國際新聞通訊》，第一四一期（一九二二年七月二〇日），第八八九—八九〇頁；維恩科普：《東方的秘密》，見：《國際新聞通訊》，第一八〇期（一九二二年九月一四日），第一一八九—一一九〇頁；馬爾歇夫斯基：《遠東形勢》，見：《國際新聞通訊》，第一八五期（一九二二年九月二二日），第一二二七—一二三〇頁。

孚在中國南方發動了預料中的軍事行動，反對在廣州的中國南方大總統孫中山，「如果吳佩孚在北方和南方得手」，羅森貝格推斷說，「那末，隨之而來的將是美國資本對中國難以置信的奴役。」㉛

維經斯基也談到了陳炯明叛變，他認為：「分裂以後，國民黨可能會得到更好的發展和鞏固；同時可以更清楚地認識國民黨這個民族資產階級政黨的性質，這個黨內的勞動分子將會聚集在最先進的中國社會主義分子周圍，形成黨的左翼，最後再經過分裂，可能在中國南方組成工人政黨。中國南方的運動是同國民黨的發展緊密聯繫在一起的。」㉜維經斯基相信，當前陳炯明和孫中山鬥爭的結局乃是中國最重要政治生活中的轉折點㉝。

瓦倫斯基·希比爾雅可夫在《中國革命之父——孫中山博士》一文中，贊譽孫中山是「當代中國最光輝的人物。」㉞他認為，陳炯明叛變後孫中山的處境有所好轉，但他又面臨原先的任務：他要得到優勢，就非集合中國南部的力量不可。只要他依靠中國知識分子和南方的小資產階

㉛ 羅森貝格，同上，第七七〇頁。

㉜ 維經斯基：《南中國的戰鬥》，見：《國際新聞通訊》，第一五三期（一九二二年八月三日），第九七八頁。

㉝ 同上。

㉞ 瓦倫斯基·希比爾雅可夫：《中國革命之父——孫中山博士》，見：《國際新聞通訊》，第一六六期（一九二二年八月一九日），第一〇八〇頁。

級，「他的思想就會同俄羅斯蘇維埃共和國的思想一致」[35]。「中國現在需要進行不斷的反抗，不斷的鬥爭，孫中山正在眞誠地發揮他的作用。我們相信，孫中山這個巨大的形象不會從政治舞臺上消失。」[36]

瓦倫斯基・希比爾雅可夫的信心是建立在他對國民黨性質的認識上，他說，國民黨是一個小資產階級政黨，它的任務是把中國從外國資本中解放出來。當前它不惜採取各種辦法，以便使南方的孫中山政府能維持下去[37]。可以說，日益擴大的南方是運動發展的基地。許多積極工作的幹部，無論是在一般的政治運動還是在青年運動中，大多數來自南方。就這一點來說，南方無疑起了中國社會主義運動的學校的作用[38]。

南方的政治發展和經濟發展緊密相連，香港罷工就是最明顯的例證。與此同時，一個新的因素也極鮮明地出現在中國的政治生活中，這就是瓦倫斯基・希比爾雅可夫特別強調的工人運動。中國共產黨成功地把握了這個運動[39]。

[35] 同上，第一〇八一頁。
[36] 同上。
[37] 瓦倫斯基：《中國的政治組織和黨派》，見：《共產國際》，第二三期（一九二二年一一月一日印成），第六六頁。
[38] 同上，第七〇頁。
[39] 《中國南方的一次勝利總罷工》，見《國際新聞通訊》，第三二期（一九二二年三月一八日），第二五八頁。

瓦倫斯基把他對工人運動和中國共產黨的分析歸納爲下面一段話：「中國共產黨人認爲，在中國政治發展的目前階段，必須聯合一切革命力量才能取得民族解放運動的勝利。因此，他們準備同國民黨，這個中國公眾生活中的民主革命組織，組成革命的統一戰線。同時，中國共產黨人也把加強和發展有組織的工人運動視爲自己的首要任務。」㊵

其實，這並不符合中國共產黨的觀點，而是適應了共產國際的意見。通過上面的敍述，我們可以肯定以下幾點：華盛頓會議以後，中國——不是一般說的遠東——成了帝國主義世界政策的最重要樞紐，因而帝國主義列強爭奪權益的鬥爭在這裏日益劇烈。如果在東方進行國際範圍內的反帝民族革命運動，就必須抓住中國這一環節。共產國際一直認爲不可能發生的香港海員罷工更加深了這個認識。共產國際因而相信，中國工人有能力進行反對帝國主義的鬥爭，這次罷工使共產國際看到了中國民族革命運動的新的前景。國際認爲組織工人羣眾和工會的時機已經到來，並且認爲中國共產黨人有可能參與工人運動，甚至取得運動的領導權，一九二三年五月二十四日共產國際執行委員會指示的第五點就是證明。由於中國共產黨在數量上還相當弱小，由於廣州是工人運動的中心，更由於孫中山政府在南方是唯一的反帝革命政權，因此，共產國際不願錯過在中國建立統一戰線的有利時機，接受了孫中山提出的在黨內合作的條件，當然也相信國民黨在組織

㊵ 瓦倫斯基：《中國的政治組織和黨派》，見本書第七三頁㊲，第七一頁。

上還不十分強大。我們在看到這種背景後，就可以明白，爲什麼共產國際在一九二二年八月決定中國共產黨員參加國民黨，爲什麼馬林在一九二二年八月舉行的中國共產黨中央委員會會議上強迫中國共產黨員參加國民黨㊶。

八　一個「黨中之黨」

一九二二年三月香港海員罷工的勝利給了共產黨人以無比巨大的鼓舞，罷工結束兩個月以後（一九二二年五月一日）在廣州召開了第一次全國勞動大會，來自全國各地的工會代表一百七十人參加了大會❶。這時中國共產黨把它的影響和精力都集中在組織工人和發動罷工上。

一九二三年二月四日至七日的京漢鐵路工人大罷工是當時工人運動的高潮，也是工人運動的最後的狂風巨浪。形勢的發展使共產國際感到甚爲尷尬和不快，因爲罷工遭到了殘酷的鎮壓，而

㊶ 據伊羅生說中國共產黨員參加國民黨是根據馬林的建議：「馬林關於中國共產黨人參加國民黨的建議是一個倒退，是共產國際的『伊爾庫茨克路線』……根據調查的結果，共產國際拋棄了試圖與北洋軍閥建立聯繫的『伊爾庫茨克路線』，而把它的注意力轉向了孫中山」。伊羅生：《中國革命的悲劇》，第二次修訂版，斯坦福一九六一年，第六二頁；參見：第五八—五九頁。

❶ S·雍／L·W·《中國的工人運動》——根據中國代表團在共產國際第四次代表大會上的報告寫成，見：《國際新聞通訊》，第五〇期（一九二三年三月一九日），第三九三頁。

且是遭到了吳佩孚的軍警的鎮壓❷，就是這個吳佩孚，共產國際一直到一九二二年底在所有文章中還把他稱之為「自由的」和「進步的」勢力，並且企圖爭取他。

「二七大屠殺」的歷史意義，在於使共產國際和中國共產黨認識到，中國的無產階級，正如一年前人們所說，沒有能力單獨進行反對帝國主義及其在中國代理人的鬥爭，當然更談不上領導民族革命運動了。這個認識從另一方面也證明了已經決定的策略，這就是，中國無產階級必須在國民黨內開展活動，以便通過這個辦法更有效地反對共同的敵人——帝國主義及其在中國的代理人軍閥。這個認識最終也促使共產國際向中國共產黨第三次代表大會（一九二三年六月）發出了上面提到的把農民問題擺到首位的指示（一九二三年五月二十三日），指示說：「中國實行民族革命和建立反帝統一戰線一定要同農民的土地革命……相結合。只有把中國人口中的基本部分——農民吸引到運動中來，革命才會成功。」

---

❷ 關於這次罷工請見：《共產國際執行委員會告中國鐵路工人書》（一九二三年三月三日），見：《國際新聞通訊》，第五〇期（一九二三年三月一九日），第三九四頁；馬林：《中國鐵路工人罷工》，見：《共產國際》，第二七期（截稿時間為一九二三年八月一五日），第一二〇—一二五頁；M·H：《對中國罷工鐵路工人的大屠殺》，見：《國際新聞通訊》，第六三期（一九二三年四月一三日），第五〇八—五〇九頁；《中國共產黨談罷工工人被屠殺經過》，見：《國際新聞通訊》，第一〇九期（一九二三年六月二九日），第九四〇—九四一頁；張特立（張國燾）：《二七前後工會運動略史》，見：《新青年》，第二期（一九二五年六月一日），第一五—三二頁。

根據馬林發自上海的報告，當時已經有一小部分共產黨員成了國民黨員❸。

一九二三年二月中旬（一九二三年一月二十六日孫中山和越飛簽署了聯合宣言後）孫中山從上海返回廣州❹，在此之前，一月中旬，陳炯明放棄廣州，孫中山的追隨者們又佔領了廣州❺。

廖仲愷在陪同越飛從上海到達日本、在日本歷時數月之久與越飛討論了國民黨和蘇俄的合作問題後，也於一九二三年三月回到廣州❻。廖極力主張同蘇俄結盟，容許共產黨員加入國民黨❼，因此維經斯基首先把他劃爲國民黨的「左翼」❽。根據廖仲愷的報告，國民黨確定了建黨和建軍的方針。八月中，蔣介石受孫中山委託率代表團到莫斯科，旨在考察俄共的黨務和軍事。

---

❸ 馬林（發自上海）：《中國目前的政治形勢》，見：《國際新聞通訊》，第九三期（一九二三年六月一日），第七八四頁。一九二六年一月六日汪精衛在國民黨第二次全國代表大會上的政治報告中稱，李大釗是第一個加入國民黨的，《革命文獻》，見本書第二六頁❻，第二〇卷，第一五九九頁；李雲漢指出，此事大概在一九二三年二月上旬，《從容共到清黨》，見本書第二八頁⑬，第一卷，第一五七頁。

❹ 《國父年譜》，見本書第六三頁❹，第二卷，第九五五—九五六頁。

❺ 參見瓦倫斯基・希比爾雅可夫：《中國政治形勢的突變》，見：《國際新聞通訊》，第二六期（一九二三年二月九日），第一九八頁。

❻ 《國父年譜》，見本書第六三頁❹，第二卷，第九五一頁。

❼ 李雲漢，見本書第二八頁⑬，第一卷，第一四七頁。

❽ 維經斯基：《中國內戰與工人階級》，見：《國際新聞通訊》，第一二六期（一九二四年九月二六日），第一六七五頁。

蔣介石在莫斯科逗留期間（一九二三年二月九日——十一月二十九日）「與馬林商議黨事」，「與馬林座談」，「與馬林討論協議問題」。然而在官方敍述中，卽在蔣介石的日記中卻沒有關於這些會晤的具體說明❾。蔣氏自己說他曾寫過莫斯科之行的「報告書」，並且向孫中山面陳了他對於國共合作的意見❿，可是這份報告並未發表。可以肯定的一點是，紅軍的政委制給蔣介石留下了很深的印象⓫。蔣介石還在莫斯科時，鮑羅廷已到達廣州（一九二三年十月六日）。隨着一九二三年十月二十四日特別會議的召開，國民黨開始了積極的改組準備工作。次日，孫中山委任九名領導成員（其中有共產黨員譚平山）爲國民黨臨時中央執行委員，負責籌備召開第一次代表大會，並聘鮑羅廷爲國民黨政治顧問⓬。對此，孫中山說：「從前何以不從事於有組織、有系統、有紀律的奮鬥？因爲未有模範、未有先例之故。現在一位好朋友鮑君，是從俄國來的。俄國革命之發動，遲我國六年，而俄國經一度之革命，卽能貫徹他們之主義，且自革命以後，革命政府日趨鞏固。同是革命，何以俄國能成功，而中國不能成功？蓋俄國革命之能成功，全由於黨員之奮

❾《民國十五年以前之蔣介石先生》，毛思誠編（一九三六年），陳布雷校，秦孝儀重新校訂，臺北，一九七一年，第二卷，第二八二、二八六、二八七頁。

❿蔣中正（蔣介石）：《蘇俄在中國》，臺北一九五七年，第二版，第二三頁；參見：《一九二四年三月一四日蔣介石致廖仲愷信》，見：《革命文獻》，第九輯，第六七—七一頁。

⓫《民國十五年前之蔣介石先生》，見前❾，第一卷，第二八二頁。

⓬《國父年譜》，見本書第六三頁❹，第二卷，第一〇一七—一〇一八頁。

門，一方面黨員奮鬥，一方面又有兵力幫助，故能成功。故吾等欲革命成功，要學俄國的方法、組織及訓練，方有成功的希望。」⑬

國民黨第一次代表大會在積極準備以後於一九二四年一月二十日至三十日在廣州召開。孫中山在幾次演說中宣布，願以新的方法將國民黨改組成一個有力量的有行動的黨，以建設國家⑭。代表大會討論了改組問題，通過了黨章⑮。包括國民黨政綱的大會宣言除了涉及中國的政治現狀外，還解釋了國民黨的三民主義。關於民生主義，宣言稱，國民革命之運動，必恃全國農民工人之參加，然後可以決勝，蓋無可疑者。國民黨於此，一方面當對於農民工人之運動，以全力助其開展，輔助其經濟組織，使日趨於發達，以期增進國民革命運動之實力；一方面又當對於農民工人要求參加國民黨，相與為不斷之努力，以促國民革命運動之進行⑯。

---

⑬ 孫中山：《國民黨過去失敗之原因與今後努力之途徑》，一九二三年一一月二五日的演說。見：《國父全書》，見本書第六二頁③，第九三九頁；參見：《中國國民黨改組宣言》（一九二三年一一月），同上，第七五七頁；《國父年譜》，見本書第六三頁④，第二卷，第一〇三八－一〇三九頁。

⑭ 《國父全書》，第九五九－九六一頁。

⑮ 《國民黨與共產黨關係史略》：《國民黨黨章，一九二四年一月二八日國民黨第一次代表大會通過》，見：《國聞週報》，全第四集，第一四期（一九二七年四月一七日），第五一－一三頁。

⑯ 《中國國民黨第一次全國代表大會宣言》，一九二四年一月三〇日通過，見：《國父全書》，見本書第六二頁③，第三一五－三一六頁；中國共產黨對宣言的批評，見：但一（惲代英）：《評國民黨政綱》，《中國青年》，第一八期（一九二四年二月一六日），第一－四頁；第一九期（一九二四年二月二三日），第一－七頁。

一九二七年中國革命失敗以後，中國共產黨人常常談到「孫中山的聯俄、聯共、扶助工農的三大政策」[17]。可是「聯共」的這個概念既沒有出現於國民黨第一次代表大會也沒有出現於第二次代表大會（一九二六年）的文件中。這裏所謂孫中山三大政策之一「聯共」，純屬虛構，孫中山僅僅說了「容共」。兩個術語在內容上有差別，也是整個爭論的焦點。

並不是所有第一次代表大會的代表對孫中山的政策表示熱情，特別是對「容共」政策，他們並不同意。他們懷疑共產黨的態度，也考慮了防範措施。有幾個代表在一月二十八日的會議上建議，要在國民黨黨章中規定，國民黨黨員不得加入他黨。李大釗隨即代表共產黨在同一次會議上發言，並且印發了共產黨員參加國民黨《意見書》，明確指出，對於共產黨員的這種「猜疑防制，實爲本黨發展前途的障害，斷斷乎不可不於本黨改造日明揭而掃除之。」[18]

一九二三年共產國際關於中國共產黨黨員參加國民黨的一月指示主要是從這個觀點出發的，即國民黨是中國唯一鄭重的國民革命組織，工人階級還沒有形成一支獨立的社會力量。但李大釗在《意見書》中，把針對國民黨的這個步驟作了另一番說明。由於《意見書》是中國共產黨和國民黨奇特的統一戰線形成中的一份重要文件，而北京的歷史學家們在他們的論述中又沒有提及，

[17] 毛澤東：《矛盾論》（一九三七年八月），見：《毛澤東選集》中文版第一卷，第二九〇頁。

[18] 李大釗：《對共產分子加入國民黨之聲明》（一九二四年一月二八日），見：《革命文獻》，第九輯，第三七頁。

因此有必要將其要點分述如下：

「我們加入本黨，是一個一個的加入的，不是把一個團體加入的，可以說我們是跨黨，不能說是黨內有黨。因爲第三國際是一個世界的組織，中國共產主義的團體，是第三國際在中國的支部，所以我們只可以一個一個的加入本黨，不能把一個世界的組織納入一個國民的組織。中國國民黨只能容納我們這一班的個人，不能容納我們所曾加入的國際的團體。我們可以加入中國國民黨去從事於國民革命的運動，但我們不能因爲加入中國國民黨便脫離了國際的組織。我們若脫離了國際的組織，不但於中國國民黨沒有利益，且恐有莫大的損失。因爲現代的革命運動是國民的，同時亦是世界的，有我們在中國國民的組織與國際的組織的中間作個聯絡，作個連鎖，使革命的運動，益能前進，是本黨所希望的，亦是第三國際所希望的。由此說來，我們對於本黨實應負着二重的責任：一種是本黨黨員普遍的責任；一種是爲本黨聯絡世界的革命運動，以圖共進的責任。」[19]

從這個觀點出發，李大釗說明了共產黨人加入國民黨的原因：

「我們相信在今日列強的半殖民地的中國，想脫除列強的帝國主義及那媚事列強的軍閥的二

---

[19] 同上，第三九頁。

重壓迫，非依全國國民即全民族的力量去作國民革命運動不可。若想完成此國民革命的事業，非有一個統一而普遍的國民革命黨不可。我們認爲在這種國民革命運動中，不宜使國民革命的勢力分歧而不統一，以減弱其勢力，而遲阻其進行，非以全民族之心力，集中於一黨不可。我們環顧國中，有歷史有主義有領袖的革命黨，只有國民黨；只有國民黨可以造成一個偉大而普遍的民族革命黨，能負解放民族、恢復民權、奠定民生的重任，所以毅然投入本黨來。」[20]

李大釗在《意見書》的結尾保證：「我們留在本黨一日，即當執行本黨的政綱，遵守本黨的章程及紀律，倘有不遵本黨政綱不守本黨紀律者，理宜受本黨的懲戒。我們所希望於先輩諸同志者，本黨既許我們以參加，即不必對於我們發生疑猜，而在在加以防制……我們在本黨中的行爲與態度，當能徵驗我們是否盡忠於國民革命的事業，即以盡忠於本黨。」[21]

李大釗代表中國共產黨發表了激昂慷慨的聲明後，與會者進行了熱烈的討論。大多數代表反對在黨章中增加補充條款[22]。少數元老暫時表示讓步，但並沒有放棄自己的觀點。他們認爲，共

---

[20] 同上，第三八頁。

[21] 同上，第四〇頁。

[22] 《國父年譜》，見本書第六三頁[4]，第二卷，第一〇六三－一〇六五頁；李雲漢，見本書第二八頁[13]，第一卷，第一七七－一八二頁。

產黨員不過是利用加入國民黨之舉「借國民黨之軀殼，注入共產黨之靈魂」㉓。他們在等待時機。

一九二三年八月，社會主義青年團在第二次代表大會上決定，青年團員應根據中國共產黨第三次全國代表大會（一九二三年六月）的決議加入國民黨。同時規定，團員應在國民黨內支持中國共產黨的政策，並且要在言論和行動上同共產黨保持一致。

當社會主義青年團第二次全國代表大會的文件、宣言、議案以及其他文章落入國民黨臨時中央執行委員會和監察委員會委員們的手中時，這些委員和共產黨員之間的一場公開衝突又重新在國民黨內掀起。現在，這些文件提供了具體的證據，證明中共執行的是兩面政策，其目的在於把國民黨推向左轉，最終推翻國民黨。

一九二四年六月十八日監察委員會委員鄧澤如、張繼和謝持向孫中山和國民黨中央執行委員會遞交了一份彈劾案，控告國民黨內的共產黨員違犯紀律，由於共產黨員的實際行動與他們的許諾、與黨的紀律不相一致，黨的生存因而受到威脅。彈劾案強調指出，必須制止「黨中有黨」這

㉓《鄧澤如等呈總理檢舉共產黨文》，一九二三年一一月二九日，見：《革命文獻》，第九輯，第六六頁。

㉔《中央監察委員彈劾共產黨案》，一九二四年六月一六日，見：《革命文獻》，見本書第二六頁❻，第七二—八〇頁；見：《國父年譜》，第二卷，第一〇九六—一〇九八頁。

種危險趨勢㉔。爲此，張繼和謝持同鮑羅廷進行了談話，鮑沒有具體回答這些問題㉕。

國民黨中央執行委員會在七月三日的第四十次會議上研究了彈劾案，決定將這個問題提交中央全會討論。會議發表了一篇宣言，強調了聯合一切革命力量對中國革命的意義㉖。

一九二四年八月十九——二十一日在中央全會就「國民黨內之共產派問題」經過激烈辯論後，中央執行委員會向全體黨員通報了決議。決議雖然認爲中國共產黨在對自己成員的關係上有權領導共產黨員，但是也擔心中國共產黨的秘密決議會引起誤解和猜疑。決議說，中共有權對它的決議保守秘密，有權保持它同共產國際的關係；但是另一方面，國民黨也必須了解同國民革命有關的中共決議。爲了解決這些問題，決定在中央執行委員會政治委員會中設立「國際聯絡委員會」，以便了解中共的活動。在這種情況下，國民黨最高當局應對外保守秘密，同時通過這些方式經常了解國共兩黨的關係㉗。這樣，國民黨中央執行委員會只是以一紙改善合作的決議履行了自己的職責，決議並沒有付諸實施。中央執委會對共產黨員在國民黨內的非法活動沒有表示自己

㉕《革命文獻》，第九輯，第八〇—八五頁；《國父年譜》，第二卷，第一〇九九—一一〇〇頁。

㉖《中國國民黨關於黨務宣言》，一九二四年七月七日，見：《國父全書》，見本書第六二頁❸，第七五九—七六〇頁；《國父年譜》，第二卷，第一一〇一—一一〇二頁。

㉗《有關容納共產分子問題之訓令》，一九二四年八月二一日，見：《革命文獻》，見本書第二六頁❻，第九輯，第一—四頁；《國父年譜》，見本書第六三頁❹，第二卷，見一一一六—一一一七頁。

的態度，也沒有詳細研究共產黨員企圖將國民黨推向左轉、奪取國民黨領導權的問題。

國民黨領導採取這種被動態度，可能有兩個原因：第一，國民黨剛剛改組後的形勢。廣州革命運動的緊張形勢，不允許產生例如將共產黨員開除出國民黨這種混亂局面。如果這樣做，國民黨同蘇維埃政府的關係會出現許多困難，還可能失去蘇維埃政府政治的特別是軍事的支援；第二，孫中山的威信和他對力量對比的估計。

孫中山當然知道共產黨員在國民黨內的陰謀活動，但是不相信爲數甚少的中國共產黨員有能力奪取國民黨的領導。他堅信，依靠黨的紀律可以控制不順從的共產黨員。一九二三年十二月孫在幾個國民黨員檢舉信的頁邊指示說，「陳獨秀等之共產黨，如不服從吾黨」，「我亦必棄之」㉘。「只要我還活着，共產黨員就不敢膽大妄爲」㉙。儘管如此，事實上一部分國民黨員對國民黨領導處理彈劾共產黨員案一事所持的被動態度甚爲不滿。提出彈劾案三人中的兩人，張繼和謝持，相繼離開廣州，而蔣介石在一九二四年二月二十一日即代表大會不久，由於不滿共產黨員的行爲，也採取了同樣步驟。蔣還同時辭退了組建軍校的委任。後來經孫中山的多次要求，他才於同年四月二十一日返回廣州。可見，衝突並沒有消除，危機只是在隱蔽中繼續鬱結起來。一

㉘《國父年譜》，第二卷，第一〇三七頁。

㉙李雲漢，見本書第二八頁⑬，第一卷，第三三二頁；關於國民黨領導對彈劾案採取被動態度的原因，見：第三三二—三三三頁。

九二五年三月孫中山逝世後，國民黨終於公開分裂了。

九　「誰是國民革命之領導者？」

一九二四年，經過改組的國民黨開過第一次代表大會之後，特別在國民黨右派採取反對共產黨非法活動的彈劾行動之後，陳獨秀致力於國民黨「右派」和「左派」的研究。據他說，兩者的差別在於，左派始終採用革命方法，忠誠的貫徹國民主義，不肯妥協；而右派採用妥協方法。陳氏還提出一個新的論點，根據這個論點，區別國民黨右派和左派，決不能拿相信社會主義與否爲國民黨左右派的標準，應該以革命分子非革命分子爲標準❶。

上面提到，張繼和謝持在一九二四年六月由於不滿國民黨領導對國民黨內的中國共產黨員的活動採取被動態度而離開了廣州，之後，國民黨黨內黨外的分歧在繼續發展。

中國共產黨人斷言，問題所涉及的不是國民黨右派和左派卽國民黨革命派和非革命派之間的衝突。例如陳獨秀就認爲，中國國民黨是中國各階級革命分子集合起來進行國民革命的團體，

---

❶ 陳獨秀：《國民黨左右派之眞意義》，《嚮導》，第六二期（一九二四年四月二三日），第四九五—四九六頁。

這個團體應該是各分子所公有，誰也不配叫誰退出，除非是反革命非革命分子或違背黨綱的人❷！

如前所述，「東方問題」在共產國際的歷次代表大會上一直是作爲宣傳附帶討論的。在共產國際機關刊物上的文章，重點大多放在對孫中山個人的描寫，以及他對中國國民革命的意義。而對於國民黨和中國資產階級，以及國民黨和中國無產階級之間的關係卻幾乎未加注意。一九二三年一月共產國際關於參加國民黨的指示，雖然得到了中國共產黨的承認，但是並沒有能消除中國同志的疑慮。共產國際一月指示發出以後一直到一九二四年底，在中共機關刊物上發表的許多文章中，中國領導同志一再闡述中國資產階級問題，小心謹慎地對共產國際關於中國國民革命的看法提出了批評。

在中共中央機關報《嚮導》周報上，陳獨秀發表了一篇題爲《資產階級的革命與革命的資產階級》的文章，第一次詳細論述了資產階級民主革命與無產階級的相互關係。陳氏的敘述大致可以歸納爲以下幾點：

中國資產階級未曾發達到與封建官僚階級截然分化的程度，未曾發達到自己階級勢力集中而

---

❷ 陳獨秀：《我們的回答》，見：《嚮導》，第八三期（一九二四年九月一七日），第六七三—六七八頁；參見：《國民黨與勞動運動》，《嚮導》，第七一期（一九二四年六月一八日），第五六七—五六八頁。

有階級的覺悟與革命的需要。中國資產階級一直到現在還是孤苦奮鬥，唯一的原因就是：他們缺乏階級間利害不同的覺悟，所以始終依賴他們的敵人——軍閥和帝國主義。陳雖然強調，中共作為革命政黨，在國民革命中將盡一切力量支持歷史地承擔着資產階級民主革命任務的國民黨，但又指出，在中國這個半殖民地社會，資產階級每每有分為三部的現象：

(一)是革命的資產階級，他們因為封建軍閥及國際帝國主義妨礙大規模的工商業發展而贊成革命，如中國海外僑商及長江新興的工商業家之一部分。

(二)是反革命的資產階級，他們因為依附軍閥官僚及帝國主義，造成了畸形的商業資本，自己發財致富。他們也可以叫做「官僚的資產階級」。

(三)是非革命的資產階級，他們因為所營的工商業規模極小，沒有擴大的企圖，所以對於革命恆取消極的中立態度，這種小工商業家，在小資產階級的中國社會居最大多數。

中國國民黨應該一方面容納革命的資產階級，為他們的利益打倒一切軍閥和帝國主義者；一方面也應該與非革命的資產階級、小資本家合作，以增加革命的勢力。在國民黨內還有官僚資產階級，他們在革命期間發生利害衝突時，總是成為妥協之媒介物。陳獨秀警告國民黨，必須認清這樣一個事實，官僚資產階級決不能和革命的資產階級聯成一個戰線。陳氏說，無產階級也必須明白，此種民主革命的成功誠然是資產階級的勝利，然而幼稚的無產階級目前只有在此勝利之奮鬥中才有獲得若干自由及擴大自己能力之機會，所以和革命的資產階級合作，也是中國無產階級目前必由之路❸。

瞿秋白也在中共機關刊物《前鋒》（瞿是該刊的主編）上發表了一篇文章，題目是《中國之資產階級的發展》，繼續了這次討論。

瞿秋白的論述是從這樣事實出發的，即帝國主義的政治和經濟侵略，一方面造成了中國宗法社會經濟基礎的崩潰，另一方面也導致了資產階級的發展。就是說，中國的資產階級不是從內部、依靠自己的力量發展的，也沒有能力，在將來求得獨立的發展。從歷史上看，中國的資本主義是受外界的壓力而產生的——它最先在一八六二——一八九四年自強運動中服務於軍備生產。與此相平行，還有「官僚資本」的發展。小資本家的商業資本在數量上是很小的，但是其作用卻很重要。因爲中國沒有值得稱道的大工業，所以這些小資本家（陳獨秀稱之爲「非革命資產階級」）就經營外國商品的進口和中國原料的出口，因而他們同外國資本家有着某些聯繫❹。

共產國際在一九二三年五月對中共的第二次指示中把農民問題提到首位，並且提出了「沒收地主土地」等中國土地革命的口號，陳獨秀以後又在《中國國民革命與社會各階級》一文中發表

---

❸ 陳獨秀：《資產階級的革命與革命的資產階級》，見：《嚮導》，第二二期（一九二三年四月二五日），第一六二——一六四頁。

❹ 屈維它（瞿秋白）：《中國之資產階級的發展》，一九二三年六月二日，見：《前鋒》，第一期（一九二三年七月一日），第二三——三九頁。

了如下意見：落後的中國，各階級還都緊緊的束縛在宗法社會的舊殼內，幼稚的資產階級，至今沒有有力的政黨，它還未脫離利用敵人（列強及軍閥）勢力發展他自己階級勢力的時期，所以它時常表現出來愛和平怕革命的心理。因此不能一口武斷中國資產階級永遠是不革命的。他們是否對革命採取積極態度，不是他們主觀上的意識決定的，乃是他們客觀上的經濟條件決定的。殖民地半殖民地的各社會階級固然一體幼稚，然而資產階級的力量究竟比農民集中，比工人雄厚，因此國民運動若輕視了資產階級，是一個很大的錯誤觀念。

農民占中國全人口之大多數，自然是國民革命之偉大的勢力，中國之國民革命若不得農民之加入，終不能成功一個大的民眾革命。陳獨秀接着指出了三個造成農民難以加入革命運動的因素：1.農民居處散漫勢力不易集中；2.文化低生活欲望簡單易於趨向保守；3.中國土地廣大易於遷徙被難苟安。有人見農民之疾苦而人數又如此眾多，未曾看清這只是國民革命的一大動力，以為馬上便可在農民間做共產的社會革命運動，這種觀察實在未免太粗忽了。此種運動，必須有強大的無產階級為主力軍，才能成功。在中國，自耕農是小資產階級，不用說土地革命和他們的利益根本衝突，即無地之佃農，也只是半無產階級，他們反對地主，不能超過轉移地主之私有權為他們自己的私有權的心理以上；雇工雖屬無產階級，然人數少而不集中；所以必須國民革命完全成功，然後農村間才有共產的社會革命。假使目前卽作此決不能實現的幻想，則所號召者不適於多數農民之實際的要求。

陳接着說，工人階級在國民革命中固然是重要分子，然亦只是重要分子而不是獨立的革命勢力。在產業不發達的中國，工人自己階級的單純經濟鬥爭，沒有重大的意義；因爲大部分產業管理權，不在外人手裏便在軍閥政府手裏，所以經濟鬥爭稍稍劇烈一點，便是一個政治爭鬥。我們更應該知道，這種殖民地半殖民地的政治爭鬥，只是一般的政治爭鬥，即全國各階級共同要求政治上自由的爭鬥，不是工人們自己階級的政治爭鬥。所以中國的工人階級，在目前環境的需要上，在目前自身力量的可能上，都必須參加各階級合作的國民革命。國民革命成功後，自然是資產階級握得政權。工人階級在彼時能獲得若干政權，乃視工人階級在革命中的努力至何程度及世界的形勢而決定❺。

如何爭取農民參加國民革命呢？陳獨秀在他的《中國農民問題》一文中，考慮到農村的特殊情況，與共產國際提出的「沒收地主土地」的口號不同，提出了以下措施，這些措施直到一九二七年初對農民運動的發展都不是沒有意義的：

（一）教育及宣傳：宣傳以「排斥外力」「打倒軍閥」「限田」「限租」「推翻貪官劣紳」口號。

（二）組織及實際運動，組織有四種：

1.農會　小農中國之農民，他們各階級間無顯明的分化，此時全鄉村各種農民（自耕農、佃

---

❺ 陳獨秀：《中國國民革命與社會各階級》，見：《前鋒》，第二期（一九二三年一二月一日），第一一九頁。

農、雇工）可就其共同利害之點，聯合爲一個組織。

2.鄉自治公所　在此組織中應以組織鄉團抵禦兵匪，改良水利，要求「縣長民選」爲主要運動。

3.佃農協會　以向政府要求「限田」（限制私有地權在若干畝以內，即以此等大地主中地主等限外之地權分給耕種該地之佃農。）「限租」（每年應納地主之租額，由各農村佃農協會按收成豐歉自定之。）爲佃農特有之運動。

4.雇農協會　以協議工資及介紹工作爲主要任務❻。

當時工人運動的領袖之一鄧中夏也寫了《中國農民狀況及我們運動的方針》❼，其觀點與陳獨秀的相同。

但陳紹禹（三十年代國共第二次統一戰線形成時起了重要作用的莫斯科寵兒）認爲上述兩篇文章是陳獨秀機會主義的起源。他說，陳文表明，他過低地估計了中國工人階級和農民羣眾的力量，過高地估計了中國資產階級的政治和經濟實力。這樣，他就把無產階級爭取國民革命領導權的鬥爭用來爲資產階級服務了❽。其實，陳獨秀的上述觀點在當時，一九二四年底，而不是在中

---

❻ 陳獨秀：《中國農民問題》，見：《前鋒》，第一期（一九二三年七月一日），第五六－五七頁。

❼ 鄧中夏：《中國農民狀況及我們運動的方針》，見：《中國青年》，第一三期（一九二四年一月五日），第五一－一〇頁；參見鄧中夏：《論農民運動》，見：《中國青年》，第一一期（一九二三年一二月二九日），第二－四頁。

❽ 慕石（陳紹禹）：《論陳獨秀》，見：《王明選集》，東京，一九七二年，第二卷，第二四六頁。

國革命失敗以後（如陳紹禹在一九二九年）就受到了彭述之的抨擊。彭述之一九二四年在莫斯科學習以後，擔任《嚮導》編輯，後來同陳獨秀一樣成了托洛茨基分子，被開除出黨。

彭述之在他的挑衅性文章《誰是國民革命之領導者？》中認爲，要資產階級來參加國民革命，已是難能之事，若望其來作國民革命的領導者，寧非夢想。按照彭的分析，工人階級在數量上要比資產階級多幾倍，數量上的優勢，工人階級要求革命的覺悟，以及其他階級（農民、手工業者、小商人、知識分子和苦力）更接近無產階級的事實說明，只有工人階級才能領導國民革命⑨。

彭述之的觀點明顯反映了一種極左傾向，這種觀點既不符合中國當時的情況，也不符合共產國際關於國民革命領導權的意見，共產國際認爲，國民革命的領導權，需要中國共產黨人在統一戰線中去爭取。

《共產國際執行委員會自第四次代表大會至第五次代表大會的工作報告》指出，一九二三年在中國共產黨內關於如何對待國民黨的問題有過「意見分歧」，這些分歧，經過執行委員會的「認眞研究」，認爲，「不存在關於解放運動策略的分歧」⑩。報告認爲，國民黨第一次全國代表

---

⑨ 彭述之：《誰是中國革命之領導者？》，見：《新青年季刊》，第四期（一九二四年一二月二〇日），第一—一五頁。

⑩ 《共產國際執行委員會自第四次代表大會至第五次代表大會的工作報告》，漢堡，一九二四年，第六七頁。

大會在廣大羣眾運動道路上前進了一大步，僅僅這個運動就有可能導致爭取國家眞正獨立鬥爭的勝利⓫。報告沒有談到國民黨右派發起的反對中國共產黨黨員的彈劾事件，以及他們在改組國民黨的代表大會之前、大會期間和大會以後改變國民黨性質的企圖。

維經斯基在他的文章中雖然論述了這一事件，卻是從問題的另一個方面出發的，他說：「右翼的代表人物，主要是商人，反對國民黨改組。他們希望國民黨停留在目前這種鬆散、分裂的狀態上，以便使國民黨繼續成爲他們手中的武器，來保護他們的利益，反對工業發達的中國北方和中部，同時也反對中國南方的工農羣眾。以我們共產黨員同志爲首的國民黨左翼，則推動國民黨轉變成一個眞正的、以農民和工人羣眾爲其主力的國民革命黨。」⓬維經斯基認爲，孫中山在決定時刻站在左翼這方面，堅定地把國民黨引向眞正爲工農羣眾的利益、爲城市小資產階級的利益而鬥爭的道路，是「國民黨的領袖和締造者孫中山的最偉大歷史貢獻之一」。維經斯基不去問一問，爲什麼孫中山會採取這一卓有貢獻的步驟，卻認爲這是「分裂過程的開端」。一九二四年八月至十月，廣州買辦階級得到英國的軍火和金錢的支持發動了商團叛亂，在這次叛亂中維經斯基看到了分裂的背景，可是他也忽略了問題的核心，他寫道：「過去參加國民黨的商業資本家愈來

⓫ 同上。

⓬ 維經斯基：《帝國主義對中國的進攻》，見：《國際新聞通訊》，第一一七期（一九二四年九月九日），第一五二三頁。

愈脫離孫中山，愈來愈成爲公開的敵人。爲了維持南中國的軍事根據地，當然不可避免地需要向大商業資本家徵稅，這樣就激起了中國南方大商人反對孫中山的鬥爭。商業資產階級和英國資本家爲了自身的利益在鬥爭中結合了起來，英國資本家從香港直接對孫中山施加壓力。」⑬

雖然，維經斯基與彭述之相反，談到解放運動將由國民黨領導，卻又警告說，現在即使由孫中山、廖仲愷、汪精衞等組成的國民黨左翼也遠遠沒有認識到工人政黨對中國解放運動的意義。他說，即使以孫中山爲首的反帝鬥爭是中國革命的一個因素，也不意味着，國民黨在鬥爭中會前後一致、堅持到底⑭。

維經斯基在上海與記者筆談時，把這一層意思說得更具體了。他說，一大部分和以前的資本

⑬ 同上。共產國際對於這次叛亂的觀點，請見：一、《中國發生了什麼事？》，《國際新聞通訊》，第一二〇期（一九二四年九月一六日），第一五八五—一五八六頁；二、共產國際執行委員會：《爲反對帝國主義對中國的掠奪致歐美工人宣言》，一九二四年九月四日，見：《國際新聞通訊》，第一一七期（一九二四年九月九日），第一五三八頁；三、東方人：《英國在東方》，見：《國際新聞通訊》，第一二二期（一九二四年九月一九日），第一六一四—一六一五頁；四、沃伊廷斯基：《中國內戰與工人階級》，見：《國際新聞通訊》，第一二六期（一九二四年九月二六日），第一六七四—一六七五頁；五、米夏葉羅夫：《英國帝國主義在南中國的失敗》，見：《國際新聞通訊》，第一四〇期（一九二四年一〇月二八日），第一八五五頁。

⑭ 維經斯基：《中國內戰與工人階級》，同上，第一六七五頁。

家和地主有聯繫的國民黨，能否脫離這些分子的束縛，立刻反對他們現在的賣國賣民的行爲，而完全傾向於勞動平民，這是一個非常重要的問題。維經斯基說：「中國國民革命運動的命運全繫於此。」⑮

共產國際的幹部所研究的主要是同帝國主義侵略中國有關的事件，他們有關中國統一戰線遠景的言論，常常是缺乏實在分析的含糊不清的預言。托洛茨基也是如此。一九二四年四月十二日，他在慶祝東方共產主義勞動大學三周年的講話中認爲，孫中山的思想雖然是進步的思想，但也是資產階級的思想。中國共產黨員必須支持國民黨，把它推向前進，當然，這裏也存在着向民族民主主義蛻化的危險⑯。

按照陳獨秀的分析，中國的資產階級既包括革命的，也包括非革命的和反革命的資產階級，基於他們的經濟實力，他們不可能脫離同國內軍閥和國外帝國主義的聯繫。分裂的過程已經開始，中國國民革命的命運，照維經斯基的說法，從這時起已經注定了。

正在分裂開始的時候，一九二四年六月十七日至七月八日在莫斯科召開了共產國際第五次代

---

⑮ 衛金（維經斯基）：《廣東政府與國民革命》，見：《新青年季刊》，第四期（一九二四年一二月二〇日），第二四頁。

⑯ 托洛茨基：《東方共產黨人的前景和任務》，見：《國際新聞通訊》，第五九期（一九二四年五月二七日），第七〇六頁。

表大會，大會的中心議題是共產黨布爾什維克化的問題。

在這次代表大會上，中國代表如同在歷次代表大會上一樣，鼓足勇氣陳述他們對同國民黨結成統一戰線這種奇特形式的不同看法，表示了他們對顯而易見的消極影響的疑慮，並請求大會討論。可是，有一名中國代表卻畢恭畢敬地完全按照共產國際的意思作了一個形勢報告，報告說：「根據共產國際執行委員會的指示，我黨黨員和共青團員以個人身份加入了國民黨，其目的是爲了改組它，改變它的綱領，並使它能夠密切聯繫羣眾……〔國民黨第一次全國代表大會〕大會的宣言、決議和綱領是由於我黨黨員和左翼的共同努力，才得以通過的。『左翼』同『右翼』進行了頑強的鬥爭，使後者不致反對我們。」⑰

報告接着說，中國共產黨員在國民黨內部工作的主要目的，在於喚起羣眾的革命精神，引導他們反對國際帝國主義者和國內的軍閥。在國民黨內部，我們將其左翼爭取到我們方面來，並以此加速革命浪潮的高漲。簡言之：「我們的策略是掌握工人運動的領導權，以使其成爲革命的先鋒隊……」這位中國代表保證說：「我們一直根據第四次代表大會所通過的關於統一戰線的決議進行工作。」⑱

⑰ 琴華：《在第二十二次會議上的發言》，見：《共產國際第五次代表大會記錄》，漢堡，一九二四年，第七〇二頁。

⑱ 同上，第七〇四頁。參見片山潛《共產國際與遠東》，見：《共產國際》，第三一—三二期（截稿日期爲一九二四年三月一日），第九九頁。

羅易在討論民族和殖民地問題的發言中，批評共產國際第五次代表大會關於執行委員會報告決議的某些關係到爭取東方殖民地人民參加革命解放運動的要點無法執行，並認爲，不考慮變化着的情況，以一成不變的僵硬公式爲根據是危險的。因爲，殖民地國家的民族解放運動是不平衡的，而且運動又包含着許多不同的社會階級。羅易接着非常激動地說：「我指出共產國際至今所遵循的策略的弱點，並要求糾正這種情況。許多國家支部對這個問題沒有給予足夠的實際的重視，這並不是有意不重視，而是共產國際內對這個問題思想非常混亂，這種思想如不澄清，我們就不可能取得預期的勝利。」⑲

曼努伊爾斯基（一九二四年以後爲斯大林的心腹，在共產國際機關工作，任共產國際執行委員會主席團書記至一九四三年）在他關於民族和殖民地的主要報告中談到中國時，把中國和爪哇島相提並論，認爲在這些國家已經出現組織工農政黨、制定比較激進的反帝鬥爭綱領的傾向。「各有關國家的共產黨支部，對這類政黨應持什麼態度呢？」「它們在反對帝國主義壓迫的鬥爭中的共同革命戰線應該採取什麼樣的具體的組織形式呢？」曼努伊爾斯基沒有詳細回答他自己提出的問題，只是說，共產國際已經根據各種情況分別解決了這些問題。例如共產國際已經允許爪哇島的共產黨人積極參加當地的工農黨。另外，共產國際也允許中國共產黨人參加國民黨。與此相

⑲ 羅易：《在第二十二次會議上的發言》，一九二四年七月一日，見：《共產國際第五次代表大會記錄》，見本書第九七頁⑰，第六四一頁。

聯繫，曼努伊爾斯基雖然提到，在最近一次中國共產黨的中央全會上，參加國民黨的那些同志的活動受到嚴厲批評，但是他沒有去研究從中產生的爭論，只是非常一般地指出了兩方面的危險：「這樣，我們各支部就要遇到雙重危險：一種危險是虛無主義地忽視使東方革命化這類的新現象；另一種危險是喪失獨立的階級面貌，離開無產階級立場而滑到同小資產階級庸俗合作的道路上去。」[20]

第五次代表大會所通過的《共產國際策略提綱》中最短的一條是第十二條「西方和東方」，這一條說：「共產國際是一個世界革命的組織……它應該本着共產國際第三次世界代表大會的精神，對於一切被壓迫民族的反帝運動給予全面的支持，同時必須記住，這個運動是全世界解放運動的一個最重要的組成部分，它可以保證歐洲和世界範圍的革命勝利。」[21]

共產國際第五次代表大會是一九二七年中國革命失敗前的最後一次代表大會。一九二四年九月初，第二次直奉戰爭爆發，中國政局的發展發生了轉變[22]。戰爭中，馮玉祥將軍同吳佩孚分

[20]《曼努伊爾斯基同志關於民族和殖民地問題的報告》，同上，第六二四頁。

[21]《共產國際策略提綱》，見：《共產國際第五次代表大會的提綱和決議》，漢堡，一九二四年，第二九—三〇頁。

[22]《中國發生了什麼事?》，見：《國際新聞通訊》，第一二〇期（一九二四年九月一六日），第一五八六—一五八七頁；沃伊廷斯基：《中國內戰與工人階級》，見：《國際新聞通訊》，第一二六期（一九二四年九月二六日），第一六七五頁。

手，因爲馮同情革命陣營。馮玉祥占領北京，讓段祺瑞取代曹錕，任北京政府總理，並邀請孫中山北上，主持討論有關中國政治前途的協商會議。這一事件，當時稱爲「北京政變」，以直系的崩潰而告結束㉓。按照越飛的觀點，馮玉祥並不屬於軟弱無能、缺乏獨立政策，以支持這個或那個強大的集團爲滿足的將領之列。越飛還指出，馮擁有三萬軍隊，組織嚴密，裝備精良，紀律嚴明，因此，由他領導的政變是前進了一步，而不是後退了一步㉔。共產國際的另一個評論員也認爲，這次政變是民族解放運動和民族解放鬥爭中革命力量向前發展的一個重要因素，因而成了中國反帝和工人運動的有力槓桿㉕。

孫中山接受了邀請，並發表了《北上宣言》（一九二四年十一月十日）㉖。孫中山在宣言中

㉓《中共中央第四次對於時局的主張》，一九二四年一一月，見：《中國共產黨五年來之政治主張》，第六四—六九頁；陳獨秀：《北京政變與中國人民》，見：《嚮導》，第八九期《一九二四年一〇月二九日），第七三三頁。本期還刊載了有關「北京政變」的其他文章。

㉔越飛：《中國的發展前景》，見：《國際新聞通訊》，第一四五期（一九二四年一一月七日），第一九五三頁。

㉕穆辛：《北京政變與最近前景》，見：《國際新聞通訊》，第一五二期（一九二四年一一月二五日），第二〇五八頁。

㉖《國父全書》，見本書第六二頁❸，第七六七—七六九頁；《孫中山宣言》，見：《國際新聞通訊》，第一五六期（一九二四年一二月二日），第二一一四頁。

認爲，解決中國政治前途的道路是召集國民會議，以謀中國之統一，組織民主政府和廢除不平等條約。

孫中山認爲，國內軍閥及其後臺帝國主義是中國動亂的策源地。孫中山認爲，現在軍閥被打倒了，大家應該集中力量打倒帝國主義，第一步就是廢除不平等條約。孫中山說這就是他此次北上的最重要的任務。

一九二四年十二月四日孫中山經日本抵天津，並於月底抱病到達北京。重病纏身，使他不能主持商討中國前途的會議。

一九二五年三月十二日，孫中山病故。他的逝世，一方面引起了國民黨內左右翼的公開衝突，另一方面也引起了國共兩黨的權力之爭。

第二章 統一戰線破裂前的醞釀

（一九二五——一九二六年）

一 反對右派

孫中山的北上引起了共產黨人內心的懷疑：馮玉祥政變所產生的政治形勢會不會導致孫中山同「新的」軍閥和帝國主義達成妥協呢？正因爲如此，中國共產黨人起初反對孫中山的北上，後來之所以不再反對，是因爲他們看到形勢的發展已經不可阻擋❶。

在這種背景下，中國共產黨於一九二五年一月匆匆召開了第四次全國代表大會。這次大會，

❶ 張國燾：《我的囘憶》，見本書第二九頁⑮，第一卷，第三七七—三七九頁。

不是像第三次代表大會那樣公開地在「紅色」廣州舉行，而是在帝國主義統治下的上海舉行，這表明他們對國民黨抱有懷疑。許多領導人物，如張國燾、毛澤東，都因爲大會的突然召開而未能出席。

這次代表大會的最重要的意義在於，中國共產黨第一次正式提出了無產階級在民族革命運動中的領導權問題，以及與此相聯繫的組織問題和羣眾宣傳問題。代表大會發表了大會宣言並通過了中央委員會的工作報告，以及關於民族革命運動、職工運動、農民運動、婦女運動、青年運動、組織問題和中國共產黨修改章程的議決案。

所有這些文件，只有宣言公布了。我們根據北京出版的關於中國共產黨黨史的論述將決議的要點概括如下：

代表大會根據大會對中國新的政治形勢的分析，確定了領導人民運動、促成國民會議召開的方針❷。

大會指出，遍及全國的反對段祺瑞召開的「善後會議」和促成國民會議的運動清楚表明，中國民眾已表示有要求執政及中國獨立的覺悟。大會認爲，中國共產黨的方針能否勝利實現，這完

---

❷《中國共產黨第四次全國大會宣言》，一九二五年一月二五日，見：《中國共產黨五年來之政治主張》，見本書第四〇頁⑱，第七〇—七七頁。

全靠中國共產黨和國民黨左派在民眾中所做之宣傳與組織工作之努力而定❸。

代表大會在分析了各個階級對待民族革命運動的態度之後，在《關於民族革命運動的議決案》中指出：「中國的民族革命運動，必須最革命的無產階級有力的參加，並且取得領導的地位，才能夠得到勝利。」❹接着，代表大會批評了最近一年來共產黨員在統一戰線中的右傾和「左」傾錯誤，並表示代表大會已經從這些錯誤中吸取了教訓。大會指出，國民黨自改組以後已形成了左中右三派，他們代表着不同的階級利益，因此，大會確定了對於國民黨三派的不同政策：

1. 對於代表工人、農民和小資產階級利益的左派，是擴大的政策；

❸ 胡華：《中國革命史講義》，見本書第三二頁❼，第一〇二頁。與北京的其他關於中國共產黨黨史的論述相比，胡華對第四次全國大會的敍述最爲詳細。胡喬木在談到這次黨的代表大會時，只寫了一句話：「一九二五年一月召集的中國共產黨第四次全國代表大會，曾經爲羣衆鬥爭的新高漲作了組織上的準備。」《中國共產黨的三十年》，北京，中文版第一〇頁。關於中國共產黨第四次全國代表大會會議期間的內政發展，請見：一、唐心石：《中國軍閥的爭奪》，見：《國際新聞通訊》，第三一期（一九二五年三月三日），第四五八頁；二、《中國的聯盟主義還是封建主義？》，見：《國際新聞通訊》，第七八期（一九二五年五月一二日），第一〇五三—一〇五四頁；三、《北京的改組會議》，見：《國際新聞通訊》，第八七期（一九二五年五月二六日），第一一九一—一一九二頁。

❹ 繆楚黃：《中國共產黨簡要歷史》，德文版，蒙斯特，一九七一年，第三九頁；胡華，同上，第一〇三頁。

2. 對於代表民族資產階級利益的中派，應指摘中派之游移，使其離開右派。當中派結合左派不妥協地革命時，黨應該贊助他們，並與他們合作；

3. 對於代表大地主大資產階級的右派，則加以反對；對國民黨的右派應該堅決地將他們清除出國民黨❺。

共產黨員在統一戰線工作中的這一條策略方針，後來證明是正確的，到了三十年代，在同國民黨的第二次統一戰線中更由毛澤東大大發展和成功地運用了。

一九二三年「二七大屠殺」以後，工人運動開始停滯。代表大會認爲，無產階級必須積極參加民族革命運動，不僅要取得民族革命運動的領導權，而且要取得工人運動的領導權。因此，民族革命運動必須和工人運動結合起來，政治鬥爭必須和經濟鬥爭配合起來。必須擴大中央和地方工會組織，對國民黨所領導的工會要加以改造，以便統一工人運動❻。

代表大會第一次公開討論了農民運動，並指出了農民運動在中國民族革命中的特別重要作用：「中國共產黨和工人階級要領導中國革命達到勝利，必須盡可能地系統地鼓動並組織各地農民逐漸從事經濟的和政治的鬥爭，否則我們希望中國革命成功以及在民族運動中取得領導地位，

❺ 胡華，同上，第一〇四頁。

❻ 胡華，同上，第一〇五頁。

都是不可能的。」❼

關於農民運動的決議，是第四次全國代表大會的最重要的決議之一，也是唯一受到激烈批評的決議。批評者說，代表大會沒有明確規定民主革命階段工農聯盟的基礎和無產階級領導下的農民解決土地問題的辦法，代表大會甚至還錯誤地認爲「不宜輕率由農會議決實行減租運動」❽。保爾·米夫認爲，民族革命運動決議中的「根本錯誤」在於，決議規定在民族解放的統一戰線階段之後緊接着開始無產階級社會主義革命階段。保爾·米夫說，這樣就跳過了繼續反帝革命並且是反帝革命中最牢固支柱的農民革命階段❾。

通過上述這些決議，以及其他關於青年運動、婦女運動和第四次全國代表大會組織問題的決議，中國共產黨在組織上作好了進攻的準備。第四次全國代表大會是一次戰鬥大會，它爲自己提出了兩項任務：對外發動羣眾運動，對內反對國民黨右派。這兩項任務在一九二五年進行了，並且取得了部分的成功。在此期間，孫中山首先北上，接着病重，接着提出召開包括城市各階層和知識分子的國民會議，所有這些情況都促成了右派在組織上的鞏固。一九二四年七月，由於不滿國民黨領導消極對待共產黨非法活動而離開廣州的張繼和謝持，在進行了積極的準備之後，於一

❼ 繆楚黃，同上，第三九頁。
❽ 繆楚黃，同上，第四〇頁；參見：胡華，同上，第一〇六頁。
❾ 保爾·米夫：《爲爭取中國人民的解放而鬥爭的中國共產黨》，莫斯科，一九三七年，第二六—二七頁。

九二五年三月八日聯合馮自由和其他元老在北京成立了「國民黨同志俱樂部」[10]。右派這時發動了以「反對共產主義的危險」爲標誌的運動，要求把共產黨員開除出國民黨。

爲此，維經斯基指出：國民黨右派人物公開與帝國主義分子重新修好，把鬥爭的重點放在共產黨員和一些國民黨左派身上，他們指控這些人企圖把國民運動置於布爾什維克和蘇俄的影響之下。「在這方面」，維經斯基在《中國革命運動的趨勢和國民黨》一文中寫道，「右派完全和帝國主義在中國的新聞機構（首先是英國的新聞機構）一唱一和，這些機構在反動的直系土崩瓦解之後發動了一場大規模的宣傳運動，它們說，中國將爲布爾什維克所占領，國民黨不過是蘇俄在中國的一個『工具』。」[11]

國民黨右派的日益鞏固，不僅加速了國民黨右派和左派之間的分離和矛盾，而且也迫使中國共產黨人不得不根據第四次全國代表大會決議的精神採取反擊右派的措施。

一九二五年三月十日，在共產黨員和以汪精衛爲首的左派推動下，召開了國民黨中央執行委員會擴大會議，會議聲明，國民黨同「國民黨同志俱樂部」毫無關係，會議決定將三百二十名國民黨右派開除出黨[12]。

---

[10] 波多野乾一：《中國共產黨黨史》，東京，一九六一年，第一卷，第九八—一〇一頁。

[11] 維經斯基：《中國革命運動的趨勢和國民黨》（一九二五年三月七日），見：《共產國際》，第三期（一九二五年三月），第三五五頁。

[12] 波多野乾一，見前[10]，第一卷，第一〇一頁；參見沃伊廷斯基上文，第三五六—三五七頁。

在反對國民黨右派的第一個回合的鬥爭中，中國共產黨取得了暫時的、但不是最終的勝利。

維經斯基在上述文章中指出，國民黨右派雖然在數量上不大，但是在分裂的情況下它對於中國解放運動的反作用卻是很嚴重的，因爲在右派周圍聚集着一批得到外國帝國主義援助的買辦和官僚⑬……。

爲什麼右派現在進行的運動以「反對共產主義的危險」爲標誌呢，維經斯基說，原因是「運動愈在國內展開，一部分資產階級、官員、擁有土地所有權的舊官吏同勞動羣眾的矛盾也愈突出」⑭，這也是一九二六——一九二七年間共產國際文件和文章中一再提出的論據。維經斯基的論斷雖然符合一九二五年四、五月份以後全國羣眾運動發展的形勢，但是並不符合他在撰寫這篇文章時——一九二五年三月七日的形勢。

如上所述，右派（我們不妨借用共產黨的這個措詞）早在一九二二年孫中山決定容許共產黨員加入國民黨的時候就對國民黨內的共產黨員提出非難，而在一九二四年第一次改組國民黨的代表大會召開期間和之後不久，當「羣眾運動」在國內尚未開展的時候，右派就已經發動了反對共產主義的危險的運動。右派在他們的通電⑮和一九二五年三月八日「國民黨同志俱樂部」成立宣

⑬ 維經斯基，同上，第三五七頁。
⑭ 維經斯基，同上，第三五五頁。
⑮ 《中國國民黨同志俱樂部通電》，一九二五年三月三一日，見：《中國國民黨史資料滙集》，廣州，第

言[15]中所強調的也無非是預防國民黨向共產主義轉變的危險以及保持國民黨組織獨立性的問題。並不是帝國主義的報刊，而是共產國際的文件一再強調，被壓迫人民的民族革命是無產階級世界革命的一個最重要的組成部分，這個運動必須同世界共產主義的利益，就是說同蘇維埃政權的利益聯繫在一起，必須在國際範圍內協調起來，中國共產黨員必須在統一戰線中，就是說在國民黨內取得無產階級的領導權。把這些話翻譯成資產階級的語言（維經斯基自己也是這樣表達的），豈不意味着：人民運動應該置於布爾什維克和蘇俄的影響之下，中國將爲布爾什維克所占領，國民黨不過是蘇俄在中國的一個「工具」。所以說，這場衝突並不是像共產黨所說的那樣，關係到國民黨「右派」和「左派」的階級利益，而是一個預防國民黨向共產主義轉變的問題，也就是說，這場衝突的背景還有一個民族利益問題。

中國共產黨是工業無產階級政黨，但是它不可能像純粹的資本主義國家那樣，也不可能像革命前的俄國那樣直接實現無產階級的領導權，而是通過奪取依靠大批城鄉小資產階級和激進知識分子的國民黨組織。「共產黨在這種形勢下的策略是掀起反帝運動的浪潮，同時堅決反對國民黨資產階級思想對共產黨的影響，反對國民黨在對待帝國主義現實政策上的小資產階級的動搖態度

（續）一集，文件四。本書滙集了二十年代報紙上有關國共合作的文章，滙集者不詳。這三卷集爲胡佛研究所東亞研究小組所購，四七三八／三〇／五六六七。

[16] 《中國國民黨同志俱樂部成立宣言》，一九二五年三月八日，見：《中國國民黨史資料滙集》，同上，第一集，文件三。

——這就是這個國家共產黨人目前的主要任務。」以上是維經斯基在一九二五年三月十日國民黨中央委員會擴大會議之後在另一篇文章中所寫的一段話。他接着說：「中國共產黨實現這些任務，堅定不移地捍衛無產階級的階級利益，乃是目前實現政治領導權的適合形式。」⑰

國民黨中央執行委員會擴大會議的第三天，一九二五年三月十二日，孫中山逝世了。國民黨失去了一位偉大的領袖，領導陷於混亂，國民黨內部已經開始的分裂形勢此時更是無法阻止了。中國共產黨人因孫中山的逝世感到機會來了，他們在孫中山在世時只能秘密而徒勞謀求的東西，現在可望得到了，這就是國民黨和民族運動的領導權。

在《中國共產黨爲孫中山之死告中國民眾》的號召書中，中國共產黨認爲，中山先生所創造的國民黨，尤其是其中革命分子，必然遵守大會宣言，必然遵守中山先生的遺囑⑱，依照中山先生的主張與戰略，領導中國的民族自由運動和中山先生生時無異⑲。中國共產黨在吊唁中表示相

⑰ 維經斯基：《擴大執行委員會上的殖民地問題》，見：《共產國際》，第四期（一九二五年四月），第四三四頁。

⑱ 《國父年譜》，見本書第六三頁❹，第二卷，第一一九二頁；《孫中山遺囑》，見：《國際新聞通訊》，第三六期（一九二五年三月一七日），第五四二頁。

⑲ 中共中央：《爲孫中山之死告中國民衆》，一九二五年三月一五日，見：《中國共產黨五年來之政治主張》，見本書第四〇頁⑱，第八一—八三頁；參見瞿秋白：《孫中山與中國革命運動》，見：《新青年》，第二期（一九二五年六月一日），第一一—一四頁。

信——也可以解釋爲要求——國民黨實行集體領導對於革命會比一人領導更爲有效，一切革命分子會因爲孫中山之逝世更加緊密地團結在一起，國民黨內部的這種團結不僅是防禦敵人進攻的必要保證，也是實現孫中山理想的眞正前提⑳。

北京在敍述中國共產黨黨史時通常不提孫中山的遺囑，只講孫中山致蘇共中央的遺書㉑。而國民黨領導當時對遺書就有爭論，今天更是不再提及。因爲遺書主要由鮑羅廷和孫中山的秘書陳友仁用英文起草、孫中山在逝世前聽了一遍後簽字的㉒。至於一九二五年三月十四日國民黨中央執行委員會拍給季諾維也夫和斯大林的電報，國民黨在當時、在今天都是諱莫如深。電報說：「在我們面前還有巨大的困難，因爲與帝國主義相勾結的反革命勢力在包圍着我們……我們相信，你們作爲列寧的忠實學生一定會和我們共同繼承孫中山的事業。」㉓

《國際新聞通訊》在一篇悼念孫中山逝世的文章中指出，今天國民黨已分裂成三派：右派、

⑳ 中共中央：《爲孫中山之死致唁中國國民黨》，一九二五年三月一五日，見：《中國共產黨五年來之政治主張》，同上，第一八六—一八七頁。

㉑ 《孫中山致蘇聯遺書》，一九二五年三月一一日，見：《國際新聞通訊》，第三六期（一九二五年三月一七日），第五四二頁（見：《孫中山遺囑》）。

㉒ 《國父年譜》，見本書第六三頁❹，第二卷，第一一九六頁。

㉓ 《共產國際、俄國共產黨和國民黨之間的電報往來》（莫斯科，一九二五年三月一四日），見：《國際新聞通訊》，第三六期（一九二五年三月一七日），第五四三頁。

中央派（廣州政府）和左派；左派是工人和農民。現在，孫中山忠實學生的頭等重要任務就是從黨內清除出一切不肖學生和惡劣分子，這些人利用偉大領袖的名字作爲招牌去幹他們的骯髒勾當[24]。

由斯大林簽署的俄國共產黨中央委員會致國民黨中央執行委員會的電報表示相信，國民黨在爭取解放的偉大鬥爭中將高舉孫中山的旗幟，光榮地贏得反對帝國主義及其在中國代理人的最後勝利[25]。季諾維也夫也以共產國際的名義向國民黨發了一份回電。他在電報中主要談了工人階級的前途問題，他說：孫中山是在他的生平事業開始結出預期成果時與世長辭的。共產國際深知，剛剛踏上歷史道路上的中國工人階級有着偉大的前途。共產國際毫不懷疑，和國民黨合作的中國共產黨也一定會完成它所面臨的偉大任務[26]。

共產國際執行委員會在向中國人民羣眾發出的號召書中，號召他們要像他們的領袖一樣堅決同一切企圖改變孫中山和國民黨的立場、謀求和帝國主義妥協的人作鬥爭。共產國際相信，革命的人民政黨——國民黨會同中國共產黨一起加強他們隊伍的團結，依靠人民羣眾，繼續走在去世

---

[24] 唐心石：《孫中山的生平和事業》，見：《國際新聞通訊》，第三八期（一九二五年三月二〇日），第五七二頁。

[25] 《共產國際、俄國共產黨和國民黨之間的電報往來》，同上，第五四二—五四三頁。

[26] 同上，第五四三頁。

的領袖孫中山生前堅定走過的光榮的反帝鬥爭的大道上㉗。

共產國際在號召書中特別強調了孫中山晚年的功績，「孫中山不顧年邁通過學習偉大俄國革命的經驗，認識了政黨的意義，並且學習了引導廣大人民羣眾參加革命運動的方法。」㉘

季諾維也夫在悼念孫中山逝世的一篇文章中寫道，中國革命領袖的逝世使得每一個有階級覺悟的無產者不得不再一次考慮正在發展和壯大的偉大民族革命運動的命運。寫到這裏不知是什麼突然使季諾維也夫「不禁想起把孫中山和艾伯特作一番比較」，季諾維也夫說，比較一下孫中山和艾伯特，就可以在現時的情況下證實列寧同志所作的落後歐洲和先進亞洲的論斷。季寫道：「在我們這個時代的整個歐洲，不僅資產階級是最反動的力量，那些爲資產階級賣力的上層工人貴族也是最反動的力量。」㉙「艾伯特之流」是世界資產階級的同盟者，而「孫中山等人」則是世界無產階級的同盟者。孫中山從和平主義者發展爲民族主義者，進而逐步發展爲民族革命運動的

㉗《共產國際執行委員會致中國人民羣衆書》，見：《國際新聞通訊》，第三八期（一九二五年三月二〇日），第五七一頁；參見：《共產國際執行委員會致全世界工人書》，同上；以及《共產國際國際婦女書記處爲孫中山逝世舉行羣衆大會》，見：《國際新聞通訊》，第四八期（一九二五年四月三日），第六九九頁。

㉘《共產國際執行委員會致中國人民羣衆書》，同上。

㉙季諾維也夫，《悼念孫中山逝世》，見：《國際新聞通訊》，第三八期（一九二五年三月二〇日），第五七〇頁。

眞正領袖，這個運動正和國際無產階級運動融合在一起，在共產國際的旗幟下前進。孫中山「將作爲東方民族革命運動領袖這樣一個最偉大的人物載入二十世紀最初二十五年的史册」㉚。

布爾什維克主義重視被壓迫人民民族革命運動的偉大作用，並認爲它是無產階級世界革命最重要的組成部分之一的觀點，是列寧主義對整個馬克思學說的最重要的貢獻。季諾維也夫說，像剛剛去世的孫中山這樣人物的生平和活動明顯說明了列寧主義觀點在這個問題上的正確性㉛。卡爾·拉狄克也是在這個意義上十分推崇孫中山，並且把他與列寧相比，他說：「列寧在世界歷史上最偉大的貢獻之一在於，他在歐洲無產階級和東方被壓迫人民的聯盟中看到，可以依靠這個聯盟推動世界運動。爲爭取自身解放的中國人民可以感到自豪，因爲孫中山是東方人民最偉大的領袖之一，他理解列寧的這個思想，並且儘可能地加以實現，這就使得他在歷史上最偉大人物的行列中得到一個光榮位置，並長久地留在所有被壓迫者的記憶中。」㉜

然而，在這些充滿信心的字裏行間卻隱藏着共產國際和中國共產黨對中國民族革命在孫中山逝世後的不穩定發展的憂慮：國民黨會繼承共產黨人所謂的「遺產」嗎？右派會利用一切可能的

㉚ 同上，第五六九頁。
㉛ 同上，第五七〇頁。
㉜ 卡爾·拉狄克：《孫中山的遺產》，見：《國際新聞通訊》，第三九期（一九二五年三月二四日），第五八八頁。

機會與帝國主義妥協、加強反對共產黨人的活動嗎？

爲了討論孫中山逝世後國民黨的領導問題，爲了討論怎樣對待國民黨中的共產黨員問題，國民黨中央執行委員會於一九二五年五月十八日至二十四日在廣州召開了第三次會議。鮑羅廷沒有出席大會，汪精衛雖然參加了，但還不是黨的領袖。

全會在宣言中表示接受孫中山的遺囑，並聲明孫中山的學說爲黨的最高原則[33]。中央執行委員會主持黨的領導工作，並在一項訓令中重新確認一九二四年八月國民黨中央執行委員會二中全會關於容許中國共產黨員參加國民黨的決議[34]。關於黨員的責任和義務，訓令說，黨員中如有行動和言論不符合孫中山之學說者應毫無例外地根據黨的原則予以制裁。

二 到羣衆中去！

在此期間，共產國際執行委員會在莫斯科召開了第五次會議（一九二五年三月二十一日至四

---

[33] 《中國國民黨中央執行委員會第三次全體會議接受總理遺囑聲明》（一九二五年五月二四日），見：《革命文獻》，第一一輯，第二六五—二六九頁。

[34] 《中國國民黨中央執行委員會第三次全體會議決定最高原則之訓令》（一九二五年五月二四日），見：《民國日報》，一九二五年五月二七日。

月六日）。全會在所謂「托洛茨基危險」標誌下討論了共產主義運動以及民族和殖民地的理論和實際問題。共產國際執行委員會通知各國共產黨，率先參加民族運動，並且警告被壓迫國家的共產黨員，不要採取脫離羣眾的過激行動，因爲殖民地和半殖民地的工人階級剛剛開始形成，那裏的共產黨人剛剛邁出第一步。共產國際執行委員會認爲——與一九二五年一月中國共產黨第四次代表大會的決議相反，即使在很發達的國家引導共產黨員「奪取無產階級的領導權」也是爲時過早的❶。但是共產國際又指出，被壓迫國家的共產黨如果積極參加民族解放鬥爭，那末他們是有着「巨大可能性」的。共產黨參加這一鬥爭會賦予民族解放運動以生氣和力量，會促使運動的革命化，並有利於運動的領導向最堅決的反帝力量這方面過渡❷。

對中國共產黨人來說，具有決定意義的當然不只是「巨大的可能性」，而是中國的政治形勢和孫中山逝世後國民黨內部的情況。當時的形勢和情況似乎使人很容易認爲可以根據共產黨第四次代表大會的決議發動羣眾運動。但是從一九二五年五月至八月羣眾運動的重點很明顯仍然是工業中心上海的工人運動。

上海之所以能成爲共產黨掌握的罷工運動的出發點❸，而日本人的紗廠又首當其衝❹，其原

---

❶《共產國際——簡短的歷史概要》，見本書第五頁⑭，第二七九頁。
❷同上，第二八〇頁。
❸《一九一八年以來上海的罷工與反罷工》，上海市政府社會事務局編，一九三三年，第四七頁。
❹同上，第五五、九六頁。

因並非偶然，因爲上海是一座國際城市，掌握在帝國主義的手中❺。

在最近十年中，上海經歷了中國最強大和最迅速的工業發展階段。根據一九三三年中國十二個城市工業的可靠統計（該統計也簡要介紹了一九二五年左右中國工業的發展情況），上海無論在工人數目還是在資本和生產總值方面都各占百分之六十，居十二城市之首❻。在上海特別集中了中國的紡織工業：五十八家紗廠，將近二百萬紗錠，男女工共十一萬三千人❼。現代化的紡織工業大部分掌握在外國人、主要是日本人和英國人手裏。

此外，日本人開設的紗廠還是上海罷工運動的中心。一九二四年北京政變以後，對共產黨人來說，日本成了中國境內的最重要的帝國主義勢力，因爲以段祺瑞政府和部分以張作霖爲代表的中國政府同日本帝國主義的利益一致。一九二四年秋季以後，日本對中國政府政策的影響也大大增加❽。

---

❺ 參見：《中國眞相》，一九二五年七月二日《泰晤士報》，E・瓦爾加引用於《一九二五年第二季度的經濟與經濟政策》，見：《國際新聞通訊》，第一一八期（一九二五年八月七日），第一六九六頁。

❻ 《中國近代經濟史統計資料選集》，中國科學院經濟所文集，北京，一九五五年，第一〇六頁。

❼ 唐心石：《上海紡織工人罷工的意義》，見：《國際新聞通訊》，第三六期（一九二五年三月一七日），第五四三頁。

❽ 維經斯基：《帝國主義分子反對中國的工人運動》，見：《國際新聞通訊》，第九六期（一九二五年六月一九日），第一三〇六頁。

上海罷工的主要參加者是紗廠工人，而大多數又是婦女和兒童。

一九二五年英國保守政府發表了一篇，題爲《關於中國工人狀況的報告》。《藍皮書》收集了英國駐中國領事關於中國工人狀況的報告。報告說，中國成年工人的月工資不到十五美元，非熟練工人八美元。當然在最貧困的居民中，兩口之家（無子女的家庭）的最低生活費用每月至少要十六美元，就是說，每月掙十五美元的工人尚且不能養活他自己和他的妻子，更何況他的孩子了[9]。上海童工調查委員會報告的前言（發表在一九二五年的《中國年鑑》上）說：「在中國，女工和童工問題不同於西方國家。不論在農民還是在手工業者之中，家庭的主要勞動力的收入是那樣微薄，以致爲維持起碼的家庭生活，只要有可能，家庭的所有成員都要拼命去掙一些錢。雖然我們無法確切知道整個國家成年人的平均收入是多少，因爲從來沒有在這方面作過科學的調查統計，但日常的經驗表明，家庭中婦女和兒童的收入，對於維持一種最低限度的生活水平是必須的。」[10]

關於上海的情況，總領事巴頓在上述《藍皮書》中報告說：「令人遺憾的是，這裏毫無限制

---

[9] 卡爾・拉狄克：《一本描述中國無產階級狀況的英國藍皮書》，見：《國際新聞通訊》，第一二二期（一九二五年八月一七日），第一七五三頁。

[10] 《中國年鑑一九二五－一九二六年》，H・G・W・伍德黑德編，克勞斯再版，內德爾／列支敦士登一九六九年，第五四五頁。

地使用童工，兒童在英國人、其他外國人以及中國人開的工廠裏的勞動時間之長（白天和夜晚）實在是聞所未聞，年齡很小還不會勞動的孩子也跟着父母進廠勞動。英國紗廠的一般勞動時間每天爲二十三個半小時，分兩班勞動，每班十二小時，中間有一次休息，每次只有十五分鐘。日本工廠爲二十二小時（疑爲二十三小時之誤），分兩班，每班十二小時，中間休息三十分鐘。中國工廠的勞動時間每天爲十四小時，沒有休息。童工和青工的勞動時間同成年人一樣……」⑪

萊因哈德·奧斯滕在他從北京發出的報告《資本主義在中國殺害兒童》中說，十九世紀四十年代弗里德里希·恩格斯在《英國工人階級狀況》文章中所描述的悲慘景象，今天在中國，在資本主義入侵的地方又變成了活生生的現實⑫。

雖然，上海就工人、資本和生產資料的集中程度而言，就資本主義的影響而言，確實存在着「巨大的可能性」，但是，上海除了有小規模的罷工外一直還是比較平靜的。

一九二五年二月一日，一家日本紗廠開除了一批工人，此事在一周後成了罷工的導火線。到二月底二十二家日本工廠的四萬四千工人舉行罷工，中國共產黨員是這次罷工的領導者和組織

---

⑪ 拉狄克，同上，第一七五二頁。

⑫ 萊因哈德·奧斯滕（北京）：《資本主義在中國殺害兒童》，見：《國際新聞通訊》，第一四〇期（一九二五年一〇月九日），第二〇五〇頁。

者⑬。一九二五年二月九日罷工之後，中國共產黨中央委員會立卽組織了罷工委員會，以便繼續組織罷工，委員會的負責人爲鄧中夏和劉少奇⑭。《國際新聞通訊》在一篇關於上海這次罷工的報導中說：「我們共產黨人現在已經取得了很大的勝利，以往在上海不可能做到的事——與勞動羣眾的內部聯繫，現在我們做到了。」⑮

山東青島日本紗廠的中國工人受到上海罷工的鼓舞也於一九二五年四月舉行罷工，罷工持續了二十天，最後以罷工工人的勝利結束⑯。在羣眾運動高潮中，一九二五年五月一日在廣州召開了第二次全國勞動大會，大會決定加入赤色職工國際⑰。爲了加強對全國工人運動的領導，大會

---

⑬ 唐心石：《上海紡織工人罷工的意義》，見：《國際新聞通訊》，第三六期（一九二五年三月一七日），第五四三頁；另見：《紅色工會國際致上海工人書》，莫斯科，一九二五年三月三日，見：《國際新聞通訊》，第三二期（一九二五年三月六日），第四七六頁。有關一九二五年二月上海罷工的情況（根據警察局、政府和路透社的報告以及報紙的文章）以及有關三、四月份罷工的發展情況，請見：《中國年鑑一九二六—一九二七年》，H·G·W·伍德黑德編，天津，原版，第九一五—九一九頁。

⑭ 許世華、強重華：《五卅運動》，北京一九五六年，第一〇頁。

⑮ 唐心石：《上海紡織工人罷工的意義》，見前⑬，第五四四頁。

⑯ 許世華、強重華：《五卅運動》，見前⑭，第一三—一四頁。

⑰ 《中國工會加入紅色工會國際——紅色工會國際致中國工會書》，見：《國際新聞通訊》，第八五期（一九二五年五月二二日），第一一六六—一一六七頁。

組織了中華全國總工會，選舉林偉民爲委員長，劉少奇爲副委員長，鄧中夏爲秘書長。同日，第一次農民代表大會在彭湃領導下也在廣州召開，農民大會也決定參加國際農民委員會（農民國際）⑱。第一次農民代表大會在報告了政治形勢後，作了如下決議：「1.提出反對國際帝國主義和中國軍閥，反對高利貸和農村官吏的口號。2.號召全國農民組織農會，支援國民革命。3.號召農民與工人和革命士兵聯合起來，大會認爲，農民的解放取決於工人階級反對人民敵人的革命鬥爭的勝利。4.大會認爲，中國的農民運動是國際農民運動的一部分，因此決定參加農民國際。5.承認國民黨的革命基礎，但是鑒於這個黨內還存在着反革命買辦分子，因此要求中央委員會將這些不受歡迎的對革命抱着敵對態度的分子清除出黨。6.爲了保護農民利益，應努力使農會參加各級國家機關，並要求農會在政府機關、立法機關和行政機關均有代表參加。7.組織農軍，爲此目的，建立農會武裝部。」⑲

上述決議的第七點尤其值得注意，它提出了農民武裝問題，就是說建立農軍，保衞在反對軍

⑱ 《國際農民委員會致中國男女農民書》，見：《國際新聞通訊》，第一〇〇期（一九二五年六月二六日），第一三五八—一三五九頁；另見中國共產黨中央委員會：《一九二五年「五一」告中國工農階級及平民》，見：《中國共產黨五年來之政治主張》，見本書第四〇頁⑰，第八四—八五頁。關於廣州的兩次大會，見胡華：《中國革命史講義》，見本書第三二頁⑦，第一一〇—一一二頁。

⑲ R・F：《覺醒了的中國》，見：《共產國際》，第七期（一九二五年七月），第七一七頁。

閥鬥爭中已取得的成果。有趣的是，今天北京在論述一九二五年第一次農民代表大會的時候，關於大會所涉及的組織農軍問題根本不再提起了。

隨着這樣的組織準備，罷工運動進入了一個新的第二階段。一九二五年五月十五日上海日本內外棉紗七廠的工人上工時，日本工頭毫無理由地宣布工廠停工。工人們要求補發到期的工資，工頭企圖用棍棒驅散工人，棍棒被工人奪走，工頭開槍射擊，兩名工人被打死（其中有共產黨員顧正紅），許多工人受傷。

鑒於罷工運動形勢愈來愈尖銳，中國共產黨中央委員會於一九二五年五月二十八日在上海召開會議，會議認爲，工人階級的經濟鬥爭已具有更尖銳的政治性質，中央委員會決定把這一鬥爭轉爲反對帝國主義的政治鬥爭，並使工人階級成爲人民反帝鬥爭的中堅力量。會議決定，一九二五年五月三十日在上海租界舉行反帝大示威⑳。這次有兩千名上海大學生參加的示威遊行遭到英國警察的槍殺，造成血案，十一人被打死，幾十人受重傷和被捕。這一事件就是中國現代史上一九二五年的「五卅運動」㉑。英、日帝國主義的血腥屠殺引起了羣衆的極大憤怒，導致了全國性

---

⑳ 胡華：《中國革命史講義》，見本書第三二頁⑦，第一一三頁；參見：《五卅運動》，第二一頁。

㉑ 華崗：《一九二五—一九二七年中國大革命史》，上海，一九三一年，第一七四—二一四頁；米夫：《中國革命》，莫斯科，一九三三，第四四—七九頁；《五卅事件》，見：《中國年鑑一九二六—一九二七年》，天津，見本書第一二一頁⑬，第九一九—九四一頁。

中國共產黨中央委員會：《爲反抗帝國主義野蠻殘暴的大屠殺告全國民衆》，一九二五年六月五

的抗議和罷工。當時最大的鬥爭行動就是共產黨領導的一九二五年六月十九日的「省港大罷工」，這一罷工造成了六月二十三日的「沙基慘案」。

上海工人的罷工運動在「五卅運動」以後持續了三個月之久，直到一九二五年八月三十日宣布了戒嚴法才結束。運動在第一階段，一九二五年二月至五月，沒有超過經濟鬥爭的範圍。一九二五年五月三十日，英、日帝國主義的槍彈把中國廣大人民羣眾引向了反帝運動，其成效大大超過了「善辯的共產國際代表的希望」㉒。共產國際以極其關切的心情注視着「五卅事件」及其在中國的發展，㉓附屬於國際的組織也紛紛表示深切的同情和支援㉔。

(續)日，見：《中國共產黨五年來之政治主張》，見本書第四〇頁⑱，第八六—九二頁；德文綜述題爲：《中國共產黨宣言》，莫斯科，一九二五年六月一七日，見：《國際新聞通訊》，第九六期（一九二五年六月一九日），第一三〇六—一三〇七頁。

㉒ R·F：《覺醒了的中國》，見：《共產國際》，見本書第一二三頁⑲，第七一三頁。

㉓ 一、《中國人民的自由之戰》；二、《中國事件的繼續發展》，見：《國際新聞通訊》，第九三期（一九二五年六月一二日），第一二六二—一二六三頁；三、《中國鬥爭的繼續》，見：《國際新聞通訊》，第九四期（一九二五年六月一六日），第一二七七—一二七八頁；四、《不屈不撓的戰鬥意志》，同上，第一二七八—一二七九頁；五、《尖銳的鬥爭》，同上，第一二七九頁；六、《鬥爭在繼續尖銳》，見：《國際新聞通訊》，第九六期（一九二五年六月一九日），第一三〇七頁；七、《帝國主義在漢口的恐怖手段》，見：《國際新聞通訊》，第九八期（一九二五年六月二三日），第一三二七頁；八、《中國的鬥爭形勢》，見：《國際新聞通訊》，第一〇二期（一九二五年六月三〇日），第一三八八

(續)頁；九、《帝國主義在廣州的血腥屠殺》，同上；一〇、《上海形勢日益尖銳》，見：《國際新聞通訊》，第一一〇期（一九二五年七月一七日），第一五一六頁；一一、S・特雷雅可夫：《北京來信》，見：《國際新聞通訊》，第一一一期（一九二五年七月二一日），第一五三一—一五三二頁；一二、《在中國的新的大屠殺》，見：《國際新聞通訊》，第一一二期（一九二五年八月一七日），第一七五四頁；一三、《寫在上海罷工結束之前》，見：《國際新聞通訊》，第一一三期（一九二五年八月二一日），第一七六八—一七六九頁；一四、《中國工廠的罷工運動》，見：《國際新聞通訊》，第一二九期（一九二五年九月八日），第一八八五—一八八六頁。

㉔ 一、《共產國際、赤色職工會國際和少共國際反對帝國主義在華暴行致工人、農民和勞動人民宣言》，莫斯科，一九二五年六月八日，見：《國際新聞通訊》，第九三期（一九二五年六月一二日），第一二六〇—一二六一頁；二、《青年共產國際執行委員會號召書》，莫斯科，一九二五年六月五日，見：《國際新聞通訊》，第九二期（一九二五年六月九日），第一二四四頁；三、《蘇聯舉行羣衆集會》，莫斯科，一九二五年六月一二日，見：《國際新聞通訊》，第九四期（一九二五年六月一六日），第一二七八、一二七九頁；四、《共產國際和紅色工會國際要求第二國際和國際工會聯合會共同採取行動支援中國》，莫斯科，一九二五年六月一八日，見：《國際新聞通訊》，第九六期（一九二五年六月一九日），第一三〇八頁；五、《共青團中央致中國青年書》，同上；六、《蘇聯共產主義青年團爲聲援中國青年舉行大會》，莫斯科，一九二五年六月一八日，見：《國際新聞通訊》，第九八期（一九二五年六月二三日），第一三二六—一三二七頁；七、《蘇聯運輸工人爲聲援正在罷工的中國工人舉行大會》，見：《國際新聞通訊》，第一〇三期（一九二五年七月三日），第一四〇六頁；八、《蘇聯工會代表團訪問中國》，莫斯科，一九二五年七月六日，見：《國際新聞通訊》，第一〇五期（一九二五年七月七日），第一四三六頁；九、《紅色工會國際號召聲援中國無產階級》，莫斯科，一九二五年七月一三

三　暫時的平靜

如何評價「五卅運動」以及中國共產黨在罷工運動第二階段的作用，共產國際和中國共產黨之間大體說來意見一致，不同的只是季諾維也夫、拉狄克、維經斯基等人在《國際新聞通訊》和《共產國際》上所發表的意見從質量上看較之中國共產黨的意見更為重要。因此，關於「五卅運動」評價的綜述，我們就以共產國際的文章為基礎；至於中國共產黨的宣言和瞿秋白等人在中共

(續)日，見：《國際新聞通訊》，第一一〇期（一九二五年七月一七日），第一五一六頁；一〇、《紅色工會國際致中國工會書》，見：《國際新聞通訊》，第一一一期（一九二五年七月二一日），第一五三二頁；一一、《俄國共產黨各支部與中國事件》，皮亞尼奇同志一九二五年七月一四日在共產國際執行委員會組織委員會會議上的講話，見：《國際新聞通訊》，第一一七期（一九二五年八月四日），第一六三三—一六三四頁；一二、《關於中國事件的決議》，第六屆國際青年大會，見：《國際新聞通訊》，第一二五期（一九二五年八月二七日），第一八一二頁；一三、《蘇聯工會代表團在中國》，莫斯科，一九二五年九月一八日，見：《國際新聞通訊》，第一三四期（一九二五年九月二二日），第一九六〇頁；一四、A・萊普塞：《俄國工會代表團訪問中國和日本》，見《國際新聞通訊》，第一四三期（一九二五年一〇月二〇日），第二〇九八—二〇九九頁；一五、《紅色工會致上海工會委員會》，莫斯科，一九二五年一〇月二五日，見：《國際新聞通訊》，第一四六期（一九二五年一〇月二七日），第二一六五頁。

中央機關報《嚮導》上發表的文章，大家都已經知道了。下面分四點來說：

（一）「五卅運動」的意義

關於這次運動的意義，托洛茨基曾經用過一個很形象的比喻，他說，中國的房屋屬於中國人所有，你只有先敲門，才能進去。房屋的主人有權讓朋友進去，而把敵人拒之門外。托洛茨基說：「這就是我們開始的綱領……這個綱領蘊藏着無比巨大的力量，在它的旗幟下上海的工人和學生倒下去了，灑在上海馬路上的鮮血使羣眾接受了『莫斯科思想』。這個思想正向各處滲透，它是不可戰勝的，它將解放全世界，征服全世界。」❶

五月三十一日，罷工運動進入第二階段時，有人預言，上海的鬥爭是中國民族革命開始的信號❷。共產國際、赤色職工國際和少共國際致工人、農民和勞動人民的第一個宣言指出，中國最近的事件雄辯地證明，民族解放運動正在不斷壯大，工人階級正在運動中起着領導作用，東方國家的革命發展獲得了新的前所未有的活力❸。五月三十一日以後，運動有了明顯的政治鬥爭特徵

---

❶ 托洛茨基：《莫斯科思想——紀念被殺害的上海工人和學生》，見：《國際新聞通訊》，第九三期（一九二五年六月一二日），第一二六四—一二六五頁。

❷ 唐心石：《上海鬥爭及其意義》，見：《國際新聞通訊》，第九二期（一九二五年六月九日），第一二四四頁。

❸ 《共產國際、紅色工會國際和青年共產國際反對帝國主義在華暴行致工人、農民和勞動人民宣言》，見：《國際新聞通訊》，第九三期（一九二五年六月一二日），第一二六四頁。

——擺脫帝國主義壓迫的桎梏，求得中國的民族解放❹。這樣，中國無產階級的鬥爭在這幾天裏進入了這個廣大國家解放運動的新階段，一個在帝國主義最薄弱的環節向帝國主義發動新決戰的階段❺。換句話說，隨着一九二五年的「五卅事件」中國革命史開始了一個新時期，這也是中國共產黨過去和現在只說「一九二五——一九二七年的中國大革命」而不說一九二四年國共兩黨統一戰線的原因。

上海事件本身並不是震撼世界的，但就世界範圍來看，對共產國際來說，這個事件卻是未來暴力事件的一次小小的演習，因爲中國工人現在不僅認識了一般的經濟和政治的關係，而且認識了中國經濟和國際政治、血腥帝國主義政治的關係❻，因此中國事件不可能不對東西方國家無產階級運動產生影響。共產國際主席季諾維也夫說，歷史的辯證法是，對殖民地的壓迫加強了東方的民族解放運動，也加速了帝國主義英國的無產階級革命。上海事件以再生動不過的形式證實了這一眞理。「現在，中國工人成了國際無產階級革命的一個非常重要的因素」❼。

❹ R·F：《覺醒了的中國》，見：《共產國際》，第七期（一九二五年七月），第七一三頁。
❺ 維經斯基：《帝國主義分子反對中國的工人運動》，第九六期（一九二五年六月一九日），第一三〇六頁。
❻ 季諾維也夫：《上海事件的世界歷史意義》，見：《國際新聞通訊》，第九四期（一九二五年六月一六日），第一二七五頁。
❼ 同上，第一二七六頁。

在另一篇文章中（《戰爭與革命時代》），季諾維也夫又一次談到了中國事件的世界歷史意義：「在我們眼前發生的偉大的中國事件向歐洲無產階級先鋒隊生動地說明了，我們在東方擁有多麼巨大的後備力量。這個在中國國土上從未有過的運動，發展到現在已經有一個月了，儘管一些國家的帝國主義正在聯合起來進行強盜式的征討，但是運動正在有力地擴大和深入。毫無疑問，中國事件會對東方的其他國家、尤其對其他殖民地國家和依靠英帝國主義的國家產生巨大的革命作用。」❽斯大林在回答一家日本報紙駐莫斯科記者的問題時，也以同樣的意思又重複了他在一九一八年根據列寧的思想說過的一段話：「殖民地國家是帝國主義的基本後方。這個後方的革命化不會不摧毀帝國主義，這不僅因爲帝國主義將失去後方，而且因爲東方的革命化必然會在促使西方革命危機尖銳化方面起決定性的作用。受到兩方面——既從後方又從前線——攻擊的帝國主義，必然會承認自己注定要滅亡的。」❾

❽ 季諾維也夫：《戰爭與革命時代》，見：《國際新聞通訊》，第一〇三期（一九二五年七月三日），第一四〇三頁。

❾ 斯大林：《關於東方的革命運動》，見：《國際新聞通訊》，第一〇八期（一九二五年七月一四日），第一四八七頁。另見沃斯涅任斯基：《中國事件及其對亞洲羣衆的影響》，見：《國際新聞通訊》，第一二〇期（一九二五年八月一一日），第一七二〇—一七二一頁。

(二) 運動的「領導者」

「五卅運動」使共產國際把注意力轉向中國，共產國際對年輕的中國共產黨的信任「大大」增加了。共產國際相信，中國工人階級在有利的條件下將成爲「整個中國偉大民族解放運動的領導者」。工人階級由於自己所處的地位不可能受到帝國主義大國思想的侵蝕，相反，整個事態會促使工人階級擔當起全體人民的領導者，反對壓迫他們的外國資本主義⑩。爲什麼中國資產階級的子弟——大學生們會同工人階級結合在一起，接着在反對外國資本主義的鬥爭中作出犧牲，爲什麼最後連中國商會也被迫贊同工人階級的要求，答案就在這裏⑪。「五卅事件」向全世界表明，中國無產階級成了中國民族運動的先鋒⑫。

誰是中國民族解放鬥爭的領導者，這個問題之所以還引起爭論，因爲在中國，迄今爲止階級對立一直不十分明顯。有人認爲，民族革命本身雖然具有資產階級性質，但是今天的世界資本主義已經發展到最高階段——帝國主義階段，年輕的中國資產階級不能單獨進行民族革命。工人階

---

⑩ 季諾維也夫：《上海事件的世界歷史意義》，見本書第一二八頁⑦，第一二七六頁。

⑪ 維經斯基：《帝國主義分子反對中國的工人運動》，同前，第一三〇四—一三〇五頁。

⑫ W·G·（維經斯基？）《英帝國主義與中國大革命》，見：《國際新聞通訊》，第一三六期（一九二五年九月二九日），第一九八七頁。

級的力量儘管還很薄弱，但與中國的資產階級相比，還是有力量的。因此，在中國，只有工人階級才能擔當起民族革命的領導責任。中國最近的事件證明，共產黨人的觀點是正確的⑬。在上海罷工運動中，在中國歷史上第一次有幾百萬人被捲入了民族運動，短短幾個月中所進行的政治工作，在通常的情況下也許要幾年才能做到。工人階級儘管數量小，政治組織和工會組織力量弱，還是成了民族運動的領導者⑭。

中國共產黨在五卅運動開始時，從策略考慮，企圖緩和一下遍及全國的認爲上海罷工是由共產黨和蘇聯煽動和操縱的輿論⑮；可是共產國際在所有文章中卻很強調中國共產黨在這個運動中的主要作用，認爲國民黨只起了次要作用⑯。

---

⑬ 唐心石：《中國工人是中國解放鬥爭的領導者》，見：《國際新聞通訊》，第一二四期（一九二五年八月二五日），第一七八六頁。

⑭ L·格勒：《上海罷工三月》，見：《國際新聞通訊》，第一二八期（一九二五年九月四日），第一八五七頁。

⑮ 一九二五年六月五日《中國共產黨告全國民衆書》；見本書第一二三頁㉑。

⑯《共產國際……反對帝國主義在華暴行致工人、農民和勞動人民宣言》，見本書第一二五頁㉔，第一二六一頁；參見：《中國共產黨簡史》，威爾伯／豪：《共產主義、民族主義文獻和一九一八—一九二七年蘇聯顧問在中國》，紐約，一九七二年，第七二—七四頁。

(三) 運動的分歧

反帝運動開展三個月以後，八月底開始進入「暫時平靜」階段。儘管如此，共產國際並沒有降低它對運動的積極評價。國際認爲，如果把運動作爲整個過程的一部分來看，運動並沒有失敗⑰。人們在探討了運動的原因之後，認爲是運動的外部和內部困難導致了運動的疲軟。

拉狄克在《世界帝國主義反對中國革命的策略》文章中認爲，中國革命的第一個浪潮動搖了世界帝國主義的防線，暴露了帝國主義列強之間的深刻的利害衝突。帝國主義的計謀是用軍閥政府來對付中國革命運動，帝國主義以爲，軍閥政府依靠被貸款和讓步所收買的中國資產階級上層，就有能力把革命運動鎭壓下去⑱。張作霖利用這個時機把軍隊調到上海，說目的是「保護民族的利益」。九月十八日，在第二階段領導罷工運動、會員有二十萬人的上海總工會突然遭到軍隊的查封⑲。兩個月前，北京政府還向總工會捐款五萬元以援助工人，現在還是這個政府竟下令

---

⑰ 羅易：《中國的革命與反革命》，柏林，一九三〇年，第二八四頁。

⑱ 卡爾·拉狄克：《世界帝國主義反對中國革命的策略》，見：《國際新聞通訊》，第一一九期（一九二五年八月七日），第一七〇五、一七〇六頁。

⑲ 中國共產黨中央委員會《爲上海總工會被封告工友》，一九二五年九月一八日，見：《嚮導》，第一三一期（一九二五年九月二五日），第一一九九—一二〇〇頁；（彭）述之：《上海總工會被封與上海工人今後的責任》，見：《嚮導》，第一三二期（一九二五年一〇月五日），第一二〇七—一二〇八頁。

鎮壓總工會這個組織⑳。

內部困難，是在運動過程中意見分歧愈來愈明顯。運動開始時受到「全民族」的支援，可是不久，一部分加入了上海商會、在罷工運動中起過積極作用的大資產階級就主張同帝國主義和解，企圖扼殺罷工。這一部分資產階級與外國資本家有着許多共同的利益，他們害怕工人運動取得勝利㉑。上海商會在總罷工停止以後，成了罷工工人和外國廠方的中間人㉒。除去這部分數量很小、但影響很大的資產階級而外，廣大的城市小資產階級、甚至中產階級還是在道義上同情工人階級，在物質上積極支援工人階級的。格勒在他的綜合分析文章《上海罷工三月》中認爲，這是運動具有很大活力、罷工得以持久的秘密所在㉓。

然而，罷工工人的毅力受到愈來愈困難的財力挫傷。日本《編年史報》駐北京記者一九二五年七月二十五日對罷工工人的悲慘生活作了活生生的描述：「在目前的動亂中，有一個特點似乎

⑳ 陳—韓—孫（傑弗里陳）：《北京政府的反動政策》，見：《國際新聞通訊》，第一四三期（一九二五年一〇月二〇日），第二〇九六頁。

㉑ L．格勒：《上海罷工三月》，見本書第一三一頁⑮，第一八五六頁。另見：陳—韓—孫：《援助上海》，見：《國際新聞通訊》，第一一六期（一九二五年八月四日），第一六一三頁。

㉒ 社論：《中國的民族革命運動和中國共產黨的策略》，見：《共產國際》，一九二五年一二月特刊，第二頁。

㉓ 格勒，見本書第一三一頁⑮，第一八五六頁。

是其他國家報紙的讀者所不知道的，這就是，罷工對中國人民來說意味着要承擔多麼可怕的苦難。勞苦大眾的無望的貧窮使得每一個重新回到中國的人爲之驚心。上千名苦力和兒童一窩蜂地圍着一個顧客，爲的是能夠得到把顧客用人力車拉到幾里之外以掙到幾個銅板的特權。如果生存競爭是這樣艱難，那末，罷工會給上海成千上萬依靠目前正在罷工工人的工資而生活的人帶來多大的犧牲！罷工已經七星期了，罷工津貼少得可憐……對於那些本來已經生活在饑餓線上的人來說，再長時間的沒有收入，豈不意味着自殺。」㉔

儘管中國工人的需要甚少，但是照格勒的計算，每個罷工工人即使每天得到二十戈比的最低補助，上海二十萬罷工工人一個月也要一百五十萬盧布（合二百五十萬金馬克）。由於罷工造成了全國經濟生活的重大損失，因此對罷工工人的援助也愈來愈困難㉕。一九二五年七月六日，屬於英國資本的幾家上海電廠宣布，「由於電力不足」電廠不能再供應正在開工的中國工廠的電力。這時，民族資產階級準備同列強通過談判達成妥協，事實上就是要求結束罷工，動搖不定的知識分子也跟着這樣做。

一位中國同志在《國際新聞通訊》中指出：「資產階級不僅不能成爲領導階級，甚至已經成

㉔ 引自E·瓦爾格：《一九二五年第三季度的經濟和經濟政策》，見：《國際新聞通訊》，第一五一期（一九二五年一一月六日），第二二六七頁。

㉕ 格勒，見本書第一三一頁⑮，第一八五六頁。

了反動階級；它是帝國主義的最可靠的僕從。」㉖無產階級沒有能力單獨領導這個聲勢浩大的反帝運動，從當時的情況看，還有另一個原因：紡織工人的組織只是在年初才開始萌發，參加罷工運動的都是些毫無經驗的無產階級㉗。

(四)經受小的考驗

共產國際很讚賞中國共產黨所取得的成就，並且承認它在第二階段的策略，特別是一九二五年八、九月份工人運動開始疲憊的時候。一九二五年底，《共產國際》的一篇社論對中共當時所處的形勢作了如下的敘述：中國共產黨在當時，八月，面臨着很艱巨的任務，它既要引導罷工運

㉖唐心石：《中國工人是中國解放鬥爭的領導者》，見：《國際新聞通訊》，第一二四期（一九二五年八月二五日），第一七八七頁。另見，華崗：《中國大革命史》，第二〇七—二〇九頁；（瞿）秋白：《五卅運動中之國民革命與階級鬥爭》，見：《嚮導》，第一二九期（一九二五年九月一一日），第一一八三—一一八六頁；秋白：《國民革命與五卅運動——中國革命史上的一九二五年》，一九二六年一月二二日，見：《新青年》，第三期（一九二六年三月二五日），第一—二一頁；（陳）獨秀：《中國民族運動中之資產階級》，見：《嚮導》，第一三六期（一九二五年一一月二一日），第一二三九—一二四一頁；心誠：《民族解放運動的新時期》，見《嚮導》，第一二八期（一九二五年九月七日），第一一七二—一一七三頁。

㉗格勒，見本書第一三二頁⑮，第一八五六頁。

動中的廣大羣眾採取正確的行動，另外又要結成工人階級同廣大的城市小資產階級和革命分子的聯盟。這些問題，對於中國共產黨來說，不僅十分困難，而且也是完全陌生的。八、九月中國共產黨在這方面吸取了具有深遠意義的實際教訓，它認識到，像在中國這樣一個半殖民地國家無產階級不僅必須同本國的小資產階級和一切被壓迫階層共同戰鬥，而且，工人階級在進攻和退卻中也不允許是孤立的㉘。在這樣背景下，上海總工會決定按照下列條件停止罷工：

1. 在有關法律制定之前，承認現存的工會。
2. 立卽支付十萬美元，作爲罷工工資。
3. 立卽支付十萬美元，作爲死傷工友家屬的賠償費用㉙。

總工會還發表了一篇宣言（一九二五年八月十二日），表示必須對策略作某些改變，各地也可以按下列條件結束罷工：

1. 無條件地將混合法庭的權限給中國當局。
2. 保障居住在中國城市中的外國「租界」裏的中國人享有充分的結社、言論和新聞自由。

㉘ 社論：《中國的民族革命運動與中國共產黨的策略》，見：《共產國際》，一九二五年一二月特刊，第一頁。

㉙ 《寫在上海罷工結束之前》，見：《國際新聞通訊》，第一二三期（一九二五年八月二一日），第一七六八—一七六九頁。

3.平等對待外國「租界」裏的中國居民。

4.承認工會。

5.不准因罷工開除工人。

6.罷工期間支付平日工資的一半。

7.提高工資百分之十五。

8.優待工人。

9.賠償死傷工友家屬的損失[30]。

工會也向工人提出了要求，它同時又要求取消上海的混合法庭以及其他主要是居民中資產階級所關心的問題。

《共產國際》的社論指出，可以說工人在第一次登上政治鬥爭舞臺時力量還比較薄弱，也可以說在民族解放鬥爭中被迫同無產階級結盟的資產階級不得不希望工人獲得某些經濟利益，因爲這樣可以削弱外國工廠主的經濟實力[31]。

隨着總罷工的結束，出現了兩種基本傾向：一部分紡織工人希望儘快地在任何條件下返回工廠；另一部分工人由於對資產階級背信棄義和「落後」工人動搖態度的不滿，產生了左的情緒，

---

[30] 同上，第一七六九頁，宣言全文見米夫：《中國革命》，莫斯科，一九三三年，第六七—六八頁。

[31] 社論：《中國的民族革命運動與中國共產黨的策略》，見本書第一三六頁[28]，第二頁。

他們希望擴大事件的範圍。從當時的整個形勢來看，工人如果強行採取行動，只會使自己陷於孤立；《共產國際》的社論指出，這樣的行動只能是絕望的表現，除了導致上海乃至整個中國工人運動的失敗外，不會有任何成果。因此，中國工人必須另找一條出路，就是緊密地同資產階級民主主義者聯合在一起，改善罷工者的工會組織，「以後數周的事實表明，這是一條正確的道路」[32]。

儘管共產國際竭力推崇「五卅」運動，但是工人罷工作爲奪取中國民族革命政權的手段，其有限的效力在工人運動的開始就已經顯而易見了。格勒在一九二五年九月的一篇全面分析上海罷工的文章中指出：「罷工持續愈久，愈可以清楚看出，民族革命的主要目標不是通過罷工——它即使組織得再嚴密——而是通過全中國人民的武裝鬥爭，通過勝利的戰爭才能達到。」[33]格勒的這段話說明，在中國這樣一個半殖民地國家奪取政權既不能靠工人罷工，也不能靠羣眾的政治罷工——罷工的最高形式；也說明，人們不應把發達的西方所積累的工人罷工或羣眾政治罷工的經驗，把一九〇五年首先在俄國資產階級民主革命中所堅決採取的大規模革命鬥爭的形式（如共產國際在中國所做的那樣）機械地搬到半殖民地的中國來。總而言之，中國革命的主要形式是「中

[32] 同上，第三頁。

[33] 格勒：《上海罷工的三個月》，見：《國際新聞通訊》，第一二八期（一九二五年九月四日），第一八五六頁。

國人民的武裝鬥爭反對武裝的反革命」。然而，格勒一九二五年發表的很重要的見解不過是一種認識，在以後並沒有「作爲一項基本任務」，貫徹到行動中。

四　同左派結成緊密的聯盟——一九二五年中國共產黨的十月會議

從某種觀點說，中國共產黨人領導的「五卅」運動並沒有失敗，年青的中國共產黨在剛剛登上政治舞臺時經受了這次「考驗」。它在這次巨大的、從未有過的反帝運動中得到了鍛鍊，擴大了自己的影響和力量，中共黨員在一九二五年五月爲一千人，六個月以後增加到一萬人，共青團員也從一九二五年五月的兩千人增加到九月的一萬人❶。

與此同時，運動中的分歧也愈來愈明顯，關於「黨內合作」意義和目的的討論又重新提到議事日程上來了。但這次進攻並非來自國民黨的右派，而是來自曾經把這些右派稱之爲反革命的國民黨領袖、孫中山的最親密同事之一戴季陶。戴深知黨內的危機，因而在思想意識上向國民黨中的共產黨員發起了進攻。

一九二五年七月底，戴季陶發表了《國民革命與中國國民黨》這本小册子。戴氏用了很大篇

❶　威爾伯／豪：《共產主義……》，見本書第六二頁❶，第九〇—九一頁。

幅其實只想說明一點：國民黨和共產黨只能在黨外進行合作❷。

戴季陶認為，不論是孫中山的三民主義還是民族革命都有空間和時間上的必要性。中國共產黨人既不敢公開亮出黨的名稱（共產黨），又不敢公開闡明自己的觀點，可見，時代不需要共產黨和它的思想❸。戴還批評了「共產黨的寄生政策」和陰謀活動——利用國民黨的政治保護和經濟支持——目的在於擴大自己的組織❹。戴說，共產黨在國民黨內採取分化辦法，挑撥一些人反對另一些人❺。因此，他警告國民黨，小心在自己的隊伍中出現強大的共產黨的秘密組織❻。如果三民主義的眞正信徒不能團結起來，不能明確自己的目的，沒有嚴格的教育和嚴密的組織，那末，國民黨就不能完成民族革命的偉大事業❼。戴季陶承認聯俄之必要，但是反對因為聯盟而放棄民族獨立。人們不應該忘記自己的要求而盲目追隨蘇聯❽。

---

❷ 戴季陶：《國民革命與中國國民黨》，上海，一九四五年，第三版，第四五頁。一九二五年五月戴又發表了另一本小冊子，題為《孫文主義之哲學的基礎》，文中對孫中山的幾篇重要著作作了系統的歸納和敍述。

❸ 同上，第四四頁。

❹ 同上，第四五、四七、三四頁。

❺ 同上，第四九頁。

❻ 同上，第四五頁，第六一—六二頁。

❼ 同上，第六二頁。

❽ 同上，第五五頁。

戴季陶的文章在全國產生了很大的影響❾。正因爲如此，中國共產黨發起了對「戴季陶主義」的鬥爭。

陳獨秀在《給戴季陶的一封信》中認爲，戴的言論不是什麼新的發明，他用來反對中國共產黨的論據與國民黨右派沒有本質的區別。陳說，戴的根本錯誤，乃是只看見民族鬥爭的需要而不看見階級鬥爭的需要。

陳獨秀說，戴季陶一面斥右派爲反革命爲腐敗分子公然主張淘汰他們，一面斥共產派是寄生政策，質言之卽是黨外的合作。他在右派與共產派之間，左右開刀，中峯特起，自然是立在民族的資產階級地位，促現在各階級混合的黨改變到資產階級一階級的黨的過程。陳獨秀批評戴季陶的這個企圖，現在或者還失之稍早❿。陳獨秀接着逐點批駁了對「共產黨寄生政策」的批評，但是，他的論證並不能令人信服⓫，關於戴季陶對聯俄的意見，陳獨秀根本沒有觸及。

陳獨秀的信揭開了反對「戴季陶主義」及其影響的序幕。戴文不僅在國民黨內，也在共產黨內又重新掀起了一場爭論，中心是：共產黨人在取得了最近幾個月的勝利之後，面對國民黨內的

---

❾ 邵元冲：《讀國民革命與中國國民黨》，見戴季陶：《國民革命與中國國民黨》，見本書第一四〇頁❸，第六四—七八頁。

❿（陳）獨秀：《給戴季陶的一封信》，一九二五年八月三〇日，見：《嚮導》，第一二九期（一九二五年九月一一日），第一一八六、一一八九頁。

⓫ 同上，第一三〇期（一九二五年九月一八日），第一一九六—一一九七頁。

新形勢，是否現在就要退出國民黨。

在此背景下，一九二五年十月初在北京召開了中國共產黨中央委員會第一次擴大會議⑫，會議的急迫問題就是同國民黨的統一戰線是否還要繼續下去。

陳獨秀認爲，戴季陶的文章不是個人的偶然之作。他在會上說，文章表明資產階級企圖加強自己的力量，以便控制無產階級，這是轉向反動的標誌。因此，他要求黨，指示中國共產黨員退出國民黨。他說，共產黨應該獨立，保持自己的政治面目，不受國民黨政策的牽制，放手領導羣眾。共產國際代表和多數黨內領導同志不同意他的建議，陳獨秀再次被迫放棄了自己的意見⑬。

陳獨秀在一九二九年底被開除出黨後所發表的這些言論，通過十月會議的文件，特別是通過共產國際對這次會議的態度，可以得到間接證明。

十月會議根據對「五卅」運動以後形勢的估計，根據對民族革命、工人階級、農民、軍閥、帝國主義和世界無產階級之間關係的分析，確定了黨的任務。會議認爲，中國共產黨作爲無產階級和民族解放運動的領導者在現階段爲實現民族革命必須和它的同盟者——農民、城市小資產階級和革命知識分子共同鬥爭。對代表城市小資產階級和一部分農民的國民黨，中國共產黨必須繼

⑫《中國共產黨會議》，見：《國際新聞通訊》，第一四五期（一九二五年一〇月二三日），第二一五六頁。

⑬ 陳獨秀：《告全黨同志書》，見本書第四四頁㉖，第四二九頁。

續執行合作（黨內合作）的政策。戴季陶在小册子裏所表達的國民黨右派的思想，乃是最近四個月來羣眾運動中意見分歧的直接結果。會議在關於中國當前形勢和共產黨任務的決議中強調指出，如果有人根據這種現象就斷定共產黨和資產階級民主主義的國民黨分裂的時刻到了，那就大錯而特錯了⑭。

會議通過了《中國共產黨與中國國民黨關係議決案》，足見中國共產黨對這個問題之重視。根據這個議決案，黨的任務是繼續執行同國民黨的合作政策，接近羣眾，大力支持左派，反對右派及其口號、策略和戰略。議決案指出，從新的發展形勢來看，已沒有中間派可言，只有國民黨的右派和左派之分⑮，他們正重新表現出自己的特徵⑯。

---

⑭ 中國共產黨中央委員會：《中國現時的形勢與共產黨的任務議決案》，見：《青年會會刊》，中國共產主義青年團滙編，膠版印刷品，第四四—六三頁。參見中國共產黨中央委員會、中國共產主義青年團中央委員會：《告五卅運動爲民族自由奮鬥的民衆》，一九二五年七月一〇日，見：《中國共產黨五年來之政治主張》，見本書第四〇頁⑱，第九三—一〇〇頁。

⑮ 中國共產黨中央委員會：《中國共產黨與中國國民黨關係議決案》，見：《青年會會刊》，第六三—六九頁；英譯見威爾伯／豪：《共產主義……》，見本書第六〇頁㉘，第二三四—二三七頁。

⑯ 參見（陳）獨秀：《什麼是國民黨左右派？》見：《嚮導》，第一三七期（一九二五年一二月三日），第一二四七—一二四八頁。

一九二五年十一月通過了《我們進行北方國民黨工作所應取的態度》議決案，上述方針更有所加強，原因是右派在北京的活動愈來愈激烈。議決案在指出「戴季陶主義」的思想影響和目前在北方國民黨內的鬥爭之後認爲，右派已經同反革命狼狽爲奸，破壞國民黨的革命組織。但是在北方國民黨內的共產黨員還未能同左派聯合起來，反擊右派的反革命活動。在這種情況下，在國民黨內的共產黨員單槍匹馬同右派鬥爭，是很危險的。因此，國民黨內共產黨員工作的最高原則是以廣大羣眾爲基礎形成國民黨左派，然後組成左派分子和共產黨員的統一戰線，所有共產黨員都應該從羣眾到最高組織的各方面反擊右派和反革命分子企圖破壞國民黨基礎的活動⑰。

一九二五年十月十日中國共產黨發表了《告農民書》，這是十月會議公布的唯一文件，共產國際在《共產國際》的一篇社論中肯定了這個文件⑱。《告農民書》已不再籠統稱國民黨，而說「左派」、「國民黨革命分子」，在這個文件中，中國共產黨爲農民提出了最低限度的要求：(1)政府須承認由農民組織的農民協會，(2)鄉村自治機關，應直接選舉之，(3)農民協會有議定最高租額及最低穀價之權，(4)辦理鄉村農民無利借貸局，(5)禁止私人積穀居奇，(6)取消苛捐，減輕稅

---

⑰ 北委（中國共產黨北方局委員會）：《我們進行北方國民黨工作所應取的態度》，一九二五年一一月二五日，見：《蘇聯在華陰謀滙編》，張國忱編，北京，一九二八年，第一四六—一五六頁；英譯見威爾伯／豪：《共產主義……》，見本書第六〇頁㉘，第二三八—二四四頁。

⑱ 社論：《中國的民族革命運動與中國共產黨的策略》，見：《共產國際》，一九二五年一二月特刊，第八—九頁。

收，(7)中央及地方政府須專設治河局，(8)由農民協會組織自衛軍，並要求政府發給槍彈，以防止土匪及兵災[19]。最低要求的重點是組織農民協會[20]。這些要求，就本質來說，沒有超出我們在前面敍述過的一九二三年陳獨秀意見的範圍[21]。對此《共產國際》的社論說：「全會農民委員會仔細研究了有關農民問題的材料，結論是：共產黨應及時宣傳沒收土地的政策。全會認爲，黨迄今在農民問題上提出的過渡性要求已不能眞正把農民吸引到革命方面來，從而爲革命民主政權建立根據地。」[22]

很明顯，這不過反映了共產國際的願望，因爲中國共產黨所遇到的完全是農民問題，而並非土地問題——沒收土地。

緊接着十月會議之後，召開了共產主義青年團會議，會議接受了中國共產黨的政治議決案，並決定擴大組織工作，吸收青年工人和學生[23]。

---

[19] 中國共產黨中央委員會擴大會議：《告農民書》，一九二五年一〇月一〇日，見：《中國共產黨五年來之政治主張》，見本書第四〇頁⑱，第一三一—一三二頁。

[20] 同上，第一三五—一三七頁。

[21] 見本書第九二頁❻。

[22] 社論：《中國的民族革命運動與中國共產黨的策略》，見本書第一三六頁㉙，第九頁。

[23] 共產主義青年團中央委員會擴大會議：《關於本團目前任務議決案》，一九二五年一〇月，見：《青年會會刊》，見本書第一四三頁⑮，第三—一二頁；《組織問題議決案》，一九二五年一〇月，同上，第一

右派依據「戴季陶主義」所進行的積極活動，以及與此相聯繫的中國共產黨是否應該繼續留在國民黨內的爭論，使得共產國際憂慮重重，甚爲不安。共產國際在自己的刊物上連續發表了兩篇社論，就中國共產黨的十月會議的決議表明了自己的態度，並且在檢驗了中國的目前形勢後確定了中國共產黨人的策略路線。

共產國際首先承認中國共產黨最近確立的策略，並贊許說，「最近全會對全國政治形勢所作的分析，正好說明一個無產階級的政黨開始發揮自己的政治作用。另外，對軍閥不同作用的認眞估價，以及所應採取策略的確定，都表示這個黨愈來愈成熟了。」㉔關於國民黨，社論說，「今天，共產黨的組織問題之一就是同國民黨左派建立緊密的聯盟，並且利用這個聯盟發展和加強同廣泛的民主階層的團結。」㉕

在題爲《共產國際執行委員會擴大全會之前的東方革命問題》的第二篇社論中，共產國際描繪了「一幅異常複雜的中國畫面：聲勢浩大的反帝運動，伴隨着激烈的內部鬥爭和各階層結構的改變」。共產國際在社論中還具體地敍述了中國共產黨和國民黨的相互關係，並且確定了如下的

(續)二一一九頁；《中國共產黨會議》，見：《國際新聞通訊》，第一四五期（一九二五年一〇月二三日），第二一五六頁。

㉔ 社論：《中國的民族革命運動與中國共產黨的策略》，見本書第一三六頁㉙，第八頁。

㉕ 同上。

策略路線：

「在長期的政治交往中，共產黨應該通過經常性的影響把國民黨作爲無產階級在爭取民族解放鬥爭中的同盟者引到民族自決的道路上來。

國民黨是一個革命的人民黨，爲了取得革命民主政權，它必須容納城市資產階級、激進知識分子和農民中的主要階層。

國民黨不應在工人階級以及同工人階級親近的貧苦農民階層中擴大自己的影響，儘管對這些階層的某些影響是難以避免的。必須區分中國革命這兩個同盟者的社會界限。對於民主革命的發展非常有害和危險的是國民黨隊伍中的極左態度，它竭力模仿中國共產黨的鬥爭形式和鬥爭方法，結果把城市小資產階級的重要階層推向了大資產階級的懷抱。在國民黨右派不可避免地組成資產階級民族主義政黨時，一定要把小資產階級留在革命陣營裏。

中國共產黨員必須加入國民黨及其領導機關，同時要向無產階級揭露國民黨「民族主義」的幻想。

中國共產黨必須在各方面支持國民黨的行動，但同時也要保證自己的宣傳和獨立行動的自由。」㉖

㉖ 社論：《共產國際執行委員會擴大全會之前的東方革命問題》，見：《共產國際》，一九二五年一二月（遲至一九二六年一月出版），第一二四三—一二四四頁。

這一條策略路線顯然是以共產國際對中國資產階級的一般分析爲基礎的，按照這個分析，中國資產階級在經濟上依賴帝國主義（將來還會依賴得更緊），在政治上企圖在帝國主義反動派中尋求支持，以反對工農革命。共產國際認爲，把中國置於統一政權下的任務對於從事工商業的資產階級有着如此密切的利害關係，因而中國資產階級的廣大階層會長期地積極地參加民族自由運動。共產國際還指出，中國資產階級出於本階級的利益必然會努力解決這個民族資產階級的任務，卽通過實現民族資產階級的軍事獨裁統治，以擺脫經濟困境，阻止無產階級、農民和城市貧民革命鬥爭的開展㉗。對中國資產階級的這一分析後來證明是正確的，但是，提出的措施似乎很成問題：「面對着日益增長的資產階級軍事獨裁的危險，中國共產黨必須一方面通過對羣衆進行革命的動員以對付這種危險；另一方面盡最大可能利用資產階級的各階層，以進行國家統一和獨立的鬥爭。」㉘

通過對中國資產階級以及對中國共產黨和國民黨相互關係的分析和研究，共產國際認識到：

「中國共產黨的全部政治活動必須建立在對一切社會力量和目前中國各派別作嚴格的馬克思主義的分析上，要分析各帝國主義集團在中國不同省份的經濟影響，無產階級化的影響，以及它

㉗ 同上，第一二四〇—一二四一頁。

㉘ 同上，第一二四一頁。

們正在發生的變化，要研究中國管理機構和中國工商業資產階級同各帝國主義集團的經濟聯繫，另外，要對整個城市居民、尤其是城市小資產階級和貧民進行社會分析，主要是認眞詳細地研究農民，他們在各個地區的社會差別和他們的中間階層，最後還要研究各個工業地區的無產階級本身。中國共產黨和俄國共產黨在共產國際的協助下至少要選拔一部分有理論水平的工人，他們的任務是：爲中國共產黨的未來綱領準備好科學基礎。」㉙

共產國際理應在中國共產黨和國民黨建立統一戰線之前，特別是在確定統一戰線的奇怪形式——在國民黨內的合作——之前進行這些科學研究，而且後來的這些認識也只是停留在認識上，並沒有採取實際行動。共產國際的另一個很重要的認識亦復如此：建立一支統一的民族民主軍隊是民族革命鬥爭的基本任務之一㉚。

後來，不僅沒有建立自己的革命軍隊，反而試圖把爭取馮玉祥的「國民軍」作爲己任。中國共產黨在《中國現時的形勢與共產黨的任務議決案》（一九二五年十月）中差不多只是附帶地提了一下「國民軍」：特別明顯的是國內有一部分軍隊，如國民軍，開始傾向羣眾運動㉛。而共產

㉙ 同上，第一二四一—一二四二頁。

㉚ 同上，第一二四四頁。

㉛ 中國共產黨中央委員會：《中國現時的形勢與共產黨的任務議決案》，見：《青年會會刊》，中國共產主義青年團中央委員會編，見本書第一四三頁⑮，第四四—六三頁。

國際卻寫道，十月會議的政治綱領是從這個角度來看待國民軍的作用和意義的，這就是民族革命運動愈發展，愈深入，而且這個趨勢愈來愈可以作爲解放運動取得成果的時候，國民軍就會愈來愈傾向運動㉜，因此國民黨員和共產黨員在處理國民軍問題上的主要任務是：「應該把國民軍引向民族革命運動的軌道，而不要去顧及國民軍和工人運動有時發生的衝突。我們不應該把注意力只集中在國民軍代表人物在自己的勢力範圍內直接對革命運動的態度上，還要看到他們對國家的整個政策、對中央政府和帝國主義的態度。」㉝

共產國際相信，中國民族革命運動只有當爭取民主政權的鬥爭任務在眞正可靠的國民軍的不斷保護下進行，國民軍的官兵準備爲民族自由運動的口號而戰時，才能贏得勝利㉞。

從這個信念出發，蘇聯人在一九二五年四月就同馮玉祥建立了聯繫㉟。共產國際執行的政策同被它咒罵的帝國主義一樣，出錢出槍，利用中國軍閥爲自己的目的服務。以後形勢的發展表明，馮玉祥的軍隊並不是「眞正可靠的國民軍」。馮玉祥一貫執行的是一條周旋於各個營壘之間

㉜ 社論：《中國的民族革命運動與中國共產黨的策略》，見本書第一三六頁㉙，第七頁。

㉝ 同上。

㉞ 社論：《共產國際執行委員會擴大全會之前的東方革命問題》，見本書第一四八頁㉗，第一二四四頁。

㉟ 威爾伯／豪：《共產主義……》，見本書第六〇頁㉘，第三二一—三二三頁；參見：第三二七—三二九頁；《關於同馮玉祥聯合問題任得江致伏龍芝的信》（一九二五年五月二二日），第三三六—三四〇頁；《關於馮玉祥問題致加拉罕的信》（一九二五年六月六日），第三四一—三四三頁。

的隨機應變的策略；最後，當中國資產階級開始得到初步勝利時，終於倒向了「反革命」陣營。

針對戴季陶的聯俄觀點，共產國際要求中國共產黨「向廣大黨員準確地說明中國共產黨屬於共產國際的本質以及俄國共產黨和蘇維埃社會主義共和國聯盟對東方國家鬥爭的作用」㊱。蘇聯毫不猶疑地要使第一個無產階級專政國家成為中國自由運動的同盟者，並給予戰鬥中的中國以有力的援助：「因此，中國共產黨在制定自己的策略時必須考慮到蘇聯的國際地位，使自己的策略同蘇聯共產黨的策略一致起來……」㊲

五　槍桿子裏面出政權

在南方的軍事政治形勢由於第一次東征（一九二五年二——三月）的勝利而得到鞏固之後❶，

㊱ 社論：《……東方革命問題》，見本書第一四七頁㉖，第一二四二頁。

㊲ 同上，第一二四三頁。

❶ 參見：《廣州民族革命者的勝利》，見：《國際新聞通訊》，第九六期（一九二五年六月一九日），第一〇三七頁；唐心石：《中國南方革命政府的鞏固》，同上，第九八期（一九二五年六月二三日），第一三二五頁。

廣州政府卽宣告解散❷，代之以一九二五年七月一日根據國民黨中央執行委員會決議在廣州成立的中華民國國民政府❸。國民政府採取合議制，在委員中選舉主席，由五名委員組成常務委員會，負責政府日常事務。

一九二五年六月三十日國民黨中央執行委員會指定十六人爲國民政府委員，於國民政府宣告成立之日就職，組成國民政府委員會❹，因爲其中幾名委員在以後的事件中起了很重要的作用，因此有必要在這裏將他們的姓名寫出。

國民政府主席：汪精衞。

國民政府委員：汪精衞、胡漢民、張人傑、譚延闓、許崇智、于右任、張繼、徐謙、林森、廖仲愷、戴季陶（《中華民國大事記》上爲戴傳賢）、伍朝樞、古應芬、朱培德、孫科和程潛。（其中有五名委員不在廣州，他們是：張人傑、于右任、張繼、徐謙以及受共產黨攻擊的戴季陶）。

---

❷《大元帥爲改組政府令》，一九二五年六月二七日，見：《革命文獻》，見本書第二六頁❻，第二十輯，第一五四七—一五四九頁。

❸同上，第一五四五—一五四七頁；參見：《中華民國國民政府成立宣言》，一九二五年七月一日，同上，第一五五三—一五五四頁。

❹《中華民國國民政府通告第一號》，一九二五年七月一日，同上，第一五五二—一五五三頁。

常務委員：汪精衞、許崇智、譚延闓、胡漢民和林森。

國民黨政治委員會於一九二五年七月三日決定八名軍事委員會委員：汪精衞（主席）、胡漢民、蔣介石、伍朝樞、廖仲愷、朱培德、譚延闓和許崇智。

軍事部長：許崇智。

外交部長：胡漢民。

財政部長：廖仲愷。

從人員的組成可以清楚看出，汪精衞在鮑羅廷的扶持下一躍而成了孫中山逝世後新的政治和軍事領袖。他在黨內擔任了最重要的職務——國民黨中央執行委員會主席和國民黨常務委員會主席（對廣州這一起十分重要的政治事件，在上海的中國共產黨中央委員會和維經斯基是看了報紙以後才知道的）。除汪精衞外，尚有許崇智（粵軍總司令）、胡漢民（國民政府成立前副元帥）和廖仲愷（軍隊的黨代表）是政治事件的中心人物。

直到一九二五年七月，蔣介石在廣州還是一個沒有多大影響的人物。他既不是常務委員會委員，也不是國民政府委員，也不是國民黨中央執行委員會委員。在一九二四年國民黨第一次全國代表大會上，在黨內十六年的蔣介石甚至還不是中央執行委員會的候補委員。他作爲強有力人物出現，是在上面提到的三名部長相繼退出廣州的政治舞臺之後，是在廣州軍隊進行了改組、第二次東征在他的領導下勝利結束之後，而這些事件是在幾個月內發生的。從現在起，人們應該密切注意蔣介石的作用了，他是統一戰線的破裂國民黨方面的關鍵人物❺，而他的崛起又同孫中山及其政策緊密相關。

我們在前面說過，一九二二年六月十六日陳炯明的叛變使得孫中山認識到嚴格黨的組織、建立自己的革命軍隊和創建革命根據地（廣州）之必要；有了這些條件，才能通過勝利的北伐，實現國家的統一。這一認識的直接結果就是聯俄、容共的政策。從這時起孫中山把年青的軍官蔣介石❻，而不是把其他親密同仁如廖仲愷、胡漢民和汪精衛看作生前能同他在一起實現自己的事業或者死後能繼承他的事業的人。

廖仲愷雖然一心一意贊成聯俄政策，但不是孫中山意義上的聯俄政策。至於胡漢民和汪精衛，孫中山在一九二四年十月九日寫給蔣介石的一封關於組織革命委員會的信中說：「而漢民、精衛二人性質俱長於調和現狀，不長於徹底解決。所以現在局面，由漢民、精衛維持調護之；若至維持不住，一旦至於崩潰，當出快刀斬亂麻，成敗有所不計，今之革命委員會，則為籌備以此種手段，此固非漢民、精衛之所宜也。」❼

---

❺ 伊羅生：《中國革命的悲劇》，斯坦福，一九六一年，第八一頁。

❻ 見本書第六四頁❻。

❼ 孫中山：《致蔣中正成立革命委員會函》，一九二四年一〇月九日；見：《國父全書》，見本書第六二頁❸，第八四五頁；另見：《……蔣介石先生》，見本書第七八頁❾，第二卷，第四三二頁。

從上面的敍述可以看出，孫中山的政策從本質上說不是消極的，而是進攻的、很有力量的。聯俄政策的重點並不像有些人所認爲的那樣，僅僅是爲了獲得俄國人的支援，接受俄國共產黨人的「良方」；准許共產黨員加入國民黨也不僅僅是爲了發展革命力量❽。

孫中山把同俄國和中國共產黨的合作時期看作是平衡的戰略階段。在這個對於鬥爭有着決定意義的階段，孫中山想動員起一切可能的手段和力量，目的是首先改組黨，建立自己的軍隊，鞏固革命根據地，然後集中力量進攻主要的敵人——軍閥。從他的聯俄、容共政策以及統一戰線建立後的積極努力可以明顯看出，孫中山對於平衡階段可能出現的分裂，進攻階段不可避免地同共產黨發生破裂是有準備的。孫中山的這種策略，毛澤東在第二次統一戰線時期繼續發展和具體表述了❾，關於這一點我們將在本書的結尾談到。

孫中山確定了聯俄政策和准許共產黨員加入國民黨的策略後，就把蔣介石視爲知己。他委任蔣介石單獨組建革命軍準備北伐❿；他以自己名義派蔣介石到蘇聯，實地研究紅軍和俄國共產

❽ 李雲漢：《從容共到淸黨》，見本書第二八頁⓭，第一卷，見二一一、二一六頁。

❾ 參見郭恒鈺：《毛澤東取得政權的道路與共產國際》——以「抗日統一戰線」的形成爲例，一九三一—一九三八年，帕德博恩，一九七五年，第一一七頁。

❿ 孫中山寫給蔣介石的信，一九二四年九月四日，一〇月一一日，一〇月一二日，一〇月一六日，一〇月二〇日，一〇月二六日，以及一九二四年未注明日期的其他信件，見：《國父全書》，見本書第六二頁❸，第八四三—八四五頁。

黨。可是當蔣介石從蘇聯回國以後，蔣和孫對於孫中山的政策產生了意見分歧。我們說過，蔣介石的訪俄報告沒有公開，但是從其他來源可以肯定，蔣介石是反對同俄國和中國共產黨合作的政策的。

蔣介石不僅對蘇俄感到失望，他甚至相信，蘇俄「世界革命」的策略與目的，比西方殖民地主義，對於東方民族獨立運動，更是危險[11]。俄黨對中國之唯一方針，乃在造成中國共產黨爲其正統。蔣表示，「決不信吾黨可與之始終合作，以互策成功者也。」[12]

一九二四年三月二日蔣介石在寫給孫中山的信上說，廣州問題不在外來威脅（帝國主義），而在內部危機[13]。相反，孫中山卻認爲，蔣介石對於中俄將來的關係，未免顧慮過甚。孫中山深信，「只有使中國共黨分子能在本黨領導之下，才可防制其製造階級鬥爭。如我們北伐軍事一旦勝利，縱使共黨要想破壞我們國民革命，亦勢所不能了。」[14]蔣介石從俄國回來四天以後，召開了改組國民黨的第一次全國代表大會。會議期間，一九二四年一月二十四日，孫中山任命蔣介石

---

[11] 蔣中正（蔣介石）：《蘇俄在中國》，見本書第七八頁[10]，第二五頁。

[12] 蔣介石寫給廖仲愷的信，一九二四年三月一四日，見：《革命文獻》，見本書第二六頁[6]，第九輯，第七一頁，以及《……蔣介石先生》，見本書第七八頁[9]，第二卷，第三三三頁。

[13] 《……蔣介石先生》，同上，第三二六頁。

[14] 蔣中正：《蘇俄在中國》，見本書第七八頁[10]，第二五頁。

為陸軍軍官學校籌備委員會委員長。蔣介石沒有接受籌辦軍校的職務，並於二月二十一日離開廣州[15]。蔣介石在上面提到的一九二四年三月二日寫給孫中山的信中，詳細說明了他離開的原因。在孫中山的多次要求下，蔣介石才於一九二四年四月中旬返回廣州，並且接受了軍校校長和粵軍總司令部參謀長的職務（一九二四年五月三日）以及黨軍司令官的職務（一九二五年四月二十九日），從此蔣介石致力於革命軍的建設。孫中山從多次失敗中吸取的痛苦教訓之一就是：民族革命只有靠自己可靠的軍隊進行武裝鬥爭才能取勝，對於這一點蔣介石是很理解的，他毅然決然地把這個教訓變成了行動。在這方面，可以說蔣介石是「孫中山的唯一學生」，中國共產黨人是在一九二七年中國革命遭到慘重失敗後才懂得：槍杆子裏面出政權。

如上所述，一九二五年七月廣州政府的改組和國民政府的成立並沒有使蔣介石進入政府的領導地位，當然更不用說黨的領導地位了。接着不久，八月六日，蔣介石提出辭去所有職務的辭呈，理由是「才短體弱」[16]。辭呈未被接受[17]。引退或者辭職，是蔣介石慣用的手法；此時，蔣介石積極行動起來。

孫中山逝世後，右派加緊活動，引起了廣州形勢的緊張，這種形勢還由於中國共產黨人的活

---

[15]《……蔣介石先生》，見本書第七八頁[10]，第三一一、三一九頁。

[16] 同上，第六七五頁。

[17] 同上，第六七五—六七六頁（軍事委員會給蔣介石的回信，一九二五年八月一二日）。

動更爲嚴重。胡漢民與許崇智嫌隙日深，許有不相容之意，蔣介石勸胡漢民離粵出洋⑱。同時，一九二五年八月中旬，蔣介石和許崇智的分歧愈來愈厲害⑲，而在粵軍改組的問題上這個分歧更達到了頂點⑳。在這種形勢下，廖仲愷被害（一九二五年八月二十日），兇手被捕後不久死去。經過認眞的調查，可以肯定在兇手背後是激進右派的有影響人物㉑。在莫斯科的黑勒把廖仲愷被害說成是英國人準備進行帝國主義干涉的一系列措施的一環。黑勒寫道，廖仲愷的死很可能在短期內引起廣州政府的某種混亂，增加南方機會主義動搖分子的影響和北方國民黨右派的希望，這意味着廣州反抗力量不僅在政治上而且在軍事上的暫時削弱㉒。

對國民黨右派的鬥爭也因此有所加強。就在廖仲愷遇刺當天，國民黨中央執行委員會、國民政府委員會和軍事委員會召開聯席會議，根據鮑羅廷的建議決定組成汪精衞、許崇智和蔣介石三

---

⑱ 同上，第六七八頁。

⑲ 參見戴季陶：《國民革命……》，見本書第一四〇頁❸，第四九頁；陳獨秀：《給戴季陶的一封信》，見：《嚮導》，第一三〇期（一九二五年九月一八日），第一一九六頁。

⑳ （羅）亦農：《廖仲愷遇刺前後的廣州政局》，見：《嚮導》，第一三〇期（一九二五年九月一八日），第一一九四頁。

㉑ 李雲漢，見本書第二八頁⑬，第一卷，第三八二—三八八頁。

㉒ 黑勒：《廖仲愷遇害》，見：《國際新聞通訊》，第一二六期（一九二五年八月二八日），第一八二五頁；參見（羅）亦農：《廖仲愷遇刺前後的廣州政局》，見前㉑，第一一九二—一一九六頁。

人特別委員會。特別委員會有政治、軍事和警察全權[23]，鮑羅廷任顧問，也是他把蔣介石推上了這個最高、最有力的領導地位。對共產國際及其在中國的統一戰線政策來說，這是歷史性的錯誤，因爲這是蔣介石奪取政權的第一步，也是決定性的一步[24]。蔣介石的長子蔣經國在這一年的十月十九日啟程赴俄莫斯科留學[25]，這是否出於策略考慮，不得而知。八月二十四日，特別委員會組成四天以後，蔣介石被任命爲廣州衞戍司令，接着，八月二十六日粵軍改組，稱「國民革命軍」。

第一軍：軍長蔣介石，由黨軍第一、二師和編成第三師的一部分粵軍組成；

第二軍：軍長譚延闓，由湘軍組成；

第三軍：軍長朱培德，由滇軍組成；

第四軍：軍長李濟琛，由粵軍組成；

第五軍：軍長李福林，由閩軍組成[26]。

國民革命軍和軍校黨代表汪精衞。

---

[23]《……蔣介石先生》，見本書第七八頁[9]，第二卷，第六八一頁。

[24] 參見威爾伯／豪：《共產主義……》，見本書第六〇頁[28]，第一六五－一六六頁；伊羅生：《中國革命的悲劇》，見本書第七五頁[41]，第八四頁。

[25]《……蔣介石先生》，第二卷，第七二九頁。

[26] 同上，第六八四頁；參見：《北伐戰史》，國防部軍史局，臺北，一九六七年，第一卷，第二九一－二九二頁。

粵軍的改組清楚表明蔣介石在軍隊中的地位日趨鞏固，而許崇智的權力和影響由此大大喪失了。蔣介石在軍隊中爭取統治的鬥爭得到了戲劇性發展：軍隊改組三周以後，一九二五年九月十八日，廣州衞戍司令蔣介石接受了軍事委員會關於整肅廣州形勢的命令。當天，「反革命軍隊」（許崇智的粵軍）被監視起來，執行監視任務的是蔣介石的心腹、第一軍第一師師長何應欽。次日蔣介石寫信要求許崇智暫時離開廣州；又過了一天（九月二十日，即粵軍的「反革命部隊」被解除的這一天），國民黨政治委員會同意免去許崇智的軍政部長、粵軍總司令和財政監督的職務㉗。許崇智於命中注定的這一天離開廣州，兩天後，外交部長、國民政府和軍事委員會委員胡漢民旋卽啟程。緊接着這些戲劇性事件之後，軍事委員會任命蔣介石爲（第二次）東征總司令，這次東征於一九二五年十二月勝利結束。

排除了胡漢民和許崇智，蔣介石就爲爭取黨政軍的絕對實力地位和進行常常浮現在腦海中的北伐創造了決定性的步驟。這個在一九二五年初還是一個無足輕重的年輕軍官，在幾個月內通過大膽的、有目的的和激烈的行動一步步青雲直上，在紅色廣州成了汪精衞之外的最有力的人物，與此同時，在自己隊伍和共產黨人中反蔣的情緒也在不斷增長，汪精衞成了蔣介石前進道路上的最後一道障礙㉘。

㉗《……蔣介石先生》，見本書第七八頁⑨，第二卷，第七〇四—七〇六頁。

㉘同上，第七二六、七五一頁；蔣中正：《蘇俄在中國》，見本書第七八頁⑩，第三八、三九頁。

中國共產黨人仍然稱汪精衛和蔣介石是國民黨的「左派領袖」[29]，在上海的中國共產黨中央委員會直到一九二五年九月通過鮑羅廷的簡短報告才知道廣州發生了這些重要事件[30]。

六　組織分裂的開始

反對國民黨右派的鬥爭加強以後，尤其是一九二五年十月中共中央擴大會議舉行以後，國民黨右派結合得更加緊密，進而採取了組織上的對抗措施。迄今爲止，國民黨右派和左派的衝突所表現的無非是黨內指控、書面交鋒和組成政見一致的俱樂部、小團體等等，右派公開在組織上反對左派，在全國範圍內反對共產黨員加入國民黨，則是在一九二五年底「西山會議」才開始的。

一九二五年十一月二十三日，國民黨中央執行委員會十名委員（葉楚傖、居正、戴季陶、謝持、沈定一、邵元沖、鄒魯、林森、覃振和石青陽）和兩名候補委員（茅祖權和傅汝霖）以及監察委員會兩名委員（張繼和謝持）在北京西山碧雲寺孫中山靈柩前舉行國民黨中央執行委員會四

㉙（陳）獨秀：《國民黨新右派之反動傾向》，見：《嚮導》，第一三九期（一九二五年一二月二〇日），第一二六七頁。

㉚張國燾：《我的回憶》，見本書第二八頁[15]，第二卷，第四六一頁；參見：第四五八頁。

中全會❶。會議一直開到一九二六年一月四日，在中國歷史上稱之為「西山會議」。
會議召開期間，汪精衛以國民黨中央執行委員會的名義於十一月二十日和二十七日從廣州發出電報，指責大會是非法會議。他強調說，只有在廣州才能舉行這樣的國民黨中央執行委員會會議，他否認多數執行委員會委員（十四人以上）參加了西山會議❷，西山會議的參加者駁斥了廣州的譴責❸。

關於北京會議的非法問題雖然喧嘩一時，但它不過是整個事件的一個無關緊要的方面，重要的是右派通過這次會議要達到什麼目的。可以這樣說，西山會議的參加者是把「戴季陶主義」具體化了。因此，這次會議的重要性在於它所通過的議案：

(1)《取消共產派在本黨之黨籍案》（一九二五年十一月二十三日）

理由：共產黨人的言論和行動皆按照共黨之決議和領導行事，這裏有文字材料為證。此種行為與國民黨的利益相違背，本黨不能容忍黨中有黨這種情況繼續存在。因此，已經參加國民黨之共產黨員應一律退出國民黨，以便使人清楚辨認出兩黨之旗幟。強迫進行合作只會導致內部危

❶《一九二五年一一月二三日四中全會第一次會議記錄》，見：《清黨實錄，一九二五年一〇月至一九二七年七月》，南京，一九二八年，第五〇頁。

❷ 同上，第二六頁；另見：《民國日報》，一九二五年一一月二九日，一二月九日，廣州。

❸《中國國民黨宣言——駁汪精衛十二月四日通告》，見：《清黨實錄》，見前❶，第六八—六九頁；參見：第二〇頁。

機，最終導致兩個革命政黨的分裂，進而阻止國民革命的發展。因此，正確的做法是兩黨在國民革命過程中協調一致，互相合作❹。

(2)《取消政治委員會案》（一九二五年十一月二十三日）

理由：該委員會本來是爲提出政治建議而設立的一個輔助機構。孫中山逝世後，它公然藐視中央執行委員會獨自作出有關黨務的決議。這明顯違反了國民黨中央執行委員會第三次會議的決議和孫中山設立這個機構的本意。從現在起，有關黨務的決定權應重新掌握在中央執行委員會的手中。政治委員會應自本案通過之日起立即取消❺。

(3)《顧問鮑羅廷解雇案》（一九二五年十一月二十三日）

理由：孫中山逝世後，鮑羅廷作爲政治顧問利用政治委員會將國民黨中央執行委員會置於其影響下，事實上等於國民黨組織的解體。根據上述兩項議案，非國民黨員、客串顧問鮑羅廷不得再在本黨活動。自本案通過之日起，鮑羅廷在國民黨內的一切職務均被解除❻。

(4)《開除汪精衞黨籍案》（一九二五年十二月四日）

本案通過後停止汪精衞黨籍六個月，解除其中央執行委員會委員之職。汪精衞不得在行使國

---

❹《取消共產派在本黨之黨籍案》，一九二五年一一月二三日，同上，第七頁。
❺《取消政治委員會案》，一九二五年一一月二三日，同上，第九頁。
❻《顧問鮑羅廷解雇案》，一九二五年一一月二三日，同上，第七頁。

民黨政權的政治機關工作。

理由：汪精衛違背孫中山關於容許共產黨參加國民黨之本意，同俄國顧問鮑羅廷狼狽為奸，擾亂國民黨組織，違反國民黨紀律，致使一個客串顧問得以在黨內進行獨裁統治，使共產黨人奪得了政權❼。

(5)《開除中央執行委員之共產派譚平山等案》（一九二五年十二月二日）

理由：解除中央執行委員會委員譚平山、李大釗、于樹德和林祖涵，候補委員毛澤東、韓麟符、于方舟、瞿秋白和張國燾以及中國共產黨所有黨員（根據議決案(1)）之委員或候補委員之職❽。

(6)《決定本黨此後對於俄國之態度案》（一九二五年十二月九日）

根據孫中山的遺囑，國民黨願與世界平等待我之民族共同奮鬥；對於不平等待我之國家或民族，不論哪個國家或民族，均反對之❾。

按照上述議案的精神，西山會議還發表了一系列文章，借以公開表明自己的政治立場：《國

---

❼《開除汪精衛黨籍案》，一九二五年一二月四日，同上，第八—九頁。

❽《開除中央執行委員之共產派譚平山等案》，一九二五年一二月二日，同上，第九頁。

❾《決定本黨此後對於俄國之態度案》，一九二五年一二月九日，同上，第七—八頁。有關西山會議的議決案見：《國聞週報》，全第四集，第一四期（一九二七年四月一七日），第一四—一六頁。

民黨宣言——取消共產派之黨籍》（一九二五年十一月二十三日）[10]，《取消共產派在本黨之黨籍告黨員書》（一九二六年一月四日）[11]，《關於政治形勢之聲明》（一九二五年十一月二十七日）[12]，《告國民書》（一九二五年十二月十四日）[13]以及其他發給「國民軍」和馮玉祥等的電報[14]，這些文章和電報着重強調保衞國民黨，反對共產主義危險。此外，還決定將國民黨中央執行委員會遷至上海。

對西山會議的這些文件，我們應抓住兩個要點：其一，國民黨右派一般說來並不反對在國民革命範圍內同共產黨合作。他們鑒於過去兩年的經驗只是想保持國民黨在組織上和政治上的獨立，其結論就是進行「黨外合作」。將共產黨員開除出國民黨，解散政治委員會，撤消鮑羅廷顧問的職務和停止汪精衞的黨籍等都是邏輯的結果。其二，右派在原則上也不反對聯俄政策。他們只是不願袖手旁觀，目睹這個聯盟使國民黨成爲世界革命的工具，民族獨立遭到破壞。

彭述之在談及西山會議時認爲，國民黨右派和左派之爭，絕不是什麼共產派與非共產派之

---

[10]《清黨實錄》，第一九—二〇頁。
[11]同上，第二一—二七頁。
[12]同上，第二七—二八頁。
[13]同上，第二八—三〇頁。
[14]同上，第三〇—三二頁。

爭，而是革命派與非革命派之爭⑮。——一個非常無力的論點。西山會議的右派們在議案中所表達的完全是無可爭辯的事實，首先涉及的是鮑羅廷和中國共產黨員在國民黨內的活動，開除左派領袖汪精衛也應該從這個角度來認識。

就在這時，陳獨秀和其他居於領袖地位的共產黨員也同樣把蔣介石視為廣州左派領袖之一，但西山會議保護了蔣介石，這一方面由於他的全部活動主要在軍隊，在黨和政府內的作用無足輕重；另一方面也由於他的政治立場為一部分西山會議參加者所了解，他們在反汪中把希望寄託於蔣。不過令人奇怪的是，蔣介石在一九二五年十二月二十五日告黨內同志的電報中卻表示反對在北京舉行的西山會議，並且把國民黨的喉舌、上海《國民日報》對西山會議的肯定評論斥之為無稽之談⑯。這一份電報在蔣介石的正式傳記中既沒有全文發表，也沒有摘要發表⑰，甚至李雲漢

---

⑮ （彭）述之：《國民黨之左右派的鬥爭與共產黨》，見：《嚮導》，第一三八期（一九二五年一二月一〇日），第一二五六頁。

⑯ 蔣介石：《忠告海內外各黨部同志書》，一九二五年一二月二五日，見：《中國國民黨史資料滙集》，見本書第一〇九頁⑮，第一卷，（一）函電，文件一八；《為西山會議告同志書》，一九二五年一二月二五日，見《蔣校長演講集》，中央軍事政治學校政治部宣傳科編，同上，一九二七年，第二一三－二一九頁；參見：第六三頁。

另見蔣介石：《對於聯俄問題意見》，一九二五年一一月七日，見：《……演講集》，同上，第一－一〇頁，一九二六年一月一〇日蔣關於同一問題的演講，同上，第一〇一－一一八頁。

⑰ 《……蔣介石先生》，見本書第七八頁⑨，第二卷，第七八六頁。

在關於國共第一次合作範圍十分廣泛的研究中也沒有提及這份電報⑱，李的研究在某種程度上反映了今天國民黨的觀點。

西山會議造成了可能導致廣州徹底分裂甚至崩潰的嚴重局勢。中共在上海的領導又重新和維經斯基商談退出國民黨的問題，維經斯基堅持共產國際的立場，認爲中國共產黨員應當繼續留在國民黨內。中國共產黨接着決定，通過策略上的妥協政策爭取一部分西山會議的參加者——中間派，以孤立右派。一九二五年十二月在上海的蘇聯領事館內舉行會談，一方是陳獨秀、蔡和森和張國燾，另一方是孫科、葉楚傖和邵元沖⑲。雙方一致同意，在國民黨領導機關內共產黨員的人數不得超過三分之一，國民黨第二次全國代表大會推遲到右派領袖返回廣州時召開，兩黨在合作中產生的問題應當在代表大會上解決⑳。

鮑羅廷和在他影響下的廣州中國共產黨反對這一個妥協辦法，他們堅持要把右派領袖如戴季陶、孫科和其他人趕出廣州，他們準備在國民黨第二次全國代表大會上組成一個由國民黨左派和

---

⑱ 李雲漢：《從容共到清黨》，見本書第二八頁⑬，第二卷，第七八六頁。

⑲ 張國燾：《我的回憶》，見本書第二九頁⑭，第二卷，第四六三—四六五頁；華崗：《……大革命史》，見本書第一二三頁㉑，第四四九—四五一頁。

⑳ 張國燾，同上，第四六四頁；華崗，同上，第四五〇—四五一頁；參見張國燾：《一封公開的信致國民黨全體黨員》，見：《嚮導》，第一三九期（一九二五年一二月二〇日），第一二六九—一二七〇頁；陳獨秀：《國民黨右派之反動傾向》，同上，第一二六五—一二六七頁。

共產黨員共同執政的領導。當上海的中共黨人把已經被趕出去的國民黨右派分子又送回廣州時，鮑羅廷非常氣憤㉑。國民黨第二次全國代表大會於一九二六年一月一日至十九日在廣州舉行，二百五十六名代表參加了大會，其中有一百多人是雙重黨員身份。在左派的幫助下，共產黨員控制了大會，他們按照自己的願望擬定決議，進行選舉。第二次全國代表大會的中心議題是討論國共兩黨的關係和對付西山會議參加者的措施。

在第五次會議上（一月七日），譚平山在黨務報告中特別請求代表們注意和討論黨內衝突問題㉒。譚平山在簡述了容許共產黨員參加國民黨的政策後，強調指出，應該把一切革命分子吸收到國民黨中來，共同爲革命工作，而不論他們屬什麼派別，有什麼思想。他說，可惜有一部分黨員不理解這一點，因此在容共問題上產生了衝突，張繼、謝持等就是這樣的黨員。第二次全國代表大會應根據聯合一切革命力量之策略，找到一個解決辦法，以便在將來排除類似的衝突㉓。張國燾在會上駁斥了所謂共產黨員加入國民黨引起了國民黨分裂的譴責㉔。高語罕否認共產黨員加

㉑ 張國燾：《我的回憶》，同上，第四六七頁；華崗，同上，第四五〇頁。
㉒ 《記錄》，第五期（一九二六年一月七日），見：《中國國民黨第二次全國代表大會會議記錄》，廣州，一九二六年，第二九頁。
㉓ 同上，第三一—三二頁。
㉔ 同上，第四一—四三頁。

入國民黨的目的是爲了得到職位和權利㉕。

袁同疇根據他在軍校工作的經驗，認爲衝突的原因在於誤解：共產黨員對他們黨的工作秘而不宣，又不說明他們是共產黨員。因此，袁要求：⑴共產黨員參加國民黨，應說明他們是共產黨員，⑵共產黨員在國民黨內應公開活動，⑶國民黨員參加共產黨，應得到有關黨委的批准㉖。

第十六號代表毛澤東反對這三個條件。他說，首先中國共產黨還是一個秘密組織，這一點與俄國共產黨不同。只要中國共產黨得不到合法承認，就必須是秘密的。如果共產黨員公開身份，例如在上海，他們就會立卽遭到槍殺，這意味着一部分國民革命力量受到嚴重打擊。其次，無論是什麼黨的黨員都應有入黨和退黨的絕對自由，實在沒有必要限制這種自由㉗。

高語罕認爲，袁同志提出的三項條件表明了他的內心恐懼。他說，中國共產黨不到五千名黨員，國民黨黨員人數在五萬名以上，爲什麼國民黨要害怕五千名共產黨員㉘？袁同疇在討論中孤立無援，只好收回建議。高語罕引用汪精衞的話說：「中共也許有一天會脫離國民黨，但是這一天還沒有到來。如果國民黨在將來只代表資產階級，不代表工人和農民的利益，那末我們很可能

㉕同上，第四三—四四頁。
㉖同上，第一八三頁。
㉗同上，第一八四—一八五頁。
㉘同上，第一八五頁。

分開。」㉙會議主席汪精衞接着建議，國民黨中央執行委員會和共產黨中央委員會舉行聯席會議以尋求消除衝突之辦法㉚。

代表大會通過了《彈劾西山會議決議案》，決議案決定將謝持和鄒魯永遠開除出國民黨。受右派利用的戴季陶，鑒於他在黨內的貢獻允許他考慮代表大會的眞誠教導，但今後不得再犯類似錯誤。西山會議的其他十一名參加者和一名沒有參加會議的人——張知本，應根據國民黨中央執行委員會代表大會的警告在兩個月內交出聲明，如果他們不加理睬，則開除他們出黨㉛。本來的決議對這十二名委員還規定了更嚴厲的措施，後來由於汪精衞的調解決議案作了如上的修改㉜。

第二次代表大會還通過了一系列決議：《執行孫中山遺囑決議案》㉝，《中央執行委員會黨務報告決議案》（這個決議案再次確認了孫中山容許共產黨員參加國民黨的政策，強調必須擴大工農組織）㉞，以及關於政治報告、財政、軍事的決議，關於工人、農民、青年和婦女運動和宣

㉙同上，第一八七頁。

㉚同上。

㉛《彈劾西山會議決議案》，見：《中國國民黨第二次全國代表大會宣言及決議案》，廣州，一九二六年，第八六－八八頁；參見（張）國燾：《中國國民黨第二次大會的教訓》，見：《嚮導》，第一四五期（一九二六年二月一〇日），第一三二九－一三三〇頁。

㉜《……會議記錄》，見本書第一六八頁㉒，第九七－一〇五頁。

㉝《……宣言及決議案》，見前㉛，第二六頁。

㉞同上，第四二－四五頁。

傳的決議，關於毛澤東所作的有關宣傳、黨報和黨章報告的決議㉟。

根據對國際形勢的分析，第二次代表大會指出，中國的國民革命是世界革命的一部分，宣言以「世界革命萬歲！」爲結束㊱。代表大會還向蘇聯發出電報，表達了同世界革命先鋒隊——蘇聯合作的眞誠願望，以及請求蘇聯繼續給予援助的期望㊲，此外還以同樣的精神發表了《告世界被壓迫人民和一切被壓迫階級書》㊳。

第二次代表大會閉幕前兩天進行了中央執行委員會和監察委員會委員和候補委員的選舉。選舉結果㊴表明，中央執行委員會的三十六名委員中有八名是共產黨員（李大釗、林祖涵、吳玉章、譚平山、惲代英、楊匏安、于樹德和朱季恂）；候補委員中有六名是共產黨員（毛澤東、許蘇魂、夏曦、韓麟符、董用威（董必武）和鄧穎超）。

在第二次中央執行委員會第一次全體會議上還選舉了由九名委員組成的中央執行委員會常務委員會，並決定了各部的負責人。

㉟ 同上，第二九—四二頁，第四五—八一頁，第九一—一一一頁。
㊱ 同上，第一一二六頁。
㊲ 同上，第二六—二七頁。
㊳ 同上，第二七—二九頁。
㊴ 《中國國民黨第二次中央執行委員會第一次全體會議記錄》，上海，一九二六年，第一六二頁。

常務委員會委員：

汪精衞、譚延闓、蔣介石、胡漢民、陳公博、甘乃光、譚平山、林祖涵和楊匏安（後三人是共產黨員）。

秘書處：

秘書長：譚平山、林祖涵、楊匏安。

秘書：劉芬

組織部：

部長：譚平山

秘書：楊匏安

宣傳部：

部長：汪精衞，由毛澤東代理

秘書：沈雁冰

工人部：

部長：胡漢民

秘書：馮菊坡

農民部：

部長：林祖涵
秘書：彭湃和羅綺圓
商民部：
部長：宋子文
秘書：黃樂裕
青年部：
部長：甘乃光
秘書：黃日葵
婦女部：
部長：宋慶齡
秘書：鄧穎超
外事部：
部長：彭澤民
秘書：許蘇魂

各部部長中譚平山和林祖涵是共產黨員；甘乃光和彭澤民屬左翼，毛澤東代理汪精衛，胡漢民在俄國，宋慶齡不願就職，宋子文沒有時間。所有的秘書都是共產黨員。這意味着，國民黨的整個領導機構都落到中國共產黨人的手裏了。

蔣介石到現在才在黨的領導機構中獲得了重要職位：中央執行委員會及其常務委員會委員。在中央執行委員會委員的選舉中蔣介石和汪精衛得票最多：二百四十八票（總共發出二百五十三票，收回二百五十二票，三票無效）㊵。選舉結果表明，蔣介石在當時旣受到廣州共產黨人和左派的支持，也受到新右派的擁護。換句話說，各方在和對方鬥爭中都企圖爭取蔣介石這個軍事領袖。

國民黨第二次代表大會也得到了共產國際的承認。在一篇有關的評論中，共產國際指出，把右派開除出黨會在組織上形成右翼勢力，因此國民黨必須預防對統一的威脅，把眞正的革命力量聯合起來。第二次代表大會實現了這個任務，大會的決議完成了孫中山開始的改組國民黨的工作，在國民黨的歷史上是一次決定性的轉變。代表大會結束了國民黨組織上的軟弱和政治上的動搖狀態，使國民黨變成了一個緊密的戰鬥隊伍，一個中國革命的眞正政黨㊶。維經斯基指出，國民黨不僅在人數上有所增加，不僅對羣眾的政治影響大大增長，它在組織建設和影響範圍方面也取得了顯著的成績。至於其右翼，維經斯基認爲，作爲未來中國資產階級政黨前身的國民黨右翼

㊵ 同上。

㊶ A·N·K：《國民黨在中國革命中的作用》，見：《國際新聞通訊》，第二五期（一九二六年二月一二日），第三六一頁。

的形成，可以看作是解放運動的成果之一；因爲，這是中國社會分化迅速發展的證明㊷。

在這樣的思想支配下，以及在對一九二五年五卅運動的勝利懷有某些誇張的情緒下，共產國際執行委員會第六次全會（一九二六年二月十七日至三月十五日）在莫斯科討論了「中國問題」。

季諾維也夫在開幕詞中首先指出了中國共產黨所取得的勝利。他說，年輕的中國共產黨善於對具有世界歷史意義的中國革命運動給予決定性的影響。我們期待中國共產黨今後在同國民黨的緊密合作中取得更大的勝利。這也說明，共產國際不僅在西歐，而且在中國這樣一個具有重大世界歷史意義的國家站穩了腳根㊸。季諾維也夫在向蘇共莫斯科黨員幹部說明共產國際執行委員會第六次全會成果的一次報告中承認：「我們到一九二五年才第一次發現中國有一支堅強的無產階級幹部隊伍，可以說這是始料所不及的。現在我們看到，中國無產階級的進攻力量正在加強，一個震撼整個中國的大規模的民族解放運動正在成熟。」㊹國民黨的偉大勝利無疑是帝國主義在東

㊷ 維經斯基：《中國解放運動的成果和最近前景》，見：《國際新聞通訊》，第三四期（一九二六年三月二日），第四七一頁。

㊸ 《季諾維也夫在第一次會議上的講話》（一九二六年二月一七日），見：《記錄——共產國際執行委員會擴大會議，莫斯科，一九二六年二月一七日至三月一五日》，漢堡，一九二六年，第五—六頁；參見：《關於共產國際執行委員會報告的決議》，同上，第五六一頁。

㊹ 季諾維也夫：《共產國際執行委員會第六次擴大全會的成果——對蘇共莫斯科黨員幹部的報告》，見：《國際新聞通訊》，第七一期（一九二六年五月一〇日），續編，第一一三五頁。

方「穩定」陣線極其重要一部分上的失敗㊺。

第六次全會在《關於國際共產主義運動當前問題的提綱》中指出：中國的運動有着特別重要的世界歷史意義，它證明，在東方無產階級世界革命的後備力量是多麼無法估量。「俄國革命和共產國際思想對於中國事態的發展無疑產生了極其強大的影響」㊻。

共產國際執行委員會的一次全會對「中國問題」不僅表示了很大的關注，而且還作出了《中國問題的決議》，這在共產國際的歷史上是第一次，其原因當然是中國共產黨人在一九二五年取得了巨大的、出乎共產國際意料的勝利。然而，全會只顧陶醉在誇大、自滿甚至自我頌揚的氣氛中，卻不去深入研究中國共產黨和國民黨之間的棘手關係，也不去深入研究中國統一戰線的危機。共產國際執行委員會第六次全會《關於中國問題的決議》事實上不過是關於中國問題的自我宣傳。決議說，中國無產階級在政治舞臺上的出現，特別是經濟上的持續罷工鬥爭引起了民族解放運動的分化，使中國大工業家和商業資產階級的某些階層退出了運動。國民黨第二次全國代表大會譴責了右派的行爲，並強調必須建立一個戰鬥的國共聯盟，這個事實加強了國民黨和廣州政

㊺《眞理報》社論：《共產國際執行委員會擴大全會取得重大成果》，一九二六年三月一六日，見：《國際新聞通訊》，第四八期（一九二六年三月二四日），第六五五八頁。

㊻《關於國際共產主義運動當前問題的提綱》，見：《國際新聞通訊》，第六八期（一九二六年五月五日），特刊第三四期：《共產國際執行委員會第六次擴大全會的提綱和決議》，第一〇二九頁。

府的革命方向，使國民黨得到了無產階級的支持[47]。共產國際稱國民黨是「工人、農民、知識分子和城市平民的革命聯盟」[48]，並認爲，中國共產黨只有在全部鬥爭過程中加強自己的組織，加強自己作爲中國無產階級的階級政黨和共產國際支部的影響，才能完成它身爲中國勞動羣眾反對帝國主義鬥爭的領導者所面臨的歷史任務[49]。

農民問題在共產國際執行委員會第六次擴大全會上形式上是作爲一個特殊問題提到日程上的。大會認爲，農民問題是各國共產黨在最廣大的農民羣眾中爭取影響的最重要的任務[50]，因此決議指出，農民問題「是中國民族解放運動中的最重要的問題」。但是，全會並沒有制訂具體的路線[51]。

維經斯基認爲國民黨的分化「不過是全國社會普遍分化的一個反映」，因爲，如果資產階級脫離工人運動，脫離民族統一戰線，必然會反過來影響國民黨這樣「一個較大的民主人民黨」。

---

[47] 《中國問題決議》（一九二六年三月一三日），見：《國際新聞通訊》，第六八期（一九二五年五月五日），第一〇六三頁。

[48] 同上。

[49] 同上，第一〇六三—一〇六四頁。

[50] T·多姆巴爾：《共產國際執行委員會第六次擴大全會上的農民問題》，見：《國際新聞通訊》，第五五期（一九二六年四月九日），第七九二頁。

[51] 《中國問題決議》，見前[47]，第一〇六四頁。

國民黨第二次全國代表大會證明，大多數黨員成功地保持了黨的統一。對維經斯基來說，開除一部分右派黨員出黨已足以醫治國民黨，使它不斷壯大，重新赢得羣眾52。維經斯基說，如果共產黨員和國民黨員之間沒有牢固的聯盟，就不可能以統一戰線對抗帝國主義。因此，今後的任務就是維護統一戰線，發展統一戰線。不僅要把國民黨員，而且要把即使不願承認國民黨黨章但是願意反對帝國主義的政治派別和分子吸收到統一戰線中來。簡言之：中國共產黨應特別注重「維護和加強反帝統一戰線……」，「維護同國民黨的統一戰線絕對必要，它是解放運動的一個勝利」53。

中國共產黨人在國民黨領導機關中的勝利，尤其是它的主宰地位乃是新衝突的信號，然而，這一次打擊不是來自國民黨的反動右翼或新右派，而是來自「左翼領袖」——蔣介石。

七　蔣介石：是何異佛入地獄耶！——一九二六年三月二十日事件

一九二六年三月二十日的「中山艦事件」是一九二四——一九二七年國共統一戰線歷史上一

---

52 維經斯基：《中國民族解放運動和工人運動的勝利和前景》，見：《共產國際》，第二期，一九二六年二月（遲至三月出版），第一五九頁。

53 同上，第一六〇頁。

個重要的，也許是最重要的事件，蔣介石在事件中扮演了主要角色。

關於這一事件的眞相，一直混沌不清。根據當事者的當時敍述，事件的經過大致是這樣的：一九二六年三月十八日晚中山艦奉海軍局代理局長李之龍（共產黨員）的命令（李稱接奉蔣委託的電話指示）從廣州開到黃埔。砲艦停泊在現已改名爲中央軍事政治學校（校長爲蔣介石）前，露械升火亙一晝夜❶。俄國顧問發現後，立卽命令撤回❷。三月十九日深夜砲艦返回廣州，艦上升火，通夜不熄。三月二十日凌晨蔣介石爲了防止政治騷動，立卽採取了閃電般的緊急措施，宣布廣州附近緊急戒嚴，扣留李之龍❸，控制中山艦，扣捕第一軍和軍校中的共產黨員，包圍省港罷工委員會、蘇聯顧問住宅和蘇聯領事館❹。

---

❶《蔣介石提出自請處分呈文》，一九二六年三月二三日，見：《……蔣介石先生》，見本書第七八頁❾，第三卷，第八七二頁；《蔣介石向學生和軍官發表演說》，一九二六年三月二三日，同上，第八七一頁；《蔣介石在黃埔軍校向黨代表發表演說》，一九二六年四月二〇日，見：《國聞週報》，全第四集，第一五期（一九二七年四月二四日），第六頁。

❷《施特凡諾夫關於三月二〇日政變的報告》，見：威爾伯／豪：《共產主義、民族主義文獻……》，見本書第六〇頁㉘，第二四九頁。

❸《蔣介石提出自請處分呈文》，一九二六年三月二三日，見：《……蔣介石先生》，見本書第七八頁❾，第八七二頁；《蔣介石……向黨代表發表演說》，見：《國聞週報》，見前❶，第六頁。

❹胡華：《中國革命史講義》，見本書第三二頁❼，第一三一頁；何干之：《中國近代革命史》，見本書第六〇頁㉗，第七八頁；《施特凡諾夫關於三月二〇日政變的報告》，見本書第一七九頁❷，第二四九頁。

事件發生時鮑羅廷不在廣州。蔣介石反對蘇聯顧問和中國共產黨人所採取的閃電行動不僅使遠在莫斯科的共產國際惴惴不安，也使廣州的顧問們大為驚慌。當時，廣州謠言紛紛，共產黨操縱的「青年軍人聯合會」和極右分子的「孫文主義學會」之間的明爭暗鬥，特別是以季山嘉為首的俄國顧問和蔣介石之間的緊張關係早有風傳。

彭述之在事變一年後說，當時孫文主義學會派歐陽格、惠東生、繆斌、王柏齡等，假造蔣介石的命令，騙李之龍開中山艦至黃埔，另一方面則報告蔣介石，謂李之龍要請蔣介石赴俄國，結果，造成了三月二十日的寃案❺。

這個說法從當時的情況來看似乎可信，但無法證明。在研究了有關的材料後，我們不能同意說事件徹底暴露了俄國共產黨人企圖推翻蔣介石的陰謀❻。另一方面，共產黨人也缺少有力的證據證明他們今天的論斷，即蔣介石導演了這個事件。事實是，蔣介石利用了這一事件。還有人提出旁證說，蔣介石在這幾天即使事件不發生也會採取類似的行動，反對俄國顧問和共產黨人。從

❺（彭）述之：《讀了蔣介石二月二十一日的講演以後》，見：《嚮導》，第一九二期（一九二七年三月一八日），第二〇七六頁。

❻李雲漢：《從容共到淸黨》，見本書第二八頁⓭，第二卷，第四八三、四八九頁。蔣介石在一九二六年六月二八日的演說中強調，中共黨員與一九二六年八月一八日事件無關，見：《……演講集》，見本書第一六六頁⓰，第一四三頁。

這個角度來看問題，當然追究神秘的電話指示究竟出自何人之口，就不那麼重要了。

事件發生後（三月二十二日）蔣介石向黃埔軍校的學生和軍官發表了演說；次日，他向軍事委員會提出呈文，請求處分自己，因爲他在採取行動之前沒有得到批准。蔣介石在演說和呈文中只簡短地敍述了事件的經過。

一九二六年四月十四日，蔣介石以黃埔軍校校長的名義發表了給軍校同學的一封信，他在信中談了北伐以及北伐的困難。六天後，四月二十日，蔣介石在歡送第一軍共產黨黨代表和共產黨軍官的宴會上發表了長篇演說，蔣氏詳細敍述了他同共產黨人和俄國顧問的緊張關係，以及三月二十日事件。

公開發表的信件和對敵對者的長篇演說爲蔣介石行爲的動因提供了具體的證明。這兩份材料雖然在一九三六年由蔣介石的老師毛思誠編輯、一九七一年由國民黨重新出版的蔣介石日記《民國十五年以前之蔣介石先生》作爲「文件」付印⑦，但內容上删減甚多。書中的四月二十日演說還加了一句模糊不清、與事實相矛盾的話：「有人說季山嘉陰謀，想要刼我到中山艦上，強迫我

⑦《忠告軍校同學書》，一九二六年四月一四日；《宴退出第一軍黨代表及中共官長並講經過情形》，一九二六年四月二〇日，見：《民國十五年以前之蔣介石先生》，毛思誠編輯，秦孝儀重新校正，臺北，一九七一年，第三卷，第八九〇—八九五頁，第八九七—九〇三頁。

去海參崴。」❽後來又寫道：「他們強迫我離粵，送往俄國，以消除他們在中國實行其『無產階級專政』的唯一障礙。」❾

一九二六年四月十四日的信和四月二十日的演說，其內容可以歸納爲三點，現分述如下：

(1)關於三月二十日事件

蔣介石向共產黨黨代表和軍官們說，關於這一系列事件的全部眞相，人們要到他死後才能知道❿。蔣氏強調說，他個人對事件負責。他採取行動的本意在於「糾正矛盾，整頓紀律，鞏固本黨革命基礎。」⓫他採取行動的直接原因是三月十九日上午的電話。蔣說，有一個他不便說出姓名的同志三次打電話給他，問他是否願意乘中山艦回廣州，蔣沒有同意。接着，李之龍來電話告知蔣他已命令中山艦駛回廣州。究竟是誰命令中山艦從廣州開到黃埔的，李回答不清。三月十九日上午這個不能宣布姓名的同志電話和李之龍的支吾回答引起了蔣氏的懷疑⓬。

據蔣介石的日記稱，十九日上午往晤汪兆銘，回寓會客。「夕與各幹部密議至四時」。三月

---

❽ 同上，第九〇二頁；刪改後見：《革命文獻》，見本書第二六頁❻，第九輯，第八七—九四頁。
❾ 蔣中正：《蘇俄在中國》，見本書第八二頁⓴，第四〇—四一頁。
❿ 《蔣介石在黃埔軍校向黨代表發表演說》，見：《國聞週報》，同前，第一頁（見本書第一七九頁❶）；《蔣中正演講錄》，（未注明出版地點），一九二六年一一月，第三版，第六七頁。
⓫ 《國聞週報》，同上，第五頁和《……演講錄》，同上，第七六頁。
⓬ 《國聞週報》，同上，第六頁。

二十日凌晨四時蔣命令開始行動，蔣在日記中寫道：「……今日若無決心，豈能挽救本黨……」[13]

顯然，蔣介石從事件中看到時機來了，並立即利用了這個機會。至於蔣介石恰巧在這時候採取這樣的行動以反對俄國顧問和中國共產黨人，這又同國民黨第二次全國代表大會以後瀰漫在廣州、特別在軍隊中的緊張形勢有關。

(2)關於北伐

蔣介石在寫給軍校同學的信中強調說，孫中山委託他進行北伐的目的旨在實現國家的統一。在其他問題上他可以放棄自己的觀點，唯獨北伐問題他不能讓步。因此，他返回廣州以後（一九二五年十二月三十一日）就集中全力實現北伐，一切有關計劃都已擬訂就緒[14]。由於他在軍事上和政治上無力貫徹自己的意圖，只好引退，但辭呈未被接納[15]。

他的北伐計劃是被誰推翻的，蔣氏在信中和三月二十日的演說中都沒有提到，但他的日記為此卻提供了簡短而具體的情況：

[13] 《……蔣介石先生》，見本書第七八頁[9]，第八卷，第八六九頁。

[14] 《蔣介石告軍校同學書》，一九二六年四月一四日，見：《國聞週報》，全第四集，第一五期（一九二六年四月二四日），第七頁；《蔣校長演講集》，見本書第一六六頁[16]，第二一三頁，書中將一九二六年四月一四日演說誤為一九二六年五月三日。

[15] 《國聞週報》，同上，第八頁和《……演講集》，同上，第二一三頁。參見：《蔣介石辭呈》，一九二六年二月七日，見：《……演講集》，第二一九—二二一頁。

之後（指一月十九日）公近對羅（羅茄覺夫）季（季山嘉）二顧問主張心輒不樂[16]；
二月七日季山嘉就談政局與軍隊組織，語多諷刺，又若甚疑懼公者[17]；
二月九日呈請辭軍事委員會委員及廣州衞戍司令職，願專任中央政治委員會委員及軍校校長[18]；
二月十一日公曰：「蘇俄同事疑忌我，侮弄我……」[19]；
二月二十二日晚赴俄顧問宴席終坐談多主北伐從緩[20]。
三月八日與汪兆銘決定革命大方針，痛陳：「革命實權非可落於外人之手。卽與第三國際聯絡亦應定一限度，要當不失自主地位。」[21]
次日，三月九日公以軍事處置失其自動能力，深用慨嘆[22]。
三月十二日季山嘉就談極陳北伐之不利，公力辟其謬妄[23]。

---

[16] 《……蔣介石先生》，見本書第七八頁[9]，第三卷，第八四一頁。
[17] 同上，第八五三頁。
[18] 同上，第八五四頁。
[19] 同上，第八五五頁。
[20] 同上，第八五九頁。
[21] 同上，第八六二頁。
[22] 同上，第八六四頁。
[23] 同上，第八六六頁。

我們在前面說過，鮑羅廷已於一九二六年二月三日回蘇聯「述職」。軍事顧問組組長季山嘉在鮑羅廷離開期間是蘇聯在廣州的最高負責人。從蔣介石的日記可以看出，季山嘉和蔣介石圍繞北伐問題的緊張關係日益尖銳。

當時在廣州的蘇聯顧問認爲，剛剛改組的國民革命軍以其十萬兵力還不能完成北伐的歷史任務——統一全國，推翻以帝國主義爲後盾的軍閥。如果軍事行動不能取勝，很可能危及革命根據地廣州。簡言之：北伐的時機尚未成熟。相反，蘇聯人對馮玉祥的政治作用和他的國民軍的實力估價頗高。共產國際執行委員會第六次全會通過的《中國問題決議》㉔指出，「國民軍在中國北方的建立及其對封建軍閥的鬥爭乃是民族解放運動的初步勝利，它和廣州軍共同創建了中國國民革命民主軍隊的基礎」。甚至國民軍由於這一年四月的失利而引起的策略形勢的惡化也未能影響共產國際在這個問題上的立場。季諾維也夫說：「我們的基本目標不會因爲中國國民軍的暫時失利而有所改變。」㉕他說，我們也不是沒有考慮過，蔣介石很可能在中國共產黨人控制住剛剛改組的國民革命軍之前通過軍事北伐擴大他的影響和勢力。但是，如果蔣介石不想扮演傀儡角色，

㉔《中國問題決議》（一九二六年三月一三日），見：《國際新聞通訊》，第六八期（一九二六年五月五日），第一〇六三頁。

㉕季諾維也夫：《共產國際執行委員會第六次擴大全會的成果》，見：《國際新聞通訊》，第七一期（一九二六年五月一〇日），第一一三五頁。

他只有「通過槍桿子」創造和鞏固政權，沒有妥協餘地。

(3)關於「倒蔣運動」

以季山嘉為首的蘇聯顧問和蔣介石的緊張關係在一九二六年一月以後愈來愈尖銳。蔣氏在給軍校同學的信以及對共產黨黨代表的演說中都提到在軍隊和軍校出現了倒蔣運動；他說，他回到廣州後是深受其害的㉖。從蔣的日記㉗可以更清楚看到他的行動決心㉘。

這種緊張關係在蔣介石一九二六年二月二十日命令逮捕第一軍第二師師長王懋功以後，更達到了高峯。

從黨軍改編過來的、在蔣介石影響下的第一軍有十八個步兵團和一個砲兵團，是國民革命最強的一個軍。廣東廣西兩省的軍隊合併以後，廣西軍按次序應編成第七軍。但是季山嘉想把第一軍的第二師和第二十師合編成第七軍，提升第二師師長王懋功為第七軍軍長。蔣介石對退出第一

㉖《國聞週報》，全第四集，第一五期，同前，第二一三頁，第七頁；《……演講錄》，見本書第一八二頁⑩，第六九頁和《……演講集》，見本書第一六六頁⑯，第二三二頁。

㉗《……蔣介石先生》，見本書第七八頁⑨，第三卷，一月二五日，第八四四頁；一月二九日，第八五〇頁；一月三一日，第八五一頁；二月二五日，第八五九頁；三月五日，第八六二頁；三月七日，第八六二頁；三月一七日，第八六八頁。

㉘同上，二月一一日，第八五四頁；二月一三日，第八五六頁；二月二八日，第八六〇頁；三月一〇日，第八六五頁。

軍的共產黨黨代表和軍官說，「有人暗示我的部下，先要他離叛了我，然後拿第七軍軍長報酬我部下反叛的代價，這是不可掩飾的事實！」㉙季山嘉支持這個同蔣介石關係不好的軍官，以削弱第一軍，這在蔣介石看來已經是確定無疑的事實。蔣介石突然命令逮捕這個師長使得季山嘉和其他蘇聯顧問爲之震驚㉚。

逮捕了王懋功以後的第二天，二月二十七日蔣介石拜訪了汪精衛，慫恿他解除季山嘉的職務㉛。蔣介石在三月十四日得到汪精衛的答覆，汪非但不同意解除季山嘉的職務，反而諷刺地建議蔣離開廣州㉜。

三月十四日至三月十九日事件發生之間，三月十五日蔣介石在日記中寫道：「只有奮戰死中求生耳。」㉝三月十七日蔣介石向軍校同學和軍官談到孫中山的教導時說：「若有那一個同志官長或黨代表，要做破壞革命和違反革命的事，不論下級對上級，上級對下級，都要嚴厲監督。」㉞三月十七日的日記是這樣寫的：「公日，近來所受苦痛至不能說不忍說且非夢想所能及者，是

㉙《蔣介石在黃埔軍校向黨代表發表演說》，見：《國聞週報》，全第四集，第一五期，見本書第一七九頁❶，第三頁；《……演講錄》，見本書第一八二頁❿，第六九—七〇頁。

㉚《……蔣介石先生》，見本書第七八頁❾，第三卷，第八五九頁。

㉛同上，第八六〇頁。

㉜同上，第八六七頁。

㉝同上，第八六七頁。

㉞同上。第八六八頁。

何異佛入地獄耶！」㉟

上面我們說過，現在還缺乏有力的證據來證明北京今天的論斷：蔣介石在一九二六年三月二十日導演的事件是一次政變。不過也有一個報告證實了北京的論斷，這就是胡文燦的報告。胡親身經歷了事件的過程，一直到三月二十五日才離開廣州。四月一日，他作為西山派代表在上海參加了國民黨第二次代表大會，會上發表了廣州事件目擊者報告。報告說，蘇聯「宣傳家們」本來準備在廣州舉行遊行，消息洩露後，「孫文主義學會」同蔣介石聯繫，準備採取共同行動。「我們拿到了槍枝以後，李之龍才開始行動……」㊱

但是我們認為，蔣介石當時在政治上和軍事上都沒有能力發動政變，反對在廣州的俄國顧問和中國共產黨人。因為他對於在他影響下的第一軍尚且不能完全控制住，那裏有共產黨代表和軍官，王懋功就是證明。在蔣介石看來，事件前的尖銳形勢已經危險到如此地步，如果他不願自暴自棄的話，他就必須採取行動。三月十八日和十九日發生的事件為蔣介石提供了採取激烈和迅速行動的機會，那時他已無法顧及成敗與否，孫中山曾在一封給他的信上也是這樣寫的。

正因為蔣介石的行動捷如閃電，俄國顧問和共產黨才手足無措，一下子被解決了。

蔣介石三月二十日的行動取得成功的原因，正在於此，而不在蔣介石的政治威望或軍事勢

㉟ 同上，第八六八頁。

㊱ 《一九二六年四月一日會議記錄》，見：《淸黨實錄》，見本書第一六二頁❶，第一五七頁。

力。正因為如此，他才被譽為「天才」㊲，他自己也說：「政治生活，全係權謀，至於道義，則不可復問矣。」㊳

八　蔣介石：「中國革命必須在共產國際領導下。」——國民黨中央執行委員會二屆二中全會

一九二六年三月二十三日政治委員會決定，蘇聯顧問組長季山嘉、羅茄覺夫和其他顧問離開廣州回國，第一軍第二師的黨代表退出軍隊，對違反紀律的軍官加以懲處❶。「青年軍人聯合會」於一九二六年四月十六日聲明解散❷，「孫文主義學會」四天後也接着宣布撤銷❸。鮑羅廷支持的左派領袖、蔣介石在國民黨中的最後一個對手汪精衞在一九二六年五月十一日離開廣

㊲《……蔣介石先生》，見本書第七八頁❾，第八七三頁。

㊳同上，第八七四頁（參見：第一版一九三六年，第六三二頁）。

❶同上，第八七〇頁。

❷《青年軍人會解散宣言》，一九二六年四月一六日，見：《中國國民黨黨史資料滙集》，見本書第一〇九頁⓯，第一集，（一）文件二三；參見：《致蔣介石的信》，同上，（四）函件，文件一二。

❸《孫文主義學會解散宣言》，一九二六年四月二〇日，同上，文件二四；參見：《致蔣介石的信》，同上，（四）函件，文件一三。

州❹。這樣蔣介石取得政權的道路暢通無阻了。

通過三月二十日事件，蔣石介一躍而成爲一個鐵腕人物，成爲黨政軍的首領。直到一九二六年七月北伐開始，在短短的三個月內三十九歲的蔣介石擔任了以下重要職務：

四月十六日中央執行委員會軍事委員會主席，

六月一日中央執行委員會組織部部長，

六月五日國民革命軍總司令，

六月二十九日國民政府委員，

七月五日中央黨部軍人部部長，有任免所轄革命軍及軍事機關黨代表之權，

七月六日中央執行委員會常務委員會主席❺。

在三月二十日事件以後，蔣介石鄭重聲明，他的行動只是反對幾個顧問，原則上並不反對聯

---

❹《汪精衛辭職經過》，見：《晨報》，一九二六年四月一三日。見：《當前中國紀事》，原名：《現代支那の紀錄》，東京，一九六二年（微型膠卷），第四集，第一五九一一六〇頁；參見：《廣州政局與蔣軍內部》，《晨報》，一九二六年五月一日，同上，第五集，第一五一一八頁。

❺《……蔣介石先生》，見本書第七八頁❾，第三卷，第八九五、九二三、九二四、九三五、九四〇和九四二頁。

俄政策❻，他表示願意繼續堅持這個政策。一九二六年四月二十九日鮑羅廷和胡漢民從蘇聯返回廣州，對鮑羅廷來說除了承認新的形勢外，沒有別的辦法。鮑羅廷暫時讓步，但不甘罷休。蔣介石安撫了蘇聯顧問、尤其是鮑羅廷以後，準備利用他的勝利不僅限制共產黨代表和軍官在第一軍的活動，而且限制中國共產黨員在整個國民黨內的活動。一九二六年五月十五日至五月二十二日，同鮑羅廷磋商後在廣州舉行了國民黨中央執行委員會二屆二中全會，大會沒有提出任何異議，通過了蔣介石提出的「整理黨務案」四個決議，下列四點是整理黨務案的理論出發點：

(1)改善國民黨和中國共產黨的兩黨關係；

(2)糾正兩黨黨員有損於兩黨合作的活動和言論；

(3)維護國民黨黨章和黨綱的普遍權威；

(4)確定參加國民黨的共產黨員的地位和作用❼。

整理黨務案包含九點內容：

(1)加入國民黨的其他黨黨員對孫中山及三民主義不得懷疑，更不得批評；

❻ 同上，第八七〇頁。

❼ 《整理黨務第一決議案》，一九二六年五月一七日，見：《革命文獻》，見本書第二六頁❻，第一六輯，第五頁。

(2)各黨應將加入國民黨之黨員名單交國民黨中央執行委員會主席；
(3)其他各黨黨員在國民黨及國民黨高級機關的比例不得超過三分之一；
(4)加入國民黨的其他各黨黨員不得任中央執行委員會各部和國民黨各委員會的領導；
(5)國民黨黨員未得到黨組織許可不得開會討論黨務；
(6)國民黨黨員未經上級黨組織許可不得參加政治組織或政治活動；
(7)加入國民黨的其他各黨黨員應將他們黨的指示先提交聯席會議通過……；
(8)國民黨黨員退出國民黨未獲批准前不得加入其他各黨……；
(9)黨員違反上述各點，應立即取消黨籍……。

解決兩黨衝突的「聯席會議」，其意義雖然很大，但對它的組成意見又很不一致，它的構成和任務是這樣的：

(1)聯席會議由五名國民黨員和三名中國共產黨員組成；
(2)它的工作是批評兩黨黨員有損於兩黨合作的言行，處理引起兩黨黨員衝突的問題，以及協調涉及兩黨的重要事務；
(3)聯席會議的成員有代表各黨之全權；

(4)聯席會議任命共產國際代表爲聯席會議的顧問❽……。

蔣介石在三月二十日事件至二屆二中全會這段時期，還沒有坐穩江山，這一點他自己是清楚的。在通向國民黨政權的道路上他還需要蘇聯顧問、尤其是鮑羅廷的支持。在他的腦海裏常常浮現的北伐也需要蘇聯在財力和物力上的幫助。從這個策略考慮，蔣氏不得不把他反對蘇聯顧問的行動限制在很小的程度上，並且暫時「忠實」於聯俄政策。結果，他不得不採取妥協政策，上述限制共產黨員在國民黨內活動的九點措施，雖然有條件地符合孫中山的容共政策，但是蔣介石通過聯席會議在一個問題上作了根本性的改變，甚至可以說是修正。迄今爲止，在理論上中國共產黨黨員只是單方面服從國民黨的政策和紀律，但從現在起他們取得了合法地位，可以作爲平等的聯盟夥伴共同決定涉及兩黨的一切重要事務。蔣介石把一個很重要的權力交到了共產國際代表和中國共產黨黨員手中，使他們可以更輕易地按照他們的意圖影響和控制國民黨。以後的發展情況證明，組織聯席會議是一個嚴重錯誤。

戴季陶一年前在他小册子裏所宣傳的、西山會議派半年前在他們許多決議中所決定的，蔣介

---

❽《聯席會議組織大綱》，同上，第一六卷，第五—六頁；參見：《中國國民黨中央執行委員會來信》，一九二六年六月一九日，見《嚮導》，第一六五期（一九二六年七月二八日），第一六五〇—一六五一頁。

石利用限制共黨活動的整理黨務案的九點措施實現了。所以，西山會議派對於蔣氏三月二十日的「果敢步驟」和國民黨中央二屆二中全會反對共產黨的措施感到歡欣鼓舞，並且把他們的希望愈來愈寄托在蔣氏的身上，就不難理解了。

國民黨西山派第二次代表大會於一九二六年三月二十九日至四月十日在上海召開，也就是說緊接着廣州發生的戲劇性事件之後。大會在第一天以代表大會的名義向廣州同志發出賀電⑨。廣州事件成了上海大會代表們前幾天討論的中心議題。代表們認爲，蔣介石同志是出於對國民黨的忠誠才清黨的⑩。也有些代表不同意這個看法，他們認爲，蔣氏所以採取三月二十日行動不在清黨，而在保持自己的利益⑪。

使得西山派和輿論界甚爲詫異的，是蔣介石於一九二六年四月三日發出通電，反對在上海召開的國民黨第二次代表大會。他在通電中譴責西山派，「希圖破壞本黨，摧殘革命，不自愧其爲帝國主義者之工具。竟敢不法通電，視中正爲傀儡，殊堪痛心。」他發誓，「凡與帝國主義有關係之敗類，有破壞本黨與政府之行動或障礙革命之進行者，必視其力之所及掃除而廓清之。」⑫

⑨《勖勉廣州同志電》，一九二六年三月二九日，見：《清黨實錄》，見本書第一六二頁❶，第一四五頁。
⑩《會議記錄》，一九二六年三月二九日，同上，第一四五頁。
⑪《會議記錄》，一九二六年三月三一日，同上，第一五四—一五五頁。
⑫《蔣介石反對上海國民黨二次全國代表大會通電》，一九二六年四月三日，見：《中國國民黨黨史資料滙集》，見本書第一〇九頁⑮，第一集，文件二七。

這個通電引起西山派的激烈的反蔣運動，通電在蔣氏的日記中只是提了一句⑬，在日記和其他文件集中都沒有全文刊印。

西山派在詳細的《爲廣州僞會與共產黨妥協告同志書》中猛烈抨擊了整理黨務案的四點理論，告同志書說，所謂「改善關係」、「兩黨合作」，顯然與孫中山容共政策的精神相抵觸。新的政策沒有任何理論基礎，只能被視爲「出賣黨」的行爲⑭。整理黨務案的九點措施不足以限制共產黨員在國民黨內的活動，對國民黨黨員來說反倒是一副新的枷鎖⑮。聯席會議的任務對國民黨意味着喪失主權，對中共則提供了「治外法權」。如果有人把這個政策說成孫中山的政策，並且以黨的領袖名義進行活動，以便暫時取得政權，獲得武器和彈藥，那末他只有忍受這樣的批評：他的行動不僅是叛黨，而且是叛國⑯。

朱卓文，孫中山的一個老追隨者、刺殺廖仲愷的幕後人物之一，在一封信中警告蔣介石，如果蔣氏在俄國盧布和武器的壓力下容忍一切，形勢總會有一天發生爆炸。如果蔣氏個人與共黨合作，他並無反對可言，可是把黨、國家和廣東三十萬人的生命財產作孤注一擲，實在太不高明

---

⑬《……蔣介石先生》，見本書第七八頁❾，第三卷，第八七九頁。

⑭國民黨中央執行委員會（上海）：《爲廣州僞會與共產黨妥協告同志書》，見：《淸黨實錄》，見本書第一六二頁❶，第二九三—二九四頁。

⑮同上，第二九五頁。

⑯同上，第二九六—二九七頁；參見：《告海外同志書》，一九二六年六月一日，第二九八—三〇三頁。

了⑰。

鄒魯，西山派的一個領導成員，在一封信中談到了一個同志的報告，他說這個同志實地考察了廣州形勢，並且在這幾天同蔣氏進行了談話。根據這個報告，鄒魯說，蔣介石雖然還不能算作共產黨員，但是可以看出蔣介石對國民黨是不忠實的。他任用何人，從不管他們屬於什麼黨派，只問他們對他個人是否順從。誰妨礙他，他就把誰搞掉。蔣氏難以捉摸的行動目的只有一個，就是擴大自己的權勢⑱。

蔣介石對蘇聯顧問、對蘇聯和中國共產黨黨員的曖昧態度，不僅在上海國民黨的右派、而且也在自己的隊伍和共產黨員中間引起了懷疑和不滿，蔣介石只好被迫表明自己的態度。一九二六年五月二十三日蔣介石在國民黨廣州市委員會的演講，以及六月七日對黃埔軍校學生和軍官的演講都對此作了說明。這兩次演講在蔣氏日記中均注明「稿無查，稿未留」⑲，甚至在專著中也幾乎沒有提及。因爲這兩次演講對於說明蔣氏在這個重要階段的政策，對於理解共產國際對三月二十日的態度有着重要的歷史意義，所以有必要詳細說一說這兩次演講。

⑰《朱卓文致蔣介石書》，見：《中國國民黨黨史資料滙集》，見本書第一〇九頁⑮，第四集，函件，文件一〇。

⑱《鄒魯復南昌一同志書》，見：《清黨實錄》，見本書第一六二頁⑪，第三〇八。

⑲《……蔣介石先生》，見本書第七八頁⑨，第三卷，第九二〇、九二三頁。

按照蔣氏的解釋，整理黨務案的目的首先不在限制共產黨員的活動，而是要警告那些老朽的、戰鬥意志衰退的、對中共黨員抱懷疑態度的國民黨員。因此，整理黨務在於防止黨的瓦解⑳。「國民黨今天已經被共產黨員占領了嗎？我不認爲是這樣。」㉑他也不認爲，中共黨員加入國民黨目的是輸入共產主義。他說，自從孫中山制定容共政策以後，中國共產黨和國民黨已經不可分離，任何一個黨都不能單獨進行革命。因此，中國革命的勝利必須以「兩黨合作」爲前提，國民黨作爲許多階級的領導者必須吸收其他的革命分子㉒。

蔣介石也不認爲，蘇聯幫助中國革命的目的在於把共產主義輸入中國。他說，中國革命要取得勝利，中國必須聯合俄國共產黨人和世界革命力量，打倒共同的敵人——帝國主義。蔣氏說：「在今日世界革命中，可以說共產國際是世界革命之總參謀部」，「中國革命是世界革命的一部分」㉓。

這一切聽起來多麼像共產國際會議上關於中國問題的演說，多麼像共產國際機關報上的文

---

⑳《蔣介石說明整理黨務案》，一九二六年五月二三日，見：《國聞週報》，全第四集，第一五期（一九二七年四月二四日），第一二頁；《……演講集》，見本書第一六六頁⑯，第一〇九—一一〇頁。

㉑《國聞週報》，同上；《……演講集》，第一一〇頁。

㉒《國聞週報》，同上，第一三頁；《……演講集》，第一一二頁。

㉓《國聞週報》，同上；《……演講集》，第一一一頁和一一三頁，參見：第八〇—八五頁，第八五—九二頁（蔣介石一九二六年五月二二日的演講）。

章。更令人驚奇的是一九二六年六月七日蔣氏在黃埔軍校的一次演講，這次演講今天無論是莫斯科，還是北京，還是臺北都不願提起了。六月七日的演講是爲回答軍校學生給蔣介石的幾封信而作的，信中問到：中國革命是不是一定要在共產國際的領導下㉔？蔣氏在演講中的明確回答的確使世界爲之一驚。下面兩個問題是這次演講的主要內容：

（一）關於國民黨和共產國際的關係

蔣介石回答這個問題的觀點是：「除去落後的知識分子和民族主義分子，一切稍有普通常識的人都會懂得，中國革命是世界革命的一部分。」㉕

他認爲，中國革命必須實行統一領導，必須團結革命力量。國民黨只有作爲國民革命的一切階級和黨派的領袖才能完成這個任務。這一點也同樣適用於世界革命，因爲帝國主義聯合起來進

㉔這篇演講雖然在蔣介石的正式傳記中提過，但既沒有全文也沒有摘要發表過（《……蔣介石先生》，見第一章注二〇八，第三卷，第九二五頁）。全文當時是以不同標題發表的：（一）《蔣介石勸告黨員退出共產黨之演說》，一九二六年六月七日，見：《國聞週報》，全第四集，第一五期（一九二七年四月二四日），第一四－一九頁；（二）《軍校紀念日演講辭》，一九二六年六月七日，見：《……演講錄》，見本書第一八二頁❿，第七七－九〇頁；（三）《六月七日總理紀念週訓話》，見：《……演講集》，見本書第一六六頁⓰，第九二－一〇九頁。

㉕《國聞週報》，同上，第一四頁；《……演講錄》，同上，第七八頁；《……演講集》，同上，第九三頁。

攻中國，所以世界革命必須有一個統一的領導。蔣氏說：「我堅決認爲，中國革命必須認識這個前提，只有共產國際才能統一領導世界革命，同樣，只有國民黨才能統一領導中國革命。」[26]他說，人們不應該把共產國際僅僅看成是無產階級的統一組織；「我們必須更懂得，共產國際是被壓迫人民和被壓迫階級的一切聯盟者的總組織。」[27]蔣介石還強調指出：「中國革命必須承認共產國際的領導。」[28]蔣介石堅決駁斥說他因此是叛徒、是俄國人的奴隸、是瘋人的譴責。他說，必須懂得，共產國際不屬於俄國，不能把共產國際同俄國政府等同起來，它是沒有國界的；更正確地說，它是世界革命的總參謀部。蔣氏對軍校學生說：「你們可以按照這些話的精神去做，你們會因此走上正確的光明的道路。」[29]

蔣介石繼續說道，中國革命必須學習俄國革命的方法。蔣氏在這裏指的是什麼，這是值得注意的，他指的是：沒有一黨專政，革命便不能勝利。蔣氏根據他對俄國革命的認識認爲：「我們要想中國革命得到勝利，必須注意下面三點：⑴以一黨爲中心，團結革命力量，⑵奪取政權，實行獨裁，⑶占領首都，指揮全國。」[30]

---

[26]《國聞週報》，同上，第一五頁；《……演講錄》，第八〇頁；《……演講集》，第九六—九七頁。

[27]《國聞週報》，同上；《……演講錄》，第八一頁；《……演講集》，第九七頁。

[28]《國聞週報》，同上，第一八頁；《……演講錄》，第八六頁；《……演講集》，第一〇六頁。

[29]《國聞週報》，同上，第一六頁；《……演講錄》，第八二頁；《……演講集》，第九九頁。

[30]《國聞週報》，同上，第一八頁；《……演講錄》，第八六頁；《演講集》，第一〇五—一〇六頁。

(二)關於國民黨和中國共產黨的關係

蔣氏要求加入國民黨的共產黨員暫時退出中國共產黨，以避免衝突㉛。提出這個要求不過是一種宣傳姿態，如果他眞的有意於此，應該在中央執行委員會二屆二中全會之前和會上討論整理黨務案時貫徹了。

西山派爭取蔣氏的一切努力均告失敗。蔣介石的上述兩次演講公開以後，西山派以國民黨中央執行委員會（上海）的名義向蔣氏發出了一封注有「秘密」的信，就以下幾點警告蔣介石：⑴組織聯席會議是蔣氏的一大錯誤，⑵蔣氏在公開演講中錯誤表明，國民黨必須承認共產國際的領導，中國革命是世界革命的一部分，⑶廣州已成了紅色城市，而蔣氏熟視無睹，⑷鮑羅廷像太上皇一樣決定黨和政府的政策，加侖執掌軍務，蔣氏篡奪了一切權力，但俯首貼耳於這些外國顧問。如果蔣氏一意孤行，必然要受到黨紀的處置㉜。

蔣介石並沒有受到西山派的處置。在蔣介石取得北伐的初步勝利後，他們又言歸於好了。

㉛《國聞週報》，同上，第一六頁；《……演講錄》，第八三頁；《……演講集》，第一〇〇頁。

㉜國民黨中央執行委員會（上海）：《警告蔣介石書》，一九二六年八月二九日，見：《清黨實錄》，見本書第一六二頁❶，第二七六—二七七頁。

九 「思想產生於願望」

《國際新聞通訊》在一九二六年三月三十日的一篇報導中稱英國報紙從香港散布的所謂三月二十日「廣州反革命顛覆事件」是「英帝國主義的挑釁行爲」，並說在廣州沒有發生任何暴動。「上述報導的緣由可能是廣州軍的蔣介石將軍同廣州政府存在一些意見分歧，這些分歧不是原則性的，不是武裝的爭權奪利，而且很快就消除了。」❶《星火報》說：「願望產生了思想，英帝國主義分子把他們的眞正意圖說成了旣成事實。」❷一切所謂國共發生衝突的消息純屬揑造，所謂俄國人被趕出廣州的謠言也都是無中生有❸。

維經斯基也以同樣的口吻敍述了中國形勢和帝國主義企圖。他說，被帝國主義的報紙「推翻了的」廣州政府事實上現在比過去更強大了。他和他的朋友們表示相信，西方和蘇聯的工人一定會在不遠的將來親眼看到中國革命鬥爭的繼續發展和中國勞動羣眾的勝利❹。

❶《英國外交對中國的冒犯》，見：《國際新聞通訊》，第五三期（一九二六年四月八日），第七九頁。

❷同上。

❸《中國形勢》，同上。

❹維經斯基：《形勢與帝國主義的企圖》，見：《國際新聞通訊》，第六六期（一九二六年四月三〇日），第九九五頁。

在中國發生的這些事件不僅爲資本主義國家報紙也爲社會民主黨報紙說成是中國革命運動崩潰的開始。奧托·鮑爾三月三十日在奧地利社會民主黨機關報《工人報》上寫道：廣州的力量對比發生了變化，蔣介石將軍在那裏奪取了政權，甚至可能推翻了政府；但可以肯定，蔣介石用暴力和流血手段排擠了國民黨中無產階級的同情布爾什維克的一翼❺。維經斯基認爲奧托·鮑爾對中國形勢的判斷是不屑一顧的。在他看來英國的《泰晤士報》和奧托·鮑爾之間只存在一個小小的差別，這就是直接依附於帝國主義的思想冷靜的務實派比起在客觀上自願投靠他們的第二國際的奴僕們看到了更多的困難❻。

《國際新聞通訊》的另一篇文章認爲，英國路透社散布的所謂蔣介石在廣州發動政變的「謊言報導」❼不過是帝國主義分裂中國革命統一戰線的企圖。在孫中山逝世以前帝國主義分子就企圖煽動國民黨右派黨員分裂這個聯盟。今年三月一部分被清除出黨的國民黨員在他們帝國主義盟友支持下在上海外國租界區召開了第二次黨員代表大會。「他們與帝國主義分子相配合在三月份散布謠言說，共產黨準備發動政變，推翻廣州政府，建立眞正的共產黨政府。實際上很可能是紅

---

❺ 引自維經斯基：《中國形勢判斷》，見：《共產國際》，第四期（一九二六年四月），第三三一頁。

❻ 同上，第三三二頁。

❼ 唐心石：《廣州政府與中國的革命運動》，見：《國際新聞通訊》，第五三期（一九二六年四月八日），第七三七頁。

色廣州軍的領袖蔣介石反對殘留在廣州的右派顛覆分子。」❽

這以後的五個月，從一九二六年五月至九月，共產國際的機關刊物和蘇聯報紙不再談論這個題目了，因爲一九二六年三月二十日的廣州政變已不是帝國主義分子的揑造，而是中國統一戰線的嚴峻問題。事件以後不久，在廣州的蘇聯顧問就此作了兩次報告。

這次政變怎麼會發生的？據第一軍顧問施特凡諾夫的分析，原因之一是中共在國民黨和軍隊工作中犯了錯誤。但是「實際上，共產黨的錯誤是由於我們沒有足夠的指導能力和缺乏聯繫，這就不可能形成統一的行動。因此，不只是中國共產黨，就是我們也應當受到責備。」❾此外，施特凡諾夫在報告中還把蘇聯顧問和蔣介石的性格特徵說成是「這次事件的罪魁禍首」❿。

施特凡諾夫對蔣介石其人作了如下的描述：「……他是一個有着獨特性格的特殊人物。在他那些特殊性格中，最爲突出的是對榮譽和權力的欲望以及渴望成爲中國的英雄。他宣稱不僅支持中國的民族革命，而且還支持世界革命……然而，在榮譽方面，或者爲了獲取榮譽（這是他的目

---

❽ 唐心石：《帝國主義分子分裂中國革命統一戰線的企圖》，見：《國際新聞通訊》，第六四期（一九二六年四月二七日），第九三一頁。

❾ 《施特凡諾夫關於三月二〇日政變的報告》——關於蔣介石和俄國共產黨的分裂，以及利用蔣介石的計劃問題，在廣東蘇聯顧問組黨支部會議上的報告。見威爾伯／豪：《共產主義……》，見本書第六〇頁㉘，第二五一頁；參見：第二五八頁。

❿ 同上，第二五〇—二五一頁。

的），有時他希望利用羣眾、中國共產黨和我們。蔣經常搖擺於右派和共產黨人之間。」⑪施特凡諾夫的結論是：「重要的主觀原因（指這次事件）是蔣介石的個性。實際上，蔣介石確實有着上面提到的那些少有的特性。但是，毫無疑問，我們應當根據總的綱領，通過各種方法利用他把革命鬥爭進行下去。」「通過滿足蔣介石對榮譽的欲望和使他獲得比他目前享有的權力要大得多的權力，我們正試圖再度同蔣合作……對蔣的某些政治要求作一些讓步，並以此作爲我們付出的代價，這是允許的。上海的中共中央委員會和這裏的地方委員會（廣東省委）持同樣的看法。」⑫

一九二六年四月中旬，施特凡諾夫在廣州俄國顧問的一次會上作了第二個報告，再一次強調了他的結論。在他看來有兩種可能：或者，蔣介石誠心實意的努力緩和事件以來的緊張形勢，與左派合作，以達到國民革命之目的；或者，蔣介石暫時不去刺激他的敵人，以便準備第二次行動。如果出現人們所希望的第一種可能，共產黨人應該對蔣介石表示讓步。如果出現第二種可能，共產黨人應該準備同他進行鬥爭。施特凡諾夫說：「無論我們得出什麼樣的結論，我們的基本政策是盡可能地同蔣合作。」⑬據施特凡諾夫說，中國共產黨根據這個精神已經通過了一個決議⑭。

---

⑪ 同上，第二五一—二五二頁。
⑫ 同上，第二五二、二五三頁。
⑬ 《施特凡諾夫在廣州蘇聯顧問組會議上的報告》，同上，第二五五頁。
⑭ 同上。

中共廣東地委向國民黨執行委員會、軍事委員會和國民政府發出公開信，「信中就軍閥分子和帝國主義分子散布的挑釁性謠言作了如下的聲明：

1. 共產黨將毫無保留地支持反對帝國主義和軍國主義的統一戰線，因爲只有消滅了帝國主義和軍國主義，工人農民才能得到解放。

2. 共產黨承認國民黨在國民革命運動中的領導地位。共產黨員加入國民黨的目的是在統一領導下支持和鞏固國民黨的力量。

3. 共產黨認爲廣州國民政府是國民革命的基地，反帝鬥爭的總司令部，因此共產黨眞誠地支持廣州政府一切軍事、民政和財政措施。工農組織是國民政府的崗哨。共產黨要求羣衆和領導團結起來，進行統一的鬥爭。」⑮

陳獨秀在中國共產黨機關報《嚮導》上最早的表態文章中說，蔣介石是「民族革命運動中的一個柱石」⑯；中國歷史需要國民黨⑰。中國共產黨既不是一個瘋人黨也不是帝國主義的工具；因此，它不想在廣州建立工農政府，也不會執行破壞革命力量的政策。他說，三月二十日事變的

⑮《中國形勢》，見：《國際新聞通訊》，第六七期（一九二六年五月四日），第一〇一五頁。

⑯（陳）獨秀：《中國革命勢力統一政策與廣州事變》，見：《嚮導》，第一四八期（一九二六年四月三日），第一三七六頁。

⑰（陳）獨秀：《國民黨右派之過去、現在及將來》，同上，第一三七七頁。

根本原因主要是帝國主義分裂中國革命力量的政策，以及在這個政策後面隱藏着的國民黨內外右派⑱。在一篇題爲《廣州事變之研究》的文章中，作者致中認爲事變的核心是中山艦從廣州開到黃埔引起了蔣介石的懷疑。致中要求無情地揭露事實眞相，然而又根據資產階級報紙有關廣州事件部分是謠言、部分是事實的報導斷言，廣州孫文主義學會中國民黨右派分子策劃了事變⑲。如何判斷廣州三月二十日事件、尤其是由此產生的對待國民黨的策略，看來在共產國際和中國共產黨中並不像外界所得到的印象那樣和諧一致的。

譚平山在事件四個月以後承認，三月二十日事件來得太突然了，共產黨員在國民黨二屆二中全會上的讓步實屬策略之必要⑳。中國共產黨人堅決否認他們和事件有什麼糾葛，六月初陳獨秀在《給蔣介石的一封信》中就蔣介石四月二十日向退出的共產黨黨代表和軍官的演講中對共產黨員的指控逐點進行了反駁。

陳獨秀在信中寫道，先生〔指蔣〕再三說：「我因爲全部經過的事情，決不能統統講出來，且不忍講的。」先生這些不忍說出的事，如果是關於中國共產黨的事，請儘管痛痛快快的說出。先生說：「事情未出以前，就有一派人想誣陷我，但這不過是局部的一二個人的陰謀，我自汕頭

⑱（陳）獨秀：《中國革命勢力統一政策與廣州事變》，同上，第一三七六頁。
⑲致中：《廣州事變之研究》，同上，第一三八〇—一三八一頁。
⑳（譚）平山：《反英運動與結束省港罷工》，見：《嚮導》，第一六六期（一九二六年八月六日），第一六五八頁。

回到廣州以後，就有一種倒蔣運動。」先生對全體代表訓話中，雖未明說中國共產黨有倒蔣陰謀，而全篇從頭到尾，卻充滿了指責共產黨同志的字句，使聽者讀者都很容易推論到中國共產黨實此次事變之陰謀者[21]。說我們有反革命的陰謀，即倒蔣陰謀，則我們不能承認[22]。至於先生說：「拿國民黨三民主義來做招牌，暗地裏來做共產主義的工作。」這是右派歷來攻擊國民黨中共產分子的話，我們聽得十分耳熟了。先生曾說共產分子都爲三民主義工作，爲什麼現在又這樣說，我不明白這句話是指那種事實？陳獨秀在信的結尾說：實際上，在廣東的共產分子，大半是拿共產主義招牌，做了些三民主義的工作[23]！

一九二六年六月四日，《嚮導週報》連同陳獨秀的信還發表了《中國共產黨爲時局及與國民黨聯合戰線問題致中國國民黨書》。中國共產黨中央委員會在信中說，「黨務整理案」原本關及貴黨內部問題，無論如何決定，他黨均無權贊否。凡爲貴黨黨員者，當然有遵守之義務，而於貴黨黨外之團體，則殊無所關涉[24]。至於「黨務整理案」中，關於以後兩黨合作方式之問題，「則

---

[21] 獨秀：《給蔣介石的一封信》，一九二六年六月四日，見：《嚮導》，第一五七期（一九二六年六月九日），第一五三六頁。

[22] 同上，第一五三八頁。

[23] 同上，第一五三九頁；另見：《總理紀念週訓辭》，一九二六年六月二八日，見：《……演講集》，見本書第一六六頁[16]，第一三七一一五一頁。

[24] 《中國共產黨致中國國民黨書》，一九二六年六月四日，見：《嚮導》，同上，第一五二六頁。

吾兩黨本為革命聯盟中之友軍，可各自根據其黨之議決以相協商，文函會議皆可。」㉕

陳獨秀給蔣介石的信和中國共產黨致國民黨書都清楚說明，中共上海領導對蔣介石的行為以及對向他所作的讓步是不滿意的，因此主張黨外合作，即主張退出國民黨㉖。

陳獨秀後來在《告全黨同志書》中說，上海的黨領導六月曾派彭述之為代表去廣州與共產國際代表商談，意欲建立獨立的軍事力量，反對蔣介石。但是共產國際代表表示反對，並繼續為蔣介石提供武器。陳獨秀寫道：「這是一個後果嚴重的時期，具體說，在這個時期中，資產階級國民黨完全公開地強迫無產階級服從它的領導和命令；而無產階級本身也公開聲明服從資產階級……（共產國際的代表公開說：『共產黨人應該像苦力一樣為國民黨服務』）。」㉗陳獨秀在向共產國際報告三月二十日事件時建議採取黨外合作的形式。可是接着，東方部主任維經斯基被派到中國，以糾正中共內部退出國民黨的傾向㉘。

其實，這種傾向不只在中國共產黨的領導中才有，就在這時，一九二六年五月共產國際主席、蘇共政治局委員季諾維也夫也建議：共產國際執行委員會是否可以指示中國共產黨退出國民

㉕ 同上。
㉖ 參見華崗：《……大革命史》，見本書第一二三頁㉑，第四五一—四五二頁。
㉗ 陳獨秀：《告全黨同志書》，見：《禍國史料》，見本書第四四頁㉖，第一卷，第四三〇頁。
㉘ 同上。

黨，但這個建議在蘇共中央（布）政治局裏被說成是「消滅中國革命運動」的路線㉙。

三月二十日事件以後拉狄克寫信給政治局對中國一系列問題要求回答，以便他作爲中山大學校長能夠同黨的政治路線保持一致，拉狄克沒有得到答覆。於是在新學期開學之際，一九二六年九月二十八日，由於中國發生的大規模事件又寫了第二封信給政治局請求說明情況，這封信的要點有：「請回答這些問題：1.蔣介石在一九二六年三月二十日建立軍事獨裁後我們對這個獨裁應取什麼態度。這個問題之所以困難因爲蔣介石是國民黨領袖，而鮑羅廷在形式上是支持他的。我們在這裏對蔣介石進行干預有着重大的政治作用。2.共產黨人在農民工作中的成果如何。3.國民黨要求共產黨員放棄對孫中山主義的批評。4.國民黨應在無產階級領導下嗎？5.我們應如何支持國民黨左派分子？……。」㉚拉狄克的第二封信也未見答覆。

新的形勢以及關於退出國民黨的討論促使中國共產黨於一九二六年七月十二日及十八日召開了中共中央四屆二中全會擴大會議，會上作爲共產國際執行委員會名譽委員的蔣介石被扣上了反革命「新右派」的帽子。

㉙《共產國際——簡短的歷史概要》，見本書第五頁⑭，第二九二——二九三頁；參見斯大林：《關於國際形勢——一九二七年八月一日在蘇共監察委員會和中央委員會全會上的講話》，見：《共產國際》，第三八／三九期，一九二七年九月二十九日，第一八四二頁。

㉚引自《魏奧維奇在共產國際執行委員會第八次全會上的講話》，見：《共產國際執行委員會第八次會議上的中國問題》，一九二七年五月，漢堡，一九二八年，第一二二頁。

擴大的二中全會通過了一系列決議，其中有《關於中國共產黨和國民黨關係問題的決議》。決議一開頭就指出，三月二十日事件、五月十五日國民黨全會和六月七日黃埔軍校對待共產黨黨組問題，都是對共產黨人嚴重進攻，其性質是反革命行動。決議指出，當然中國共產黨的某些錯誤使得這些進攻成爲可能㉛。「國民黨中的左派不能參加黨務活動和反對右派的鬥爭，這樣我們就有了國共鬥爭的形勢，而本來的左右派的鬥爭性質也就被掩蓋了。」㉜

決議還從「發展國民黨以及共產黨人參加國民黨的領導是中國革命勝利的前提之一」㉝這個觀點出發強調說，「如果有同志認爲，共產黨應斷絕同國民黨的組織聯繫……」㉞，這是完全錯誤的觀點。因此，當前中國共產黨在國民黨中的政策是：擴大左派，並同他們結成緊密的聯盟，同他們共同排擠中派（新右派），發動對反革命右派的進攻㉟。

擴大的二中全會還發表了《對於時局的主張》㊱，中國共產黨在文中強調應鞏固「國民的聯

㉛《關於中國共產黨和國民黨關係的決議》，見：威爾伯／豪：《共產主義、民族主義文獻……》見本書第六〇頁㉘，第二七八頁。

㉜同上，第二七八－二七九頁。

㉝同上，第二七九頁。

㉞同上，第二七九－二八〇頁。

㉟同上，第二七九頁。

㊱《中國共產黨對於時局的主張》，一九二六年七月一二日，見：《嚮導》，第一六三期（一九二六年七月一四日），第一六一六－一六二二頁。

合戰線」，並且提出了作為聯合戰線內各階級共同政綱的最低要求㊲。

上海和莫斯科提出中國共產黨人退出國民黨的要求後，共產國際的幹部們紛紛為國際的立場辯白，並且在半年後在這個背景下又重新評價三月二十日事件。

朱尼奧在《國民黨內部的派別和中國共產黨》一文中把國民黨分成右派、中央派和左派三派。右派代表買辦、地主、軍閥和封建官吏。左派代表小資產階級，同情工農羣眾，他們的領袖是汪精衛、廖仲愷夫人和鄧演達。現代資產階級屬中央派，其主要領袖是蔣介石、戴季陶和一些反對派教授。這個以蔣介石為首的派別有以下一些特點：「它想利用勞動羣眾來加強自己的階級，它是在今年黨員代表會以後由右派和左派組成的。它利用孫文主義學會作為反對左派和共產黨人的戰鬥組織。中央派人物標榜自己是孫中山的正統派，他們認為共產黨人要消滅國民黨，因此要拯救國民黨。」㊳

朱尼奧說，人們通常把一九二六年三月二十日事件看成是右派的陰謀，看成是蔣介石由於懷疑共產分子而採取的反共行動，也就是說不再認為是帝國主義的編造了。然而，事實上「英帝國主義在事件中起了很大作用。」㊴三月二十日軍事行動後中央派分子把持了領導，北伐後蔣介石

㊲ 這些最低要求引自朱尼奧文章：《國民黨內部的派別和中國共產黨》，見：《國際新聞通訊》，第一二一期（一九二六年一〇月五日），第二〇六四頁。

㊳ 同上，第二〇六三頁。

㊴ 同上。

確實企圖建立軍事上的獨裁㊵。

關於「懲處共產分子」，卽一九二六年五月國民黨的「整理黨務案」，朱尼奧寫道：「共產黨員冷靜地承受了對他們的懲處，中國共產黨聲明繼續同國民黨合作直到國民革命完全實現。」㊶朱尼奧說：「中國共產黨從來也沒考慮過，要把國民黨變成共產黨，它只想增強國民黨的戰鬥力，建立『革命的統一戰線』，正是出於這個目的，中國共產黨對於三月二十日行動以及在國民黨中任職的共產黨員受到的懲處沒有耿耿於懷，這證明中國共產黨是認眞爲國民革命着想的。」㊷

庫雷拉在《中國革命的最重要進步》一文中指出，今年三月曾產生過國民黨的領導權落入反革命右派手中的危險，可是通過與共產黨合作的左派和以蔣介石爲首的中央派的聯盟現在危險消除了。他說：「今年三月如果共產黨員退出國民黨將是一個重大的原則錯誤。今天……愈來愈清楚，退出國民黨不僅是錯誤，而且簡直是犯罪。」㊸

共產國際的根本政策，卽維護同國民黨的統一戰線，共產黨員在國民黨中緊密團結左派、爭取中派、打擊右派的策略，直到現在沒有發生變化；還有蔣介石這時也不屬國民黨「右派」之

㊵ 同上。

㊶ 同上。

㊷ 同上。

㊸ 庫雷拉：《中國革命的最重要進步》，見：《國際新聞通訊》，第一二六期（一九二六年一〇月一九日），第二二六七頁。

列，因此共產黨員特別是莫斯科的共產國際對於三月二十日事件感到十分驚異，在政治上和軍事上也沒有能力對付蔣介石。但是，當共產國際的顧問們刻畫了蔣介石其人、三月二十日事件被中國共產黨人稱之爲「反革命」事件以後，當蔣介石獨攬了大權以後，共產國際居然還繼續發出指示要共產黨員留在國民黨內；另一方面又不指示中國共產黨對於同蔣介石日益明顯的不可避免的破裂作好準備。如果同蔣介石的統一戰線可以不惜一切代價保存下來，那麼共產黨人對蔣介石的讓步在策略上也是必要的，也應該支持蔣介石領導下的北伐。但是事態發展證明，共產國際繼續支持蔣介石是一個原則性的錯誤。因爲，共產黨人究竟應如何對待資產階級的代表人物蔣介石的問題，本質上也就是無產階級應如何對待中國資產階級和中國革命的問題。一九二七年四月十二日蔣介石發動所謂「反革命政變」後，一九二六年三月二十日事件從這個角度來看就更清楚了。這個問題也是斯大林、布哈林同以托洛斯基、季諾維也夫爲首的反對派之間的根本爭論之一，關於這點我們在第三章第七、八節中再進一步敘述。

第三章 統一戰線的破裂

（一九二七年）

一 北伐

蘇聯人和蔣介石商定：作爲對蔣介石反擊右派的報答，蔣氏可以得到蘇聯對計劃中北伐的支持❶。協議成立後，一九二六年五月二十一日國民黨中央執行委員會二屆二中全會決定出師北

❶《胡漢民出粵前形勢》，《晨報》，一九二六年五月二二日，見：《當前中國紀事》，原名：《現代支那の紀錄》，東京，一九四〇年；《微型膠卷》，東京，一九六二年，一九二六年第五期，第二九〇頁。《當前中國紀事》是一本期刊，它每天搜集中國、日本和西方通訊社關於中國外交、軍事、政治、經濟和文化等方面的重要消息，還有編者評論和重要人物的演講、文章、電報以及一九二四—一九三二年中國各大報上發表的不同黨派的文件。對於研究當時中國的情況，該刊是一個很有價值的來源。

伐❷。一九二六年六月五日國民政府任命蔣介石爲國民革命軍總司令，然而這次任命遇到了軍事首領譚延闓、朱培德和李濟琛的反對❸，就是說還有一些必須鏟除的障礙。

在一九二六年七月四日至六日的國民黨中央執行委員會上，蔣介石終於達到了自己的目的。大會發表了北伐宣言❹，任命蔣介石爲中央黨部軍人部部長（有任免所轄革命軍和軍事機關黨代表之權）和國民黨中央執行委員會常務委員會主席（他不在廣州時由張靜江代理）。會議還決定撤銷與國民黨中央常務委員會重疊的政治委員會❺。這意味着，蔣介石這時已經集黨政軍大權於一身❻。會議以後，七月九日蔣介石才正式隆重地接受了總司令的職位❼。這一切必要的準備工作完成以後，蔣氏於一九二六年七月二十七日離開廣州，踏上了北伐的道路。

---

❷《……蔣介石先生》，見本書第七八頁❾，第二卷，第九一七頁。

❸《蔣介石北伐之策略》，《晨報》，一九二六年七月一六日，見：《……中國紀事》，一九二六年第七期，第二二三頁。

❹《中國國民黨爲國民革命軍出師北伐宣言》，一九二六年七月四日，見：《革命文獻》，見本書第二六頁❻，第一二卷，第四九—五二頁。

❺《……蔣介石先生》，見本書第七八頁❾，第三卷，第九四〇—九四一頁。

❻《國民黨中央委員會全體會議》，《晨報》，一九二六年七月一七日，見：《……中國紀事》，一九二六年第七期，第二四五頁。

❼《……蔣介石先生》，第三卷，第九四三—九四四頁。

爲了便於理解北伐「統一中國，打倒軍閥」的任務，這裏有必要先敍述一下軍閥的情況：

（一）吳佩孚系

吳佩孚雖有兵力約二十萬，但他的軍隊由許多部分組成，缺乏戰鬥力。吳控制着湖南、湖北和河南，其影響遍及陝西、四川和貴州。北伐開始時他正在南口聯合張作霖進攻國民軍。

（二）孫傳芳系

孫傳芳也有約二十萬兵力，控制着中國東部和中部五省：江蘇、浙江、安徽、江西和福建。他的軍事實力遠不及他的政治實力。江蘇、安徽和福建的部隊都不願置於他的領導之下。孫盡量避免戰鬥行動，採取的是一種隨機應變的策略。

（三）張作霖系

張作霖以三十五萬兵力爲當時中國最強大的軍閥，他控制着東北滿洲諸省以及河北和山東。除此而外，還有雲南的唐繼堯，六萬人；山西的閻錫山，十二萬人；以及四川的一些小軍閥，總共約有三十萬人❽。

國民革命軍由八個軍組成，除了前面提到的已經組成的六個軍外，一九二六年還由廣西軍組

---

❽ 陳訓正：《廣州誓師》，見：《革命文獻》，見本書第二六頁❻，第十二輯，第三─二一頁；參見A·依文：《中國的勢力部署》，見：《國際新聞通訊》，第一一六期（一九二六年九月一七日），第一九七一─一九七四頁。

成第七軍，湖南唐生智部組成第八軍。唐生智是一九二六年五月脫離吳佩孚倒向廣州革命陣營的。國民革命軍的整個兵力不到十五萬人⑨，與軍閥的兵力相比在數量上處於劣勢。

北伐的矛頭所向主要是吳佩孚、孫傳芳和張作霖的部隊。雖然這三支軍隊對外似乎互相協同一致，但是他們之間的關係複雜，利益衝突劇烈，根本不可能採取一致行動，抵擋從廣州發動的北伐。另外，這三個軍閥沒有一個擁有獨立的社會力量，他們不得不依靠帝國主義，保護帝國主義在中國的利益，因此出現了軍閥之間時而聯合時而開戰的局面，這是蔣介石在北伐中迅速取得意料不到的勝利的一個根本原因。

蔣介石的策略因而是：打擊吳佩孚，中立孫傳芳，放開張作霖。他的戰略是：在敵人部隊裏製造糾紛，爭取知己，各個擊破。北伐果眞引起了軍閥的分裂和他們部隊的瓦解。這也是蔣介石迅速取得意料不到的勝利的另一個原因。

北伐開始，中國共產黨與共產國際相反，公開批評這次軍事行動，同時開始了反對蔣介石的鬥爭，儘管這個鬥爭暫時還是隱蔽的。事實上，國共雙方都在促成破裂；不過，一方是公開積極地行動，另一方在等待時機，因此顯得被動。

在北伐準備和開始期間，《嚮導》週報刊登了一篇關於廣州政治形勢的通信，通信說：廣州

---

⑨《北伐戰史》，見本書第一五九頁㉖，第二卷，第三二一頁。

在政治上有一個大的變動，最明顯的就是添了一個總司令部。總司令是人所共知的蔣介石，凡國民政府下之海陸航空各軍，悉歸其統轄。且自北伐動員令發下以後，凡國民政府所屬軍民財各部機關，均須受總司令指揮。在北伐期中，禁止罷工。因此可以說目前廣東政治，乃是一種軍事獨裁的政治⑩。

陳獨秀也以「反對黨」⑪的身份在《嚮導》上（一九二六年七月七日）發表了一篇反映中共觀點的文章，題爲《論國民政府之北伐》。陳氏認爲，北伐的意義雖然是南方的革命勢力向北發展，但不能代表中國民族革命之全部意義。北伐只是討伐北洋軍閥的一種軍事行動，這種軍事行動，對於推翻軍閥確是一種重要方法，然亦僅僅是一種重要方法，而不是唯一無二的方法。再論到北伐軍之本身，必須他眞是革命的勢力向外發展，然後北伐才算是革命的軍事行動；若其中夾雜有投機的軍人政客個人權位欲的活動，卽有相當的成功，也只是軍事投機之勝利，而不是革命的勝利。⑫在國民政府內部的政治狀況上，在整個的國民政府之實力上，在國民政府所屬軍隊之戰鬥力及革命的意義上，都可以看出革命的北伐時期尚未成熟。所以廣州的職任是防禦吳佩孚南

⑩ 叔堅：《北伐聲中廣州之政治狀況》，一九二六年八月一六日，見：《嚮導》，第一七〇期（一九二六年九月一〇日），第一七三二—一七三三頁。

⑪ 陳獨秀：《論國民政府之北伐》，見：《嚮導》，第一六一期（一九二六年七月七日），第一五八四頁。

⑫ 同上。

伐的「防禦戰爭」和「鞏固革命根據地廣東」⑬。

陳獨秀在上海寫的這篇文章引起了廣州的批評。蔣介石在廣州的代理人張靜江和黃埔軍校的學生們紛紛投書中共機關刊物《嚮導週報》，抗議中共領導這種不友好、不公允的態度⑭。陳獨秀在答覆中再次強調了已經闡述的觀點，並且不再像過去那樣稱「容共」，而第一次說成「聯共」⑮。

陳氏認為，隨着北伐軍總司令部的建立，國民政府實際上已不復存在，在北伐期間限制公民自由的一切決定業已生效，孫中山的聯俄、聯共、扶助農工的革命政策已經消失，而推翻這個政策的運動目前正滾滾向前⑯。

彭述之像陳獨秀一樣也批評了「北伐就是國民革命」的錯誤觀點。他說，這個錯誤看法必然會導致過高地估計北伐的意義⑰。如果這次軍事行動不依靠宣傳羣眾和組織羣眾，那末偶然的軍

---

⑬ 同上，第一五八四—一五八五頁；另見：第一五七四頁。

⑭ 《讀者之聲：討論北伐問題》，見：《嚮導》，第一七一期（一九二六年九月二〇日），第一七四五—一七四八頁。

⑮ 《陳獨秀的回答》，同上，第一七四九頁。

⑯ 同上。

⑰ （彭）述之：《我們的北伐觀》，見：《嚮導》，第一七〇期（一九二六年九月一〇日），第一七二三—一七二四頁。

事勝利只能是幾個軍閥的勝利；它很可能導致軍事獨裁的一時成功，但不會產生羣眾運動的徹底勝利[18]。彭述之認爲蔣介石和馮玉祥不是民主主義者[19]。自一九二六年三月二十日事件以後，許多軍事首領把國民黨視爲奪取個人利益的工具，名存實亡的國民政府成了一個軍事首領的特別機關。彭氏要求：黨必須指揮一切，國民政府必須脫離軍事統治，重新取得獨立的權力。彭的最後要求是：政治領袖汪精衞必須從「休假」中返回[20]。

蔣介石也從前線抗議陳獨秀的文章以及中國共產黨對北伐所持的態度。他在一九二六年八月二十四日發給國民黨中央的一份電報中說，陳氏的觀點挫傷了兩黨的合作精神，產生了消極的影響，希望國民黨中央要求中國共產黨中央表明自己的合適態度[21]。與此同時，蔣介石在一九二六年八月期間公開發表的演講和文章中都不管共產黨人對他的激烈攻擊，竭力造成彷彿他是一貫忠於聯俄聯共政策的印像。

一九二六年八月十六日，蔣介石在前線發表了《討伐吳佩孚宣言》，宣言正文收集在蔣氏的日記集中[22]，但是我們下面摘引的有關吳「匪」反對共產主義危險的論點沒有包括在內。蔣氏

---

[18] 同上，第一七二三頁；另見：第一六七二—一六七五頁。

[19] 同上，第一七二四頁。

[20] 同上，第一七二五頁。

[21] 《……蔣介石先生》，見本書第七七頁[4]，第三卷，第一〇一七—一〇一八頁。

[22] 《討吳宣言》，同上，第一〇〇一—一〇〇四頁。

說，「所謂『赤化』就是革命應由羣眾來進行，政府和軍隊應『屬於』羣眾。如果國民革命政府支持大多數被壓迫人民被視爲『赤化』，那又有什麼不好和值得懷疑呢？」按照吳「匪」的觀點，「大概所有人都赤化了；所有那些要求平等、要求中國自由、要求反對軍閥的人都赤化了。」㉓

在國民黨湖南省委的一次講話中，蔣介石再次談了「赤化」問題。他說，這是帝國主義分子恐嚇人民的一個口號。國民黨所進行的革命正是基於各個階級的共同聯盟。因此，我們大家只應問他是不是革命者，而不應問他是屬於哪個階級的。蔣氏說：「大家應該明白，我絕不歧視中共。」㉔蔣介石在一九二六年八月二十五日國民黨湖南省第二次代表大會關於政治和黨務的報告中重申了這一立場。蔣氏的日記雖然提到了這個報告，但沒有介紹報告的內容㉕。蔣氏在報告中斷言，黨的發展必須要有團結，團結國內外一切階級的革命力量。革命同志，在國內是中國共產

㉓《北伐聲中之重要文件》，見：《國聞週報》，全第三集，第三五期（一九二六年九月一二日），第九頁（一九二六年八月一六日蔣介石的北伐宣言）；《……演講集》，見本書第一六六頁⑯，第二七一—二七二頁。

㉔《蔣總司令之重要講話》，見：《黃埔潮》，廣州，第一四期（一九二六年一〇月二四日），第九頁。

㉕《……蔣介石先生》，見本書第七八頁⑨，第三卷，第一〇一九頁。

黨，在國外是蘇聯。革命要取得成功，必須聯合中國共產黨和俄國共同奮鬥[26]。說什麼國民黨要被共產黨吃掉，這完全是無稽之談。誰不聯合共產黨，誰最後就要被消滅。我們不必懷疑中共[27]。

與吳佩孚同時被稱爲「匪」的孫傳芳，一九二六年八月底寫信給蔣介石，要求蔣氏清楚表明自己的政治態度。孫傳芳指責蔣介石，儘管蔣氏把打倒帝國主義作爲自己的任務，但又從另一個帝國主義列強——赤俄那裏接受援助，就是說，前門驅虎，後門引狼[28]。孫傳芳對下面兩件事尤爲不滿：第一，蔣介石的黨雖然冠以國民二字，但實際上已被激進分子（中國共產黨員）所同化。蔣介石出於恐懼最近採取了限制共黨活動的措施，但蔣氏這樣做只是想醫治病兆，並未去掉病因，更未鏟除病根。第二，蔣氏的軍隊受外國支持，外國人發號施令，孫中山所尋求的則是各國平等待我中華。蔣氏把中國變成了外國人的屠宰品。如果蔣氏能證明他的行動可以擺脫這些矛

---

[26]《蔣總司令之政治黨務報告》，一九二六年八月二五日，見：《黃埔潮》，第一三期（一九二六年一〇月一七日），第一〇頁；《……演講錄》，見本書第一八二頁[10]，第一〇九頁，《……演講集》，見本書第一六六頁[16]，第一九二頁。

[27]《黃埔潮》，同上，第一一頁；《……演講錄》，第一一〇頁，《……演講集》，第一九三—一九四頁。

[28]《北伐聲中之重要文件》，見：《國聞週報》，全第三集，第三五期，見本書第二二二頁[23]，第一二頁（孫傳芳致蔣介石書）。

盾，吾等可以共商國是，共同找到妥善的解決辦法。如果蔣介石害怕說明自己的觀點，拿不出論證，就意味着他已經受到外國人的監視，受到激進分子的包圍，他的行動已不自由。孫某靜候回覆㉙。

孫傳芳未見答覆，於是在一九二六年九月七日發出通電，並通過報紙在全國披露。孫傳芳又一次指出，國民黨既然名為「國民」，國家就應該以國民為首，而不能把國家變成私有財產，壓榨人民，把自己打扮成英雄。孫希望蔣介石能幡然悔悟㉚。孫傳芳給報社的電報措辭更為激烈和不容和解。孫氏說，蔣介石掛着孫中山的招牌，執行的是列寧的政策，與「虎狼」為奸，甘心讓這些猛獸吞噬中國人。蔣介石的所作所為與三民主義精神毫不相干，如果孫中山還活着，一定不會容忍這些戴假面具的傢伙㉛。

不僅孫傳芳，「實業界」㉜和知識界㉝也要求蔣介石表明自己的態度。上海的西山會議派在

㉙ 同上，第一三頁；參見（彭）述之：《讀了孫傳芳致蔣介石書》，見：《嚮導》，第一六九期（一九二六年八月二九日），第一七一一—一七一三頁。

㉚ 《北伐聲中之重要文件》，第一四頁（孫傳芳致蔣介石電，一九二六年九月七日），蔣介石的回信見：《……蔣介石先生》，見本書第七八頁⑨，第三卷，一〇五三—一〇五四頁。

㉛ 《北伐聲中之重要文件》，見本書第二二二頁㉓，第一五頁（孫傳芳散發給報紙的電報）。

㉜ 前溪：《全國實業界應要求蔣介石宣明態度》，見：《國聞週報》，全第三集，第三六期（一九二六年九月一九日），第一一二頁；參見：《蔣介石宣言中之赤化》，見：《國聞週報》，全第三卷，第三八期（一九二六年一〇月三日），第一一二頁。

㉝ 老敢：《全國知識階級對於蔣介石北伐何種態度？》，同上。

《國民黨中央的指令》中稱這些人是「黨的罪人」和「孫中山的叛逆」，說他們藉北伐之名謀求私利，與共黨分子狼狽爲奸，一起破壞黨。㉞

蔣介石這時眞是四面受敵，軍閥、國民黨右派、輿論界、還有中國共產黨員。此外蔣介石還從廣州傳來的消息得知運動汪精衞返回廣州的「陰謀」㉟和共黨分子在黃埔軍校的顚覆活動㊱。此時蔣介石在日記中流露的情緒很像一九二六年三月二十日事件以前的那樣；但是蔣氏所處的形勢與那時不同，如今北伐剛剛開始，還沒有取得值得稱道的勝利，廣州又不在他的權力影響之內，現在最緊迫的任務不是以言語和行動來對抗共黨分子在後方的顚覆活動，而是要贏得北伐的勝利，因此，目下他不能與蘇聯顧問發生爭執，也不能反對共產黨人。從這個角度來看問題，我們就可以理解，爲什麼蔣介石在這幾天公開強調聯俄聯共的立場。然而，一九二六年十月初國民革命軍占領武漢以後，形勢發生了轉折，統一戰線的一個新時期從此開始了。

㉞《中國國民黨中央委員會訓令第四號》，見：《中國國民黨週刊》，上海，一九二六年一〇月特刊，第一三—一四頁；《警告蔣介石書》，一九二六年八月二九日，見：《清黨實錄》，同上，第二七五—二七七頁。

㉟《……蔣介石先生》，見本書第七八頁❾，第三卷，第一〇〇九頁。

㊱同上，第一〇一九頁；另見：第一〇三三、一〇四一頁。

二 意料不到的勝利

一九二六年七月國民革命軍從廣東出發，分三路向北推進。它的主攻目標先是湖南，後是湖北，旨在消滅吳佩孚的軍隊，前鋒第八軍在唐生智率領下已於五月底開赴湖南。在第四軍和第七軍的支持下，湖南首府長沙於一九二六年七月十一日被第八軍攻克。占領平江（八月二十日）和岳陽（岳州，八月二十二日）以後，湖南已處在北伐軍的控制之下。向湖北武漢的進攻是在一九二六年八月底從三面發起的，第四、七和八軍在唐生智的指揮下擔任主攻任務。

一九二六年九月六日和七日，漢陽和漢口相繼陷落。經過四十小時的激戰，第八軍於一九二六年十月十日占領武昌❶，從而奪取了整個武漢（武漢由漢陽、漢口和武昌組成）。三個月內國民革命軍到達長江流域，吳佩孚的主力被擊潰。這樣就產生了一個完全新的軍事政治形勢，對

❶ 參見：《衡州軍致〈國際新聞通訊〉書》（衡州，一九二六年八月一〇日），見：《國際新聞通訊》，第一一八期（一九二六年九月二四日），第二〇〇七頁；《占領吳佩孚總部——致〈國際新聞通訊〉書》（漢陽，一九二六年九月七日），同上，第一一九期（一九二六年九月二八日），第二〇二八—二〇二九頁；《武昌致〈國際新聞通訊〉書》（武昌，一九二六年九月一八日），同上，第一二六期（一九二六年一〇月一九日），第二二六七—二二六八頁。

此，無論蔣介石、還是中國共產黨人、還是共產國際都沒有預料得到。

屬於長江流域的有江蘇、安徽、江西、湖北、湖南和四川諸省；和它保持密切經濟聯繫的省份還有浙江、河南、陝西、甘肅和綏遠。根據一九二五年的人口統計（廣東和廣西兩省除外）長江流域經濟區的人口超過兩億人❷，相當於當時整個中國人口的一半以上。長江流域是中國最重要的經濟和交通中心。漢口港甚至比上海港更重要，因爲它不僅是一個出口港，而且是整個長江流域及所屬各省的轉口港。占領武漢意味着打開長江流域經濟大門的鑰匙已經掌握在國民革命軍的手中了❸。這時廣東軍的任務就是從武漢（中國最大的兵工廠設在這裏），沿京漢鐵路經過河南向北京推進；在東面，沿長江經過安徽和江西，進攻江蘇和浙江兩省。武漢在經濟和軍事上的重要性也保證了它在政治上的地位❹。

占領漢陽以後，A·依文（俄國一漢學家化名，一九二六年以後是《眞理報》駐上海記者）在莫斯科寫文章說，「廣東軍」所取得的輝煌勝利，其偉大的歷史意義不亞於一九一一年的武昌

---

❷ 唐心石：《長江流域的經濟發展》，見：《國際新聞通訊》，第一二〇期（一九二六年一〇月一日），第二〇五〇頁。

❸ 同上，第二〇五一頁。

❹ （彭）述之：《北伐軍占領武漢以後》，見：《嚮導》，第一七一期（一九二六年九月二〇日），第一七三六頁。

起義。「我們相信，現在卽使那些悲觀主義者也不得不承認，廣東軍迅速挺進湖北雖然是一個冒風險的行動，但決不是一個草率的無望的行動。這樣一個『意料不到的偉大勝利』再一次證明了，預言中國事件的發展是多麼困難，尤其是，如果只看到中國的局部就對整個中國情況作出判斷，更容易發生錯誤。」❺

M·加爾科維奇解釋廣東軍出其不意取得勝利的原因是有「農民的支援」，主要是瓦解了一部分孫傳芳的部隊。文章說，孫在許多事情上要依賴他的將領，但六月裏在這些將領中出現了嚴重的意見分歧，在這種情況下前線的失利很可能使孫傳芳部下的將領分崩離析。此外，由於中國幾個軍閥之間爭吵不休，列強之間爾虞我詐，因而反革命的統一戰線未能形成，反對革命的行動也是分散進行的❻。

譚平山現在也承認，北伐引起戰爭的危險性並不像一般人認為的那麼大❼，中國的南部和中部在革命運動中有着很重要的意義。但是，譚氏根據他對中國政局的分析建議，在取得目前重大

❺ A·依文（莫斯科）：《占領漢陽以後》，見：《國際新聞通訊》，第一一四期（一九二六年九月一四日），第一九二五頁。

❻ M·加爾科維奇：《帝國主義的對立和干涉中國的前景》，見：《國際新聞通訊》，第一二〇期（一九二六年一〇月一日），第二〇四五頁。

❼ 譚平山：《中國現時的政治形勢》，見：《共產國際》，第四期（一九二六年一〇月九日），第一五五頁。

勝利的情況下，「廣東軍應迅速停止軍事行動」，以避免與張作霖發生直接衝突，形成廣東軍和國民軍聯合的局面❽。因爲正是在這期間，一九二六年九月十五日馮玉祥從蘇聯回國，兩天後又重新掌握了國民軍的指揮權，並聲明他贊同廣州政府的政策❾。

譚平山認爲，在「戰鬥空隙」應該發展羣眾運動，「我們必須發展、擴大、鞏固和團結無產階級組織和無產階級運動，以便加速中國乃至世界革命的進程。」❿因爲，迅速發展中國革命不僅要靠軍事力量，而且首先要靠有覺悟羣眾的組織力量⓫。中國共產黨人最重要的任務是：(一)擴大和鞏固工農組織，(二)吸引中、小資產階級積極參加民族解放運動，打破他們對資產階級妥協的幻想，(三)鞏固和擴大統一戰線，對帝國主義和軍國主義進行最後的堅決鬥爭，(四)擴大和鞏固國民黨左派組織，並以此作爲一切階級統一戰線的中心，(五)吸收羣眾參加政權建設，以打碎封建軍閥的政治基礎，實現自治，(六)促進國民大會的召開，廢除不平

---

❽ 同上，第一五八頁。

❾ 《以馮玉祥爲首的東北革命軍》(莫斯科，一九二六年一〇月一一日)，見：《國際新聞通訊》，第一二五期（一九二六年一〇月一五日）第二一四九頁；參見（陳）獨秀：《對於國民軍再起的希望》，見：《嚮導》，第一七七期（一九二六年一一月四日），第一八三三—一八三五頁。

❿ 譚平山：《中國現時的政治形勢》，見本書第二二八頁❼，第一五九頁。

⓫ 譚平山：《廣東軍的勝利和中國革命的前景》，見：《共產國際》，第七期（一九二六年一一月二日），第二八八頁。

等條約，（七）提出明確的土地綱領⑫。

彭述之認爲，北伐軍一到武漢，此種鼎足而三的局面已根本搖動趨於消滅，而將形成一個新的局勢，便是吳佩孚根本消滅，孫傳芳不北附奉或南和國民政府妥協，以暫維持其殘喘，即不能免於滅亡，如此便形成國民政府與奉系軍閥南北相持之局面。總之，北伐軍占領武漢之後，在軍事上應取保守態度，而在政治上則須取積極的建設態度。具體地說，在政治上，須鞏固國民政府本身，應使國民政府脫離軍事領袖的支配，急需建立國民政府的獨立權威，建立相當的民治基礎⑬。與此相聯繫，有人還建議可以在下列條件下承認張作霖：1.如果他顧及人民的要求，南北方可以立即媾和。2.停火期間雙方必須開始經濟建設；維護平靜和秩序。3.張作霖必須保證不損害國民政府的利益⑭。

人們說，提出上述建議的理由是因爲這樣可以阻止張作霖援助吳佩孚，並且使革命政府有可能在新占領區穩定下來，掌握那裏的建設⑮。

⑫ 同上，第二九二—二九三頁。

⑬ （彭）述之：《北伐軍占領武漢以後》，同上，第一七三八頁。

⑭ 唐心石：《孫傳芳的失敗與北洋軍閥的瓦解》，見：《國際新聞通訊》，第一二七期（一九二六年一〇月二二日），第二一八五頁。

⑮ 同上；另見唐心石：《中國最新的政治發展與武裝干涉企圖》，見：《國際新聞通訊》，第一二一期（一九二六年一〇月五日），第二〇六〇—二〇六一頁。

《共產國際執行委員會工作報告》（一九二六年二月至十一月）指出，目前的形勢給廣州革命政府提出了新的重要的任務。政府必須表明，自己是不是有能力鞏固革命軍的勝利，是不是有能力在新占領區創造出把人民羣眾集合在國民革命旗幟周圍的形勢[16]。

工作報告接着指出，目前的形勢也向中國共產黨提出了新的任務，這就是要充分利用中國的目前形勢和巨大的活動餘地，鞏固自己的地位。中國共產黨必須把工作擴大到工業無產階級方面，沒有工業無產階級的參加，國民革命的勝利是沒有保障的[17]。

在占領武漢以後不久（一九二六年十月底），「組織工業無產階級的工作」也隨着上海工人的第一次起義達到了高潮。

當北伐的形勢已不可阻擋時，中國共產黨在一九二六年七月第二次擴大全會上制訂了黨在北伐時期的任務。內容是提高和鞏固工農力量，注意保持同小資產階級的關係，反對大資產階級，取得國民革命的領導[18]。二中全會還通過了相應的關於組織問題[19]、宣傳工作[20]、工人運動[21]、

---

[16] 同上，第一五八—一五九頁。

[17] 同上。

[18] 《中國共產黨中央委員會的政治報告》，見威伯爾／豪：《共產主義、民族主義文獻……》，見本書第六〇頁[28]，第二七五頁。

[19] 《關於組織問題的決議》，同上，第一一〇—一一六頁；參見：第九四—九六頁。

農民運動[22]和學生運動[23]的決議，以及關於兵運的決議[24]。

一九二五年五卅運動以後，上海的罷工運動在反革命的壓力下處於低潮。在紀念五卅運動一周年之際，一九二六年的上海工人運動又高漲起來，並且達到了從未有過的規模[25]。六月，一百〇七家工廠舉行罷工，參加人數近七萬人[26]。七月有同樣多的工人參加了一百〇五家工廠的罷工[27]。八月，四十六家工廠罷工，罷工人數達三萬七千五百三十七人[28]。就是說，

[20]《關於宣傳工作的決議》，同上，第一二五—一二九頁。
[21]《關於勞工運動的決議》，同上，第二八八—二九五頁。
[22]《關於農民運動的決議》，同上，第二九六—三〇二頁。
[23]《關於學生運動的決議》，同上，第三一一—三一二頁。
[24]《關於兵運工作的決議》，同上，第三一六—三一七頁。
[25]《上海總工會報告書——呈第四次中國勞工代表大會》，一九二六年五月三〇日—一九二七年五月三〇日，漢口一九二七年，第一—二頁。
[26]施英（趙世炎）：《四論上海的罷工潮》，見：《嚮導》，第一六四期（一九二六年七月二一日），第一六三一頁；另見施英：《上海最近的罷工潮》，見：《嚮導》，第一五九期（一九二六年六月二三日），第一五五九—一五六二頁；《再論上海的罷工潮》，見：《嚮導》，第一六〇期（一九二六年六月三〇日），第一五七一—一五七四頁；《三論上海的罷工潮》，見：《嚮導》第一六一期（一九二六年七月七日），第一五八五—一五八八頁。
[27]施英：（五論上海的罷工潮》，見：《嚮導》，第一六七期（一九二六年八月一五日），第一六八〇頁。
[28]施英：《七論上海的罷工潮》，見：《嚮導》，第一七二期（一九二六年九月二五日），第一七五六—一七五七頁；參見施英：《上海日廠工人反日罷工——六論上海的罷工潮》，見：《嚮導》，第一六九期（一九二六年八月二九日），第一七〇六—一七一〇頁。

在三個月內有十七萬七千五百七十八人在二百五十八家工廠參加了罷工。一九二六年六月二十七日上海總工會被警方查封後，總工會秘密地領導罷工運動㉙。

十月十日吳佩孚的最後據點武昌失陷以後，國民革命軍的敵手就是孫傳芳的軍隊了。孫在江西首戰失利，他的將領、浙江省省長夏超宣布獨立。爲了奪取上海，孫傳芳命令所部於十月十七日向上海前進，次日在上海附近被殲。

在夏超宣布獨立之前與廣州政府談判時，鈕永建領導下的國民黨和上海中共黨員已作好準備，以便從內部支持夏超占領上海的計畫。萬一夏超的行動失敗，決定將起義延期，但不放棄。計畫起義的武裝有：(一)一百三十名用短槍武裝的工人和兩千人共產黨工人糾察隊的非武裝工人，(二)五百名由鈕組織的流氓無產階級，(三)五百名商會職工，(四)孫傳芳的海軍軍艦

㉙ K·米特羅福諾娃：《上海日本紗廠女工的罷工》，見：《國際新聞通訊》，第一三四期（一九二六年一一月五日），第二三三二頁；另見佩夫斯納：《上海的罷工運動》，見：《國際新聞通訊》，第一一三期（一九二六年九月二六日），第一九一五—一九一六頁；CH·艾杜斯：《外國對中國的武裝干涉與中國的無產階級》，見：《國際新聞通訊》，第一二四期（一九二六年一〇月一二日），第二一三七—二一三八頁；G·L·：《上海的工人生活》，見：《國際新聞通訊》，第一五四期（一九二六年一二月一七日），第二七五八—二七五九頁；碩夫：《上海總工會二次被封》，見：《嚮導》，第一六〇期（一九二六年六月三〇日），第一五六九—一五七一頁；又《寫在上海總工會被封以後》，見：《嚮導》，第一六二期（一九二六年七月一四日），第一六〇五—一六〇七頁。

一艘，此艦在鈕的一邊，由軍艦發出起義信號。起義沒有統一領導和行動計畫。一九二六年十月二十三日鈕永建得到錯誤消息，傳孫傳芳遭到最後的失敗，於是鈕等決定次日早晨發動起義，但事先約定好的信號失靈，分散的行動於當日就被窒息了㉚。

事實上這不是嚴格意義上的起義，只是起義的嘗試。這次冒險行動的政治意義在於，中國共產黨人試圖以起義推翻孫傳芳在江蘇和浙江的統治，像蔣介石通過軍事行動那樣。簡言之，此次起義嘗試說明中共策略的改變：從羣眾運動到羣眾起義。彭述之在此意義上號召上海工人和廣大羣眾運用第一次起義的經驗準備發動第二次起義㉛。

北伐的偉大勝利對於中國共產黨和共產國際來得太快、太突然了。他們發表的言論和發動的似乎可笑的起義反映了他們的不安和惶恐，他們害怕國民革命軍在已經取得進展的基礎上繼續向上海和北京推進，取得更多的勝利。因爲從形勢發展來看，中國共產黨人的羣眾工作不能跟上占領的速度，而且也不能立即在占領區站住脚跟。但是，勝利的湖南農民運動是一個例外，這個勝

㉚《上海三次暴動》，莫斯科，一九三〇年，第一－九頁；《上海總工會報告書》，見本書第二三三頁㉕，第三頁。

㉛（彭）述之：《論浙江和上海事變與孫傳芳》，見：《嚮導》，第一七七期（一九二六年一一月四日），第一八三三頁。

利和唐生智的態度有關㉜。蔣介石由於「輝煌的勝利」愈來愈贏得了權勢和威信，因此，儘管共產黨人要求「休戰」，要求與張作霖妥協，蔣介石對此根本沒有理睬。

占領九江三天以後，一九二六年十一月八日南昌失守，孫傳芳的主力被殲，江西這時已在國民革命軍的控制之下。十一月九日，蔣介石抵達南昌，在這裏設立了總司令部。他立即着手制訂防備江西、福建和浙江三省的計畫㉝，以鞏固他的權力基礎。蔣氏命令可靠的部隊駐紮在江西，並命令第一軍軍長、他的心腹何應欽繼續向閩北和浙東前進。此外，蔣介石還派戴季陶去日本，當時還謠傳蔣氏和某些北洋軍閥取得了聯繫㉞。

十一月十九日蔣介石根據新形勢，提議將國民黨中央和國民政府由廣州移至武漢㉟，其意圖當然是在他的權力範圍內更便於控制黨和政府。

蔣介石的這些準備還不是與共產黨人破裂的行動，而是鞏固他剛剛獲得的權力地位的措施。與共產黨人的統一戰線還必須繼續保持，因爲北伐沒有蘇聯和國民黨左派的積極支持是無法繼續

㉜ 白雲：《國共衝突之歷史的考察》，見：《國聞週報》，全第四集，第一八期（一九二七年五月一五日），第三頁；參見湘農：《湖南的農民》，見：《嚮導》，第一八一期（一九二七年一月六日），第一九〇二——一九〇六頁。

㉝ 《……蔣介石先生》，見本書第七八頁❾，第三卷，第一二四一頁。

㉞ 白雲：《國共衝突之歷史的考察》，見前㉜，第二——三頁。

㉟ 《……蔣介石先生》，見本書第七八頁❾，第三卷，第一二四二頁。

進行的，這一點尤其是在國民革命軍向縱深發展時更爲清楚。

三　保持同蔣介石的統一戰線——共產國際執行委員會第七次全會

「廣東軍的巨大勝利使國民黨國民政府的權力擴及半個中國。目前，廣東革命政府正踏上中國中部戰場，成了中國革命的一支強大的力量。」❶這是共產國際執行委員會第七次擴大全會（一九二六年十一月二十二日——十二月十六日）從莫斯科發出的致戰鬥的中國羣眾號召書中的一段話。

這次全會召開之際，蘇聯黨內的分歧正愈來愈尖銳。一九二六年十月，即第七次全會前不久，蘇共中央和蘇共中央執行委員會聯合會議決定給托洛茨基、季諾維也夫、加米涅夫和其他人以警告處分，並決定免除托洛茨基的中央政治局委員職務❷。關於中國問題的討論，原是第七次擴大全會的重要日程，但也染上了宗派鬥爭的色彩。

---

❶《致戰鬥的中國羣衆及其同情者》，見：《國際新聞通訊》，第一四八期（一九二六年一二月三日），第二六一五頁。

❷《蘇共中央和中央執行委員會聯合會議決議》，見：《國際新聞通訊》，第一二八期（一九二六年一〇月二六日），第二二〇二頁。

第七次擴大全會討論了世界形勢、共產國際的今後任務、蘇共問題、英國罷工的教訓以及第一次有這樣規模的中國問題。全會還研究了工會和農民運動委員會的工作❸，但是「英國罷工和中國問題像一根紅線貫穿全會的一切工作」❹。

布哈林（他現在是季諾維也夫的繼承人、共產國際主席）在兩個帶有方向性的報告中（《資本主義的穩定與無產階級的革命》，《國際形勢與共產國際的任務》）簡略地談了中國，這時全會尚未討論中國問題，布哈林報告的要點是：

布哈林認爲，人們在估計國際形勢時不應把中國民族革命解放鬥爭看成是完全孤立的偉大事件。中國的解放鬥爭是強大的歷史變革過程的一個組成部分，以國際的立場看，它是包括整個時代的世界革命過程的一個組成部分❺。中國的重大問題和中國革命的命運在於革命的中國在同勝利了的俄國工人階級結成友好聯盟的情況下能不能走自己的路，或者說，在於外國資本在中國經

---

❸《共產國際執行委員會第七次擴大全會日程》，見：《共產國際》，第八期（一九二六年一一月九日），第三七一頁；《迎接共產國際執行委員會擴大全會的召開》（社論），同上，第七期（一九二六年一一月二日），第三二〇—三二四頁。

❹《慶祝共產國際擴大全會的召開》（社論），見：《共產國際》，第一〇—一一期（一九二六年一一月二三日），第四二五頁。

❺布哈林：《資產階級的穩定與無產階級的革命》，見：《國際新聞通訊》，第一四七期（一九二六年一二月二日），第二五八三頁。

濟和政治發展中會不會把領導權奪過去❻。

按照布哈林的看法，世界革命正在三個主要地區前進：中國、英國和蘇聯❼。關於中國，布哈林提出了兩個重要論點：(一)「我們在中國的直接前景和直接任務是打擊帝國主義敵人」，(二)「共產國際認爲中國的發展有可能繞過資本主義階段」❽。從這兩個論點出發，他認爲中國共產黨在中國革命現階段的任務是：(一)堅持同國民黨的統一戰線，(二)開展農民運動。布哈林在闡述第一個論點時對討論中要求中國共產黨員退出國民黨的意見進行了嚴厲的批評。關於第二個論點，布哈林說，中國共產黨的路線一般說來是正確的，但它的主要錯誤是沒有充分注意農民問題，因此「中國共產黨的任務是在保持民族統一戰線的前提下，堅持執行組織廣大勞動人民羣眾的路線，除了組織無產階級外，還應堅持創建、支持、擴大和鞏固革命農民組織的路線。」❾

布哈林深知保持統一戰線和堅決進行農民運動此時在中國是兩個相互矛盾的論點，因此他

❻ 同上。

❼ 布哈林：《國際形勢與共產國際的任務》，見：《國際新聞通訊》，第一四八期（一九二六年一二月三日），第二六二四頁。

❽ 同上，第二六二三頁。

❾ 布哈林：《資本主義的穩定……》，見本書第二三七頁❺，第二六〇八頁。

說，特別明顯的是在廣東省——廣州政府的主要基地，很大一部分土地在大地主手中，他們和支持廣州政府的工商業資產階級有聯繫，一旦觸及到大地主，資產階級馬上就會發生動搖，這是現在中國革命的最大困難，也是重要的現實問題⑩。

令人奇怪的是布哈林的結論：「儘管說驅逐外國帝國主義永遠是中心任務，保持民族革命統一戰線非常重要，但必須進行土地改革和組織農民……當然，這樣可能會產生國民黨繼續動搖的不愉快的結果，這樣提出問題也可能會引出某些左派幼稚病的危險，就是過早地跳出和破壞全民族聯盟的危險傾向，這是必須加以反對的。」⑪

在全會研究中國問題之前，譚平山在討論中就布哈林批評中共在農民問題上的錯誤講了話。譚平山的有關言論是比較重要的，因爲他是中國委員會兩主席之一、第七次擴大全會農民委員會委員和共產國際執行委員會主席團委員；再有，會上除了布哈林和斯大林而外，他是關於中國形勢的主要報告人。

譚平山首先說明這樣一個事實：中國共產黨無論在數量上還是組織上都比較薄弱，特別在農民問題上中國同志還缺乏經驗，理論上也準備不足。中國農民的狀況非常複雜，中國農民運動的

---

⑩ 布哈林：《國際政策問題——布哈林同志在蘇共第十五次委員會議上的講話》（一九二六年一〇月二六日——一一月三日），見：《國際新聞通訊》，第一三〇期（一九二六年一一月一日），第二二四三頁。

⑪ 同上。

兩年歷史給予中國同志的經驗還太少，還不足以解決中國革命農民運動所提出的複雜任務。他說：「因此我們希望向共產國際及各支部學習農民運動的理論和實踐，只有在這個前提下我們才能克服一切困難，解決中國問題。」⑫

譚平山提出，農民問題中錯誤的客觀原因是「因爲中國革命迫切需要一個民族革命統一戰線，一個各革命階層人民反對帝國主義和封建殘餘的戰線。我們必須保護農民利益；另一方面，又必須維護和鞏固民族革命運動的統一戰線。在這樣一個矛盾的形勢下，執行正確的策略路線是不容易的。我們的錯誤在於我們沒有充分利用這個矛盾，發展農民運動，同時鞏固民族統一戰線。」⑬

至於中國共產黨在農民問題上應取何種路線？譚平山順從了共產國際的權威，他說：「在這個問題上我們完全贊同布哈林同志的觀點：在反帝民族革命運動中，發展中國的農民運動，維持各階層的統一戰線。」⑭

布哈林的這個論點也確定了譚平山關於「中國形勢」的報告基調以及關於這個問題的討論。

⑫《國際新聞通訊關於共產國際第七次擴大全會第八次會議的特別報導》，見：《國際新聞通訊》，第一五二期（一九二六年一二月二四日），第二七二二頁。

⑬同上。

⑭同上。

談到中國共產黨奪取中國革命領導權的任務時，譚氏在報告中是這樣說的：「1.我們必須開展農民運動，引導農民直接參加鬥爭；2.我們必須建立包括無產階級、農民和城市中、小資產階級的各階級民族革命統一戰線。在一定條件下我們也可以和一部分現在與帝國主義沒有聯繫的大資產階級進行合作，但是必須無情地揭露他們的背叛和妥協的本質……」⑮譚說，如果從第二項任務來考慮，中共黨員退出國民黨是意味着分裂中國的戰線⑯。

有趣和重要的是，譚平山在闡述中國革命兩種發展可能性時，與布哈林不同，是從一種民族的角度出發的。譚平山說，或者是中國無產階級在世界無產階級的支援下成功地把民族革命進行到底；或者是中國新資產階級把中國革命的領導權奪到自己手中，通過帝國主義的援助發展中國的資本主義，並通過妥協手段慢慢地消滅中國革命⑰。譚在這裏還提到了「戴季陶主義」的形成和一九二六年三月二十日事件。他說，這兩件事是資產階級企圖從無產階級手中奪走革命領導權的嘗試。「中國無產階級在民族革命中的領導地位還不十分鞏固，中國無產階級還處在與資產階級爭奪民族革命領導權的時期。」⑱

⑮ 譚平山：《中國形勢》，第十一次會議（一九二六年一一月二八日），見：《國際新聞通訊》，第一五五期（一九二六年一二月二一日），第二七八四頁。

⑯ 同上，第二七八五頁（參見：《國際新聞通訊》，第二期，一九二七年一月六日，第四八頁）。

⑰ 同上。

⑱ 同上。

譚平山的這個重要意見在第七次擴大全會上沒有引起注意。在討論譚氏的報告時沒有人考慮到這種可能性：國民黨領導集團中的資產階級，特別是蔣介石會不會由於國民革命軍的「輝煌」「巨大」勝利而做出令人不快的事來。大會討論只集中在中國同志在農民問題上⑲和土地問題上的⑳錯誤，尤其集中在中國共產黨人退出國民黨的問題上㉑。

彼得羅夫說：「同志們，遺憾的是，這一個完全錯誤的建議（指要求退出國民黨——譯者）在我們蘇聯共產黨內也得到了同情和反響。我們認為，這是一個十分有害的投降主義的觀點，一種失敗主義的思想，是必須加以清除的。」㉒「企圖奪取中國資產階級領導權的右翼正在努力與帝國主義達成諒解，與共產黨公開破裂。如果中共聽從俄國反對黨的建議，退出國民黨，就會使國民黨右翼有恃無恐。」㉓所以，保持民族革命統一戰線在當時中國革命歷史發展階段中是絕對必要的㉔。

---

⑲《鄧肯在第十二次會議上的講話》（一九二六年十一月三〇日），同上，第二七九三—二七九四頁。

⑳《羅易的講話》，同上，第二七九九頁。

㉑參見：《片山和多里奧的講話》，同上，第二七九四、二七九七頁。

㉒《彼得羅夫的講話》，同上，第二七九六頁。

㉓同上。

㉔同上。

臺爾曼就這個問題說：「我們對中國問題，有一部分感到新鮮有趣，但整個問題又非常複雜，因此我們在那裏行動時要特別謹慎。」說到這裏，臺爾曼舉了一個不十分明白的例子。他接着說，在英國英俄委員會的作用是英共之外介於英國改良主義和革命之間的中間環節，國民黨的作用，它的必要性也在於它是中共之外援助革命戰線的中間組織。「反對黨沒有看到這一點吧？這是我們利用的中心環節，我們要在此基礎上擴大、加強和活躍我們的革命力量。反對黨的領導同志不了解這一點，說明他們懷疑、不完全相信共產黨和無產階級的革命力量。」㉕

國民黨代表邵力子以國民黨名義在第七次全會上莊嚴宣布，國民黨和中國共產黨眞誠友好的合作是國民革命勝利的保證。他表示相信，國民黨「在共產黨和共產國際領導下一定會完成自己的歷史任務」㉖。根據國民黨三十年依靠軍事鬥爭的經驗，邵力子在簡短講話中說了一句很重要的話，這句話爲斯大林所引用，後來又爲毛澤東所接受。邵力子說：「我們堅決相信，沒有武裝便沒有革命的勝利，中國的形勢特別證明了這條經驗。」㉗

㉕《臺爾曼在討論斯大林關於蘇共黨內問題報告時的講話》，見：《國際新聞通訊》，第四期（一九二七年一月一一日），第七七頁。

㉖邵力子：《在第十二次會議上的講話》（一九二六年一一月三〇日），見：《國際新聞通訊》，第一五五期（一九二六年一二月二一日），第二八〇〇頁。

㉗同上。

在第七次擴大全會召開期間，共產國際機關報《共產國際》發表了一篇題爲《中國革命與共產黨的任務》的社論，社論對譚平山闡述的無產階級和資產階級爭奪領導權的鬥爭將決定中國革命的繼續發展這一思想作了詳細的分析。文章說，爲了奪取和掌握革命領導者的地位，中國共產黨和中國無產階級必須解決十分艱巨的任務，進行十分艱巨的策略行動㉘。文章接着指出了中國工業民族資產階級的作用，認爲，民族資產階級目前還部分地站在革命這方面，力量比較薄弱。但是，它通過商業資本與農村有聯繫，對城市小資產階級有影響；而且，儘管它在國民黨內占極少數，但是無論在廣州政府內還是在廣州軍的軍官中，它都占據了有力的職位，因此必須考慮到這個「同盟者」，然而它又是完全不可靠的㉙。文章回顧了一九二六年三月二十日事件後說，這個「同盟者」正是利用這一事件打擊國民黨左派和共產黨人。可是從廣州軍的勝利進軍可以看出，如果沒有國民黨左派和共產黨人的支持，戰爭是無法繼續進行的，因此資產階級還繼續保持與左派和共產黨人的統一戰線。但是資產階級完全爲戴季陶的思想所控制，它企圖割斷自己與國際無產階級運動的聯繫，以便保證中國資本主義的發展前景，爲此甚至讓外國資本在中國工業內部進行「和平」盤踞。因此，在階級衝突開始尖銳時，資產階級必然會重新站在營壘的那一邊，

㉘《中國革命與共產黨的任務》，見：《共產國際》，第一三期（一九二六年一二月一四日），第五七〇頁。

㉙同上，第五七〇—五七一頁。

因爲這些衝突正是從與民族資產階級有着千絲萬縷經濟聯繫的中國廣大農村爆發的㉚。

讀了這段分析，我們可以看到，中國革命的命運在當時階段正站在十字路口：成分大多數是小資產階級的國民黨和廣州政府如若鼓勵人數衆多的中國商業和手工業小資產階級脫離工業資產階級，促進他們與無產階級和農民結成緊密的聯盟，那就不可避免的要準備工業資產階級從統一戰線中分裂出去；或者，他們促進城市小資產階級與工業資產階級結成緊密的聯盟而背向無產階級和農民。「國民黨和廣州政府要作出前一個決定，必須使共產黨在國民黨、廣州政府和廣州軍隊內取得有影響的地位，這是一個完全可以實現的任務。」㉛

上述分析，以及一九二五年上海罷工浪潮和一九二六年三月二十日事件的反面經驗從另一方面也說明，後一個決定也完全是可能的，但社論未提這一點，共產國際似乎非常自信。

譚平山在《中國形勢》的末尾再一次分析了形勢發展的兩種可能性：國民黨或者在資產階級的領導下，或者在無產階級的領導下。爲了能正確地估計這兩種可能性，必須首先正確地估計資產階級和共產黨的力量。資產階級雖然很弱，但在國民革命中還有作用，因爲它在經濟上同中、小資產階級聯繫緊密。因此，只要它對小資產階級作某些允諾，就可以把城市中、小資產階級爭

㉚ 同上，第五七一頁。

㉛ 同上，第五七一—五七二頁。

取到自己身邊，也可以把部隊爭取過來。這些軍隊或者與資產階級合作，或者與工農羣眾合作；它們可以是革命的也可以是反革命的。中國資產階級很有可能利用中國軍隊㉜。資產階級最近開始有了階級意識，它看到工人運動蓬勃發展，民族革命的領導權有可能被無產階級奪走，所以資產階級也被迫參加民族鬥爭，其目的是奪取領導權㉝。但是，譚平山接着說，如果認爲無產階級已經掌握了革命的領導權和統治權，這不是事實，這是誇大。革命的領導權必須去奪取。譚平山的結束語是：「正如布哈林同志所說，共產國際的任務是建立中國人民、蘇聯和西歐無產階級的聯盟和聯合，我們中國共產黨人將竭盡全力爲完成這個任務作出貢獻（熱烈鼓掌）。」㉞

一九二六年十一月三十日，在討論中國問題中間，斯大林在共產國際執行委員會中國委員會上發表了題爲《論中國革命的前途》的演說。

斯大林批評了在討論中國問題時出現的某些觀點，因此論述了中國革命的基本問題。

按照斯大林的觀點，中國革命的性質有個獨有的特點：（一）中國革命既是資產階級民主革

㉜《譚平山同志關於中國形勢報告的結束語》，第十三次會議（一九二六年一二月二日），見：《國際新聞通訊》，第一五五期，見本書第二四一頁⑮，第二八〇二頁。

㉝同上。

㉞同上，第二八〇三頁。

命，又是民族解放革命。（二）中國大民族資產階級極端軟弱[35]。斯大林說，前面提到的那些提綱（指彼得羅夫的提綱、米夫的提綱、譚平山的兩個報告和拉費斯的意見書。——譯者）的第一個缺點，是它們都忽略了或低估了帝國主義對中國的干涉問題。假他人之手進行干涉，這就是現在帝國主義干涉的根本特點[36]。提綱的第二個缺點是關於中國革命軍隊的問題，中國革命軍隊是中國工農爭取自身解放的極重要的因素。「在中國，是武裝的革命反對武裝的反革命。這是中國革命的特點之一和優點之一。」[37]但是，人們從這個認識並沒有得出實際的結論，只有毛澤東接受和發展了這個思想；它也是毛澤東主義的基本成分。

斯大林「以為」，中國未來的革命政權將是反帝國主義的政權，這將是中國走向非資本主義，或者更確切些說，走向社會主義發展的過渡政權[38]。但是斯大林提出這個論點並沒有作詳細的馬克思主義的分析，中國在經濟上是否已經有了越過資本主義發展階段的前提。從這個過渡政權的論點出發，他引出了中國共產黨人在怎樣對待國民黨和中國未來革命政權這個問題上的任

---

[35] 斯大林：《論中國革命的前途》（一九二六年一一月三〇日），見：《共產國際》，第一三期（一九二六年一二月一四日），第五七四—五七五頁。

[36] 同上，第五七五、五七六頁。

[37] 同上，第五七七頁。

[38] 同上，第五七八頁。

務。他說，因此中國共產黨人現在退出國民黨將是極大的錯誤[39]。

關於中國的農民問題，斯大林說，米夫認爲必須立即提出成立蘇維埃即在中國農村成立農民蘇維埃的口號，是一個錯誤[40]。其理由，斯大林說，不能撇開中國的工業中心而在農村建立蘇維埃，而且在中國工業中心組織蘇維埃的問題現在還不是迫切的問題[41]。

後來俄國反對派也提出過成立農民蘇維埃的要求，例如施勒辛格爾曾正確地指出，誠然當時提出蘇維埃的口號對國民黨左派來說尚無必要，提出直接推翻政府的要求也不很迫切，「但是，這些要求是同開創『雙重統治』的要求相聯繫的，俄國在克倫斯基政府統治下就是這樣。當然，這些要求只有當人們認識到推翻武漢政府的必要性、放棄改造這個政府的一切企圖時才有意義。對此斯大林不感興趣。」[42]

與農民問題有關斯大林還批評在國民黨人、甚至在中國共產黨人中間，有些人害怕把農民捲入革命以後會破壞反帝國主義的統一戰線。他說，這是極端荒謬的。把中國農民捲入革命愈迅速

[39] 同上，第五七九頁。

[40] 參見米夫：《中國農民問題》，見：《共產國際》，第一〇一一一期（一九二六年一一月二三日），第四四六—四五五頁；米夫：《中國農民運動》，同上，第一四期（一九二六年一二月二一日），第六二七—六三五頁。

[41] 斯大林：《論中國革命的前途》，見本書第二四七頁[35]，第五七九頁。

[42] 魯道夫·施勒辛格爾：《共產國際中的殖民地問題》，法蘭克福（美因河）一九七〇年，第七二頁。

愈徹底，中國反帝國主義的戰線就愈有力愈強大㊸。

其實，這種害怕心理不只在國民黨和共產黨人中才存在，它也是共產國際中國委員會討論中國農民問題時的一個有爭議的問題。譚平山在共產國際《中國委員會報告》中指出：「農民問題是中國委員會爭論最多的問題，也是現在革命中最重要、最複雜的問題。在這方面我們掌握的材料很少。」㊹譚平山說，在討論這個問題時出現了兩種偏向：「一種是右的偏向，害怕發動農民運動以後會破壞統一戰線；另一種是左的偏向，要求立即成立農民蘇維埃。這個問題的原則已經確定，就是土地歸農民所有，貫徹這一原則的具體措施也正確地提出來了。」㊺譚氏說，委員會還一致反對反對派提出的共產黨員退出國民黨的要求，兩黨的關係應該比以往更密切。關於中共問題譚平山在報告中講了一句話，這句話對評價一九二四——一九二七年的中國革命意義十分重大，他說：「黨在過去一階段沒有犯過重大的錯誤。」㊻譚平山在報告結尾請求共產國際比以往更加強對中共的「實際」領導㊼，這一個請求在他的報告和講話中總是經常重覆的。

㊸ 斯大林：《論中國革命的前途》，見本書第二四七頁㉟，第五八〇頁。

㊹ 《中國委員會報告》（由譚平山作），見：《國際新聞通訊》，第九期（一九二七年一月二〇日），第一七一頁。

㊺ 同上。

㊻ 同上。

㊼ 同上。

一九二六年十二月十六日，共產國際第七次擴大全會的最後一天通過了《關於中國局勢的決議》。斯大林和布哈林在全會期間提出的論點成了決議的基礎。因爲這個決議是當時共產國際對中國革命一個重要的、有爭議的文件，而且內中包含的策略路線對於以後幾個月有着重要的意義，所以在這裏有必要將決議的重點敍述一下：

1.中國革命是破壞資本主義穩定的最重要和最有力的因素之一。由於中國革命的反帝特點，它構成了世界革命的一個重要部分。

2.目前運動正處在第三階段的門口，正處在階級力量重新結合的前夜。在這個發展階段上，運動的動力將是更富有革命性的聯盟——無產階級、農民和城市小資產階級的聯盟，而把大部分資本主義大資產階級排除出去。這並不意味着整個資產階級作爲一個階級是置身於民族解放鬥爭之外的。除了中、小資產階級以外，大資產階級中的某些部分在一定時間內還會是革命的同路人。

在這個階段無產階級會愈來愈成爲運動的領導。

在這個過渡階段，無產階級必須毫不含糊地利用資產階級中所有那些在當前還仍然進行反對帝國主義和軍國主義的革命鬥爭的階層。

3.未來的國家將表現爲無產階級、農民和其他被剝削階級的民主專政，將在走向非資本主義（社會主義）發展的過渡時期中成爲一個反帝革命政府。

4.在當前的過渡階段，土地問題已開始表現爲各種尖銳的形式。這是當前形勢的中心問題。

哪一個階級有決心去解決這個根本問題，並能提出徹底的辦法，哪個階級就將成爲革命的領導者。在中國目前的實際形勢下，無產階級是唯一能夠執行徹底的土地政策的階級，土地政策是勝利結束反帝鬥爭、繼續發展革命的先決條件。

那種認爲在農村加強階級鬥爭將削弱反帝統一戰線的顧慮，是沒有根據的。

這項極爲重要的任務，將通過在共產黨領導下建立農民委員會而得到完成。

5.對農民發生影響的這種迫切需要，也決定了共產黨對國民黨和廣州政府的態度。國民革命政府的機構提供了一個接近農民的極有效的手段，共產黨必須利用這個手段。

根據這一點和其他同樣重要的理由，認爲共產黨必須退出國民黨的想法是錯誤的。

中國共產黨應該設法使國民黨成爲眞正的國民黨，成爲一個堅定的革命聯盟，其中包括無產階級、農民、城市小資產階級，以及正在全力進行反對帝國主義及其代理人的鬥爭的其他被壓迫被剝削階層。爲了做到這一點，共產黨應採取下列方針：

(1)進行系統而堅決的鬥爭，反對右派戴季陶的思想，以及將國民黨變爲一個資產階級政黨的企圖；

(2)鞏固左派，並與之建立密切合作，但共產黨人不在其中謀取領導地位；

(3)對於搖擺於右派和左派之間，搖擺於進一步開展革命和同帝國主義妥協之間的中間派，進行經常的批評㊽。

廣東軍出其不意的勝利更加強了決議的論點，即中國革命是破壞資本主義穩定的最重要和最有力的因素之一。因此，中國的最近任務就是粉碎帝國主義敵人。徹底的土地政策認爲是勝利結束反帝鬥爭、繼續發展中國革命的先決條件。結論是：即使出現國民黨右派繼續搖擺和某些左派幼稚病現象，也要在保持中國民族統一戰線的條件下，堅決開展農民運動。

在採取這樣一個困難的策略行動之前，必須正確和仔細地觀察各階級的力量，一方面要善於及時地、不失時機地將革命推向更高的階段，另一方面又要防止發生人爲的強制推動革命、超越不可避免的中間階段的錯誤㊾。中國共產黨是不能單獨解決這個在歷史上從未有過的複雜任務的。因此，譚平山特別請求共產國際給予理論和實際領導，結果也是枉然。一年後，譚平山背向了共產黨，後來被開除出黨。

鑒於這樣複雜的策略行動，鑒於中國革命的命運正處在十字路口，作爲世界革命總參謀部的

㊽《關於中國局勢的決議》（一九二六年一二月一六日），見：《國際新聞通訊》，第一六期（一九二七年二月五日），第三三二—三三五頁。

㊾《共產國際擴大全會的成果》（社論），見：《共產國際》，第一五期（一九二六年一二月二八日），第六六二頁。

共產國際本應考慮到：由於強行推動農民運動，強行奪取國民黨領導權，統一戰線不可避免地會發生分裂。徹底的農民運動發展的速度愈快，共產黨在政治和組織方面的自主性愈強，共產黨在廣大羣眾中的影響愈大，分裂就必然會愈迅速。簡言之，中國共產黨必須有條不紊地準備統一戰線會不可避免地發生破裂[50]，而不要粉飾意見分歧，也不要像以往那樣僅僅反對國民黨右派的思想，批評動搖的中間派。

從上面的敍述我們可以看出，共產國際在中國革命的關鍵時期犯下了多大的錯誤。共產國際更多的是一個歐洲的共產國際，它善於用歐洲的眼光來觀察世界革命和國際工人運動的一切問題[51]。是的，中國革命不能被看成是一個完全孤立的偉大事件，但是在確定中國共產黨的任務和策略時，也同樣不能主要以國際的尺度來衡量，而不顧中國的情況和內部的發展。更不可原諒的：大部分工作在於研究中國問題的共產國際第七次擴大全會，竟有意識地將一九二六年三月二十日事件排除在外，也未能從中得出必要的結論。再有，全會對於中國革命在當時發展階段的核心問題之一：無產階級應如何對待蔣介石、對待中國資產階級問題，採取迴避態度，這也是全會

---

[50] 參見：《東方國家的組織問題》，見：《共產國際》，第二五—二六期（一九二七年六月二七日），第一四七七頁。

[51] 參見曼努伊爾斯基：《在討論關於中國形勢報告時的講話》，見：《國際新聞通訊》，第一五五期（一九二六年一二月二一日），第二七八六頁。

和關於中國形勢決議的主要錯誤。全會制定的策略雖然對外稱「在保持統一戰線的條件下開展農民運動」，事實上也就是保持同蔣介石的統一戰線；但是事態的進程表明，正是這樣一個策略加速了中國統一戰線的破裂。

四　國民政府遷都之爭與第二次上海起義

一九二六年三月二十日事件之後，中國共產黨人對蔣介石已不抱任何幻想，但蘇聯顧問為了保持同國民黨的統一戰線暫時還想按照他們的意圖利用蔣介石。頗有權勢的鮑羅廷❶是以後後果

---

❶ 諾恩引用的電報，意義很大：

「……莫斯科，外交人民委員會一九二六年一一月一二日給駐北京的蘇聯代表的電報，現指示如下並望把你們的執行情況通知部裏：

一、在蘇聯任命的代表到達北京之前，鮑羅廷同志執行莫斯科直接給他的命令。

二、遠東部獲悉，在關於廣東和軍事政治工作的一些總的政策問題上，它的一切決定和措施都必須得到鮑羅廷同志的贊同，倘若在這些問題上發生分歧，必須把這些問題提交莫斯科處理。鮑羅廷和遠東部必須經常不斷地向莫斯科駐北京代表報告在這些問題上的全部決定和行動。

三、任命鮑羅廷同志為蘇聯政府駐廣東的正式代表這不是策略的。鮑羅廷將繼續主管廣州統治下的各省的工作，同時再任命一名去廣州政府的正式代表。

諾恩：《莫斯科和中國共產黨人》，斯坦福，一九六三年，第七三—七四頁；參見本書第一四頁㊶，本書第三七二頁❽。

參見：《鮑羅廷成為獨裁者》，見：《中國年鑑　一九二八年》，第二部分，H・G・W・伍德黑德編，第一三三一—一三三二頁。

嚴重幾個月的關鍵人物，鮑氏不僅被看成「中國革命的一個領袖，而且也是世界革命的一個領袖。」❷

對蔣介石來說，三月二十日事件不過是與中共奪取政權漫長道路上的第一步。當時他在政治上和軍事上都不能與共產黨破裂，相反，他需要蘇聯的幫助進行北伐。

北伐是一場角逐，在北伐過程中雙方都集中全力擴大和鞏固自己的勢力，以排擠對方。為了達到這個目的，共產黨人企圖通過羣眾運動，而蔣介石則堅持下列原則：「誰掌握了軍隊，誰就掌握了政權」「戰爭決定一切」。毛澤東在一九二七年革命失敗後指出：「對於這點，我們應向他學習。在這點上，孫中山和蔣介石都是我們的先生。」❸

北伐革命軍的勝利愈大，來得愈迅速，爭奪國民黨和國民革命領導權的鬥爭也就愈激烈，統一戰線的破裂也就愈接近。

占領湖北武漢和江西南昌之後，國民政府和中央黨部從廣州遷到南方的問題首先提到日程上。一九二六年十二月至一九二七年一月的政治發展的特點就是圍繞着遷都之爭，是把國民政府

❷ S・達林：《武昌—漢口》，見：《國際新聞通訊》，第二七期（一九二七年三月八日），第五三八頁。

❸ 毛澤東：《戰爭和戰略問題》（一九三八年一一月一六日），見：《毛澤東選集》，中文版第二卷，第五一一頁。

和國民黨中央遷往武漢，還是遷往南昌。在這場爭論背後隱藏着鮑羅廷和蔣介石這兩個對手的權力之爭，事實上，這場爭論是統一戰線破裂的前奏，之間重要的區別在於：蔣介石進行這場政權鬥爭，着眼於同共產黨人不可避免的破裂，而鮑羅廷是在保持統一戰線的名義下剝奪蔣介石的權力。

一九二六年十一月十九日，蔣介石由於新的軍事和政治形勢首先提議將國民政府和中央黨部的首府由廣州遷至武漢❹，爲此國民黨在一週後作出了相應的決議。十一月十六日，也就是說在蔣介石提議和國民黨決議之先，鮑羅廷從廣州到武漢，陪同前來的有陳友仁（外交部代部長），孫科（交通部長），宋子文（財政部長）和徐謙（司法部長），徐是馮玉祥的代表，一九二六年八月由莫斯科返回廣州，在鮑羅廷支持下一九二六年十一月擔任司法部長。

鮑羅廷及其一行先在南昌作短暫逗留，並於一九二六年十二月七日同蔣介石會談。蔣氏的日記對此次會晤極爲簡短和不確切的記錄雖然也透露了一些會談的內容（例如擊敗孫傳芳，聯繫張作霖，節制工農運動，取消國民黨中央執行委員會主席一職，汪精衞歸來等）❺，但是人們無法知道會談結果的具體內容和會談雙方的觀點。從蔣介石和鮑羅廷南昌會晤後不尋常的活動來看，他們在會晤中對某些重要問題未取得一致意見。換句話說，從南昌會晤可以認識到，同共產黨人

---

❹《……蔣介石先生》，見本書第七八頁⓫，第三卷，第一二四二—一二四三頁。

❺ 同上，第一二九五—一二九六頁。

的破裂對於蔣介石，推翻蔣介石對於鮑羅廷都是確定了的事。

公開倒蔣是鮑羅廷到達武漢以後開始的，因為此時鮑羅廷確信，倒蔣的時機已經成熟❻。這次倒蔣運動的策略是：在軍事上和政治上孤立蔣介石，最後奪取他的權力。

在軍事方面鮑羅廷企圖爭取唐生智，作為對蔣的抗衡力量，結果成功了。唐氏是一個功名心切的舊軍閥，北伐前夕從吳佩孚營壘跑出來，投奔了南方的革命勢力，他這樣做並不是出自政治上的考慮，而是由於對吳佩孚的不滿❼。兩湖的軍事勝利使得唐的兵力不斷增加，一九二七年在他領導下有兵力上萬人❽，其中一半是黨軍的精銳部隊。唐氏控制着整個湖南和大部湖北，他是湖南省長。共產黨答應唐生智推翻蔣介石之後可以由唐代替蔣的職位❾。積極反蔣又野心勃勃的唐生智接受了這個條件，於是在兩湖地區放手發動工農運動。在倒蔣運動中張發奎也站在共產黨一邊，他的第四軍駐紮在武昌。當時在國民革命軍將領中間普遍存在着一種反對蔣介石獨裁統治

---

❻ 張國燾：《我的回憶》，見本書第二九頁⑮，第二卷，第五六七頁。

❼ 見：《巴夫洛夫關於第八軍的報告》（一九二六年八月九日），見：威爾伯／豪：《共產主義、民族主義文獻……》，見本書第六〇頁㉘，第四一〇—四一二頁；《特魯尼關於武漢局勢給鮑羅廷的報告》（一九二六年一〇月），同上，第四一三—四二一頁。

❽ 《中國年鑑》，一九二八年，見本書第二五四頁❶，第一二九八頁。

❾ 白雲：《國共衝突之歷史考察》，見：《國聞週報》，全第四集，第一八期（一九二七年五月一五日），第三頁。

的情緒⑩。

倒蔣運動期間，一九二六年十二月十三日在武昌召開了「國民黨中央執委和國民政府委員臨時聯席會議」，會議主席是徐謙。鮑羅廷積極主張成立聯席會議，其用意是在國民政府和中央黨部移至武漢之前，讓聯席會議執行黨和政府的最高權力。

儘管這個新成立的機構毫無法律基礎，而且內中包含的意圖也是明明白白的，但蔣介石卻在一九二六年十二月十九日致電武漢，表示完全贊同「臨時聯席會議」的決議⑪。

可是，一九二六年十二月三十一日當國民黨中央執行委員會代主席張靜江和國民政府代主席譚延闓以及國民黨其他中央執委到達南昌時，蔣介石突然改變了態度。在國民黨右派支持下，國民黨政治委員會於一九二七年一月三日在南昌決定，中央黨部和國民政府暫時仍留在南昌。武漢方面拒絕這個決定。以後的五天，無論在武漢還是在南昌都舉行了一系列會議，討論中央黨部和國民政府的遷都問題，任何一方都不準備讓步。

在此種緊張形勢下，蔣介石於一九二七年一月十一日來到武漢，其目的並不像他對外所說的那樣是為了同鮑羅廷和其他黨的領導人商討意見分歧，他此行的目的是為了爭取唐生智。一周後蔣介石兩手空空返回南昌。在南昌的國民黨政治委員會最後在二月八日宣布同意將中央黨部和國

---

⑩ 張國燾：《我的回憶》，見本書第二九頁⑮，第二卷，第五七〇頁。

⑪《……蔣介石先生》，見本書第七八頁⑨，第三卷，第一三二〇頁；參見：第一三二六頁。

民政府遷至武漢。

武漢的國民黨接着宣布解散「臨時聯席會議」，自己行使黨部和政府的職責。南昌提出抗議，但毫無結果。

然而，圍繞着中央黨部和國民政府遷都的衝突並沒有就此平息。爭奪國民黨和國民革命領導權的鬥爭又通過另一種形式在另一方面繼續展開了。蔣介石鑒於眼下不利的形勢，被迫在遷都問題上作了暫時的讓步。因爲，蔣氏在這時僅僅控制了江西，而且，就是這塊基地也不是如他想像的那樣鞏固。因此，一九二七年年初以後蔣氏着重於軍事行動，他準備「集中全力拿下浙江」⑫。在白崇禧和何應欽的支持下，他還準備從福建北部和江西南部兩面進攻和占領上海和南京⑬。一九二七年二月十八日白崇禧的軍隊占領了離上海一百八十公里的杭州。

與此同時，國內有權威的報紙也紛紛報導「南北和解」的驚人消息，蔣介石代表南方⑭。報紙說，對於北方具有決定意義在於蔣介石在謀求同北方和解時，能不能驅逐中共黨團，斷絕同蘇

⑫ 唐心石：《中國的最新發展》，見：《國際新聞通訊》，第二一期（一九二七年一月二七日），第二一九頁。

⑬ 《北伐戰史》，見本書第一五九頁㉖，第二卷，第六〇一—六〇二頁。

⑭ 《時事日報》，一九二七年二月一四日，見：《……中國紀事》，見本書第一九頁❹，一九二七年二月號，第一一九—一二〇頁；參見：《申報》，一九二七年二月一九日。中共機關報《嚮導》轉載了資產階級報紙的消息，見：《嚮導》，第一九二期（一九二七年三月一八日），第二〇七一—二〇七二頁。

聯的關係，開除在軍隊在黨部中的蘇聯顧問⑮。換句話說，消除蘇聯在一切領域的影響，是南北議和的先決條件⑯。一個外國調停人在南昌拜訪了蔣介石，返回北京後說蔣氏向他詳細說明了三民主義和共產主義的區別，南方共產主義的危險以及蘇聯顧問的作用等問題。他保證，他（蔣）將儘可能尊重北方關於內政和外交問題的立場⑰。

一九二七年二月四日，蔣介石派戴季陶去日本，「以謀求同日本人民的和解」⑱，這時關於南北和解的消息更是不脛而走。同日蔣介石在南昌發布命令，要求全力保護外國人以及他們的教堂、學校和住宅⑲。此外，關於蔣介石同馮玉祥和解⑳，關於血腥鎮壓江西贛州總工會的消息㉑也有所傳布。

---

⑮《益世報》，一九二七年二月一五日，見：《……中國紀事》，同上，第一三五—一三六頁。

⑯《益世報》，一九二七年二月二二日，同上，第二二九—二三一頁。

⑰《益世報》，一九二七年二月一九日，同上，第二〇三頁。

⑱《戴季陶先生編年傳記》，陳天錫編，臺北，一九五八年，第四七頁。

⑲《時事日報》，一九二七年二月一七日，見：《……中國紀事》，見本書第一九〇頁❹，一九二七年二月號，第一七二—一七三頁。

⑳《益世報》，一九二七年二月一六日，同上，第一五四—一五五頁。

㉑趙幼儂：《贛州總工會橫遭摧殘的情形》——一九二七年二月一五日報導，見：《嚮導》，第一九一期（一九二一年三月一二日），第二〇五九—二〇六一頁。

所有這些活動，尤其是蔣介石同北方、卽同日本和英國帝國主義的和解，應該說是對共產黨人的一個危險信號了。可是令人吃驚的是，當中國同志強調指出如此和解是對統一戰線的嚴重危險時，共產國際的幹部們卻是以國際尺度非常一般地對待了這個問題，而且根本沒有觸及問題的核心。

國民革命軍到達長江流域以後，西方列強開始考慮：什麼時候，以什麼方式在外交上承認國民政府。陳獨秀警告國民政府，不要以妥協和退讓得到承認㉒。陳氏說，中國革命運動的前途，已經顯現出兩個不同的趨勢：㈠武力與工農羣眾及革命化的城市小資產階級結合，打倒國內外一切黑暗反動勢力；㈡武力與反革命的大商買辦官僚地主土豪劣紳及懦弱妥協的資產階級結合，建立壓迫工農羣眾法西斯式的軍事獨裁政權㉓。陳氏還影射蔣介石說，有一部分國民黨左派領袖已經接受了西山會議派的思想和政策，以爲不聯俄也可以革命㉔。

統一戰線是中國革命勝利的一個重要因素，從這個主導思想出發，彭述之在一篇文章談了

㉒ （陳）獨秀：《各國承認國民政府問題》，見：《嚮導》，第一八二期（一九二七年一月一日），第一九一二—一九一四頁。

㉓ （陳）獨秀：《列寧逝世三周年紀念中之中國革命運動》，見：《嚮導》，第一八四頁（一九二七年一月二一日），第一九四四—一九四五頁。

㉔ 同上，第一九四五頁。

「當前革命的統一戰線問題」。文章說，革命發展到了一定的程度，即革命與反革命的鬥爭越緊的時候，革命的聯合戰線更見重要，同時也就越困難。彭氏接着說，因爲，革命戰線內有許多游離分子，因敵人的誘惑和挑撥，往往有脫離本戰線而與敵人妥協或投降敵人之現象。自北伐軍占領武漢，國民革命政府的勢力深入長江，危險的現象也就發生了㉕。人們必須密切注意國民黨可能發生分裂㉖。怎樣才能鞏固革命的統一戰線呢，彭氏號召：「打倒一切企圖破壞革命聯合戰線的人們！」㉗陳獨秀要求武裝力量與羣眾聯合起來㉘。

一九二七年一月底中國共產黨中央委員會在政治報告中指出，國民黨右派的力量與日俱增，右轉傾向可以從以下事實中看出：1. 蔣介石和張靜江都認爲，國家內只能有一個黨，不能有階級鬥爭，也不能有共產黨。2. 他們認爲，目前的主要敵人不是帝國主義和軍閥，而是共產黨；因此，他們反對聯俄，反對共產黨和工農運動。3. 他們害怕軍事行動和工農運動的繼續發展會置於

㉕ （彭）述之：《目前革命中的聯合戰線問題》，見：《嚮導》，第一八五期（一九二七年一月二七日），第一九六一—一九六二頁。

㉖ 同上，第一九六三頁。

㉗ 同上，參見：第二〇〇八—二〇〇九頁。

㉘ （陳）獨秀：《革命與羣衆》，見：《嚮導》，第一八六期（一九二七年一月三一日），第一九八〇頁。

共產黨的領導下。從國民革命的前景來觀察，衝突會日益尖銳和不可避免㉙，形勢比一九二六年三月二十日事件時更爲嚴重；因爲目前，國民黨的中間派、右派，甚至一部分左派都在進行反共活動㉚。

與中國共產黨人相反，《國際新聞通訊》和《共產國際》上的評論文章卻把重點放在帝國主義，尤其是英國帝國主義在中國的新政策上，英國在國民革命軍占領武漢後已經準備承認國民政府，繼續給反革命分子以援助㉛。B．西蒙諾夫在題爲《英國在中國的新陰謀》一文中說，英國的新陰謀是「在嚴厲懲罰中國革命運動之後靜觀事態的發展」㉜，因爲英國看到，恢復它原先的地位需要作很大努力㉝。與此相聯繫，共產國際執行委員會一篇號召書中談到帝國主義的武裝入侵

㉙ 《中國共產黨中央委員會的政治報告》，一九二七年一月二六日，見：威爾伯／豪：《共產主義……》見本書第六〇頁㉘，第四三二頁。

㉚ 同上，第四三四頁；參見：《中國共產黨對於時局宣言》，一九二七年一月二八日，見：《嚮導》，第一八六期（一九二七年一月三一日），第一九七六—一九七八頁。

㉛ 唐心石：《帝國主義、社會民主黨和中國革命》，見：《國際新聞通訊》，第七期（一九二七年一月一八日），第一三七頁。

㉜ 西蒙諾夫：《英國在中國的新陰謀》，見：《共產國際》，第三期（一九二七年一月一一日），第五九頁。

㉝ R．帕姆．廸特：《反對英國武裝干涉中國》，見：《國際新聞通訊》，第一一期（一九二七年一月二五日），第二一六頁。

時認爲：「進攻中國就是進攻蘇聯的總演習。」㉞儘管對共產國際來說武裝干涉中國的危險已經明白可見，但國際又認爲不能排除英國可能走一條較爲輕易、較少危險的道路：「通過表面的讓步，『收買』民族運動的右翼，分裂革命的統一戰線，賄賂國民黨內最溫和的（或比較溫和的）領袖，鎭壓共產黨人和左派，消除廣州政府中的『蘇聯影響』，代之以大英帝國的影響。」㉟換句話說，「麥克唐納撲滅中國革命的企圖有了迅速的變化，聯繫到最近發生的事件尤其應該特別注意；因爲它包含了積極的反革命活動和令人憎惡的僞善手段。」㊱不僅英國，日本對中國也採取了新的方針；因爲日本資本在中國占有舉足輕重的地位，其中許多省已在國民革命軍的控制之下。因此日本很懂得，與廣州發生紛爭意味着損害日本目前在中國取得的一切地位㊲。

人們雖然正確地認識了日本的、尤其是英國的新政策，但是對於帝國主義的這個新政策必然會導致中國統一戰線不可避免的分裂的嚴重危險，卻沒有給予足夠的注意。至於如何鞏固已經受

㉞《共產國際執行委員會反對帝國主義武裝干涉中國號召書》，一九二七年一月二八日，見：《國際新聞通訊》，第一三期（一九二七年二月一日），第二四一頁；參見：《公開武裝入侵中國的危險》，同上，第二四二—二四三頁。

㉟D・金：《英國與中國》，見：《國際新聞通訊》，第一五期（一九二七年二月四日），第二九八頁。

㊱H・P・拉思伯恩：《麥克唐納與中國的反革命》，見：《共產國際》，第六期（一九二七年二月八日），第二五九頁。

㊲J. Sdh：《日本與革命的廣州》，見：《國際新聞通訊》，第二〇期（一九二七年五月一日），第三九八頁。

到危害的中國統一戰線，根本就沒有提出過。對於共產國際來說，加強反帝鬥爭至關重要，蔣介石仍然是一個「忠實」的同盟者。

一九二七年二月二十一日蔣介石在南昌發表演說，他採取進攻姿態，向武漢提出「集中黨權」的要求。他斷然拒絕影射他具有「獨裁傾向」的譴責，以及說他不再相信並且要採取措施反對國民黨內的中共同志等謠言。然而他補充說，如果共產黨員想壓迫和排擠國民黨員，他不會再像以前那樣寬厚對待他們。他說，他有責任也有權利處置這些共產黨同志，因爲他（蔣）不僅是國民黨領袖，而且是「中國革命領袖」，因爲中國共產黨是中國革命的一部分㊳。這樣他就向上海的帝國主義和大資產階級明白表示，他是敢作敢爲的漢子，他準備而且有能力在必要時反對共黨分子。

在這個模稜兩可的演說中，蔣介石巧妙地首先把矛頭對着徐謙，從而間接的對着鮑羅廷。蔣氏認爲，鮑在武漢實行的是「獨裁體制」。

蔣介石在演說中對國民黨左派，即國民黨在武漢的領導採取了保護態度，因爲與武漢徹底決裂的時刻尚未來到，許多身居領導的國民黨委員他還想爭取。看到這個背景，對於蔣介石在這次演說六天後，一九二七年二月二十七日發表的聲明就容易理解了。蔣氏發表聲明的原因是一九二

㊳ 蔣介石：《二月二一日在南昌總部第一四次紀念會演講》，見：《蔣胡最新言論集》，黃埔，一九二七年，第一部分，第二八頁。

七年二月二十五日國民黨宣傳委員會在武漢通過了「黨務宣傳要點」。「宣傳要點」內容有四：1.維護黨的權威，卽一切權力屬於黨；2.統一黨的領導，防止個人獨裁；3.要求汪精衞歸來；4.召開黨的中央執行委員會㊴。值得提出的，蔣介石的這個聲明㊵常常爲共產國際所引用，其用意是想證明——或者造成這樣的印象——蔣介石是一直忠於統一戰線和革命事業的，對於這一點我們還要詳細談到。

但共產黨的領導人對此卻是另一種態度。儘管有蔣的這份聲明，彭述之仍稱蔣的二月二十一日演說對目前政策和整個革命是一次非常重要的講話，因爲事實上演說正好證實了帝國主義和反動派的謠言，謠言說「穩健派蔣介石」限制工農運動，反對國民黨左派，制裁共黨分子㊶。彭氏駁斥了蔣介石稱自己是中國革命的領袖之說，他強調指出，中國共產黨是中國無產階級獨立的

㊴《中央宣傳委員會二月二五日通過黨務宣傳要點》，一九二七年二月二五日國民黨中央執行委員會宣傳委員會通過，見：《中國國民黨史資料滙集》，見本書第一〇九頁⑮，第二集，（一）文件三，第二頁。陳獨秀在他的《國民黨內糾紛與中國革命》一文中全文引用了《黨務宣傳要點》，見：《嚮導》，第一九〇期（一九二七年三月六日），第二〇四三—二〇四四頁。

㊵《蔣介石表示服從武漢國民黨中央宣傳大綱聲明》，見：《中國國民黨史資料滙集》，同上，文件三，第一—二頁。

㊶（彭）述之：《讀了蔣介石二月二一日聲明之後》，見：《嚮導》，第一九二期（一九二七年三月一八日），第二〇七五頁。

政黨，除共產第三國際外，決不受任何人的糾正和制裁。中國共產黨和國民黨之間的關係是建立在協商合作基礎上的㊷。彭述之再次指出，有人和敵人妥協，接收敵人的口號向自己的朋友進攻。總之，現在革命誠然是到了勝利的關頭，同時也是極危險的關頭㊸。

中國共產黨中央委員會於一九二七年三月十三日寫信給國民黨中央執行委員會，對蔣氏的演說公開表態，要求蔣氏明確回答對中國共產黨的態度。中共在信上寫道，這對於革命的前途具有重大意義㊹。

一九二七年二月底，倒蔣運動期間，共產黨人組織了國民黨武昌、漢陽和漢口三市黨部大會，董必武任大會主席。一萬五千名與會者要求共產黨人參加國民黨、政治和羣眾組織的領導工作，要求軍事領導服從黨的命令，即國民黨的命令㊺。

一九二七年二月中旬，白崇禧的一萬八千人部隊在沒有何應欽支援的情況下，大大出乎共產

㊷ 同上，第二〇七七頁。

㊸ 同上，第二〇七八頁。

㊹ 《中國共產黨致國民黨書》，一九二七年三月一三日，同上，第二〇七二—二〇七三頁；參見：《申報》，一九二七年三月一三日，《徐謙駁斥蔣介石》，見：《……中國紀事》，見本書第一九〇頁❹，一九二七年三月號，第一八五頁。

㊺ 《武、漢、陽黨員大會紀實》，見：《國聞週報》，全第四集，第一六期（一九二七年五月一日），第一—三頁。

黨人的意料打敗了孫傳芳的三萬五千人的武裝時，中共領導和上海國民黨代表在一次特別會議上㊻決定，在白部占領這座重要的政治和經濟城市之前，先將上海置於自己的控制之下。二月十九日，白崇禧部隊占領杭州以後的第二天，上海「爲慶祝國民軍的勝利」㊼爆發了大罷工。領導這次罷工的中共三名組織者之一趙世炎稱大罷工的目的是推翻孫傳芳，建立上海革命羣眾（有工人參加的）的政權，支援北伐軍㊽。上海總工會於二月十九日發布總罷工命令，同時發表了《總罷工宣言》，提出了十七項工人最低的政治和經濟要求㊾。

二月二十一日罷工變成了暴動，目的首先是爲了武裝工人。然而，暴動很快被殘酷地鎮壓下去了，一百多人遭到殺害。二月二十四日上海總工會最後向工人發布復工命令，因爲上海工人和

㊻ N·納索羅夫、N·弗基內、A·阿爾布雷希特：《上海來信》（一九二七年三月一七日），見：《中國革命怎麼會失敗的》，柏林一九二八年，再版，米蘭，一九六七年，第一五頁；《上海三次暴動》，莫斯科一九三〇年，第一一頁；唐心石：《上海陷落之前》，見：《國際新聞通訊》，第一七期（一九二七年二月八日），第三五三頁。

㊼ 《上海大罷工》（北京，一九二七年二月二〇日），見：《國際新聞通訊》，第二一期（一九二七年二月二二日），第四一三頁。

㊽ 施英（趙世炎）：《上海總同盟罷工的實錄》，見：《嚮導》，第一八九期（一九二七年二月二八日），第二〇二五頁。

㊾ 上海總工會一九二七年二月一九日的《總同盟罷工令》和《總罷工宣言》，同上，第二〇二五、二〇二六頁。

居民的損失過甚[50]，革命的時機尚未成熟[51]。同日，中國共產黨中央委員會發表致上海工人書，認爲罷工的最大錯誤在於沒有決心準備武裝暴動，沒有把工人相應地組織起來[52]。

瞿秋白在這次暴動失敗以後，指責中共上海領導說，「上海第二次起義」失敗的原因，在於黨的領導缺乏準備、周密的考慮和決心[53]。

短命的上海總罷工再一次清楚證明，工人的罷工和暴動——僅以百來支手槍武裝的工人[54]——既不能推翻軍閥統治，也不能奪取政權，這點，L．格勒早在一九二五年一篇詳細分析上海罷工的文章中就指出過。可是，無論莫斯科還是上海和武漢的共產黨員總是不懂得：中國革命是槍桿子裏面出政權。

---

[50] 上海總工會一九二七年二月二四日的《復工命令》和《復工宣言》，見《嚮導》，第一八九期，同上，第二〇三〇頁。

[51] 同上，第二〇二九頁。

[52] 《中國共產黨爲上海總罷工告民衆書》，一九二七年二月二五日，同上，第二〇二二—二〇二三頁；《告上海全體工友》，一九二七年二月二四日，同上，第二〇二三頁；參見：《上海總工會報告書》，漢口一九二七年，第三—四頁。

[53] 瞿秋白：《上海二月二三日暴動後之政策及工作計劃意見書》，寫於一九二七年二月二四日，見瞿秋白：《中國革命中之爭論問題》（武漢）一九二七年，第二版，一九二八年，第一九三頁。

[54] 《上海三次暴動》，見本書第二六八頁[46]，第一一頁。

五　「所謂分裂的謠言」——國民黨二屆三中全會

武漢和南昌的衝突到了一九二七年三月戲劇性地尖銳起來，而倒蔣運動隨着國民黨二屆三中全會在武漢的召開（一九二七年三月十日至十七日）也達到了頂點。

雖然，蔣介石在上述二月二十七日的聲明中莊嚴宣布，完全尊重黨的決議，但是他竭力推遲三中全會的召開。徐謙在漢口的一次講話中指出，這意味着蔣氏想通過推遲全會的手段達到推翻黨的決議的目的，因爲蔣狐疑武漢的同志正計劃一次倒蔣運動，要求汪精衞歸來也是爲倒蔣運動服務的。❶徐謙挑戰式地提出：是黨服從總司令，還是黨指揮總司令？這是今日之決定性問題❷。

從宣傳上來看，此次倒蔣運動對外主要集中三點：指控蔣氏意欲與日本結盟，放棄聯俄政策；蔣氏希望與北方合作；最後，蔣氏在軍事開支上結算不清。對此，蔣介石在一九二七年三月七日的一次講話中公開表示：「誰想搞垮黨，一定要先搞垮我介石。」❸蔣介石駁斥了後兩點指

---

❶ 季龍：《徐謙在漢口演說》，見：《國聞週報》，全第四集，第一六期（一九二七年五月一日），《國民黨與共產黨關係記錄》，續二，第一一頁。

❷ 同上，第一一—一二頁。

❸ 蔣介石：《三月七日在南昌總部之演講》，見：《蔣胡最新言論集》，見本書第二六五頁㊳，第一部，第四〇頁。

控，稱之爲「謠言」，詳細談了指控的第一點。

他說，孫中山制定聯蘇政策的原因是蘇聯平等待我中國。只要蘇聯尊重這一原則，我們就不會放棄聯蘇的政策。如果蘇聯有一天放棄了這個原則，那麼，中國也要像反對其他帝國主義一樣反對蘇聯。如果一個國家，無論是什麼國家，即使是日本，能平等對待中國，中國也會同它像同蘇聯一樣結盟。在談及蘇聯顧問時，蔣氏說，有些蘇聯顧問用高壓手段對付國民黨領袖，侮辱國民黨，這是個別人的行爲。「我敢說，這不是蘇聯的行爲。」因此，人們不要把個別蘇聯代表的這種行爲與蘇聯的友誼及對華政策混淆起來❹。

蔣介石又採取一九二六年三月二十日廣州事件的手法，把他的攻擊矛頭對準鮑羅廷，而且避免造成攻擊鮑羅廷就是攻擊蘇聯的印象。換句話說，他在策略上儘量使這次衝突帶上個人色彩，因爲蔣介石還要依賴蘇聯的物質援助。

正在這時，漢口傳出謠言，說蔣介石秘密佈置逮捕鮑羅廷❺，報紙公開披露蔣介石和鮑羅廷之間的緊張關係❻。

---

❹ 同上，第四二頁。

❺ 《益世報》，一九二七年三月一一日，《……蔣介石又令捕鮑氏》，見：《……中國紀事》，見本書第一九〇頁❹，一九二七年三月號，第一五一頁。

❻ 《申報》，一九二七年三月一三日，《蔣鮑關係》，同上，第一八五—一八六頁。

但蔣氏近來由於同武漢共產黨人關係緊張加緊同北方的談判❼，日本人在當中扮演了重要角色❽，這並非謠言。因此陳獨秀在評論蔣介石三月七日講話時首先認爲，蔣介石的講話至少證明了「流言」有一半是事實，蔣介石對聯蘇政策的解釋與西山派毫無差別。此外，蔣氏在講話中根本沒有觸及最近有些輿論工具，尤其是日本通訊社廣爲散布的南北妥協及共同對付赤色分子的謠言。陳獨秀要求國民革命軍的領袖蔣介石總司令，立刻在言論上和行動上，證明所謂南北妥協共同反赤，的確是日本帝國主義之造謠煽惑以破壞中國革命的陰謀❾。徐謙在三月八日要求解除蔣介石的總司令職務❿。武漢「各界」在三月十二日的通電中要求蔣介石明確表明自己對「三大政

❼《益世報》，一九二七年三月七日，《蔣中正排擠共黨派》，同上，第九〇頁；參見：《益世報》，一九二七年三月一日；《申報》，一九二七年三月二日，《益世報》，一九二七年三月八日和一〇日，同上，第一〇、二九—三〇頁，第一〇八、一三〇—一三一頁。

❽《益世報》，一九二七年三月二〇日，《日本吉澤談中國時局》，同上，第二九二—二九三頁；參見：第三〇五頁。

❾（陳）獨秀：《評蔣介石三月七日之演講》，見：《嚮導》，第一九二期（一九二七年三月一八日），第二〇七三—二〇七五頁。

❿《益世報》，一九二七年三月二一日，《徐謙主張免蔣中正職》，見：《……中國紀事》，見本書第一九〇頁❹，一九二七年三月號，第二八三—二八四頁。

策」（聯俄聯共扶助農工）的態度⑪。作爲回答，蔣介石於三月十二日發表了《告黃埔同學書》。他在信中稱三點指控是「謠言，是推翻革命領袖的最兇惡手段」。蔣氏除了重複外交政策、南北議和以及軍事開支等問題外，告同學書沒有新的內容⑫。

三月十三、十四兩日湖南長沙國民黨員召開「反蔣大會」，指責蔣介石有意革黜鮑羅廷，採取賣國親日態度，阻撓汪精衛歸來，壓迫工農階級，與北方合作⑬。

在反蔣運動高潮中，國民黨二屆三中全會於一九二七年三月十日至十七日在武漢召開。蔣介石拒絕參加這次「由鮑羅廷指揮、由共產黨人和左派控制的」⑭大會，張靜江——蔣介石的謀士和心腹也沒有出席大會。事實上，這是一次矛頭主要對着蔣介石的大會。三中全會向黨員發出的指示稱：北伐以來，軍事、政治和黨的領導集於一人之身，結果發展成個人軍事獨裁，此種現象

---

⑪《武漢各界請蔣介石表示對提高黨權及聯俄容共農工三大政策意見電》，一九二七年三月一二日，見：《中國國民黨史資料滙集》，見本書第一〇九頁⑮，第二集，（二）文件二。

⑫蔣介石：《告黃埔同學書》，一九二七年三月一二日，見：《蔣胡最新言論集》，見本書第二六五頁㊳，第一部，第四八－五六頁。

⑬《益世報》，一九二七年三月二三日，《長沙黨員謂蔣介石賣國》，見：《……中國紀事》，見本書第一九〇頁❹，一九二七年三月號，第三〇四－三〇五頁；參見：《蔣介石回電》，一九二七年三月一四日，見：《蔣胡最新言論集》；同上，第四六－四八頁。

⑭《革命文獻》，見本書第二六頁❻，第一六卷，第一七頁。

必須加以制止。黨決心把一切政治、軍事、外交、財政大權集中於黨中央⑮。

三中全會⑯參加者三十三人（其中中央執行委員十八人，候補委員十一人，中央監察委員四人；第二次中央執行委員會有委員三十六人，候補委員二十四人），全會通過了一系列決議，並且相應地對中央黨部和國民政府進行了改組：

（一）《統一黨的領導機關案》

黨的最高組織為黨員代表大會，它的常設機關是中央執行委員會。常務委員會在兩次大會之

---

⑮《記國民黨中央執行委員會議》，見：《國聞週報》，全第四集，第一二期（一九二七年四月三日），第六頁。

⑯關於國民黨二屆三中全會以及中央黨部和國民政府改組的報導，見：《益世報》，一九二七年三月一四日，《晨報》，一九二七年三月一五日，《益世報》，一九二七年三月一五、一六、一八、一九日，《晨報》，一九二七年三月二二、二三日，見：《……中國紀事》，見本書第一九〇頁❹，一九二七年三月號，第一八六—一八八頁，第二〇九—二一〇頁，第二〇五—二〇九頁，第二一八—二二〇頁，第二五〇—二五二頁，第二六二—二六四頁，第二八六—二九一頁，第三〇二—三〇四頁；《記國民黨中央執行委員會議》，見：《國聞週報》，全第四集，第一二期，第一—一〇頁；《國民黨執行委員會大會》，見：《國際新聞通訊》，第三一期（一九二七年三月一八日），第六六八頁；《國民黨中央全會關於改組國民政府的決議》，見：《國際新聞通訊》，第三四期（一九二七年三月二九日），第七三三頁。參見威爾伯／豪：《共產主義……》，見本書第六〇頁㉘，第三九六—四〇一頁。

間代表執行委員會工作，不設主席（以前的主席是蔣介石）⑰。在三月十一日的第二次會議上（進行各項選舉的會議）到會的有選舉權的二十八票選出了常務委員會九名委員：

汪精衞（二十一票），

譚平山（二十票），

顧孟餘（二十票），

陳公博（二十票），

譚延闓（二十票），

蔣介石（二十票），

孫　科（二十票），

徐　謙（十九票），

吳玉章（十九票）⑱。

中央執行委員會下設政治委員會和軍事委員會。政治委員會有十五名委員（其中有九名是常務委員會委員），領導機關爲七人主席團：

---

⑰《統一黨的領導機關案》，見：《國聞週報》，全第四集，第一二期，見本書第二七四頁⑮，第七頁。

⑱同上，第三頁。

汪精衞（二十一票），
譚延闓（二十票），
孫　科（十九票），
徐　謙（十九票），
顧孟餘（十九票），
譚平山（十八票），
宋子文（十六票）⑲。
蔣介石未被選入主席團。

（二）《中央軍事委員會組織大綱》

遵照組織大綱中央軍事委員會爲「國民政府最高之軍事機關」⑳，由十六名委員組成：
唐生智（二十一票），
蔣介石（二十一票），
李宗仁（二十一票），

⑲ 同上。
⑳《中央執行委員會軍事委員會組織大綱》，同上，第七頁。

李濟琛（二十一票），

汪精衛（二十票），

譚延闓（二十票），

陳　誠（二十票），

馮玉祥（二十票），

張發奎（二十票），

孫　科（二十票），

朱培德（二十票），

鄧演達（二十票），

顧孟餘（十九票），

宋子文（十九票），

徐　謙（十九票），

何應欽（十九票）㉑。

軍事委員會不再設主席（以前的主席是蔣介石），領導機關爲七人主席團：

㉑ 同上，第四頁。

汪精衞（二十一票），
唐生智（二十票），
陳　誠（二十票），
鄧演達（十九票），
譚延闓（十九票），
蔣介石（十八票），
徐　謙（十六票）㉒。

根據這個大綱決定撤銷一九二六年五月成立的國民黨中央軍人部，軍人部長曾爲蔣介石，有任命國民革命軍和其他軍事機構黨代表之全權。「反對個人軍事獨裁」的傾向還表現在下列條令和決議中：

（三）《國民革命軍總司令條令》

遵照本條令規定，中央執行委員會有權根據軍事委員會建議任命或革黜國民革命軍總司令。總司令對中央執行委員會、而不是對國民政府負責和報告工作㉓。這個在內容上十分矛盾的條令

㉒ 同上。
㉓《國民革命軍總司令條令》，同上，第九頁。

很顯然是反對蔣介石擔任總司令。

（四）《**統一外交案**》

遵照本案規定，凡國民黨黨員違反黨紀，擅自更改國民黨外交政治路線，直接或間接與帝國主義國家進行談判，應開除出黨㉔。

（五）《**統一財政案**》

在省政府成立以前財政事務的負責人應由財政部任命，他們向主管部門負責。各省政府未經國民政府批准不得提高稅收，更改稅則，新開銀行以及接受公共貸款㉕。

（六）《**統一革命勢力案**》

遵照本案規定，國共聯席會議——該會係蔣介石在二屆二中全會上建議組成——應立即開會商討兩黨共同領導工農運動以及共同承擔政治責任等問題㉖。根據這個決議，中國共產黨人正式

㉔《統一外交案》，同上，第一〇頁。
㉕《統一財政案》，同上，第九—一〇頁。
㉖《統一革命勢力案》，見威爾伯／豪：《共產主義……》，見本書第六〇頁㉘，第三九九頁。

參加了中央和地方的政府工作。這樣，蔣介石在二屆二中全會上提出的《整理黨務案》也就被推翻了。

除去《農民問題案》㉗和《農民宣言》㉘外，三中全會的一切決議都是針對蔣介石的。蔣介石失去了國民黨中央執行委員會主席、中央軍人部和組織部部長職位。蔣氏此時雖然還是中央政治委員會委員，但未被選入該委員會主席團；他是國民政府二十八名委員之一，然而不是國民政府常務委員（五名常委是：汪精衛、譚延闓、孫科、宋子文和徐謙），而他在軍事委員會七人主席團裏的職位多少只是形式。換句話說，通過三中全會蔣介石在國民黨和政府中的地位被「集體領導」排擠了，但，沒有被剝奪。因爲這次全會以後，他事實上還保留着國民革命軍總司令的職位。這一職位正是奪權的關鍵，也正是在這個問題上以鮑羅廷爲首的共產黨人犯了致命的策略錯誤。以這一點作爲標準，可以說共產黨人在二屆三中全會上的勝利是不完全的。

蔣介石對於反對他的三中全會沒有善罷甘休。共產黨人的「勝利」使他得出結論，同共產黨人徹底決裂的時機成熟了。會後他和張靜江及其他密友加緊準備反抗措施，派張靜江去浙江，林森去福建，胡漢民去廣東爭取同盟者。此外，他還全力準備佔領上海和南京的軍事行動㉙。

㉗《農民問題案》，見：《國聞週報》，全第四集，第一三期（一九二七年四月一〇日），第一—三頁；有關評論文章見前溪：《農民問題案評論》，同上，第五—九頁。

㉘《農民宣言》，同上，第三—五頁。

㉙《蔣中正對南北妥協之表示》，《益世報》，一九二七年三月二一日，見：《……中國紀事》，見本書第一九〇頁❹，一九二七年三月號，第二八五頁；參見：第二八五—二八六頁，第三〇五—三〇六頁。

關於武漢的三中全會，蔣氏曾向這幾天訪問過他的「一個重要人物」說，他斷然反對把蘇聯的共產主義引進中國。共產黨黨團和國民黨左派企圖限制他在國民黨和政府中的權力，但是他的權力是黨的最高權力機關——黨員代表大會給的，因此他不能承認三中全會的決議。在決定性的軍事行動尚在進行之際，他願意暫時忍耐。待勝利結束上海和南京的戰事後，他將本着黨的利益採取反對武漢派的措施㉚。

這決不是空話。如若同共產黨和蘇聯決裂，蔣介石必須首先解決財政問題，這樣他才能維持他的軍隊，繼續進行軍事行動。三中全會以後不久，蔣介石立即與上海的大資本家取得聯繫，並且在南昌同上海聯合商會會長虞洽卿進行秘密談判㉛。同虞及其他上海大資本家的談判完全按照蔣介石的意圖進行，一九二七年四月一日他從上海得到貸款二百萬美元㉜。對於中國革命的危險發展，共產國際的三名代表於一九二七年三月十七日在寄給莫斯科國際執行委員會的《上海來

㉚《蔣介石謂對共派決不姑息》，《晨報》，一九二七年三月二四日，同上，第三一二—三一三頁。

㉛謨研：《四一二反革命叛變與資產階級》，見：《歷史研究》，北京，一九七七年，第二期，第九九—一〇一頁；柯布勒，P. M. Jr.，《上海資產階級與國民政府，一九二七—一九三七年》，安・阿伯，密執安／倫敦，一九七七年，第一八—二〇頁。

㉜謨研，同上，第一〇一頁；參見廖漢醒：《人民叛徒蔣介石與革命的國民黨》，見：《國際新聞通訊》，第四二期（一九二七年四月一九日），第八六四頁，廖說貸款爲一千萬美元。

信》中表示了意見。他們一致指出，中共當前的領導無力，黨內決心把黨拉向右轉的一部分人正走上取消主義道路。但是他們的政策卻受到國際執行委員會代表鮑羅廷的支持，而鮑氏正代表了一種無紀律無能力的政治派別㉝。

通信的三位作者還詳細敍述了一九二六年十二月以來圍繞着國民政府遷都的爭論，認為，這是中國革命的兩條發展道路：「蔣介石不敢公開反對蘇聯和共產國際，於是就反對鮑羅廷、加倫和其他人，並竭力使這次衝突帶上個人色彩。」㉞

對於蔣介石二月二十一日的演講，作者指出，蔣瘋狂地反對共產黨人，最後公開拋出殺人的演說，反把自己打扮成「左派俄國共產黨人」㉟。

《上海來信》說，在國民黨右派、左派和共產黨員鬥爭的條件下，上海問題目前具有特殊的意義，「蔣介石需要上海作為繼續反對左派和共產黨、同北方和帝國主義進行交易的基地，蔣介石急沖沖進攻上海，因為他認為，只有佔領上海，他才能在同左派爭奪國民黨領導權的鬥爭中得到絕對優勢。中國資產階級企望通過蔣介石保持自己在國民革命中的領導權，他們認為，上海

㉝ N·納索羅夫、N·弗基內、A·阿爾布雷希特：《上海來信》（一九二七年三月一七日），見：《中國革命怎麼會失敗的》，柏林，一九二八年，再版，米蘭，一九六七年，第六頁。

㉞ 同上，第一一頁。

㉟ 同上，第一一——一二頁。

已經成了決定無產階級領導權能否實現的關鍵。」[36]而蔣介石由於目前的形勢已經成了反革命旗幟[37]。

三位作者繼續寫道：「但是中國共產黨中央委員會和共產國際代表長期以來『沒有留心』這一衝突，對此也沒有表示過他們的意見。」[38]鮑羅廷在這方面尤為突出，人們幾乎看不出中共中央的右傾集團、維經斯基和鮑羅廷同志之間在意見上有什麼原則區別。因此，鮑羅廷的地位是這次衝突的主要問題之一[39]。總之：「共產國際的這樣一個代表只會貽誤工作。如果他不在，不以共產國際的權威掩護右傾分子，中國共產黨也許靠自己的力量成功地反對右傾偏向，可是現在困難了。」寫到這裏，三位作者建議，召回維經斯基同志，另派一個更重要更有能力的黨員同志到中國去，他同時代表共產國際和領導鮑羅廷[40]。

三位作者的分析雖然正確，但是他們把一切責任都歸咎於中共領導中的右翼，特別歸咎於鮑羅廷，未必不是錯誤。他們「忘記了」，還有一個強有力的斯大林坐鎮在莫斯科。《上海來信》是三個親斯大林的人所寫，自一九二七年四月初以來，這封信一直抓在斯大林的手裏，斯大林在

[36] 同上，第一四—一五頁。
[37] 同上，第一三頁。
[38] 同上，第一二頁。
[39] 同上，第一三頁、一四頁。
[40] 同上，第二九頁。

這以後的歷次全會上都隱匿了這封信㊶。

日本政治家山本在這幾天同蔣介石、鮑羅廷及其他在武漢的要人進行過交談，三月二十三日他回到北京後向記者發表了談話。他雖然把蔣介石稱之爲出色的軍事領袖，但認爲蔣氏不是南方的關鍵人物。因爲，鮑羅廷控制着國民政府、國民黨和中國共產黨的全部活動；對外鮑羅廷是國民黨的顧問，實際上是「一個超政府的最高領袖」。中國共產黨雖然有工人和農民作後盾，但是沒有眞正的軍事武裝。這也是共產黨人要同唐生智合作的原因所在。因此很難預言，共產黨將來能否取勝㊷。

共產黨人、尤其是在武漢的鮑羅廷一方面聯合唐生智㊸這個反對黨的軍閥，過高地估計了湖南、湖北和上海的工農運動，另一方面又過低地估計了他們在浙江的薄弱環節和蔣介石部下佔領上海的可能性。爲什麼武漢的共產黨人在三中全會上沒有與蔣介石徹底決裂，因爲他們認爲，憑借着他們在國民黨內的統治地位可以逐步地、不致危及統一戰線地剝奪蔣介石的權力。他們還認

㊶ 同上，第四頁（引言）。

㊷ 《南方的中心人物是誰？》，《晨報》，一九二七年三月二五日，見：《……中國紀事》，見本書第一九〇頁❹，一九二七年三月號，第三三六—三三九頁；參見：第四〇一—四〇三頁。

㊸ 見：《武漢派兩領袖》，《晨報》，一九二七年三月二六日，同上，第三五四頁；《蘇聯關於蔣介石和唐生智分裂的報告》（一九二七年三月五日），見威爾伯／豪：《共產主義……》，見本書第六〇頁㉘，第四三五—四三六頁。

爲，如果蔣介石在上海碰得頭破血流，也無傷大局。共產黨所運用的策略完全符合共產國際第七次代表大會制定的路線㊹，即保持中國的統一戰線，最終組成左派勢力，緊密與左派合作，利用國民政府這個有力工具。

共產國際的期刊在國民黨二屆三中全會期間發表的文章也間接地證明了國際代表在中國的行動是正確的。文章堅決反駁了國民黨和統一戰線「所謂分裂的謠言」，然而，反駁的理由完全建立在蔣介石的一份聲明上。由於這份聲明對了解共產國際在這個決定時刻的立場有着重要的歷史意義，因此現將聲明的全文附在下面。

「蔣介石聲明　　一九二七年三月二十日於上海

上海各報發表了蔣介石的聲明，蔣氏在聲明中表示完全服從國民黨在漢口召開的三中全會的決議，特別是關於解除他幾個部門主席職務和建立集體領導的決議，同時他表示國民革命軍理應完全服從黨的領導，國民黨黨員不允許有個人的、脫離黨的路線的行動。此外，蔣介石在聲明中還同意對所有分歧意見作出集體決定，並聲明，所有黨員必須服從黨的決議。」㊺

㊹ 威爾伯／豪，同上，第四〇〇頁。

㊺ 《蔣介石聲明》，見：《國際新聞通訊》，第三二期（一九二七年三月二二日），第六九〇頁。另見：《蔣介石評國民黨狀況及對南京和上海的轟炸》，一九二七年三月二九日，見：《國際新聞通訊》，第三五期（一九二七年四月一日），第七五三頁。該文說：「蔣介石在上海同外國記者談話時駁斥了所謂

《眞理報》一九二七年三月十六日（原文如此，蔣介石聲明爲三月二十日）的社論寫道，從蔣介石的聲明可以看出，他被迫「保證忠於革命原則」，服從國民黨的領導。帝國主義國家的資產階級指望總司令脫離和擺脫國民黨統一領導的計畫失敗了，現在，甚至美國的資產階級報紙也不得不承認右派的努力落空了㊻。《國際新聞通訊》的一篇文章也反映了這種傾向。文章說，曾任黨主席的蔣介石自己發表聲明，表示服從黨的決議。「像蔣介石這樣一個革命者不會像帝國主義所懷疑的那樣與反動分子張作霖同流合污，轉而反對他至今爲之奮鬥的解放運動。」㊼

因此根據蔣介石這個「革命者」對革命的「忠誠」來看，所謂國民黨分裂、排擠共產黨人，所謂國民黨與帝國主義妥協等謠言都是「沒有任何根據」的㊽。「正是現在，當南京和上海的勝利近在眼前，帝國主義分子大肆散布幸災樂禍的消息，說國民黨內部分裂的傾向日趨明顯，不難

（續）國民黨分裂的消息，他聲明，全體國民黨員正同心同德努力實現革命大綱，沒有任何嚴重分歧的迹象。在回答同共產黨關係這個問題時，蔣氏說：『目前的國民運動是達到革命目標的必然階段，因此，所有參加這個運動的人，不論他們的政見如何，我都把他們看成同一個黨的黨員。』」

㊻《眞理報論中國革命的發展與國民黨的狀況》，莫斯科，一九二七年三月一六日，見：《國際新聞通訊》，第三一期（一九二七年三月一八日），第六六七頁。

㊼唐心石：《上海工人的勝利》，見：《國際新聞通訊》，第三三期（一九二七年三月二五日），第七一〇頁。

㊽《邵力子談國民黨狀況》，莫斯科，一九二七年三月二三日，見：《國際新聞通訊》，第三三期，第七一三頁。

看出，這完全是他們的願望。今年三月在漢口召開的國民黨執行委員會全會的結果表明，統一戰線在黨內仍然受到保護。三中全會作出了具有革命意義的決議。」「我們看到，國民黨更團結了，而不是像帝國主義分子所宣揚的那樣，更分裂了。」[49]結論是：「目前看來，國民黨發生分裂，上海工人和革命士兵產生敵對情緒是完全不可能的。」[50]

所有這些散見於共產國際《國際新聞通訊》裏的文字都是在資產階級「收買的叛徒」蔣介石發動「反革命政變」前兩週寫下的，他們沒有看到中國的實際形勢也忘記了列寧的話：「我們首先應該力求盡量客觀、準確地判明這一形勢，以便把馬克思主義的策略建立在它應當依據的唯一穩固的基礎上，即建立在事實基礎上。」這是列寧在《遠方來信》一文中寫的[51]。

儘管列寧一九一七年的這番話並不是爲中國而寫的，但是對於一九二七年三月的中國形勢仍具有現實的意義。

對中國革命的樂觀估計來自《眞理報》的分析：強大的左派代表着羣眾的利益，並處在中國

[49] 唐心石：《中國革命的最近發展》，見：《國際新聞通訊》，第三一期（一九二七年三月一八日），第六六六頁。

[50] 唐心石：《上海工人的勝利》，同上，第七一〇頁。

[51] 列寧：《遠方來信——第一封信》（一九一七年三月七日），見：《列寧全集》，中文版第二三卷，第三一四頁。

共產黨的影響下。「中國共產黨發展迅速，而且很有影響，連國民黨內的右派敵人也不得不承認，它已經起着眞正『中國革命火車頭』的作用……尤其是最近一個時期，革命的羣眾運動蓬勃發展，爲中國工農聯盟預示了十分重要的前景。中國革命將繼續前進，排除險阻，戰勝那些妄想戰勝它的人。」[52]

當然，這裏所反映的觀點只是蘇共和共產國際內一部分人的占主導地位的意見。一九二七年三月二十二日共產國際機關報《共產國際》發表了一篇社論，暗示在自己隊伍中存在着反對派。社論的觀點：目前一切問題的問題在於國民黨的狀況和它的發展。社論說，從中國的革命利益來看，國民黨的發展也帶來了一些值得憂慮的現象[53]。診斷的結果：「國民黨現在得了貧血症，缺少革命工農的血液。」處方的全文：「共產黨必須輸進工農血液，這樣，形勢就會大大改觀。」[54]

在說到中國統一戰線的分裂傾向時，社論斷然拒絕了反對派提出的退出國民黨的要求。社論認爲，由於國際形勢的變化，國民政府的處境會更加危險，因此帝國主義將竭盡全力瓦解國民運動，在國民黨右派內物色叛徒。中國共產黨必須首先糾正中共「六月會議」（一九二六年七月會

---

[52]《眞理報論中國革命的發展與國民黨的狀況》，見本書第二八頁[46]，第六六七頁。

[53]《中國共產黨第五次代表大會與國民黨》（社論），見：《共產國際》，第一二期（一九二七年三月二十二日），第五五三頁。

[54] 同上，第五五七頁。

議）通過的關於對國民黨關係的決議（1.從內部聯盟過渡到外部結盟的政策；2.制定明確的獨立的政治路線。）社論說，「聯盟政策過渡到結盟政策的合乎邏輯的前提就是中國共產黨退出國民黨，但這是與共產國際第七次全會的決議相矛盾的，第七次全會堅決認爲退出國民黨是一個重大的政治錯誤。」[55]中共一些領導人的言論（如：「我們要站在羣眾一邊，反對國民政府。羣眾和國民政府的衝突是國共兩黨衝突的反映。」），只有當國共分裂的危險確實存在，才是正確的。「但這個危險是可以避免的，只要人們不把國民黨看成一具殭屍。」[56]

托洛茨基在《中國革命的階級關係》一文中稱共產國際機關報的這篇社論是「在中國革命問題上右派孟什維主義的最惡劣的反映」[57]。這也是托洛茨基在中國革命問題上與斯大林展開原則論戰的第一篇。

與斯大林相反，托洛茨基認爲，從經濟上看，中國根本不具備任何獨立過渡到社會主義的前提，現在在國民黨領導下發展起來的革命是一個資產階級民族革命，卽使這個革命取得完全勝利也只能在資本主義的基礎上影響生產力的繼續發展[58]。托文的核心是分析中國共產黨和國民黨的

[55] 同上，第五五五頁。
[56] 同上，第五五六頁。
[57] 托洛茨基：《中國革命的階級關係》（一九二七年四月三日），見：《中國——被扼殺的革命》，柏林，一九二七年，第一卷，第三一頁。
[58] 同上，第三九頁。

關係：「儘管羣眾性的工人運動、工會和農村的革命農民運動都在強有力地向前發展，但是，如果共產黨人仍然同以往一樣被迫充當一個資產階級政黨的下屬組織，作為一個毫無權力的附庸參加由資產階級組成的國民政府，那人們不得不明確指出，在中國組織一個共產黨的時機尚未到來。」[59]

托洛茨基繼續寫道，只有當無產階級在民族民主革命中起到領導作用，才能開闢另一條發展道路。但是，現在首要的最根本的前提是共產黨完全獨立，進行公開鬥爭，舉起旗幟去爭取工人階級的領導和工人階級在革命中的領導權[60]。因為，從無產階級的利益看——這是托洛茨基的準則——資產階級革命的任務就是在反對資產階級的鬥爭中為工人創造最大限度的自由。這樣看，國民黨的哲學，這個在內部既不允許任何政黨、也不允許其他派別存在的中央集權政黨的哲學乃是與無產階級敵對的哲學——反革命的哲學，乃是為明天的中國法西斯主義奠定思想基礎的哲學[61]。

經過這一番分析，托洛茨基的結論是：那種認為中國共產黨員退出國民黨就意味着合作破裂的說法是荒謬的；這並不是合作的結束，而是奴役的結束，因為政治的合作是以雙方的平等為前

---

[59] 同上，第三七—三八頁。
[60] 同上，第四〇頁。
[61] 同上，第四七頁。

提的，是以雙方的協議為前提的。但是在中國不是這個情況。無產階級並沒有同小資產階級達成協議，而是以隱蔽的形式隸屬於它的領導，並為此交出了組織的印章。托洛茨基把這種形式的「合作」比作資產階級和無產階級的「不平等條約」，他說：「如果中國革命在整體上要求廢除與帝國主義列強簽訂的不平等條約，那麼無產階級必須廢除自己與資產階級簽訂的不平等條約。」[62]

關於中國統一戰線的分裂傾向，托洛茨基說，中國革命上升到一個較高的水平，整個形勢必然會引起民族主義陣營的深刻變化，分裂成革命的一翼和改良主義——買辦主義的一翼。在這時還要把工人農民趕進資產階級的政治陣營，把共產黨作為人質扣押在國民黨的隊伍裏，這樣的政策客觀上與叛徒政策毫無差別[63]。

托洛茨基最後要求，應號召中國工人組織蘇維埃[64]。至於組織蘇維埃在當時——托文寫作時間是一九二七年四月三日——是否能在策略上正確解決一切問題，當然又是另一回事了。但托洛茨基對中國革命階級關係的分析無疑可以作為中國革命的實事求是的討論基礎。斯大林和布哈林不能容忍對他們的中國路線進行布爾什維克的批評，因此扣壓了這篇文章，並且禁止發表，雖然文章作者當時還是蘇共中央和共產國際執行委員會委員[65]。

---

[62] 同上，第四七—四八。
[63] 同上，第四五頁。
[64] 同上，第四八頁。
[65] 同上，第四九頁。

日）和上海（三月十六日）。上海於一九二七年三月二十一——二十二日失守，兩天後南京被占。

六　第三次上海工人暴動及其「世界歷史意義」

國民黨二屆三中全會還在武漢召開之際，國民革命軍已經把總攻的茅頭對準南京（三月十五

如同第二次上海暴動一樣，共產國際代表和中共領導這時也想把上海置於自己的控制之下，策略是支持占領上海，與此同時，上海暴動工人「應通過發動羣眾運動作爲對右派的抗衡力量建立民主的國民政府，並且必須使民主因素超過軍事因素。占領上海必須促使民族革命和反帝運動的勝利，必須促使國民黨右翼資產階級的代表蔣介石的失敗。」❶簡言之：第三次上海暴動應該「使中國無產階級和資產階級爭取國民革命統一戰線領導的鬥爭達到高潮」❷。

在這種思想指導下，中共領導在上海組織了「左派」占多數的「上海市民大會」（一種形式

---

❶ 納索羅夫、弗基內、阿爾布雷希特：《上海來信》，見本書第二六八頁㊻，第一五頁。

❷ 慕石（陳紹禹，王明）：《第三次暴動與第四次暴動》，見：《紅旗》，第五八期（一九二九年一一月三〇日），《王明選集》，東京，一九七一——一九七五年，第二卷，第二五〇頁。同樣的措辭見華崗：《一九二五——一九二七中國大革命史》，上海，一九三一年，第三四一頁。

的上海蘇維埃）；市民大會在三月十二日第一次秘密會議上決定在國民革命軍接近上海時發動總罷工。另外，還組織了有三十一名委員參加的執行委員會，其中十九名委員的任務是在暴動的第一天成立「上海市政府」❸。

總罷工（亦稱第三次暴動）在一九二七年三月二十一日中午開始，這時南方的先頭部隊已抵達上海郊區龍華。三月二十二日傍晚，即白崇禧部占領上海的當天，暴動結束。在這三十小時內，武裝工人糾察隊和非武裝工人羣眾在上海總工會的領導下，在七個地區部分地展開了激烈的巷戰，主要是奪取警察的武裝❹。

❸《上海三次暴動》，莫斯科，一九三〇年，第二二一、二二三頁。

❹《益世報》，一九二七年三月二三、二五日，見：《……中國紀事》，見本書第一九〇頁❹，一九二七年三月號，第二九七－二九九頁，第二九九－三〇〇頁；第三三一－三三二頁；施英（趙世炎）：《上海工人三月暴動紀實》，見：《嚮導》，第一九三期（一九二七年四月六日），第二〇八八－二〇九二頁；《占領上海》，《上海周圍的最後戰鬥》，見：《國際新聞通訊》，第三二期（一九二七年三月二二日），第六八九－六九〇頁；《占領上海之後》，見：《國際新聞通訊》，第三三期（一九二七年三月二五日），第七一一－七一二頁；《上海形勢》，見：《國際新聞通訊》，第三四期（一九二七年三月二九日），第七三三－七三四頁；《上海的陷落》，見：《中國年鑑》，一九二八年，見本書第二五四頁❶，第一〇〇一－一〇〇九頁；L．黑勒：《中國的工人運動》，見：《共產國際》，第一四期（一九二七年四月五日），第六七八－六八五頁。

第三次上海暴動並沒有完成向它提出的任務，它只是支援了國民革命軍向上海的進軍。但是中國共產黨三月二十八日在《爲上海巷戰告中國工人階級書》中卻稱，正因工人武裝暴動響應，北伐軍始「不經戰鬥」安全占領全上海❺。上海總工會《告全世界工人書》也說「上海爲起義工人所占」❻。

其實，第一個提出這種觀點的並不是中國共產黨。在占領上海當天，《眞理報》的一篇社論認爲，暴動工人「不顧北洋軍閥的暴政和列強的海軍停泊在港口」占領了上海。打開上海大門的鑰匙乃是勝利的工人交給國民革命軍的❼。

共產國際執行委員會主席團在一九二七年三月二十三日致電中國共產黨中央委員會，對上海勝利表示祝賀❽。

---

❺《中國共產黨爲此次上海巷戰告中國工人階級書》，見：《嚮導》，第一九三頁（一九二七年四月六日），第二〇八七頁。

❻《上海總工會告全世界工人書》，一九二七年三月二六日，見：《嚮導》，同上，第二〇八八頁；德文見：《國際新聞通訊》，第三七期（一九二七年四月八日），第七九四頁；綜述見：《國際新聞通訊》，第三五期（一九二七年四月一日），第七五二頁。

❼《眞理報論上海勝利之世界歷史意義》，莫斯科，一九二七年三月二二日，見：《國際新聞通訊》，第三二期（一九二七年三月二二日），第六九〇頁。

❽《上海勝利公告》，見：《國際新聞通訊》，第三三期（一九二七年三月二五日），第七一二頁；另見：《紅色工會國際執行局向上海總工會及全體工人致敬》，莫斯科，一九二七年三月二一日，見：《國際新聞通訊》，第三四期（一九二七年三月二九日），第七三二頁。

《眞理報》在上述社論中特別強調，上海集中了五十萬工人，這是中國無產階級的革命部隊。「他們在中國革命中所起的和將要起的作用會像彼得堡工人在俄國革命中一樣」[9]。因此，占領上海爲中國革命鬥爭開闢了新的前景，現在甚至那些目光短淺的人也開始認識了中國革命的重大國際意義。占領上海無疑是推動中國革命向左、加強中國無產階級的作用和增強革命運動領導前景的一個因素。關於這一事件的世界歷史意義，《眞理報》說，上海工人的勝利也是前進中的世界革命的勝利[10]。

《眞理報》的另一篇社論再一次談到了第三次上海暴動的意義，社論寫道：「中國革命前進了巨大的一步，它如果能繼續勝利發展，將徹底改變全球的面貌，革命的力量將戰勝資本主義力量。中國無產階級已經在偉大的解放鬥爭中據了前列地位，上海工人成了革命力量取之不盡的源泉，中國共產黨的影響正在增長。上海的無產階級已經在他們的旗幟上寫上了世界革命的口號。」[11]

[9] 《眞理報論……》，見本書第二九四頁[7]，第六九〇頁。

[10] 同上；參見施托林：《中國的策略形勢》，見：《國際新聞通訊》，第三四期（一九二七年三月二九日），第七二九—七三一頁。

[11] 《中國暴動的準備》，《眞理報》・一九二七年四月二日社論，見：《國際新聞通訊》，第三六期（一九二七年四月五日），第七七一頁。

不過上海和莫斯科的共產黨人都知道，上海的勝利決非最後勝利，中國革命還面臨着艱苦的路程。中國共產黨在上述《告中國工人階級書》中指出：上海工人現在雖然驅逐了直魯軍閥，雖然一部分武裝起來，雖然聯合各被壓迫階級建立了民主政權之基礎；然而這些革命的勝利品時時刻刻都有被內部妥協分子葬送之可能。而上海革命勢力失敗，即足以動搖全中國的革命潮流⑫。帝國主義者在上海被占領後也會再一次妄圖分裂國民黨⑬。

一九二七年四月五日，《共產國際》的一篇題為《勝利革命的新階段》的社論指出，中國的階級對抗日趨尖銳，不難預見，一旦工人和農民的要求得到實現，大資產階級就會脫離革命並竭力與帝國主義達成協議⑭。因為，今天國際帝國主義是中國經濟復興的最強大的障礙，這一點，從中國非資本主義發展的角度來看是這樣，從中國資本主義發展的觀點來看也是這樣。正是由於這個原因，所以中國的工業資產階級儘管害怕日益增長的無產階級和資產階級運動，但直到今天仍堅持反帝戰線，當然它也力圖用各種辦法阻撓工農要求的實現。因此，向國際帝國主義進行直

---

⑫ 《中國共產黨為此次上海巷戰告全中國工人階級書》，見：《嚮導》，第一九三期（一九二七年四月六日），第二〇八七頁。

⑬ 唐心石：《上海工人的勝利》，見：《國際新聞通訊》，第三三期（一九二七年三月二五日），第七〇九頁。

⑭ 《勝利革命的新階段》（社論），見：《共產國際》，第一四期（一九二七年四月五日），第六五八頁。

接的鬥爭不可避免地會促使中國內部的階級對抗尖銳起來，事實上它已經尖銳了。這場直接的鬥爭不久卽將開始⑮。

爲了解決這些「無比困難的任務」，中國共產黨有責任根據共產國際第七次全會提出的行動綱領，在發展工農運動並利用這個運動作爲根據地時，把國民黨放在一個強大的革命基礎上，參加政府並通過占據軍隊中的某些重要職位來鞏固它在軍隊中的地位。與此相聯繫，社論還駁斥了退出國民黨、拒絕參加國民政府以及推翻國民政府等要求。「必須認識到，這種態度只會使小資產階級和大資產階級結成反無產階級聯盟，使中國共產黨人背離共產國際第七次全會指明的奪取國民黨和政府內有力地位的道路。」⑯中國革命正處在正確的軌道上⑰。

社論提出上述論點的事實根據是，中國共產黨在一個月時間內在開展有組織的工農運動和促使軍閥將領服從國民黨、加強國民黨左翼力量方面，以及在共產黨人占據政府職位方面都取得了一系列政治上的勝利⑱。

在一九二七年四月五日出版的同一期《共產國際》上還發表了布哈林的一篇文章，題爲《中

---

⑮ 同上，第六六〇頁。

⑯ 同上，第六六一頁。

⑰ 同上，第六六三頁。

⑱ 同上，第六六一頁。

國革命的前途》。布哈林在這篇理論性和方向性的文章中，像他在同一時期在莫斯科黨員幹部大會上所作的報告《中國革命問題》一樣，重申了社論的論點，同時嚴厲批評了托洛茨基和拉狄克關於中國革命的觀點。

談到中國革命的前途，布哈林提出了一個「重大的歷史性問題」，他問：中國的「歷史命運」是要經歷資本主義發展的整個周期，以便在幾十年或許更長的時間以後，通過一次無產階級革命，反對完全發展了的中國資本主義，再開始進行社會主義建設呢？還是中國在目前歷史條件下有可能也必須越過大資本主義的發展階段？

他對自己提出的問題的回答是：由於蘇聯的存在，由於資本主義、尤其是英國資本主義的動搖，中國有可能越過大資本主義發展的歷史周期，逐步走上非資本主義的、即社會主義的道路⑲。第三個原因，即中國的特殊情況，也是布哈林考慮的一個因素：中國國內的資產階級很弱，在中國的國民經濟和大工業中外國大資本占有特殊的重要性。這種內部的特殊情況，中國內部階級力量的這種特殊情況同樣增加了這個國家非資本主義發展的可能性⑳。布哈林說：「中國共產黨必須進行鬥爭，並且已經開始了爭取中國非資本主義發展前途的鬥爭。」㉑

⑲ 布哈林：《中國革命的前途》，見：《共產國際》，第一四期（一九二七年四月五日），第六六八、六六九頁。
⑳ 同上。
㉑ 同上，第六七〇頁。

按照布哈林的觀點，中國共產黨在爭取這種前途的鬥爭中必須堅持「獨特的專政路線」，因爲今天在中國人們還不能把無產階級專政當作革命的任務，也就是說，中國革命不是俄國革命的重複[22]。這樣，布哈林就在內容上發展了共產國際第七次全會提出的關於中國革命時期和階段的論點。他認爲：從中國革命目前這一階段的動力來判斷，中國正處在第二和第三階段之間的過渡時期，即工人階級與城鄉小資產階級廣大階層結成聯盟時期；同時，中國工業和商業資本大資產階級也正在脫離民族革命統一戰線，這就不可避免地導致在國民黨和政府的所有組織中力量重新組合的結果[23]。說得更清楚一些，工人、農民、小資產階級和反對外國帝國主義的資產階級的聯盟必須由「工人、農民、城鄉小資產階級而不包括資產階級的聯盟」所代替[24]。

因此，中國共產黨的主要任務是聯合工人階級的力量，鞏固工人階級、農民和城市小資產階級的聯盟。這些階層的聯合必須在組織上，在國民黨、農民組織、政府組織以及在中國革命發展中起着「重大作用」的軍隊中表現出來[25]。

布哈林承認，中國共產黨所面臨的是一項極其複雜的任務，因爲要鞏固日益提高的影響，同

---

[22] 同上，第六七一頁。
[23] 同上，第六七四頁。
[24] 同上，第六七三頁。
[25] 同上，第六七五頁。

時又要保障革命統一戰線的團結、統一和戰鬥力是非常困難的㉖。儘管如此，布哈林仍然相信，革命勝利的基礎是無比巨大的㉗。

布哈林在《中國革命問題》的報告中繼續闡述了他的觀點。他認爲，國民黨是一個鬆散的「階級聯盟」。這個情況很重要㉘。國民黨的結構便於從下面通過在黨內重新組織階級隊伍、清除基馬爾主義右派分子來控制它；但是如果把這些分子與國民黨整體相混淆也是荒謬的。布哈林說：「我們的任務和職責是在中國革命過程中利用這個特點，還是對此棄之不顧？」㉙與此相聯繫，布哈林還指名批評了拉狄克，說他曾考慮過共產黨員退出國民黨。他說：「目前絕對沒有必要。今天必須爲控制國民黨而鬥爭，必須動員一切力量，以保障國民黨的重心向左移。這一點必須成爲目前的正確策略，它也是從中國今天的實際情況產生的。」㉚

㉖ 同上，第六七四、六七五頁。

㉗ 同上，第六七四頁。

㉘ 布哈林：《中國革命問題》，漢堡，一九二七年，第四五頁。這本小冊子的最後一章（第七章）：《民族革命的危機與工人階級的任務》爲「蔣介石及其同伙的反革命政變」以後所寫（見：《國際新聞通訊》，第四五期，一九二七年四月二六日，第九二〇－九二二頁），因此不屬報告內容。

㉙ 同上，第五三頁。

㉚ 同上，第五五頁。

占領上海以後，中國共產黨人對於中國革命的前途表現出了深深的憂慮，這本來是對的。在共產國際要求糾正一九二六年中共中央七月全會的決議以後（從內部聯盟政策過渡到外部結盟政策，制定獨立的政治路線），中國共產黨指出，占領上海以後在中國革命的新階段上存在着危險的發展形勢；但共產國際相反，它認爲正是在占領上海以後中國的形勢令人樂觀，並堅持共產國際第七次全會確定的路線是正確的。在此基礎上，共產國際作爲世界革命總參謀部還爲中國共產黨提出了一個新的理論多於實踐的綱領，並相信，中國無產階級奪取政權的時候到了。《共產國際》發表上述社論和布哈林文章的時間是一九二七年四月五日，一週後，在上海發生了使共產國際大爲驚異的「蔣介石及其同夥的反革命政變」。這裏必須指出，是共產國際向中國共產黨、非直接地向國際在中國的代表保證說，最近一個月來（一九二七年三月）取得了一系列政治上的勝利，並認爲中國革命正處在正確的軌道上，因爲，這一點對於以後辯論一九二七年中國革命失敗的原因有很重要的意義。

七　上海——奪取政權的關鍵　一九二七年「四・一二事件」

占領上海之後，統一戰線內部的階級鬥爭愈來愈尖銳，中國革命的一切問題都廣泛地顯示出來，事態迅猛發展。

一九二七年三月二十三——二十四日夜，北方的軍隊不戰棄城，撤出南京，國民革命軍至三月二十四日下午才開進市區。其間，市內發生了騷動，占領南京當天上午十時許外國領事館爲「暴亂者」所刼。接着，英美軍艦毫無目的地向南京開炮，死亡千餘人❶。

砲轟南京給了蔣介石也給了共產國際以求之不得的機會。正當共產國際發表大量文章，大聲疾呼「以英美帝國主義者爲首的『文明國度』野蠻人的『慘無人道的暴行』」證明必須在中國進行反帝鬥爭時❷，蔣介石同英美領事館取得了聯繫。蔣氏向他們保證，他將在上海和南京維護平

---

❶《英美海軍與中國陸軍大會戰》，《益世報》，一九二七年三月二六日，見：《……中國紀事》，見本書第一九〇頁❹，一九二七年三月號，第三四二—三五一頁；另見：《益世報》，一九二七年三月二八日，《晨報》，一九二七年三月二七日和二九日，同上，第三六二—三六三頁，第三三六—三四〇頁，第三八三—三八五頁；有關外交談判的報導：一九二七年四月號，第八—一〇頁，第一〇—一三頁，第二二—二三頁，第二五—二六頁，第四二—四三頁，第五七—五八頁，第七〇—七一頁，第七三頁，第一四七—一五一頁，第一六六—一六七頁，第二二一—二二三頁，第二六五—二六六頁，第二九四—二九五頁，第三三二—三三四頁，第三六一頁和一九二七年五月號，第三三—三八頁，第九一—九三頁。

❷共產國際：《「文明國度的」野蠻人在中國進行慘絕人寰的屠殺。有組織地回擊帝國主義的掠奪。共產國際執行委員會告全體男女工人、全體勞動者、勞動青年以及全世界被壓迫民族書！》（莫斯科，一九二七年三月二七日），見：《國際新聞通訊》，第三四期（一九二七年三月二九日），第七二五—七二六頁；另見：《不要做屠殺中國人民的兇手——反對帝國主義在中國的暴行。共產國際執行委員會青

靜和秩序，同時試探了英美對國民黨的態度。換句話說，他想知道，英美對於國民黨通過他（蔣介石）在上海執政的態度如何❸。

（續）年國際告一切國家工人青年書》（莫斯科，一九二七年三月二七日），同上，第七二七頁；《把他們釘在恥辱柱上！》，《眞理報》社論，一九二七年三月二八日，同上，第七二七—七二八頁；《血洗南京》，同上，第七二八—七二九頁；J・墨菲（英共）：《南京大屠殺》，見：《國際新聞通訊》，第三五期（一九二七年四月一日），第七四九—七五〇頁；E・鄧肯（美共）：《帝國主義反華戰線上的美國》，同上，第七五〇頁；M・多列士（法共）：《從中國放開你的爪子》，同上，第七五〇—七五一頁；M・馬吉（意共）：《光榮屬於南京的死難烈士》，同上，第七五一頁；片山（日共）：《帝國主義的新挑釁》，同上；唐心石：《帝國主義者在中國的戰爭威脅》，見：《國際新聞通訊》，第三六期（一九二七年四月五日），第七六九—七七〇頁；《對中國的挑釁準備》，《眞理報》社論，一九二七年四月二日，同上，第七七〇—七七一頁；《眞理報論帝國主義戰線在中國的擴張計劃》（莫斯科，一九二七年四月一日），同上，第七七二頁；《國際工人訪華代表團號召書》（漢口，一九二七年四月三日），同上，第七七一頁；M・加香（巴黎）：《只有工人才能阻止反對中國革命的戰爭》，見：《國際新聞通訊》，第三七期（一九二七年四月八日），第七九三—七九四頁；《到南京去》，見：《共產國際》，第一五期（一九二七年四月一二日），第七一三—七二一頁；D・貝奈特：《一九二七年五月一日》見：《國際新聞通訊》，第四四期（一九二七年四月二三日），第九〇三—九〇四頁。

❸《經過南京而抵上海之蔣中正發表聲明書》，《益世報》，一九二七年三月二八日，見：《……中國紀事》，見本書第一九〇頁❹，一九二七年三月號，第三六一頁。

蔣介石於一九二七年三月二十六日由南京到上海，到達後立即發表了一份聲明，聲明由白崇禧（開進上海的部隊司令）交給報界。聲明說，蔣氏無意用武力改變上海國際租界的現狀，他的部隊負責恢復平靜和秩序，解除「非法分子」的武裝❹。次日，蔣介石向拜會他的英美領事聲明，他的部隊與搶劫領事館事件毫無關係，並向他們保證外國人的生命和財產決不會受到侵犯❺。

但是，刊登在《國際新聞通訊》上一九二七年三月二十九日發自上海的一則報導卻說，蔣介石在同上海記者談話時駁斥了外國報紙散布的所謂國民黨分裂的消息；蔣介石還詳細地談了同共產黨人的關係，蔣聲明說，一切參加國民運動的人，不論他們的政治信仰如何，他都視爲同一個黨的黨員❻。值得注意的是，蔣介石在上面兩次聲明中根本沒有談到這個問題，白崇禧的答記者問也沒有談到這個問題。

一九二七年三月二十七日蘇聯通訊社發表了一篇白崇禧與該社駐上海記者的談話。據稱，關於共產黨人和蘇聯顧問，白崇禧說：同共產黨人合作是孫中山制定的路線，中國共產黨是國民黨

---

❹ 同上。同樣內容的聲明白崇禧早在一九二七年三月二三日就發表了。同上，第三三二—三三四頁，第三五二頁。

❺ 同上，第三六一—三六二頁。

❻ 《蔣介石的聲明》（上海，一九二七年三月二九日），見：《國際新聞通訊》，第三五期（一九二七年四月一日），第七五三頁。

的一個組成部分；因此，絕沒有理由破壞統一戰線。外國報紙說，國民政府和國民革命軍爲蘇聯顧問所控制，這是毫無根據的，中國深切地期望蘇聯人民給予道義上的援助❼。全文刊登這篇談話的《晨報》加了編者按：這裏發表的談話內容與白崇禧到上海後向外國人發表的後來刊載在上海《時報》上的聲明是互相矛盾的。很難想像，白崇禧這位蔣介石的心腹，會說出與蔣介石反共態度相矛盾的觀點。因此，這篇談話的眞實性值得懷疑，談話的眞僞還需要證實❽。

從蔣介石到達上海直至四月十二日「反革命政變」的十七天，蔣介石和共產黨人都全身解數，以便把上海控制在自己手中。

三月二十七日，蔣介石採取了一系列行動，反對上海總工會，禁止總工會集會❾。同時，謠傳有刺殺蔣介石之舉。爲了對付共產黨的總工會，蔣介石支持上海工會和杭州工會的成立。三月二十九日和三十日兩天，杭州發生了兩個敵對工會的流血衝突❿。在上海，三月三十日蔣介石宣

---

❼《白崇禧與共產黨》，《晨報》，一九二七年三月二九日，見：《……中國紀事》，見本書第一九〇頁❹，一九二七年三月號，第三七六—三七八頁。

❽同上，第三七九頁。

❾《上海左右派黨人之活動》，《益世報》，一九二七年三月二九日，同上，第三八二頁；《蔣中正解散滬武裝工人團》，同上，第四一二—四一三頁。

❿《杭州數萬工人反抗總工會……》，《益世報》，一九二七年四月五日，同上，一九二七年四月號，第五五—五六頁。

布戒嚴，改組了上海的政治和軍事機構，國民黨右派占了統治地位⑪，「消滅共產派」的鬥爭愈來愈有了具體的形式。同時，報紙報導說，有五百名共產黨人被捕，四十個工人團被解除武裝⑫。南北妥協由於北方希望停戰而變得易如反掌⑬。又云，蔣介石派去一名私人代表北上⑭。與此同時，武漢國民黨湖北省黨部寫信給國民黨中央執行委員會（三月二十二日）要求解除蔣介石的總司令職務，開庭審判蔣介石⑮。三月底，江西省政府改組，國民黨右派分子都被趕出了省政府⑯。

西山會議右派於一九二七年四月二日假國民黨政治委員會之名在上海召開了一次特別會議，決定發起「護黨救國運動」，並決定將共黨分子清除出國民黨⑰，這些活動的幕後指揮者就是蔣

⑪《蔣中正任命滬軍政要職》，《益世報》，一九二七年四月二日，同上，第二六—二七頁。

⑫《左右派傾軋日險惡》，《黃報》，一九二七年四月一日，同上，第一四—一六頁；另見：第六〇頁。

⑬《南北妥協中停戰入手》，《黃報》，一九二七年四月二日，同上，第二〇—二一頁。

⑭《蔣介石派代表北上》，《黃報》，一九二七年四月六日，同上，第七八頁。

⑮《武漢各級黨部紛請嚴刑懲處蔣介石》，《晨報》，一九二七年四月四日，同上，第四〇—四一頁。

⑯《黨政府罷免贛省政府委員》，《晨報》，一九二七年四月三日，同上，第四一頁。

⑰《祈置各地共黨叛變分子呈文》，見：《中國國民黨肅清共產黨之原因及經過》，廣州，一九二七年，第三—五頁；《中央監察委員會護黨救國通電》，同上，第五—一三頁；參見：《肅清共產黨叛徒之重要宣言》，同上，第一四—二〇頁；《吳敬恒呈中央監察委員會書》，一九二七年四月二日，同上，第二〇—二九頁。

介石⑱。

在此緊要時刻汪精衞於四月一日由歐洲經莫斯科抵達上海，共產黨把「民族運動的整個工作」繫在他的回歸上⑲。與汪精衞談話後，蔣介石加強了他與「共產黨決裂」和解除鮑羅廷的決心。蔣氏規勸汪精衞不要返回武漢⑳，但汪未受蔣的「慫恿」㉑。

儘管如此，蔣介石在四月三日通電中仍然對汪精衞的回歸表示極大的快慰，稱讚汪氏是國民黨內最忠誠的同志，是他個人的良師益友。蔣介石還宣布，從今以後決心致力於軍務，同時保證盡一切力量支持汪精衞㉒。

---

⑱《蔣中正在滬開國民黨元老會議》，《益世報》，一九二七年四月六日，見：《……中國紀事》，見本書第一九〇頁❹，一九二七年四月號，第七四頁。

⑲納索羅夫、弗基內、阿爾布雷希特：《上海來信》，見本書第二六八頁㊻，第二六頁。

⑳蔣介石：《在南京總司令部之演說詞》，見：《蔣胡最新言論集》，見本書第二六五頁㊳，第一集，第一四六頁；參見：《益世報》，一九二七年四月五日，見：《……中國紀事》，見本書第一九〇頁❹，一九二七年四月號，第五八—五九頁。

㉑汪精衞：《武漢分共之經過》，一九二七年一一月五日，見：《汪精衞言行錄》，上海，一九三三年，第一〇六—一〇七頁；《汪兆銘與蔣中正斷絕之經過》，《世界日報》，一九二七年五月五日，見：《……中國紀事》，同上，一九二七年五月號，第五六—五八頁。

㉒《蔣介石江日通電》，見：《國聞週報》，全第四集，第一六期（一九二七年五月一日），第二一—二二頁；《晨報》，一九二七年四月一一日，見：《……中國紀事》，一九二七年四月號，第一四二—一四三頁；參見：《蔣介石擁護汪精衞》，見：《國際新聞通訊》，第三七期（一九二七年四月八日），第七九八頁。

然而中共和國民黨在武漢的同志懷疑蔣介石的誠意。國民黨省黨部在一份通電中指出，蔣氏試圖在主管軍事的煙幕下建立黨內獨裁統治；蔣的陰謀已經暴露；蔣已不可救藥，因此必須堅決嚴厲地譴責蔣介石㉓。

汪精衛同蔣介石會晤後，於一九二七年四月五日發表了他和陳獨秀的《聯合宣言》，以表明他的政治立場。宣言首先強調國共團結之必要，因爲雖然我們得到了勝利，但一部分敵人仍然存在。兩黨合作，本有各種不同的方式；重要之點，是在兩黨大多數黨員，雙方以善意的態度，解決此問題，方不違背合作之根本精神。關於反共運動問題，宣言說：「中國國民黨多數同志，凡是了解中國共產黨的革命理論，及其對於中國國民黨眞實態度的人，都不會懷疑孫總理的聯共政策。」㉔

依據布哈林「特殊專政」的觀點，由陳獨秀起草的《聯合宣言》說：無產階級獨裁制，本是各國共產黨最大限度的政綱之一，在俄國雖然實現了，照殖民地半殖民地政治經濟的環境，由資

㉓《湖北省黨部駁蔣介石江電》，見：《中國國民黨史資料滙集》，見本書第一〇九頁⑮，第二集，(二)文件一三。

㉔《汪精衛、陳獨秀聯合宣言》，一九二七年四月五日，見：《國聞週報》，全第四集，第一六期（一九二七年五月一日），第二二頁；德文意譯：《國民黨與共產黨的聯盟》，見：《國際新聞通訊》，第三七期（一九二七年四月八日），第七九八頁。《晨報》，一九二七年四月六日，見：《……中國紀事》，見本書第一九〇頁❹，一九二七年四月號，第七六—七七頁；參見：第一一一—一一二頁。

本主義向社會主義的過程，是否是一定死板的經過同樣形式的同樣階段，還是一個問題。中國所需要的，是建立一個所有被壓迫階級的民主獨裁來對付反革命㉕。現在國民革命發展到帝國主義的最後根據地——上海，國內外一切反革命者，造謠中傷離間。這類謠言，不審自何而起。國民黨在最近召開的全體會議上已聲明，決無有驅逐友黨摧殘工會之事㉖。

這篇由「卓越的國民黨領袖」汪精衞和陳獨秀簽署的《聯合宣言》受到了共產國際的重視，稱讚它是政治上的一大勝利㉗，但是在國民黨右派中間引起了不滿。就在當天（四月五日）以汪精衞為一方，蔣介石、白崇禧及國民黨其他右派首領為另一方舉行談判。蔣介石等人反對的主要有兩點：1.中國共產黨和國民黨領袖共同發表《聯合宣言》會造成，似乎中國從現在起由兩黨共同領導的印象。2.孫總理說的是「聯俄」，而未說過「聯共」；應準確說：「容許共產黨參加國民黨」。另外，「聯俄」意味着俄國幫助中國革命，但不等於俄國可以控制中國。汪氏明確否認了第一點，但迴避了第二個問題㉘。次日，四月六日，汪氏悄悄離開上海，因為他害怕蔣介石會

㉕同上。
㉖同上。
㉗《駁斥帝國主義對於上海的造謠宣傳》，見：《國際新聞通訊》，第三七期（一九二七年四月八日），第七九五頁；《汪精衞談國民黨內的分歧》，同上，第七九八頁。
㉘《四月五日會議紀實》，見：《國聞週報》，全第四集，第一六期（一九二七年五月一日），第二三頁；另見：《滬國共兩黨協商合作》，《晨報》，一九二七年四月七日，見：《……中國紀事》，見本書第一九〇頁❹，一九二七年四月號，第九三頁；《益世報》，一九二七年四月八日，同上，第一一二—一一四頁。

阻撓他武漢之行㉙。

在汪精衞抵武漢前不久，羅易作為共產國際代表已經先到那裏，任務是監督共產國際制定的關於中國革命路線的執行。四月八日，徐謙在以國民黨中央執行委員會名義舉行的歡迎羅易暨夫人的宴會上着重指出，自蔣介石到上海以後出現了反革命的傾向㉚。

《聯合宣言》就內容而論是共產黨人單方面的宣言，它既不能消除衝突，也不能緩和危機。蔣介石在反對武漢鬥爭中期待於汪精衞的如今成了泡影。汪氏非但未給蔣介石以任何援助，反而被迫站到另一方去反蔣。這對於蔣氏來說，形勢已很清楚，他必須從中得出結論。

四月七日蔣介石委任白崇禧為上海駐軍司令，白氏的任務之一就是解除「一切非法武裝分子的武裝」㉛。三天後，四月十日，國民革命軍總政治部被解散（上海分部在前一天已被撤銷），在一份聲明中，蔣介石指控總政治部主任鄧演達與其他非法分子一起進行共產主義的宣傳和教育

㉙《汪兆銘與蔣中正斷絕之經過》，《世界日報》，一九二七年五月五日，同上，一九二七年五月號，第五八頁；參見：一九二七年四月號，第一一〇—一一二頁，第一三九—一四〇頁。

㉚《中國國民黨中央執行委員會歡迎第三國際代表羅易先生記錄》，一九二七年四月八日，見：《禍國史料》，見本書第四四頁㉖，第一卷，第二八五—二八九頁。

㉛《晨報》，一九二七年四月八日，見：《……中國紀事》，見本書第一九〇頁❹，一九二七年四月號，第一一四頁。

瓦解國民革命軍㉜。

與此同時（四月九日）國民黨中央監察委員會（西山派）八名委員致電正要到達武漢的汪精衛，反對武漢一意孤行。他們認爲「武漢一意孤行」爲「聯席會議」所致。電報說，這個本來是臨時的、毫無法律基礎的機構公然藐視南昌黨部的權威，甚至擅自召開中央三中全會，作出一系列決議。尤其對於《統一革命力量案》，八名委員指出，國民黨是領導國家建設和國家革命力量的唯一革命黨，這一點在國民黨的許多決議和宣言中已淸楚說明，而現在的決議案竟要求中國國民黨和中國共產黨共同承擔起政治責任，這不僅與國民黨的精神背道而馳，而且是有意破壞國民黨組織。根據電報列舉的事實，即「武漢一意孤行」的事實，不能再袖手旁觀，坐視國民黨陷入無法挽救的危機㉝。

在幾天前，四月六日還發生了張作霖的警察「襲擊」蘇聯駐北京使館事件，這顯然不是偶然事件。《眞理報》四月八日的社論說：「在北京發生的武裝襲擊蘇聯使館人員事件，顯然得到了

㉜《蔣介石取締總政治部布告》，一九二七年四月一〇日，見：《國聞週報》，全第四集，第一六期（一九二七年五月一日），第二三—二四頁；《益世報》，一九二七年四月一七日，見：《……中國紀事》，見本書第一九〇頁❹，一九二七年四月號，第一三七—一三九頁，第一五五—一五六頁。

㉝《四月九日監察委員通電》，一九二七年四月九日，見：《國聞週報》，同上，第二五—二八頁；參見：《寧黨員痛斥漢黨員》，見：《益世報》，一九二七年四月二一日，同上，第二八七—二九二頁。

外交使團和中國匪幫的同意，以及沙皇和英國匪徒的幫助。使館的房屋被抄，在沒有留下任何清單的情況下，使館的物資被拿走，工作人員被捕，遭到虐待。」㉞這次襲擊「是反對中國革命、

㉞《聞所未聞的挑釁。沙俄和英國白匪襲擊蘇聯駐北京使館——蘇聯勞動人民和全世界工人必須回答帝國主義者厚顏無恥的挑戰》，《眞理報》，一九二七年四月八日，見：《國際新聞通訊》，第三八期（一九二七年四月八日），第八一三頁；《最大的考驗》，社論，見：《共產國際》，第一六期（一九二七年四月一九日），第七六二頁。

另見：《襲擊上海蘇聯領事館》，同上，第八一四頁；臺爾曼（柏林）：《中國革命與工人階級的任務》，見：《國際新聞通訊》，第三九期（一九二七年四月一二日），第八一五—八一七頁；《蘇聯政府致北京政府照會全文》（莫斯科，一九二七年四月一一日），同上，第八一七—八一九頁；《眞理報論蘇聯駐北京使館受襲擊》，同上，第八一八頁；《帝國主義者在北京、上海和天津的挑釁》和《蔣介石抗議對蘇駐北京使館的襲擊》，同上，第八一九頁；R．舒勒：《對中國的武裝干涉與英國共產黨》，見：《國際新聞通訊》，第四〇期（一九二七年四月一四日），第八三三—八三四頁；《誰應該對北京襲擊事件負責？》，茹可夫同志在俄羅斯蘇維埃聯邦社會主義共和國委員會議上的講話，見：《國際新聞通訊》，第四二期（一九二七年四月一九日），第八六五—八六七頁。中國報紙的報導：《益世報》，一九二七年四月七日、八日；《晨報》，一九二七年四月八日、一〇日；《益世報》，一九二七年四月一一日；《黃報》，一九二七年四月一二日；《益世報》，一九二七年四月一二日；《晨報》，一九二七年四月一三日；《益世報》，一九二七年四月一三日、一五日、一六日；《晨報》，一九二七年四月一六日、一七日、一八日、二〇日；《益世報》，一九二七年四月二〇日、二一日，《……中國紀事》，見本書第一九〇頁❹，一九二七年四月號，第八五—九一頁，第九八—一〇四頁，第一〇四—一〇七頁，

反對蘇聯的一次討伐」。在被捕人員中有中國共產黨創始人李大釗，李大釗和另外十九名共產黨員於本月二十八日被殺害㉟。

事態迅猛發展。雅克多・施特恩說：「革命力量和反革命力量在世界範圍內列隊行進。它們之間的衝突業已開始。現在不允許動搖，不允許迴避。」㊱

早在一九二七年一月，拉狄克應邀在斯維爾德洛夫共產主義大學的幾次報告中，就觸及了中國革命的最重要問題。拉狄克在杭州危機以後，更公開地提出了這些問題，他說：「決定革命進程的不是直接的軍事勝利，而是民族革命運動中階級鬥爭的結果。蔣介石的將領們幾乎到處在依

（續）第一二九—一三一頁，第一三一—一三三頁，第一三三—一三五頁，第一五四頁，第一五一—一五三頁，第一六二—一六四頁，第一六五—一六六頁，第一七三—一七四頁，第一七六—一七七頁，第二〇〇—二〇一頁，第二一五—二一六頁，第二一六—二一七頁，第二四〇—二五五頁，第二六六—二六八頁，第二九三頁。

一部分被抄文件自一九二七年四月一六日起主要公布在《晨報》上。

㉟《抗議北京的劊子手法律——共產國際告全世界工人、農民和勞動人民書》，一九二七年五月一日，見：《國際新聞通訊》，第四九期（一九二七年五月一〇日），第一〇三〇—一〇三一頁。《劊子手殺人了！》，一九二七年四月三〇日《眞理報》社論，見：《國際新聞通訊》，第四七期（一九二七年五月三日），第九六九頁；A・戈爾德施米特：《北京的醜行》，同上，第九六九—九七〇頁。

㊱雅克多・施特恩：《一切爲了中國的勝利》，見：《國際新聞通訊》，第四〇期（一九二七年四月一四日），第八三二頁。

軍法處置工人和農民，準備決戰。國民黨中的左派和共產黨人必須提高勇氣，鼓足力量，驅逐右派，把運動的領導權掌握在自己手中。為此目的，必須立即武裝工農，組織國民軍工農部隊，完成土地革命，實現工人的要求，以解決社會問題，特別是建立起共產黨在政治上和組織上的獨立地位，因為實際上共產黨不是獨立的。必須進行鬥爭，從而在民族革命運動中達到眞正的平等。」[37]

斯大林在一九二七年四月六日莫斯科黨的積極分子大會上詳細談了拉狄克的「錯誤」，但斯大林的這次講話一直沒有發表。斯大林說，拉狄克不了解，中國革命發展的速度不可能如他所期望的那樣迅速，他太急躁了。斯大林說：「拉狄克的一切錯誤在於錯誤地估計了國際形勢、中國革命及其發展速度。國民黨是一個聯盟，是一種由右派、左派和共產黨組成的革命議會，為什麼要搞政變？如果我們是多數，右派又順從我們……為什麼要驅逐右派？目前我們需要右派，右派中有能幹人，他們領導軍隊反對帝國主義。蔣介石也許並不同情革命，但是他在領導着軍隊，他除了反帝而外，不可能有其他作為。此外，右派同張作霖的將領有聯繫，他們很善於瓦解這些將領的士氣，使他們帶着全部家當，不動一槍一彈倒向革命方面。他們同富商也有聯繫，他們可以

---

[37] 根據魏奧維奇（反對派）在共產國際執行委員會第八次全會上的發言，見：《共產國際第八次全會上的中國問題》，一九二七年五月（權威版），漢堡，一九二七年，第一二一—一二二頁。

在那裏籌措資金。因此，要充分利用他們，就像擠檸檬汁那樣，擠乾以後再扔掉。」[38]但事態發展表明，不是工人階級利用了右派，而是右派利用了工人階級。「被擠乾的檸檬」——蔣介石在斯大林講話後六天鎮壓了上海的工人階級，奪了政權。

蔣介石在上海鞏固了他的地位、展開了許多反共活動以後，於四月九日到了南京。蔣氏到南京並不像《國際新聞通訊》[39]所云是爲了指揮戰事，而是爲了挫敗共產黨控制南京的計劃。鮑羅廷原想把國民政府和國民黨中央黨部由武漢搬到南京，依靠駐紮在南京受共產黨影響的三個師兵力。蔣介石首先切斷通往南京的鐵路聯繫，然後以閃電般的動作解除了這三個師的武裝。

但是，奪取政權的關鍵不在南京，而在上海；上海是帝國主義的最後基地，國民黨右派的中心，工人運動的堡壘。根據上海總工會主席提供的數字，上海有八十萬工人，分十七個分會，統屬總工會領導。總工會執行委員會有四十一名委員，七名委員組成主席團。主席團下設組織部、

---

[38] 根據魏奧維奇引用的話，同上，第一二三—一二四頁。這些話是魏奧維奇當斯大林的面說的，魏說：「我冒着風險把這些話和盤托出，也許會有人說我不忠實，說我進行個人攻擊。斯大林同志昨天沒有觸及這個問題，也許他認爲這是個人問題。斯大林的講話我做了詳細記錄，我希望，講話的內容我已如實表述了。我願以此來維護我過去是共產國際代表大會翻譯的聲譽。斯大林同志任何時候都可以向我們提出速記稿，以改正並非故意製造的不準確的地方。」同上，第一二三頁。參見斯大林：《給邱貢諾夫的信》，見：《斯大林全集》，中文版，第九卷，第一八三—一八四頁。

[39] 《蔣介石啓程赴寧》，見：《國際新聞通訊》，第四〇期（一九二七年四月一四日），第八三六頁。

文化宣傳部、勞動工資部、對外關係部和工人糾察部[40]。四月七日，工會代表大會決定，如有人企圖解除工人糾察隊武裝，全體工人參加罷工，組織起義[41]。

從四月八日至十二日，白崇禧軍隊的政治部在上海報紙上發布口號：「1.打倒在後方製造混亂的破壞分子！2.打倒反對三民主義的反革命分子！3.擁護上海臨時政治委員會！4.加強眞正的國民黨黨權！5.打倒篡黨奪權的陰謀分子！6.士兵在前線犧牲生命，正直的工人不要在後方製造騷亂，舉行罷工。」[42]

這些口號是大規模出擊的信號。一九二七年四月十二日晨四時，上海地下秘密組織青紅幫武裝和「工人中央工會」，在白崇禧部隊正規軍的支持下，身着便服，在上海許多市區襲擊共產黨工會的工人糾察隊。兩千七百名配有一千七百支長槍和幾十挺機關槍的工人糾察隊在幾小時內就被解除了武裝。工人糾察隊有的來不及反抗，有的雖拼死抵抗也不能倖免，幾百名工人糾察隊員在暴動時被殺，上海總工會委員長汪壽華（又名賀松林，李立三又名劉華的繼任者）被捕後不久

---

[40] 《上海總工會主席談工人數目》，見：《國際新聞通訊》，同上，第八三五頁。

[41] 同上。

[42] 《上海政治部新口號》，見：《國聞週報》，全第四集，第一六期（一九二七年五月一日），第二五頁。

(四月十五日)即遭殺害㊸。

四月十二日白崇禧在《上海取締工會武裝布告》中稱之爲「武裝工友的衝突」；並說解除雙方武裝工友的武裝是駐軍司令之職責㊹。

這次對工人糾察隊的襲擊，對於上海總工會正如它自己所說「完全出乎意料之外」㊺。上海總工會號召四月十三日舉行總罷工，作爲對這次襲擊的回答；但罷工未成，改爲羣衆集會。會後，遊行隊伍企圖湧進襲擊工人糾察隊的二十六軍司令部㊻，遭士兵槍擊，死百人以上㊼。

㊸《蔣介石鏟除總工會之預謀》，《晨報》，一九二七年四月二五日，見：《……中國紀事》，見本書第二一五頁❶，一九二七年四月號，第三三六—三四〇頁；《蔣軍解散滬總工會上海市大混戰》，《晨報》，一九二七年四月一三日，同上，第一六七—一六九頁；作新：《蔣介石屠殺上海工人紀實》，見：《嚮導》，第一九四期（一九二七年五月一日）；《上海、杭州和福州事件》，見：《國際新聞通訊》，第四一期（一九二七年四月一六日），第八六一—八六二頁；唐心石：《蔣介石撲滅上海工人運動》，見：《國際新聞通訊》，第六三期（一九二七年六月一七日），第一三二七—一三二八頁。

㊹《上海取締工會武裝布告》，一九二七年四月一二日，見：《國聞週報》，全第四集，第一六期（一九二七年五月一日），第二四頁；參見：第二四—二五頁。

㊺作新：《蔣介石屠殺上海工人紀實》，見前㊸，第二一一頁；《上海、杭州和福州事件》，見前㊸，第八六一頁。

㊻《……總工會鼓動總罷工失敗》，《益世報》，一九二七年四月一四日，見：《……中國紀事》，見本書第二一五頁❶，一九二七年四月號，第一九一—一九五頁；《軍隊開槍襲擊工人》，《晨報》，一九二七年四月一五日，同上，第二〇四—二〇六頁。

㊼作新：《蔣介石屠殺上海工人紀實》，見前㊸，第二一一—二一二頁。

「中國共產黨中央領導爲何失靈了?」共產國際駐上海代表曼達梁指出：「三月三十一日，當資產階級的政變已經可以察覺的時候，共產國際指示要開展打擊右派的運動：考慮到非常不利的力量對比情況，先不要進行公開的鬥爭，不要交出武器，在緊急情況下把武器收藏起來。」㊽

同樣的思想傾向也反映在四月十三日羅易以共產國際代表團的名義發給蔣介石的電報上，電報最後建議：「我們勸告你遵照協議，將黨內一切爭論問題提交給中央委員會全體會議。你如採納這個勸告，我們將樂於訪問南京，以便和你親自商討所有懸而未決的問題。第三國際願竭盡全力協助組成包括一切革命力量的統一的民族陣線。」㊾

上海總工會就四月十二日和十三日事件在《宣言》（四月十三日）和《通電》（四月十三日）中要求交還糾察隊的槍枝，並要求不再發生「武裝流氓」的襲擊事件㊿。但「全國工商團

㊽ 曼達梁：《中國共產黨中央領導爲何失靈了?》，見：《國際新聞通訊》，第七三期（一九二七年七月一九日），第一五六九頁；參見陳獨秀：《告全黨同志書》，一九二九年一二月一〇日，見：《禍國史料》，見本書第四四頁㉖，第一卷，第四三一頁。

㊾ 電報全文見諾恩／尤金：《羅易赴華使命》，伯克利和洛杉磯，一九六三年，第六〇—六一頁；參見：《蔣介石給羅易的電報》，一九二七年四月二二日，見：《禍國史料》，同上，第一卷，第二八九—二九〇頁。

㊿ 《上海總工會宣言》，一九二七年四月一三日，見《展望》，香港，第三一九期，一九七五年，第二三頁；《上海總工會爲四‧一二事件通電》，同上，第二四頁。

體」致蔣介石和白崇禧的賀電卻對「在愛國主義者黃金榮、張嘯林和杜月笙」（上海地下秘密組織頭目）秘密領導下的「勇敢同志」表示讚賞[51]。

肅清共產黨的活動同時在南京、蘇州、杭州、福州，特別在廣州[52]激烈進行。從四月十二日起僅僅在一個月內上海就有二百多名共產黨員被捕，其中一百名被殺[53]。

鮑羅廷準備四月十日將國民黨中央黨部和國民政府從武漢遷至南京的計劃，由於上海政變而告吹。不僅如此，右派還以國民黨政治委員會的名義於四月十八日發表宣言，宣布在南京公開接納國民政府的工作[54]。此外，他們還在一份通電中通告嚴格監視共產黨領導人並宣布武漢國民黨

---

[51] 《全國工商團體爲四・一二致蔣介石、白崇禧賀電》，同上，第二六頁。

[52] 《廣州共產黨槍斃百餘》，《益世報》，一九二七年四月一八日，見：《……中國紀事》，一九二七年四月號，第二三六—二三八頁；參見：《晨報》，一九二七年四月一九日，同上，第二五七—二五八頁；《益世報》，一九二七年四月二八日，第三七八頁；《晨報》，一九二七年五月一一日，同上，一九二七年五月號，第一五五—一五六頁和一九二七年五月二一日，第二八六—二九〇頁，以及一九二七年六月九日，一九二七年六月號，第一〇七—一一〇頁，第一一〇—一一二頁。

[53] 《滬槍決共產黨近百餘人》，《晨報》，一九二七年五月一六日，同上，一九二七年五月號，第二一五—二一六頁。

[54] 《國民政府爲國民革命奮鬥實現三民主義宣言》，一九二七年四月一八日，見：《革命文獻》，見本書第二六頁[7]，第一六卷，第三七—三八頁；另見：《黃報》，一九二七年五月六日，見：《……中國紀事》，見本書第一九〇頁[4]，一九二七年五月號，第七二—七四頁。

的一切決議無效[55]。但汪精衞被選爲國民黨政治委員會主席，並被邀請前往南京[56]。三十七名國民革命軍將領和黨代表四月二十三日在一份通電中表示完全擁護國民黨和國民政府[57]，曾經反對過蔣介石的朱培德和陳誠也在四月二十九日發出電報表示願意服從總司令蔣介石的指揮[58]。

蔣介石爲了在思想上使上海清黨合法化，竟在四月十八日一天之內發表了下列文章和講話：

1. 《告全國民衆書》[59]。
2. 《告全國工友書》[60]。
3. 《告國民革命軍全體將士書》[61]。

---

[55] 《國民政府通電》，一九二七年四月一八日，見：《黃報》，一九二七年五月六日，同上，第七一—七二頁。

[56] 《南京政府蔣介石推汪精衞爲主席》，《益世報》，一九二七年四月二二日，見：《……中國紀事》，見本書第一九〇頁[4]，一九二七年四月號，第三〇三—三〇四頁；參見：第二八三—二八五頁，第三〇八—三〇九頁，第三六三—三六四頁，第三七六頁。

[57] 通電全文見：《晨報》，一九二七年五月一日，同上，一九二七年五月號，第一—五頁。

[58] 《益世報》，一九二七年五月二日，同上，第六—七頁。

[59] 《告全國民衆書》，見：《蔣（介石）胡（漢民）最新言論集》，黃埔，一九二七年，第一集，第五六—六八頁。

[60] 《告全國工友書》，同上，第六九—七四頁。

[61] 《告國民革命軍全體將士書》，同上，第七四—九一頁。

4.《在國民政府建都南京閱兵典禮訓話》[62]。

5.《在遷都國府紀念大會宴會上之演講詞》[63]。

6.《擁護中央之通電》[64]。

7.《敬告全國國民黨同志書》[65]。

四月二十日蔣介石又在南京黃埔同學會上作了一次訓話[66]。

蔣介石在談到上海清黨合法性的時候，是從糾正孫中山的聯俄、容共、扶助工農三大政策出發的，他說：聯俄精神意味着蘇聯在反帝鬥爭中平等待我中國，而不等於蘇聯利用這個聯盟控制中國[67]。但莫斯科事實上在執行這種控制政策，這一點蔣介石說他可以從共產黨和國民黨統一戰線的策略推斷出來。他說：至於容許共產黨參加國民黨的政策——共產黨說「聯共」——孫中山想以此達到兩個目的，預防共產主義傳入中國，使共產黨人有機會爲國民革命效力[68]。但是中共

---

[62]《在國民政府建都南京閱兵典禮訓話》，同上，第九二—一〇二頁。

[63]《在遷都國府紀念大會宴會上之演講詞》，同上，第一〇二—一一一頁。

[64]《擁護中央之通電》，同上，第一四九—一七三頁。

[65]《敬告全國國民黨同志書》，同上，第一四九—一七三頁。

[66]《在黃埔同學會會員大會訓話》，同上，第一一二—一四二頁。

[67]同上，第一〇五頁，第一一九—一二〇頁。

[68]同上，第六一頁；參見：第一六七頁。

的思想是不允許第二個黨存在的，因此總是要想盡一切辦法消滅這個黨[69]。中共在國民黨中的寄生政策，目的是擴大影響，搞垮國民黨，推翻國民政府；統一戰線將引導中國步入某個國家的陷阱，結果引起了其他國家敵視中國[70]。中國共產黨受共產國際的控制，而共產國際不過是蘇聯的工具。共產黨在許多國家製造的革命是為共產國際企圖控制全世界的目的服務的，中國如不願受外來民族的欺壓，必須首先消滅共產黨[71]。

上海總工會不是為工人利益服務，它強迫工人違背自己的願望舉行罷工，在後方製造混亂，破壞國民革命。正是為了工人的利益，必須解散總工會及其工人糾察隊，解除他們的武裝[72]。國民黨贊成一切階級合作，因此反對無產階級專政，反對使用暴力，例如用武裝暴動，奪取政權[73]。

蔣介石繼續說，中國的國民革命雖然是世界革命的一個組成部分，但是中國必須根據自主的原則，為了自身的利益參加世界革命；中國不能屈從於「鮑羅廷皇帝政府」的領導，鮑氏朝思暮想搞垮國民政府，消滅國民黨[74]。蔣介石說，有人指責他是「新軍閥」，這是惡意的、可笑的誹

---

[69] 同上，第九八頁、第一二八頁。

[70] 同上，第五八—五九頁，第九三頁。

[71] 同上，第一四四—一四五頁（一九二七年五月二日在南京總部紀念會上的講話）。

[72] 同上，第七〇—七一頁，第一二九—一三三頁。

[73] 同上，第六〇—六一頁。

[74] 同上，第六〇、六一頁，第一二〇—一二一頁；關於鮑羅廷見：第一〇六—一〇七頁，第一二二—一二五頁。

謗⑮，但他公開承認，他永遠是共產黨的敵人⑯。官兵應該在他的領導下眞正爲黨、爲國、爲人民戰鬥和犧牲⑰。國民黨的⑱「偉大任務在於拯救中國，黨在，國在，我亦在；黨亡，國亡，我亦亡。」⑲

我們在前面已經敍述過孫中山逝世後的軍事政治形勢，因此這裏無需回答：爲什麼蔣介石現在才認識了他所說的共產國際、鮑羅廷和中國共產黨人執行的政策。

四月十八日，武漢國民黨也召開了中央執行委員會特別會議，大會斥責蔣介石是「孫中山的叛徒，黨和民眾之蟊賊」⑳。中央執行委員會在四月十八日發給國民黨黨員的指示中指出：蔣介石把自己看成英雄，夢想獨裁，長期以來早有叛變準備。一九二六年三月二十日事件是他公開叛

⑮ 同上，第六六頁，第一〇九—一一〇頁。

⑯ 同上，第一六九頁。

⑰ 同上，第一〇二頁。

⑱ 蔣介石：《敬告全國國民黨同志書》，一九二七年四月一八日，臺灣臺北國民黨發表時作了很大的删改和變動；原文收於《禍國史料》，在史料上此處不是「國民黨」，而是「中正」，卽蔣介石，（第一卷，第二八〇頁）；參見：《蔣胡最新言論集》，見本書第二六五頁㊳，第一集，第一七一頁。

⑲ 同上，第一七一頁。

⑳ 《汪精衞等討蔣介石通電》，見：《中國國民黨史資料滙集》，見本書第一〇九頁⑮，第二集，（一）文件二一。

黨、叛國的第一步。當時同志們經過長時間討論，考慮到面臨的戰鬥任務，期望他能改弦更張。但自蔣介石到達南昌以後，即開始鎮壓工農運動，謀求與北方妥協。蔣賊的反革命行徑更隨着解除工人糾察隊武裝和進行上海大屠殺達到了頂點。一切同志都必須認識嚴懲蔣介石的原因以及他叛黨叛國的事實，以便團結一致把蔣介石和像他這樣的反革命分子徹底清除出黨[81]。蔣介石接着被開除出黨，武漢國民政府下令通緝蔣介石[82]。

斥責蔣介石是叛徒，開除他出黨，通緝蔣介石等等不過起了宣傳作用；上海事件、國民政府建都南京後，武漢已失去了軍事、政治和經濟意義。武漢與外界的聯系被切斷，失業人數迅猛增加[83]。物價上漲，工人生活日益貧困。武漢處在被包圍的形勢。「面對這樣惡劣的形勢」，四月

---

[81] 《對全體黨員之訓令》，一九二七年四月一八日，同上，文件一九；德文見：《國民黨中央和國民政府聲明》，見：《國際新聞通訊》，第四六期（一九二七年四月二九日），第九四八－九四九頁；參見：《爲什麼要打倒蔣介石》，湖南總工會宣傳部，一九二七年四月二四日，見：《近代史資料》，第二期，一九五四年，第一二〇－一二五頁。

[82] 《武漢國府通緝蔣介石文》，見：《中國國民黨史資料滙集》，見本書第一〇九頁[15]，第二集，(一)文件二〇；《武漢政府命令》，見：《國際新聞通訊》，第四三期（一九二七年四月二二日），第八八五－八八六頁。

[83] 《武漢失業工人概況》，見：《嚮導》，第一九五期（一九二七年五月八日），第二一二九－二一三〇頁。

二十日鮑羅廷在武漢國民黨中央執行委員會政治委員會的一次會議上提議「必須採取臨時策略退卻措施」[84]。

「總而言之：我們被反革命出賣了，目前我們沒有力量反對帝國主義，因此必須撤退……。」[85]

八　共產國際：「蔣介石是被收買的叛徒」

對於中國革命意義重大的一九二七年四月十二日上海事件發生後，第一個公開作出官方反應的不是中國共產黨[1]，也不是共產國際駐中國代表團[2]，而是莫斯科的共產國際執行委員會，這

---

[84]《鮑羅廷外交退却報告》，一九二七年四月二〇日，見：《禍國史料》，見本書第四四頁[26]，第一卷，第二九九頁。

[85] 同上，第三〇〇頁。

[1]《中國共產黨爲蔣介石屠殺革命羣衆宣言》，一九二七年四月二〇日，見：《嚮導》，第一九四期，第二〇五—二〇七頁；參見：《關於繼續進行北伐的決議》，一九二七年四月一六日，漢口，見諾恩／尤金：《羅易赴華使命》，見本書第三一八頁[49]，第一七六—一七七頁。

[2]《第三國際代表團爲帝國主義威脅武漢及蔣介石背叛宣言》，一九二七年四月二二日，見：《嚮導》，第一九四期，第二〇〇四—二〇〇五頁；英文見諾恩／尤金，同上，第一八三—一八五頁。

是共產國際迄今爲止特別是這次「反革命政變」後錯誤判斷和估計中國形勢愚蠢行爲的典型反應；由此產生的共產國際對中國以後幾個月的策略，使得已經造成的錯誤更爲嚴重。下面我們詳細談一談這個問題；另外再根據當時的文章談一談有關的反應和分歧。

上海事件後，從一九二七年四月十五日至五月十八日國際第八次全會的召開，共產國際對待中國革命集中在以下幾個問題：1.無產階級在上海事件之前對待蔣介石的態度以及對北伐的支援。2.共產黨和國民黨在民族革命統一戰線中的相互關係以及共產黨退出國民黨問題。3.工人階級在上海遭到第一次失敗後的中國未來路線。圍繞這些問題，以斯大林、布哈林爲一方，以托洛茨基反對派爲另一方展開了激烈的爭論。

「我們懷着極大義憤和對劊子手的滿腔仇恨宣布：蔣介石是革命的叛徒，是帝國主義強盜的同夥，是革命國民黨的敵人，是工人運動的敵人，也是共產國際的敵人！」——這是一九二七年四月十五日共產國際執行委員會在第一個號召書上寫下的話❸。

蔣介石的長子蔣經國（是否他人捉刀，不得而知）在寫給他父親的一封信中說：「你說過，

---

❸《蔣介石叛變。打倒帝國主義戰爭！反對扼殺中國革命！共產國際執行委員會告全世界無產者和一切被壓迫民族書》，一九二七年四月一五日，見：《國際新聞通訊》，第四一期（一九二七年四月一六日），第八六〇頁。
另見洪貝爾特—德羅茲、斯梅拉爾、庫西寧、墨菲：《聲明：蔣介石是叛徒》，一九二七年四月一五日，同上，第八六一頁；《上海、杭州和福州事件》，同上，第八一—八六二頁。

捍衞工人和農民的利益是你的任務，保護全世界無產階級是你的天職，可是現在你不這麼說了。我相信，原因是你拿了一千五百萬美金。」蔣經國在信的結尾寫道：「我們之間的父子關係全部了結。今後我如能見到你，只能是敵人的相遇。」❹

共產國際觀察上海事件是從世界範圍出發的，它認爲帝國主義是罪魁禍首：現在帝國主義正要把世界拖進「新的世界大戰的無比苦難的深淵之中」，正準備「反蘇戰爭」，正準備由國際聯盟和第二國際的領袖們掩飾的「新的大屠殺」❺。因爲，帝國主義者要達到干涉中國無產階級革命的目的，就必須在中國擡出一個「民族英雄」，並且爲了使中國人民免受布爾什維克「野蠻人」的傷害必須保護這個「英雄」。而這樣一個受布爾什維克壓迫的「民族英雄」的角色，由北伐中贏得桂冠的蔣介石來扮演是最合適不過了❻。「蔣介石的叛變並不是一個人的罪行」，蔣氏同中國大資產階級有着千絲萬縷的聯繫，他不過是實現了他們的意志❼。帝國主義的企圖是窒息中國

---

❹《蔣介石之子寫給父親的信》，蔣經國，共產主義青年團團員，中山大學學生，見：《國際新聞通訊》，第四五期（一九二七年四月二六日），第九二四頁；參見：《蔣介石之子的聲明》（莫斯科，一九二七年四月二〇日），見：《國際新聞通訊》，第四三期（一九二七年四月二二日），第八八六頁。

❺《蔣介石叛變。……》，見本書第三二六頁❸，第八五九、八六〇頁。

❻《民族革命運動的危機》（社論），見：《共產國際》，第一七期（一九二七年四月二六日），第八〇六頁。

❼同上，第八〇一頁。

革命，中國大資產階級倒向反革命營壘，蔣介石發動上海事件，「對於共產國際都不是意料之外的事」❽。

其實，共產國際的處境是相當尷尬的，因爲它在上海事件前不久還堅決駁斥了關於統一戰線破裂、關於蔣介石同武漢國民黨左派意見分歧的一切謠言，根據就是蔣介石一九二七年三月的聲明。

可是《共產國際》的社論《民族革命運動的危機》現在又說，事實上蔣介石只是暫時被迫讓步，聲明總司令有責任服從國民政府和國民黨的領導。社論在這裏還補充一句說：「可是共產黨人一刻也沒有相信聲明出自眞誠的心願……」❾。因爲蔣介石早就和張作霖站在同一條戰線上反對革命，他早就暗示過同張作霖有可能進行和平妥協❿。一九二六年三月二十日事件在社論中也作了全新的解釋。

---

❽ 同上；參見廖漢醒：《人民叛徒蔣介石與革命的國民黨》，見：《國際新聞通訊》，第四二期（一九二七年四月一九日），第八六三頁；A・施特茨基：《中國革命的轉折點》，見：《國際新聞通訊》，第四三期（一九二七年四月二二日），第八八五頁。

❾ 《民族革命運動的危機》，同上，第八〇三—八〇四頁。

❿ 《上海事件》，《眞理報》社論，一九二七年四月一五日，見：《國際新聞通訊》，第四一期（一九二七年四月一六日），第八六一頁。

社論說，共產國際和中國共產黨沒有忘記，蔣介石在一九二六年三月已經作過一次「反革命政變」的嘗試⓫，換句話說，上海事件是蔣介石一九二六年三月二十日試圖完成的行動的一次重複⓬。爲什麼共產黨人在當時不去反對蔣介石，反而繼續支持蔣介石呢？「因爲他在這次嘗試之後又參加了革命的北伐，共產黨人當時又沒有強大到足以把他立即排除掉的程度；共產黨人還想爭取時間，等待工農運動的迅速高漲。」⓭革命者沒有採取反抗行動，因爲他們不想在北伐軍進軍當中由於內部的鬥爭而危及統一戰線；因爲他們希望蔣介石能回心轉意，恢復理智⓮。

共產黨人對待蔣介石的態度問題——共產國際現在說蔣代表了資產階級——實質上，也就是「無產階級對待中國革命的態度問題」。

考慮到這樣的事實：「上海事件」是一九二六年三月二十日「反革命政變」的重複，而蔣介石又在北伐中贏得了桂冠，人們不禁要問：對共產國際來說，支持蔣介石的路線不是一個致命的策略錯誤嗎？

⓫《民族革命運動的危機》，見本書第三二八頁❾，第八〇二頁；廖漢醒：《人民叛徒……》，見本書第三二八頁❽，第八六三頁。

⓬L・黑勒：《階級鬥爭與中國民族陣線》，見：《國際新聞通訊》，第四八期（一九二七年五月六日），第九九三頁。

⓭《民族革命運動的危機》，見本書第三二七頁❻，第八〇二頁。

⓮廖漢醒：《人民叛徒……》，見本書第三二八頁❽，第八六四頁。

A・施特茨基在題為《鬥爭的辯證法》一文中否定了這個問題。具有諷刺意味的是他在文中所依據的正是列寧在國際第二次代表大會上提出的如何對待殖民地資產階級民主運動的論點⑮。他說，中國資產階級，蔣介石代表了其中的一大部分，是革命的，它既反對外國帝國主義，也反對以軍閥統治為代表的封建主義。所以，只要形勢不發生變化，共產黨和工人階級理應支持資產階級的民族革命運動，同資產階級在統一戰線中共同行動。「同樣，中國共產黨如何對待蔣介石的問題也是根據這個思想解決的。只要蔣介石反對帝國主義者，反對中國北方的封建主義者，組織軍隊與帝國主義、封建主義進行鬥爭；只要他領導旨在擴大民族運動根據地的北伐，把中國的大片領土和最重要的工業區從軍閥的統治下解放出來，蔣介石就是做了革命工作。中國共產黨就必須支持他進行這場革命鬥爭。」⑯

為了證明這個論點是怎樣的反列寧主義，我們不妨引用一下艾興瓦爾德的重要文章《共產國際在中國的策略路線》中的一段話，這篇文章本來是針對反對派寫的。他寫道：「任何一個共產黨員，一個無產者，一個農民，一個勞動者都不可以有片刻的迷惑，把蔣介石反對北方軍閥的軍

⑮ A・施特茨基：《鬥爭的辯證法》，見：《國際新聞通訊》，第四七期（一九二七年五月三日），第九七一頁。

⑯ 同上，第九七二頁。

事行動看成是反對帝國主義的戰爭。」⑰但是，艾興瓦爾德又從另一個角度爲支持蔣介石的路線辯護說：中國共產黨的任務是在支持反對帝國主義及其走狗的北伐中利用開展羣眾運動的可能性。因此，支持北伐是羣眾運動路線的必要前提⑱。

這個想法雖然符合共產國際的路線，也符合事實，但是必須考慮以下幾點：首先，北伐中工農運動的發展並不能與國民革命軍的迅速推進並駕齊驅。布哈林說過：「工農羣眾的壓力，工農運動的發展已經證明可以強大到足以使大資產階級倒向反革命營壘，但不能強大到足以在戰場上擊敗民族自由運動的叛逆」。⑲其次，組織工農運動，奪取運動領導權的方針⑳證明是一個策略錯誤。因爲中國革命的特點之一，正如斯大林所說，是武裝的革命反對武裝的反革命㉑。我們在下面還要進一步談到這個問題。

---

⑰ A・艾興瓦爾德（莫斯科）：《共產國際在中國的策略路線》，見：《國際新聞通訊》，第五二期（一九二七年五月一七日），第一一一九頁。

⑱ 同上，第五一期（一九二七年五月一三日），第一〇八四頁。

⑲ 布哈林：《中國民族革命運動的危機與工人階級的任務》，見：《國際新聞通訊》，第四五期（一九二七年四月二六日），第九二一頁。

⑳ 艾興瓦爾德：《……策略路線》，見前⑰，第五一期，第一〇八四頁。

㉑ 參見毛澤東：《戰爭和戰略問題》（一九三八年一一月六日），見：《毛澤東選集》，中文版第二卷第五〇八頁。

艾興瓦爾德支持北伐的論點歸納起來就是：「利用今天存在的一切力量，反對帝國主義及帝國主義在內部的同盟者，並且要成爲這些力量的領導者，這就是中國無產階級的策略總路線，也是共產國際爲之奮鬥的策略原則。」㉒艾興瓦爾德在評價無產階級對民族資產階級的策略時，運用了共產國際第二次代表大會通過的列寧的論點㉓，反對派也引用了這個論點。

艾興瓦爾德說，列寧認爲，共產黨人可以「在一段時間內」同資產階級民主派達成「妥協」，建立「聯盟」，當然只能在這樣的條件下進行，無產階級運動「一定要保持獨立性」，就是說「必須保持它的階級面貌」，絕對不允許阻止以革命思想教育和組織農民和廣大受剝削的羣眾。這才是問題的核心㉔。

但是，北伐以來的事件過程證明情況恰恰相反，因此艾興瓦爾德對列寧這個論點的解釋是錯誤的，是欺騙人的。

至於說「蔣介石發動上海事件對於共產國際不是意料之外的事」，這一點倒是可以毫無例外地在上述那段時期的共產國際期刊的所有文章中找到根據，例如十二月十六日共產國際第七次全會通過的《關於中國形勢問題的決議》就有這一段話：「目前，運動處於向第三階段過渡的時

㉒ 艾興瓦爾德：《……策略路線》，見本書第三三一頁⑰，第一〇八一頁。
㉓ 同上，第一〇三一頁。
㉔ 同上。

期，處於階級力量重新改組的前夜。在這一發展時期，運動的基本力量將是革命性更強的聯盟——無產階級、農民和城市小資產階級的聯盟，同時把大部分大資產階級排除在外……。」㉕

根據這一段話，似乎可以說共產國際預見到了資本主義的資產階級將在革命的下一個階段，即第三階段向反革命營壘過渡。但是，上面提到過的《共產國際》的社論卻補充說，「準確的時間沒有提出，自然也是無法提出的。」㉖

預見，如果不同一定的政治結論相聯繫，那末預見不過是一句空話㉗。在這裏有必要再引用一段施特茨基的話，當然，這段話不是像他在同反對派爭論時所理解的那個意思：革命政黨的責任——施特茨基應該寫「共產國際作爲世界革命總參謀部的責任」——是及時地估計形勢的變化。革命政黨必須及時地確定每一個革命發展程度的特點，準確地判斷階級的組成，以便考慮形勢的特殊性，忠實於自己的主要目標，改變自己的策略，規定具體的任務以及對各個階級、政黨、派別和領袖人物的態度。「如果說一個革命政黨的戰略任務及其在革命中的戰略路線是長期

㉕ 施特茨基：《中國革命的轉折點》，見：《國際新聞通訊》，第四三期（一九二七年四月二二日），第八八五頁；《上海事件》，《眞理報》社論，見本書第三二八頁❿，第八六〇頁；施特茨基：《鬥爭的辯證法》，見本書第三三〇頁⓯，第七九二頁；艾興瓦爾德：《……策略路線》，同前，一〇八一頁。

㉖ 《民族革命運動的危機……》，見本書第三二七頁❻，第八〇一頁。

㉗ 托洛茨基：《中國革命和斯大林同志的提綱》（一九二七年五月七日），見：《中國——被扼殺的革命》，柏林，一九七二年，第一卷，第七〇—七一頁。

的，那末它的策略任務和策略行動可以在二十四小時內加以改變。」㉘

現在遇到的問題已不是動搖問題，而是「準備中的反革命行動」。無產階級當然應該積蓄自己的力量，加強自己的組織，準備發生直接衝突。然而，當「反革命政變的跡象」已經非常明顯，共產國際，正如曼達梁所說，在一九二七年三月底還指示中國共產黨：考慮到非常不利的階級對比關係，首先不要進行公開的鬥爭，在緊急情況下把上海工人的武裝收藏起來，在任何情況下都不要危及中國的統一戰線。所以，毫不奇怪，上海工人在幾小時內就被解除了武裝。

共產國際對「上海事件」的最初表態不僅積極爲共產國際執行委員會第七次全會所代表的路線辯護，而且——這一點應該特別指出——也爲中國共產黨「正確選擇的路線」辯護。

上面提到的《共產國際》社論說，共產國際正確地估計了中國的階級力量對比，國家發展程度和國際形勢。因此，共產國際執行委員會第七次全會認爲，下一階段的革命是無產階級領導下的無產階級、農民和城市小資產階級的民主專政；全會並指出了非資本主義發展的前途。在此唯一正確的通向社會主義的道路上，中國共產黨把民族自由運動引向不妥協的反帝鬥爭，從而逐步獲得了這場運動的領導權。中國共產黨正是由於正確地選擇了這條路線，它的影響才在中國人民羣眾中迅速增長，帝國主義才不能不鞏固它的陣線，瘋狂地準備消滅中國革命㉙。所有這一切，

㉘ 施特茨基：《鬥爭的辯證法》，見本書第三三〇頁⑮，第九七一頁。

㉙《民族革命運動的危機》，見本書第三二七頁❻，第八〇五、八〇六頁。

共產國際說都是它事先預見的。

共產國際執行委員會第七次全會《關於中國形勢的決議》指出，中國革命處於新的第三階段過渡的時期。關鍵問題是中國共產黨如何完成這個艱巨的過渡。與此相聯繫全會還討論了中國共產黨和國民黨的相互關係，卽內部聯盟政策問題。

社論接着說，這裏有兩條道路可供選擇：一條是脫離國民黨，把無產階級置於同民族自由運動相對立的地位（這個運動誠然是由一個不可靠的政府和總參謀部領導的）。這樣做，無產階級注定會在劇烈的革命衝突時刻遭到失敗。這條道路必然會在客觀上大大促進反革命勢力的增長。因此，共產國際執行委員會第七次全會斷然拒絕了這條道路，而選擇了另一條道路——就是鞏固國民黨左派，爲國民黨左派創造工農基礎，在擴大工農要求的情況下繼續發展工農運動，通過共產黨人和國民黨左派黨員逐步取得政府和軍中有影響的職位。「這條道路使得中國共產黨有可能將革命不僅自下地而且自上地向前推進……」㉚

嚴格的階級劃分，自上推進革命促使蔣介石及其同夥早於帝國主義者先動手發動了上海政變，而爲了不惜一切代價地維護統一戰線，上海工人沒有爲四月十二日的直接衝突積蓄力量，反而藏起了武器。施特茨基又爲此辯護說：「但是中國共產黨不願強制推行事件的發展。共產黨和

㉚ 同上，第八〇三頁。

國民黨左派的任務在於，在反對帝國主義、反對軍閥的鬥爭中盡可能地利用資產階級。他們的策略路線是在積蓄足夠的力量之前，在工農組織得到鞏固之前，不要過早地過渡到反對資產階級的鬥爭。」㉛

上海事件後，中國共產黨鑒於中國資產階級竭力組織「僞造的反革命的國民黨」和「僞造的反革命的國民政府」自然不願將國民黨的旗幟交給國民黨，而是把國民黨繼續變成一個工人和農民的羣眾組織㉜。因此：「共產國際在目前情況下的任務不是修正它的策略總路線，而是在現在形勢下，繼續執行、加深和運用它的策略總路線。」㉝現在，在中國，革命的進程已經把工人問題提到議事日程上了㉞。

這兩點，保持同國民黨的統一戰線，發展工農運動，決定了共產國際在目前發展階段的路線；也是布哈林和斯大林詳細闡述同時與反對派發生激烈爭論的兩個問題。

布哈林稱蔣介石的政變是中國民族革命運動的一次危機。他說，階級力量一旦重新組合，形

㉛ 施特茨基：《中國革命的轉折點》，見本書第三三三頁㉕，第八八五頁。

㉜ 同上。

㉝ 艾興瓦爾德：《共產國際在中國的策略路線》，見本書第三三一頁⑰，第一一一九頁。

㉞ 施特茨基：《……轉折點》，同上，第八八四頁；艾興瓦爾德：《……策略路線》，同上，第一〇八二頁。

勢就會發生徹底變化。根據他對「事件的階級分析」，認爲，目前的傾向是由三個營壘倒退成兩個營壘，在民族大資產階級、一部分封建勢力和外國資本主義聯盟的「新的基礎」上，反對工人、農民和激進的小資產階級的「左派聯盟」。關於這兩大營壘在新情況下的力量對比關係，布哈林寫道：我們無論如何不應忘記，國民黨中央執行委員會的大多數委員屬於「左派」，武漢政府現在是一個「左派聯盟」政府，這個政府毫無疑問會成爲吸引廣大羣眾的中心；軍隊的大部分擁護武漢政府，反對蔣介石政府，還有馮玉祥的部隊尚未參加戰鬥。也許還會發生意料不到的事，發生動搖甚至個別人的叛變，但是比這些更強大的是階級鬥爭的邏輯，是反帝鬥爭的邏輯㉟。

布哈林依據他對中國新形勢的過高估計說：「因此，特別是現在退出國民黨的策略是荒謬的。農民、小資產階級的大部分和工人通過現實的共同利益的紐帶已經長期聯繫在一起，而且它們的聯盟有着持久的基礎。」㊱

布哈林認爲，從這個策略出發中國革命在目前發展階段的任務：今天主要應開展廣大的羣眾運動，「大膽進行土地革命」，繼續發動無產階級的羣眾運動，加強軍隊的政治工作，加速進行組織羣眾的工作，武裝工人和農民，爭取國民黨黨員，用一切力量加強共產黨，所有這些任務現

㉟ 布哈林：《中國民族革命運動的危機與工人階級的任務》，見：《國際新聞通訊》，第四五期（一九二七年四月二六日），第九二一頁。

㊱ 同上。

在必須提到首位㊲。

關於「大膽進行土地革命」這一點，布哈林雖然說，農民羣眾的生氣勃勃的力量決定着偉大鬥爭的結局，但又補充說：「必須儘量避免使中國人民的敵人藉口叫嚷中國『蘇維埃化』的組織形式。必須估計到這一點，因爲中國反革命走狗們會聲嘶力竭地叫嚷，『俄國共產黨人』要把他們『俄國』的情況搬到中國了……」㊳

這種對土地革命或羣眾運動發生「左」傾的害怕心理也反映在斯大林的文章《中國革命問題》中，這是斯大林第一篇就中國革命失敗原因與托洛茨基論戰的文章，也是闡述共產國際未來策略的文章。

斯大林拒絕反對派關於立即在中國成立蘇維埃的要求，不僅由於眾所周知的兩點原因：1.蘇維埃「只有在革命浪潮特別高漲的時期才能成立」；2.成立蘇維埃這個像一九〇五年和一九一七年奪取政權的戰鬥組織意味着提出反對革命的國民黨政權的戰鬥口號。斯大林拒絕反對派的要求更由於下面非常明顯的原因：「這就是說，給中國人民的敵人以新的武器來和革命作鬥爭，來製造新的傳奇，說中國現在不是在進行民族革命，而是在人爲地移植『莫斯科的蘇維埃化』。」㊴

㊲ 同上。

㊳ 同上。

㊴ 斯大林：《中國革命問題——聯共（布）中央批准的給宣傳員的提綱》，見：《國際新聞通訊》，同上，第九二三—九二四頁；關於這個提綱的引文均見《國際新聞通訊》；參見：《斯大林全集》，中文版第九卷，第二〇六頁。

斯大林和布哈林的言論明顯說明，他們害怕「大膽進行土地革命」，因爲羣眾運動激烈「左」傾會危及中國民族革命的統一戰線。我們必須記住他們兩人的言論，不僅因爲當時制定的在「第三階段」動員羣眾的路線由於路線本身的矛盾最終難於貫徹，而且害怕大膽進行土地革命或激烈的羣眾運動後來又被說成是中國共產黨在一九二七年中國革命失敗中的主要錯誤之一。

此外，斯大林同以往一樣斷然拒絕反對派關於共產黨員退出國民黨的要求。他在長篇論述中不得不首先爲直到「上海事件」時爲止的「內部聯盟政策」（黨內合作）辯護，並且從這個政策「已經證明」的正確性中推斷出中國革命「第三階段」繼續執行內部聯盟政策的路線。

中國革命的第一階段，北伐時期，按斯大林的說法是「全民族聯合戰線」的革命。蔣介石在一九二六年三月企圖把共產黨人趕出國民黨反映了這段時期革命和民族資產階級的對立。當時蘇共（布）中央制定的路線就是讓中國共產黨員留在國民黨內，把國民黨右派驅逐出國民黨（一九二六年四月）[40]。「這一條路線使革命進一步展開，使左派與共產黨人在國民黨內和國民黨政府內親密合作，使國民黨的統一鞏固起來，同時揭露並孤立國民黨右派，使之服從國民黨的紀律；如果右派服從國民黨的紀律，就利用他們，利用他們的聯繫和他們的經驗，如果右派破壞這種紀律並背叛革命利益，就把他們逐出國民黨。」[41]以後的事件證明，這條路線是「完全」正確

[40] 同上，第九二二頁。

[41] 同上。

的[42]。

關於這一點，托洛茨基指出，斯大林曾在四月五日（六日）說，人們應利用中國資產階級，然後像對待一個擠乾的檸檬把它扔掉。可是幾天以後，這個被擠乾的檸檬奪取了政權和軍隊[43]。托洛茨基指責斯大林說，斯大林的「利用」觀點用血寫的字載入了中國革命的史册。這是對「以後的事件證明這條路線是完全正確的」這句話的嘲笑，還有什麼可說的呢[44]！

按照斯大林的說法，所謂把中國革命引向第二階段的蔣介石政變促使了兩個陣營的產生：「無產階級和農民革命民主專政機關」的武漢革命的國民黨和南京的蔣介石反革命集團。斯大林說，由此可見，保持國民黨的統一的政策，在國民黨內孤立右派並爲了革命目的而利用右派的政策，已不能適應革命的新任務了。這個政策應當代之以「堅決把右派逐出國民黨的政策，和右派作堅決鬥爭乃至在政治上把他們消滅乾淨的政策，把國家全部政權集中於革命的國民黨、沒有右派分子的國民黨、作爲左派國民黨人和共產黨人聯盟的國民黨手中的政策。」[45]

對於斯大林的可憐結論：在國民黨內「孤立右派的政策」代之以和右派「堅決鬥爭」的政

---

[42] 同上。

[43] 托洛茨基：《關於中國問題的第一次發言》（一九二七年五月），見：《中國——被扼殺的革命》，見本書第二八九頁[57]，第一二五頁；參見本書第三一三頁[36]。

[44] 托洛茨基：《中國革命與斯大林同志的提綱》，同上，第七〇頁。

[45] 斯大林：《中國革命問題》，見本書第三三八頁[39]，中文版第九卷，第二〇八頁。

策，托洛茨基說：「這是在右派黨員『同志』開始用機槍發言後進行的。」[46]「但是現在，當整個帝國主義匪幫及其一切走狗要求把共產黨人趕出國民黨的時候，共產黨退出國民黨是什麼意思呢？」斯大林回答他自己提出的問題說：「這就是說，退出戰場，拋棄自己在國民黨內的同盟者，使革命的敵人稱快。這就是說，削弱共產黨，破壞革命的國民黨，幫助上海的卡芬雅克們，把中國一切旗幟中最受歡迎的國民黨旗幟交給國民黨右派。」[47]

上海事件後，巴黎雜誌《光明》發表了維克多·西爾格撰寫的五篇文章，題爲《中國革命中的階級鬥爭》。西爾格在一九二七年四月底發自列寧格勒的措辭謹愼的《第一封信》中指出，解除武裝以及在上海無產階級身上施行放血手術是一次嚴重的失敗，這並不是不可避免的。人們似乎可以預見到這個危險，消除這個危險。資產階級不可能承認無產階級在民族革命中的領導權，它和它的軍人會毫不猶疑地用機槍和處決來破壞民族革命運動的統一，這本不奇怪，如果發生了相反的情況，倒是值得奇怪了[48]。

關於內部聯盟政策的辯論，按西爾格的意見，「涉及到兩個基本事實」：1.不論在國民黨內

[46] 托洛茨基：《中國革命與斯大林同志的提綱》，見本書第三三三頁[27]，第七〇頁。

[47] 斯大林：《中國革命問題》，見本書第三三八頁[39]，中文版第九卷，第二〇六頁。

[48] 維克多·西爾格：《第一封信》，列寧格勒，一九二七年四月底，見：《一九二七年中國革命中的階級鬥爭》，法蘭克福，一九七五年，第三七頁。

還是在國民黨外，中國共產黨絕不能停止執行獨立的無產階級政策；2.關鍵問題在於事實上的力量對比關係，而不是形式上隸屬國民黨。如果無產階級在民族革命中強大和主動到足以使自己的黨成爲眞正的領導力量，那麼無產階級的政黨也可以同國民黨採取卡特爾形式，甚至可以同國民黨聯合起來，而不放棄自己的任何一個原則。一個共產黨絕不允許在日常行動中以另一個階級的綱領來代替自己的綱領[49]，否則就要受到失去生存權利和黨員的懲罰。這裏，西爾格是以列寧的論點爲依據的，這也是艾興瓦爾德在上面引用過的論點。西爾格繼續指出：

> 蔣介石事件向中國無產階級說明，他們只能自己靠自己。如果他們先前對自由資產階級還存在幻想，那麼現在這些幻想完全破滅了。這一課，一定會爲人們所理解[50]。

可是斯大林的文章說明，他並沒有理解這一課。

托洛茨基在《中國革命與斯大林同志的提綱》一文中指出，中國革命的四月失敗不僅是機會主義路線的失敗，而且是官僚主義領導方法的失敗[51]。斯大林的提綱使得已有的錯誤永久化了[52]。至於說中國資產階級是反對帝國主義的，這不過是毫無內容的老生常談。中國資產階級在小資產

---

[49] 同上，第三八、三九頁。

[50] 同上，第四〇頁。

[51] 托洛茨基：《中國革命與斯大林同志的提綱》，見本書第三三三頁[27]，第五七頁（參見：《關於中國問題的決議》，一九二七年四月，同上，第五〇—五二頁）。

[52] 同上，第五五頁。

階級民主主義者幫助下進行反帝鬥爭，其目的是利用這個鬥爭與帝國主義結成反對工人的聯盟。北伐加強了資產階級的力量，削弱了工人的力量[53]。蔣介石做了共和自由黨人卡芬雅克將軍的工作，卡芬雅克如果沒有賴德律·洛蘭，路易·勃朗和其他空談家也是不能組成廣泛民族陣線的。在中國，汪精衞、中共領導人、尤其是共產國際的監察員扮演了這個角色[54]。

「中國革命在上海政變以前走的是一切先前資產階級革命的典型道路。」托洛茨基作出這樣的判斷是根據列寧的論點，因爲列寧說過：「一切資產階級革命中的一切資產階級政客，都是用諾言來『款待』人民和愚弄工人。」托洛茨基說，領導的錯誤使得中國革命踏上資產階級革命道路，「宛如輕車熟路」[55]。

接着，托洛茨基在文章中詳細論述了中國發展的非資本主義道路、中國共產黨獨立政策和創建蘇維埃等問題。所有這些問題，季諾維也夫——一九二六年之前共產國際主席，一九二五年以後反斯大林派領袖，一九二七年被開除出蘇聯共產黨——在《關於中國革命的提綱》中都詳細談過，季的文章是在上海事件之前寫成、一九二七年四月十四日交給俄國共產黨中央委員會政治局的。由於季諾維也夫的提綱所涉及的是反對派對中國革命問題的第一個全面的、同時又是原則性

---

53 同上，第六八頁。

54 同上，第七二—七三頁。

55 托洛茨基：《關於中國問題的第一次發言》，同上，第一二三頁。

的立場，也就是說一個原則聲明，又由於這個提綱對於當時的爭論，尤其是對於後來關於中國革命失敗原因的爭論具有很大的歷史意義，因此有必要在下面詳細談一談這個提綱的要點：

(1)

革命的歷史證明，任何一個資產階級民主革命，如果不在一開始就轉入社會主義革命，必然會走上資產階級的反動道路。這條規律像一條紅線貫穿於所有大革命的進程（一八四八年，一九〇五年，一九一八年）[56]，中國革命也是如此[57]。列寧提出的、共產國際第二次代表大會通過的提綱「已經給了我們解決中國革命所有策略基本問題的鑰匙」[58]。

(2)

中國的非資本主義的、卽社會主義的發展只有在工人階級眞正成爲一個爲自己戰鬥的階級，只有在工人階級成功地把運動的領導權完全從資產階級手中奪過來並且使小資產階級追隨自己的

[56]《季諾維也夫同志關於中國革命的提綱》（一九二七年四月一四日），見托洛茨基：《中國——被扼殺的革命》，見本書第二八九頁[57]，第二五四頁。

[57] 同上，第二五八頁。

[58] 同上，第二五七頁。

時候才有可能。而這一切也只有在中國民族解放運動的陣營內進行激烈的階級劃分才能實現。把中國革命統一戰線的策略解釋爲無產階級和資產階級的聯盟，把國民黨說成「四個階級聯盟」政府，說明人們已經放棄了中國非資本主義的社會主義發展的遠景59。

按照列寧的解釋，落後國家非資本主義發展的前提是在東方立卽建立蘇維埃。如果人們還記住列寧的這個論點，注意到蘊藏在中國勞動羣眾心中的居然佔領了上海的巨大力量，那麼，季諾維也夫推論道，就應該在中國提出蘇維埃口號60。

(3)

無產階級運動階級獨立性的思想，特別是在殖民地半殖民地國家建立獨立的無產階級政黨的思想，是列寧關於世界革命的基本學說之一61。季諾維也夫在這裏不僅依據了列寧的言論62，他在談及中國共產黨和國民黨的相互關係時還以馬克思在《揭露科隆共產黨人案》中的言論爲基礎63。季諾維也夫論證說，正是這些馬克思列寧的基本原則，人們不應該在今天的中國忘記了，

59 同上，第二六一頁，第二六三－二六四頁。
60 同上，第二六四－二六六頁；參見：第三〇二－三〇六頁。
61 同上，第二六六頁。
62 同上，第二六八頁。
63 同上，第二六八－二六九頁。

如果人們不願離開布爾什維克道路的話[64]。

根據這些原則精神，季諾維也夫認爲中國統一戰線的核心問題是中國共產黨同國民黨的「內部聯盟政策」。

他說，國民黨的正式思想是孫中山的學說，中國共產黨不能批評這個學說，但是它同馬克思主義又沒有共同之處。按照季諾維也夫的分析，孫中山主義乃是中國的民粹主義＋民族主義＋立憲主義；孫中山主義的進步、民主特徵首先在於它要求中國民族統一，因此，在一定程度上也可以說，在於它要求農民革命[65]。人們可以也應該把孫中山看成中國革命一定階段無產階級革命的同盟者，但是必須清楚看到，孫中山主義不可能也不應該是中國無產階級的思想，中國無產階級的思想只能是馬克思列寧主義。是馬克思主義還是孫中山主義？這就是問題之所在[66]。

中國共產黨是國民黨的一個組成部分，這樣說是很含糊不清的，在人民眼中共產黨人就要爲國民黨的一切行動負責，包括那些反對工農的行動，因爲共產黨人放棄了對國民黨的尖銳批評。在向人民羣眾進行宣傳時，共產黨人從來不或者幾乎不以共產黨的名義出現，總是以國民黨的名義出現。這樣在和羣眾交往時常常失去了黨的共產主義面貌。一句話，共產黨成了國民黨的附

---

[64] 同上，第二六八—二六九頁。

[65] 同上，第二七三—二七四頁，第二八八頁。

[66] 同上，第二七五頁。

庸[67]。中國共產黨這種在政治上和組織上對國民黨的依附關係使得這個黨不可能完成它對工人和農民應負的職責[68]。季諾維也夫再一次強調，人們必須徹底實現列寧提出的、共產國際第二次代表大會通過的提綱，因爲只有這個提綱才指出了保證勝利的正確方向[69]。

季諾維也夫說，有人主張先同資產階級結成同盟進行資產階級革命，然後無產階級再開始作爲一支獨立的階級力量以完全獨立的工人階級政黨的面貌出現，季諾維也夫稱這種主張是徹頭徹尾的孟什維主義[70]。因爲，如果聯合是在資產階級領導下進行，那無產階級以後鬥爭條件必然會大大惡化。民族資產階級一旦鞏固起來就會以比目前更爲不利的條件強加給無產階級[71]。

當然也有允許共產黨加入非共產黨的情況，特殊的情況下甚至要求這樣做，例如英國工黨就是這樣。共產國際在第二次代表大會上決定英國共產黨員必須加入英國工黨。但是必須看到，列寧主張英共參加工黨並不是在英國革命處於活躍時期，而是處於相對「和平」階段，可是中國正是革命的高漲階段，運動在發展，工人階級和國民黨中一部分資產階級的矛盾也在不斷增長。再

[67] 同上，第二八八、二八九頁。
[68] 同上，第二八九頁。
[69] 同上，第二九〇頁。
[70] 同上，第二九一頁。
[71] 同上，第二九二頁。

有，人們不應忘記列寧對英國工黨的評語[72]。

有人說，眼下國民黨左派，只要他們同共產黨合作，客觀上就是起了反帝作用。季諾維也夫指出，但是不要忘記，工人成分在國民黨中不占優勢，資產階級分子在國民黨領導中起著重要作用，這些人明天就可能以這樣或那樣方式，以這樣或那樣程度成爲帝國主義的同盟者。國民黨的右翼領袖已經成了帝國主義的同盟者[73]。屬於右翼卽屬於國民黨資產階級分子的蔣介石總司令已經多次證明，他是無產階級運動的公開敵人，是有能力出賣中國革命的人。一九二六年三月二十日他的第一次政變（直到前不久蘇聯工人和整個國際無產階級還不知道有這次政變），絕不是蔣介石和汪精衞的「爭權奪利」，而是階級鬥爭的反映[74]。一九二七年三月蔣介石的最近一次聲明，通常被頌揚是共產黨和國民黨左派的「勝利」，實際上是外交上的一着棋，它同克倫斯基在一段時期對社會革命黨中央委員會所使用的語言一模一樣，所不同的，現在的蔣介石比起當時的克倫斯基掌握了更多的實權[75]。

季諾維也夫說，解決辦法原則上應該是：中國共產黨人可以而且也應該留在國民黨內，「但

---

[72] 同上，第二九五—二九六頁。
[73] 同上，第二九六頁。
[74] 同上，第二七六—二八二頁。
[75] 同上，第二七六頁。

是，只有在列寧允許英共參加工黨的條件下」⑯，就是說，在中國共產黨政治上和組織上完全獨立的情況下⑰。如果共產黨不惜一切代價留在國民黨內，這不僅會導致毫無分寸地頌揚國民黨，粉飾國民黨內的階級鬥爭和掩蓋事實眞相，而且會引起共產國際各黨（包括中國共產黨）迷失方向⑱。

(4)

季諾維也夫像托洛茨基一樣認爲共產黨無條件的責任在於，原原本本地把今天國民黨的眞實情況向反對派和全體工人階級講清楚，向全體國際無產階級經常通報情況，而不要企圖把事實上的階級鬥爭問題通過外交辦法來解決⑲。

從季諾維也夫的提綱可以看出，反對派在工人階級第一次失敗這段時間——從上海政變到共產國際第八次全會的召開——要求「中國共產黨在國民黨內政治和組織的獨立」，實際上也就是要求共產黨人退出國民黨。反對派的這個要求在內容上是同立卽在中國建立蘇維埃的口號相聯繫

⑯ 同上，第二九七頁。
⑰ 同上。
⑱ 同上，第二九八頁。
⑲ 同上，第二八七頁。

的。但是把創建蘇維埃作爲行動口號，在中國當時的情況下看來不甚現實，不僅缺少實現這個意圖的政治基礎，也就是季諾維也夫在提綱中所說的「蘇維埃的根基」⑳，就是階級力量的對比，無產階級本身的組織程度，城市勞動羣眾的聯合程度和聯繫農村無產階級的程度，羣眾的政治覺悟水平，所有這些在當時都不容許中國共產黨迅速號召創建蘇維埃。另外，人們也不應忘記，殖民地半殖民地民族的反帝因素對於教育羣眾起來進行鬥爭具有無比重大的意義。考慮到當時的情況，不提出建立蘇維埃的口號，而提出建立作爲無產階級和農民革命民主專政一種形式的人民革命政權的口號可能更好些；或者作爲過渡，建立這樣一種政權，它可以在共產黨人正確領導階級鬥爭、鞏固無產階級領導和開展土地革命過程中發展成蘇維埃政權㉑。

儘管我們作了一些批評性的說明，但是今天，在中國革命失敗半個世紀以後，也必須強調指出，季諾維也夫對中國革命所作的馬克思列寧主義的分析論據還是比較充分的。一九二七年五月托洛茨基說：「過去不讓對中國革命的理論和策略問題進行公開討論，理由是，這樣的討論正中了蘇聯敵人的下懷。」㉒問題不僅是不讓進行公開的討論，更值得指出的，在共產國際執行委員會第八次全會召開之前俄國共產黨根本不知道有一個季諾維也夫提綱，季諾維也夫本人也不能參

⑳ 同上，第三〇三—三〇四頁。
㉑ 參見季：《半殖民地國家建立內部蘇維埃地區的條件問題》，見：《共產國際》，第八期（一九三五年四月二〇日），第六三六、六三七頁。
㉒ 托洛茨基：《中國革命與斯大林同志的提綱》，同上，第五六頁。

加中國問題的討論。俄國共產黨和共產國際對待中國問題的這種方式很自然的給中國革命造成了損失。

九 一個尷尬的決議——一九二七年五月共產國際執行委員會第八次全會

上海政變以後，正當斯大林、布哈林和托洛茨基、季諾維也夫關於中國革命的爭論在莫斯科激烈進行時，中國共產黨於一九二七年四月二十七日至五月九日在漢口召開了第五次全國代表大會❶。鮑羅廷沒有出席大會，羅易在這次大會上起著頤指氣使的作用。

代表大會本應在第一次失敗的時刻對上海事件以前黨的工作進行總結，闡明革命發展的前景，規定中國共產黨人的今後任務。但是，大會討論的中心卻是關於接受一九二六年十二月十六

❶關於中國共產黨第五次全國代表大會開會和閉會時間有不同說法，根據文件記載和當時的報導，大會肯定是在一九二七年四月二七日至一九二七年五月九日召開的。

參見《國際新聞通訊》發自漢口的消息，但這條消息錯誤的把大會稱爲中國共產黨「第三次」全國代表大會：《中國共產黨第三次全國代表大會》，見：《國際新聞通訊》，第四九期（一九二七年五月一〇日），第一〇三四—一〇三五頁；《中國共產黨第三次全國代表大會》，同上，第五一期（一九二七年五月一三日），第一〇九九頁；《中國共產黨全國代表大會結束》，同上，第五二期（一九二七年五月一七日），第一一二三頁。

日共產國際執行委員會第七次全會《關於中國形勢問題的決議》。

這個決議事先沒有交給全黨討論，因而在第五次全國代表大會召開之前，黨員們並不知道有這個決議❷。當中央委員會委員和黨的積極分子聚會於漢口時（根據羅易一九二七年九月十七日在共產國際東方書記處會議上的報告所說），與會的大多數對共產國際決議案的主要精神都不甚了解，所以形式上決議案也沒有遭到任何人的反對。普遍的意見是，這是一個很好的綱領，但是運用到中國的條件尚需考慮。為了搞清楚綱領的意義，唯一的辦法就是在黨的代表大會上對革命的基本形勢展開廣泛的討論❸。

一直擔任總書記、在這次大會上又重新被確認為總書記的陳獨秀，為展開對中國革命基本問題的討論提出了一個報告，題為《中央委員會政治和組織報告》。在長達五小時的報告中，陳獨秀又一次談了一九二六年三月二十日事件。他說，這是一次武裝行動，是蔣介石帶領他的部下反對汪精衛領導的政府、反對工人罷工委員會的一次軍事行動。三月二十日事件導致了汪精衛的引退，一段時間也削弱了國民黨左派以及在國民黨和軍隊內共產黨人的力量，鞏固了省內反動分子的勢力。蔣介石表達了資產階級脫離革命的願望。共產黨人的這次退卻，其責任在於黨缺乏力

---

❷《第五次全國代表大會時中國共產黨狀況》，見：《共產國際》，第四二期（一九二七年一〇月一九日），第二〇七一頁。

❸同上。

量，缺乏對這次戰鬥的準備。「當然，也應該承認」，陳獨秀退一步說，「在廣州容許了嚴重錯誤的產生」❹。隨着北伐的進行，無產階級反對資產階級的鬥爭也尖銳起來，這主要是因爲資產階級想利用北伐只爲它自己的目的服務。這場鬥爭引起了無產階級和資產階級在上海最終破裂❺。

與此相聯繫，陳獨秀還論述了資產階級在革命中的作用問題，他說：資產階級的背叛從歷史上觀察是屢見不鮮的，資產階級在歷史上背叛了每一次革命。中國資產階級反對軍閥，但是謀求同外國帝國主義妥協，夢想得到帝國主義的施捨；因此它反對無產階級革命，只能短時期參加中國革命。蔣介石代表過左派資產階級，在上海政變後公開反對革命。他的背叛表明了百分之九十九大、中資產階級脫離革命的意向。上海問題也是無產階級和資產階級的相互關係問題。上海的無產階級進行了卓越的鬥爭，但是必須看到，上海不僅是無產階級的堡壘，它也是資產階級極爲重要的中心。卽使上海的無產階級同小資產階級合在一起也只是一支居劣勢的力量，中國共產黨還沒有掌握單獨奪取政權的武裝力量❻。

關於無產階級對小資產階級的關係問題，陳獨秀接着說：小資產階級參加我們的革命常常發

---

❹《中央委員會政治和組織報告——陳獨秀同志報告》，見：《國際新聞通訊》，第五六期（一九二七年五月三一日），第一二二二—一二二三頁。

❺同上，第一二二三頁。

❻同上。

生動搖。無產階級必須對小資產階級作出讓步，以便帶領它前進。「在這個問題上，我們無法執行一九二六年七月中國共產黨中央委員會全會的決議。」❼還有人民的武裝力量沒有組織起來，現在民族政府的武裝力量是由舊軍閥的軍隊組成的，一部分是農民，一部分是流氓無產階級，這些軍隊的軍官是地主階級的後裔，因此軍隊是一支不可靠的力量。軍隊發生動搖有其社會根源，軍隊中的政治宣傳工作就很不夠，不改變軍隊的社會基礎，就不可能改組軍隊❽。

如前所述，陳獨秀自一九二六年六、七月以後就放棄了共產黨員退出國民黨、執行中共獨立政策的要求，但他警告，不要幻想武漢政府已經實現了革命民主專政的原則。武漢政府還不是工人和農民的政府，它只是首腦們的聯盟❾。

目前階段，運動變成了爭奪土地的鬥爭，但陳獨秀補充說：「現在必須沒收土地；同時又必須考慮對小地主作讓步，目前仍有必要同他們結成聯盟。我們不可以陷入極左路線，必須採取中間路線。即使沒收大、中地主的土地，也要等待軍事行動的發展。在目前時刻，唯一正確的解決辦法就是按照革命展開的程度深入革命的原則。」❿

❼ 同上。
❽ 同上，第一二三、一二四頁。
❾ 同上，第一二四頁。
❿ 同上，第一二三頁。

陳獨秀報告中所包含的觀點是同共產國際對中國革命新形勢和繼續發展的樂觀估計相左的，因此毫不奇怪，米夫在一九二七年底把陳獨秀的報告說成是中國共產黨機會主義領導的一個明顯證明，並認爲，陳獨秀完全沒有正確理解統一戰線⑪，陳獨秀關於土地問題的觀點（見諸於第五次代表大會關於土地問題決議中的文字）特別反映了機會主義思想⑫。

具有諷刺意味的是，先由米夫後由共產國際批評的機會主義「中間」路線，大體上與毛澤東在井崗山的經驗相吻合。毛澤東在一九二八年底報告說，邊界對於土地是採取全部沒收、徹底分配的政策；故在紅色區域，豪紳階級和中間階級，同被打擊。政策是如此，實際執行時卻大受中間階級的阻礙。進至革命高漲，農村中才有對於中間階級的積極行動⑬。「全國革命低潮時，割據地區最困難的問題，就在拿不住中間階級。中間階級之所以反叛，受到革命的過重打擊是主因。此問題實在嚴重得很。」⑭

陳獨秀的報告引起了持續數日之久的熱烈討論。在討論共產國際執行委員會第七次全會關於

---

⑪ 米夫：《中國共產黨第五次代表大會》，見：《經濟危機中的中國共產黨》，莫斯科（中山大學），一九二八年，第二六頁。

⑫ 同上，第二九—三〇頁；參見：三九—四三頁。

⑬ 毛澤東：《井岡山的鬥爭》，《毛澤東選集》，中文版第一卷，第六八頁。

⑭ 同上，第六九頁。

中國問題決議時產生了三種不同意見：一種意見認為，共產國際的決議為中國共產黨開闢了新的前景，提出了新的問題。至於決議是否正確，尚不能肯定，但是可以一試。第二種意見，認為決議沒有新的東西。第三種意見則對決議的各點都表示同意⑮。

討論陳獨秀的報告後，羅易發表了好幾篇文章⑯，這位共產國際代表雖然論述了世界政治的偉大前景，但是沒有觸及當前的直接行動任務⑰。

中國共產黨第五次代表大會在寫給共產國際執行委員會的致敬信中說，一九二六年十二月國際第七次全會為中國共產黨指出的前景是唯一正確的，中國共產黨「只有據此才能領導工人階級和中國革命。建立無產階級、農民和城市小資產階級的民主專政完全符合中國革命的目前階級的形勢！」⑱

---

⑮《第五次全國代表大會時中國共產黨狀況》，見本書第三五二頁②，第二〇七一頁。

⑯羅易：《中國革命和無產階級的作用問題》（一九二七年四月三〇日），見諾恩／尤丁：《羅易赴華使命》，見本書第三一八頁㊾，第一八八—二〇八頁；《無產階級和小資產階級》（一九二七年五月三日），同上，第二〇九—二一五頁；《中國革命的性質和前途》（一九二七年五月四日），同上，第二一六—二三〇頁；《民族革命和社會主義》（一九二七年五月四日），同上，第二三一—二三三頁；《非資本主義發展和社會主義，民主專制和無產階級專政》（一九二七年五月五日），同上，第二三四—二四二頁；《布爾什維克黨》（一九二七年五月九日），同上，第二七五—二七八頁。

⑰施勒辛格爾：《共產國際中的殖民地問題》，見本書第九頁㉕，第八〇頁。

⑱《中國共產黨第五次全國代表大會》，見：《國際新聞通訊》，第五四期（一九二七年五月二四日），第一一六八頁。

第五次代表大會還以相同的意思發表了宣言⑲，通過了《關於政治形勢和中國共產黨任務提綱》⑳及《關於農民問題的決議》㉑。

關於中國共產黨這次代表大會的意義，羅易認爲，首先代表大會對形勢作出了正確的估計，從而爲革命指出了明確的前景，對革命進行了大膽的領導。第二，代表大會指明，民族革命本質上就是「耕者有其田」的土地革命。第三，代表大會認爲，在無產階級領導下發展起來的革命被迫要建立一個無產階級、農民和小資產階級的民主專政，目前的民族革命政府本身包含了這種民主專政的因素㉒。「因此，這次代表大會不僅具有國內意義，而且具有國際意義——它是社會主

---

⑲《中國共產黨第五次代表大會宣言》，見諾恩／尤金：《羅易赴華使命》，見本書第三一八頁㊾，第二六四—二七四頁；參見：《中國共產黨第五次代表大會爲五一節紀念告世界無產階級書》，見：《嚮導》，第一九四期（一九二七年五月一日），第二一〇二—二一〇四頁。

⑳《政治局勢和中國共產黨任務決議》，一九二七年五月九日，見諾恩／尤金，見本書第三一八頁㊾，第二四三—二五三頁；另見：《中國共產黨政治局決議》，一九二七年五月一三日，同上，第二八三—二八五頁。

㉑《土地問題決議》（一九二七年五月九日），同上，第二五四—二六三頁；另見：《土地委員會報告》，一九二七年五月九日，見：《禍國史料》，見本書第四五頁㉗，第一卷，第一六二—一六五頁；（瞿）秋白：《農民政權與土地革命》，見：《嚮導》，第一九五期（一九二七年五月八日），第二一二〇—二一二四頁。

㉒羅易：《中國共產黨第五次全國代表大會》（武漢，一九二七年五月一五日），見：《國際新聞通訊》，第六九期（一九二七年七月八日），第一四七八頁。

義鬥爭歷史上的里程碑。」[23]

中國共產黨第五次代表大會剛剛結束，一九二七年五月十八日至三十日在莫斯科召開了對於中國革命意義重大的共產國際執行委員會第八次全會[24]。會議討論了戰爭危險[25]和中國問題，但後一個問題是全會的中心。有五次全體會議（一九二七年五月二十三日至二十六日）以及後來的

---

[23] 同上，第一四七九頁；參見尹寬：《資產階級叛逆後的中國時局》，見：《嚮導》，第一九五期（一九二七年五月八日），第二一二四—二一二八頁；美夫（瞿秋白）：《論中國革命中之三大問題》，一九二七年五月二〇日，見瞿秋白：《中國革命之爭論問題》，見本書第二六九頁[53]，第二〇七—二二四頁；（陳）紹禹：《中國革命前途與革命領導權問題》，一九二七年五月二六日，見：《嚮導》，第一九八期（一九二七年六月一五日），第二一七三—二一七七頁。

[24] 《眞理報論國際執委全會》，莫斯科，一九二七年五月一九日；《慶祝共產國際執行委員會全會的召開》，莫斯科，一九二七年五月一九日，見：《國際新聞通訊》，第五三期（一九二七年五月二〇日），第一一四五頁。

[25] H·京特：《反對戰爭——共產國際策略的關鍵》（論共產國際執行委員會提綱），見：《國際新聞通訊》，第六四期（一九二七年六月二一日），第一三五二—一三五三頁；《論戰爭和戰爭危險——一九二七年五月二九日共產國際執行委員會全會通過的提綱》，同上，第六一期（一九二七年六月一〇日），第一二八五—一二九二頁；《戰爭危險與共產國際全會》（社論），見：《共產國際》，第二二期（一九二七年五月三一日），第一〇四九—一〇五二頁；《頑固的縱火者》（社論），同上，第二五期（一九二七年六月二一日），第一一九七—一二〇一頁。

委員會會議討論了中國問題，然而第八次全會主要成了向反對派進行猛烈攻擊的場所。

一九二六年以後布哈林繼季諾維也夫之後成了共產國際領導人，因而也是大會的主要報告人。他在《中國問題》的報告中，首先不是論述中國革命的基本問題，主要是向反對派、尤其是向托洛茨基發動攻擊。布哈林在托洛茨基文章《中國革命與斯大林同志的提綱》中檢出一些相互矛盾的詞句加以諷刺，他說：「昨天我看了反對派關於中國問題的所有材料，我敢說，我從來沒見過這樣無恥的、誹謗和虛僞的材料。」㉖特別奇怪的是布哈林在報告中根本沒有談到一九二七年四月十四日的《季諾維也夫關於中國革命的提綱》，而且，如上所述，也沒有允許季諾維也夫參加第八次全會關於中國問題的討論。

布哈林說，托洛茨基引用列寧的話，認爲中國革命根本不允許同資產階級結成聯盟，這是對列寧學說的粗暴濫用。布哈林說，不，列寧特別強調，有時候無產階級可以同資產階級直接結成同盟；但是布哈林沒有提到列寧提出的英國共產黨員參加工黨的條件㉗，而這一點正是季諾維也夫在提綱中非常重視的。

有趣的是，布哈林在反駁托洛茨基認爲北伐的結果加強了資產階級的力量、削弱了工人的力

㉖《中國問題——布哈林同志報告》，見：《共產國際執行委員會第八次全會上的中國問題》，一九二七年五月（權威版），漢堡，一九二八年，第一〇頁。

㉗同上，第一五、一六頁；參見曼努伊爾斯基的發言，第一二八頁。

量這個論點時，引用了毛澤東的《湖南農民運動》報告㉘，這篇報告前不久剛剛在《共產國際》上發表，布哈林說：「這是一篇非常好的、很有意義的報告」，從中可以看出，「北伐對於革命的最重要成果是喚醒了廣大的工農羣眾，自己組織起來，逐漸成爲一支新的巨大的社會力量。北伐中羣眾的力量成長壯大了，從革命發展的觀點看，這對於我們是最重要的。托洛茨基同志忽略了這一點。」㉙

布哈林說，中國共產黨的主要錯誤在於，共產黨人對於發動和開展羣眾運動，尤其在農村，存在某種恐懼心理。這樣就引起了許多錯誤㉚。儘管共產國際發出許多指示，但是中國共產黨領導仍然部分地甚至阻礙了土地革命的開展。布哈林在這裏補充說：「但是有一點我要着重指出，我們即使盡了一切可能，在目前階段，在同蔣介石直接交鋒時也是不能取勝的。」㉛「難道我們

㉘ 毛澤東：《湖南農民運動》，見：《共產國際》，第二二期（一九二七年五月三一日），第一〇六七－一〇七五頁。編者按語：「這篇報告於一九二七年三月一二日發表在中國共產黨機關報《嚮導週報》上。」參見毛澤東：《湖南農民運動考察報告》，一九二七年二月一八日於長沙，見：《嚮導》，第一九一期（一九二七年三月一二日），第二〇六一－二〇六六頁。

㉙ 布哈林的報告，見：《第八次全會上的中國問題》，見本書第三五九頁㉖，第一三、一七頁；參見文爾科里的發言，第一一二頁。

㉚ 同上，第二四、二五頁。

㉛ 布哈林：《共產國際執行委員會全會的成果》，一九二七年六月四日在蘇共莫斯科委員會上的報告，見：《國際新聞通訊》，第六五期（一九二七年六月二四日），第一三七〇頁。

能代替中國的中央嗎？」布哈林自問自答道：「我們當然不能這樣做。我們只能下指示，對一般的政治路線負直接的責任。當然，這並不是說，可以原諒由此產生的許多重大的錯誤。」不過，布哈林認爲，「至於我們，就共產國際的領導而言，一般說來是沒有什麼錯誤的。」㉜

除去反對派的發言者外，斯大林像所有發言者一樣，對托洛茨基展開了猛烈的批評。他說，托洛茨基的主要錯誤在於他不了解中國革命的意義和性質。共產國際認爲，目前在中國阻止土地革命的重要因素是「封建殘餘」。土地革命乃是資產階級民主革命的基礎和內容，它同時也是反帝的革命㉝。斯大林根據他對中國革命的這個基本估計，重複了他在有名的提綱中談過的武漢政府問題，建立蘇維埃和馬克思主義者參加資產階級政黨問題，這些均見諸於第八次全會的決議。

討論中，斯毛日爾（捷克斯洛伐克）責問反對派：托洛茨基和季諾維也夫現在如此大聲疾呼，爲什麼不在六個月前在第七次全會制定策略時提出來㉞？對此，魏奧維奇回答說：「我們在提綱中說過，我們在這裏再重複一遍：中國共產黨幾次想改正它的路線，跳出不惜一切代價同蔣介石結成的聯盟。我們在提綱中建議，應立即給中國共產黨中央委員會發電報，內容是七月全會

㉜ 布哈林的報告，見：《第八次全會上的中國問題》，見本書第三五九頁㉖，第二四、二五頁。

㉝ 斯大林的報告，同上，第五八、六一頁。（一九二七年五月二四日斯大林在第八次全會上的報告發表在《共產國際》第二四期上，一九二七年六月一四日，第一一五五—一一七〇頁。）

㉞ 斯毛日爾發言，同上，第二六頁。

的決議基本上是正確的，應馬上着手實現這個決議。遺憾的是，中國共產黨改正它的政治路線和錯誤策略的意圖一直受到鮑羅廷同志和共產國際駐中國代表團的正式反對。」㉟接着，魏奧維奇列舉了《上海來信》，拉狄克一九二六年七月和九月的信（後來如石沉大海）和一九二七年以後的講話，以及斯大林在一九二七年四月六日對拉狄克的回答。魏奧維奇繼續說，季諾維也夫早在一九二五年就提出武裝工農的口號，「但是你們無法貫徹這個口號，因爲你們要不惜一切代價保持同蔣介石的聯盟。如果你們及時地把中國的工人和農民武裝起來，那末中國革命就會是另一個樣子，蔣介石的政變也不可能成功。」㊱

對於斯大林以土地革命代替反帝革命的觀點，魏奧維奇指出：「同志們，你們現在說，中國的土地革命已經提到日程上了，你們認爲，漢口政府有責任進行和領導土地革命。可是你們過去說：不要驅趕蔣介石，他不會叛變的。我們對你們說過，只有把大資產階級和蔣介石從國民黨軍隊的領導中排除出去，才能打垮北洋軍閥和帝國主義。現在你們又重複對漢口政府的錯誤，你們認爲，小資產階級有責任也有能力在中國進行土地革命。你們說：土地革命前不能建立蘇維埃！只有在左派國民黨進行土地革命、而且只有我們在這種情況下利用左派國民黨，才能在中國建立

㉟ 魏奧維奇發言，同上，第一二〇頁。
㊱ 同上，第一二四頁。

共和國。我們回答你們並對中國的工人和農民說：你們絕不可能在小資產階級領導下進行土地革命。你們現在又在準備使蔣介石政變重演的錯誤和犯罪政策，這一次將是動搖的國民黨左派領袖和漢口國民軍將領的政變。」㊲

魏奧維奇的最後一句話是應該牢牢記住的，因為在這次全會以後，一九二七年六、七月，事態的發展證實了他的預言㊳。

一九二七年五月二十八日，第八次全會開會期間，托洛茨基在《還不是該明白的時候嗎？》一文中提出了更緊急的警告。事情是由塔斯社《新聞公報》第一一八期上兩份來自中國的電文引起的：⑴「上海，五月二十四日消息（塔斯）。南京中央政治委員會決定任命馮玉祥為委員會委員。」⑵「漢口形勢：漢口，五月二十三日消息（塔斯）。中國共產黨中央委員會向湖北加強革命陣線委員會建議，整頓工人和小資產階級之間的關係。中央委員會強調指出，必須提高工人的紀律性，必須遵守國民政府的法令。中央委員會聲明，工會無權逮捕任何人，如果要逮捕什麼人，應呈報當局。」㊴

㊲ 同上，第一二六頁。

㊳ 托洛茨基也在他的《對中國問題的第二次發言》中表示了相同的觀點，見托洛茨基：《中國——被扼殺的革命》，見本書第二八九頁(57)，第一卷，一五〇頁。

㊴ 托洛茨基：《還不是該明白的時候嗎？》，同上，第一六一、一六二頁。

托洛茨基問：現在全世界都知道蔣介石任命馮玉祥爲委員會委員，但是對蘇維埃工人卻是一個秘密，這是爲什麼？托洛茨基回答說：因爲共產國際中有人直到最近還把馮玉祥看成眞正的「工人」或「農民」，可靠的革命者，就是說，人們在馮玉祥身上犯的錯誤就像過去在蔣介石身上犯的錯誤一樣。人們不去警告中國工人和中國共產黨，不去動員工人、農民和士兵羣眾去採取眞正的革命措施反對軍閥，反而對電文隻字不提，把它塞在衣服口袋裏，但是革命的階級邏輯是不能塞在口袋裏的㊵。

托洛茨基說，這第二份電文比第一份更重要。對於任何一個嚴肅的革命者來說，它像閃電一樣把整個形勢照得清清楚楚；同時也證明，官方的路線是錯誤的，是會直接引起災難的，反對派的路線才是絕對正確的。由羣眾推着前進的工會試圖改正中國和莫斯科領導的錯誤，準備直接消滅敵人。但是，本應成爲消滅敵人總體計劃的制定者和領導者的中國共產黨中央委員會卻呵斥工人，並命令他們加強（對資產階級的）「紀律性」。更有甚者，武漢政府禁止進行鬥爭，不是以自己的名義，而是通過共產黨。在這方面，中國共產黨起了懦弱的資產階級激進派和假激進派幫兇的作用。托洛茨基在結束這篇文章時寫道：「漢口政府如果繼續這樣的政策，它在垮臺之前很可能與蔣介石合流，反對工農。難道現在還不是該明白的時候嗎？」㊶

㊵ 同上。
㊶ 同上，第一六二、一六三、一六四、一六五頁；參見托洛茨基：《漢口還是莫斯科》（一九二七年五月二八日），同上，第一六六－一六八頁。

但是，在共產黨和共產國際中占統治地位的派別不願明白這一點。一九二七年五月三十日通過了《共產國際執行委員會第八次全會關於中國問題的決議》㊷，斯大林和布哈林對中國問題規定的政策在決議中反映更爲明顯了。但是這個決議沒有收進《共產國際執行委員會第八次全會上的中國問題》一書的權威版中作爲附錄，卻在這本書的末尾放進了一九二八年二月二十五日《共產國際執行委員會第九次全會關於中國問題的決議》。

共產國際執委會第八次全會關於中國問題的決議對於當前的緊迫問題沒有提出任何解決辦法，實在是很尷尬的，因爲共產國際的原則錯誤在決議中用文件形式固定下來了。這個決議對一九二七年中國革命的失敗確實頗有歷史意義，它是「國際共產主義運動最重要的文件之一，每個共產黨員必須仔細學習……」，埃內爾在《國際新聞通訊》上莊嚴宣告說㊸。

艾爾科里在《中國委員會的報告》中對第八次全會的決議作了如下說明：

(1)關於中國革命和武漢政府新階段的社會——經濟內容

主要任務是發展革命的土地運動；土地革命意味着「沒收土地和土地國有」。武漢政府只有

㊷《共產國際執行委員會第八次全會關於中國問題的決議》，見：《國際新聞通訊》，第五八期（一九二七年六月七日），第一二四七—一二五二頁。

㊸埃內爾：《共產國際執委會關於中國問題決議中的最重要觀點》，見：《國際新聞通訊》，第六三期（一九二七年六月一七日），第一三二七頁。

成功地進行土地革命，才能成爲眞正的工農革命運動政治和組織中心，成爲工農革命專政機關[44]。

中國共產黨今天的主要任務就是「加快發展土地運動，站在農民起義的前頭，採取一切形式發動和組織土地革命」。所謂「從下面」發展運動，就是說，中國共產黨留在政府中，留在革命運動的機關中，也留在發生運動的國民黨中[45]。

「我們必須成爲推動武漢政府的力量，推動它去實行革命綱領和形勢所要求的實際措施，推動它成爲眞正的工農民主專政的組織中心。」「我們相信，國民黨不僅是一個政黨，而且就它的本質和組織形式而言，在國民黨內還有可以使它成爲蘇維埃類型『代表性』組織的因素。我們集體參加國民黨就可以突出這個特點，可以更便於我們在國民黨黨員身上發生重大影響。」[46]

(2)中國的發展前途

爲了消除任何懷疑，決議強調指出，民族革命陣線的重新破裂不僅可能，而且不可避免，共產黨人將重新遭到背叛的威脅和局部失敗。「但我們並不認爲，我們可以接受反對派在這裏所代表的悲觀主義觀點。因此，我們在提綱中對同蔣介石破裂的性質進行了精確的分析……它不是中

[44] 《中國委員會的報告》，見：《第八次全會上的中國問題》，見本書第三五九頁[26]，第一四五——一四六頁。

[45] 同上，第一四六頁。

[46] 同上，第一四九頁。

國革命的全部失敗，而是一定時間的局部失敗；我們指出，在這個問題上反對派的錯誤在於，不去考慮羣眾運動發展的力量和可能性。」㊼

(3)防止分裂和背叛的保證

人們當然不能提出絕對的保證，「但是我們可以下達一項根本性的指示……開展羣眾運動，盡一切力量使農村的農民羣眾運動以及城市的工人運動向廣度和深度發展。這就是我們防止背叛、分裂和失敗的根本保證，也是中國革命向勝利發展的保證。」㊽

由布哈林起草而後提到主席團表決的共產國際執行委員會第八次全會決議並不像布哈林在閉幕詞中所說的那樣「以一票反對」㊾而通過。一九二七年五月二十六日葉弗多基莫夫、季諾維也夫、斯米爾加和托洛茨基以八十三名同志的名義向蘇聯共產黨中央委員會呈遞了一份《五百人聲明》。在這份聲明上簽名的人數至一九二七年七月一日已經有五百人，以後還有更多的人簽了

㊼ 同上，第一四六、一四七頁。

㊽ 同上，第一四七—一四八頁；參見：《一個重要的決議》，《眞理報》評共產國際執行委員會關於中國問題的決議，一九二七年六月一日，見：《國際新聞通訊》，第六〇期（一九二七年六月一〇日），第一二七五—一二七六頁；《五月全會的結果》（社論），見：《共產國際》，第二四期（一九二七年六月一四日），第一一四五—一一五四頁。

㊾ 《報告人布哈林同志的閉幕詞》，見：《第八次全會上的中國問題》，見本書第三五九頁㉖，第一四四頁。

名。聲明說，「領導中國革命的嚴重錯誤造成了慘重失敗，要想挽回敗局，只有回到列寧的道路上來。」㊿

第八次全會決議對上海事件後的形勢和力量對比的估計，在這次全會之後就已經證明是錯誤的，從這個估計出發而制定的策略路線導致了「中國大革命」的失敗。所謂加速開展土地運動以及組織工農羣眾不過是建立在過高估計中國共產黨的力量之上。「蘇共中央馬列學院」出版的《共產國際》一書（莫斯科，一九六九年）稱：「共產國際在一九二七年春夏之間對中國共產黨某種程度的過高估計是可以理解的，如果考慮到這個黨在一九二一年只有三十名黨員，但是到了一九二七年五月就發展成了一個羣眾政黨，一支有影響的政治力量。當時有黨員約五萬八千人；其中五三·八%是工人，一八·七%是農民，一九·一%是知識分子代表，三·一%是軍人。在黨的影響下有團結工人羣眾的工會和無數農會。」51 共產國際不僅過高地估計了中國共產黨的力量，也錯認了蔣介石的作用。「再有」，書中寫道，「中國共產黨遇到的是蔣介石這樣一個老奸巨滑的敵人，他在當時還遠未失掉羣眾的支持。」52

㊿ 《五百人聲明》，一九二七年五月二十六日，見托洛茨基：《中國——被扼殺的革命》，見本書第二八九頁57，第三三三頁。

51 《共產國際——簡短的歷史概要》，蘇共中央馬列學院編，東柏林，一九七〇年，第三〇五—三〇六頁。

52 同上，第三〇四頁。

在統一戰線中，共產國際不能僅僅依靠數字，從而忘記了馬克思主義的階級邏輯，甚至列寧的學說。

十 武漢的「小蔣介石」 一九二七年五月二十一日長沙事件

一九二七年左派國民黨同共產黨決裂，即中國統一戰線徹底破裂的重要原因是馮玉祥同南京合作，唐生智和其他一些動搖的武漢將領倒向南京。

正是在馮、唐這兩個將領身上，共產國際在反對蔣介石和南京政府、爭取民族革命領導權鬥爭中寄予了比之加速開展「沒收土地和土地國有」土地運動更大的希望。上海事件以後，布哈林等人在談到力量對比時總是說，人們在任何情況下都不應該忘記，軍隊的很大一部分是支持武漢政府、反對蔣介石政府的，最終還有馮玉祥的軍隊沒有參加戰鬥❶。

人們把希望寄托在武漢軍隊的「第二次北伐」和進軍北京上。《國際新聞通訊》在六月初發表的關於中國軍事形勢的報告說，馮玉祥和唐生智的革命軍隊正在河南北部和直隸南部比較狹窄

❶ 布哈林：《中國民族革命運動的危機與工人階級的任務》，見：《國際新聞通訊》，第四五期（一九二七年四月二六日），第九二一頁。

的地段發動決定性的攻勢❷，儘管會遇到各種反抗和險阻，但是對馮玉祥和唐生智來說，在河南北部和直隸省繼續取得勝利的大道是敞開的。這些勝利除了具有戰略意義外，還有重大的政治意義，因爲這些勝利將繼續瓦解敵軍，同時有助於農民運動的繼續開展❸。人們還認爲，蔣介石在北方的軍事行動不會特別激烈，他的十二萬軍隊在數目上也不占決定性的優勢❹。人們甚至說，武漢軍隊和蔣介石的兵士都在向北京推進，但是毫無疑問，在今天的戰略形勢下，北京不可能被蔣介石、只可能由武漢的革命軍隊占領❺。

報告又說，在決定性的北京戰線上，武漢軍隊的勝利使得帝國主義者及其走狗極爲震驚❻。不久前帝國主義者還散佈謠言說，蔣介石將重新與武漢和解，或者與馮玉祥合作。六月初《國際

---

❷ 施托林：《中國的軍事形勢》，見：《國際新聞通訊》，第六〇期（一九二七年六月一〇日），第一二七三頁；唐心石：《向北京進軍》，同上，第五七期（一九二七年六月三日），第一二三〇頁；參見：《眞理報論武漢軍隊的勝利》，同上，第五八期（一九二七年六月七日），第一二五六頁；A·普拉托諾夫：《在革命的旗幟下——軍事概況》，同上，第五六期（一九二七年五月三一日），第一二〇八—一二〇九頁。

❸ 施托林，同上。

❹ 同上。

❺ 唐心石，同上，第五七期，第一二三〇頁。

❻ 施托林，同上，第一二七三頁。

新聞通訊》第五十七期上有一篇題爲《向北京進軍》的文章說，「這些全是謊言」。武漢政府和國民黨把蔣介石看成革命的最可惡敵人，沒有任何一個領導人同蔣介石還保持着任何聯繫。文章繼續說：「當然，如果革命軍立卽對蔣介石採取什麼行動，事情會變得更困難，因爲這樣動搖的將領不得不留在蔣介石一方。因此，人們現在不反對蔣介石，絕不等於說同蔣介石取得了諒解，這完全是一個策略。」馮玉祥自蔣介石一九二六年三月的行動後已經不再相信這個叛徒了❼。

對於這個「謠言」和帝國主義者製造的關於鮑羅廷逃出武漢的「混亂人心的電文」，《國際新聞通訊》在同期還發表了下面一段諷刺性的評注。

題目：阿圖爾·齊克勒——保爾·列維

電文：永遠是這樣 保爾·列維

三個月前還把勝利的花環插在飄揚紅旗上的武漢軍隊已不復存在了……北方的白軍正接近這座城市：市內的烽火報曉了城市的命運。劊子手開始了可怕的工作。然而我們可以寬慰的是，鮑羅廷同志逃走了：這個「土耳其斯坦人」在完成了他的事業以後走了。至於欠下的帳，由別人來付吧。正在漢口上演的悲劇，不過是昨天悲劇的重演。什麼時候才是最後一幕呢？

一九二七年五月二十七日

❼ 唐心石，同上，第五七期，第一二三〇頁。

評注：陳屍房　阿圖爾・齊克勒

一排停放着四百個死者——

　都是無產者！

卡爾、羅莎、拉狄克以及同謀者——

這裏沒有，沒有！

　只有無產者！

是的：永遠是這樣❽！

一九一九年一月十三日

---

❽《阿圖爾・齊克勒—保爾・列維》，見：《國際新聞通訊》，第五七期（一九二七年六月三日），第一二三一頁。

關於鮑羅廷逃走的謠言以及他在武漢的任務見鮑羅廷一九二七年五月四日答記者問《這是對封鎖的嘲弄》，見：《國際新聞通訊》，第四九期（一九二七年五月一〇日），第一〇三二頁；中文見：《晨報》（一九二七年五月一〇日），見：《……中國紀事》，見本書第一九〇頁❹，一九二七年五月號，第一四九—一五〇頁。

關於鮑羅廷在中國的作用，李可夫說：「有人歸咎於我們，說是有一個蘇聯公民，鮑羅廷，參與了中國事件，還說鮑羅廷參加了反英的陰謀活動。我必須指出，鮑羅廷不是我們在中國的代表，他沒有接受蘇聯政府的任何特權，因此我們的政府不能對鮑羅廷的行動負責。」引自《蘇聯政府的內政外交報告——蘇聯國民議會主席李可夫同志在蘇維埃第四次代表大會上的工作報告》，見：《國際新聞通訊》，第四六期（一九二七年四月二九日），第九五二頁。

六月初，《國際新聞通訊》有一篇關於中國農民運動的報導說：「目前，湖南農民運動充滿了戰鬥力量和勝利意志。農會所要求的目標幾乎已經達到，這就是：全部權力歸農會。」❾《國際新聞通訊》的這些文章都發表在一九二七年五月二十一日長沙事件之後，關於長沙事件，共產國際的期刊到一九二七年六月底一直保持沉默。事實上，湖南農會的權力和武漢軍隊的巨大勝利完全是另外一個樣子，有關馮玉祥的「謠言」在辟謠以後不久成了痛苦的事實，關於這一點我們在下面一段裏還要談到。

我們在上面說過，蔣介石開始在北方向北京推進，但是他的行動確實不很激烈。蔣介石的目的有二：一是炫耀他的軍事實力，以爭取動搖的武漢將領——這是蔣氏在一九二六年北伐以後經常使用的成功的策略。二是在軍事上鞏固南京和上海地區，控制長江中游，以便通過封鎖在經濟上壓迫武漢。

當然，武漢軍隊的瓦解，許多武漢將領倒向南京，並不僅僅由於蔣介石運用了成功的策略，日益尖銳的羣眾運動和土地運動，尤其在湖南，也是一個決定性的因素。

一九二七年五月十三日——共產國際執行委員會第八次全會在莫斯科召開的前五天——武漢

---

❾ 小丁：《中國的農民運動》，見：《國際新聞通訊》，第六二期（一九二七年六月一四日），第一三一一頁。

軍隊獨立十四師師長夏斗寅在湖北嘩變，反對武漢政府，當時報紙報導⑩，夏「接受了蔣介石的秘密指示」。在夏氏的通電中簽名的有這個師的二十七個團長和其他軍官，通電說由於「共產黨人的邪學」和政策造成了人民災難⑪。兩天後，夏斗寅向武漢推進，目的是推翻武漢政府，驅趕共產黨人。中國共產黨對此事的反應，可見五月十八日的宣言：「中國共產黨竭誠與國民政府協同共進，並鄭重聲明維持與中等階級的聯盟，保障中等階級的利益。中國共產黨確信夏斗寅的造謠在國民革命軍和中等階級中，決得不到輕微的影響，此次叛變指日肅清，夏逆不久定要成擒，依反革命罪案盡法懲辦。無產階級將武裝起來枕戈以待，保障革命，贊助國民政府，實施國民黨的農民政綱。」⑫

夏斗寅尚未受到盡法懲辦，一週後，一九二七年五月二十一日在湖南長沙又發生了一次政變。長沙事件對武漢的命運產生了嚴重的影響。

---

⑩《夏斗寅等援蔣》，《益世報》，一九二七年五月二〇日，見：《……中國紀事》，見本書第一九〇頁❹，一九二七年五月號，第二六五頁。

⑪《夏斗寅之通電》，一九二七年五月一三日，見：《國聞週報》，全第四集，第二二期（一九二七年六月一二日），第一－二頁。

⑫《中國共產黨關於夏斗寅叛變告民衆書》（漢口，一九二七年五月一八日），見諾恩／尤金：《羅易赴華使命》，見本書第三一八頁㊾，第二八九頁；另見：《告夏斗寅部下的兵士》，同上，第二九一－二九二頁。

在這次政變中將領們起了中心作用，這又不能不是同湖南的羣眾運動和農民運動有關。湖南農會的行動如何劇烈，我們可以從毛澤東的《湖南農民運動考察報告》略見一斑。文章是這樣寫的：「農民的主要攻擊目標是土豪劣紳，不法地主，旁及各種宗法思想和制度，城裏的貪官汚吏，鄉村的惡劣習慣。這個攻擊的形勢，簡直是急風暴雨，順之者存，違之者滅……眞正辦到了人們所謂『一切權力歸農會』。連兩公婆吵架的小事，也要到農民協會去解決。一切事情，農會的人不到場，便不能解決。」⑬所謂過分的問題毛氏說：每個農村都必須造成一個短時期的恐怖現象⑭。打擊地主的方法有「清算」，「罰款」，「捐款」，「小質問」，「大示威」，「戴高帽子遊鄉」，「關進縣監獄」，「驅逐」，「槍斃」，「審判土豪劣紳特別法庭」。關於「大示威」毛澤東在報告中寫道：「……統率大眾，向着和農會結仇的土豪劣紳示威，在他家裏吃飯，少不得要殺猪出穀，此類事頗不少。最近湘潭馬家河，有率領一萬五千羣眾向六個劣紳問罪，延時四日，殺猪百三十餘個的事。示威的結果，多半要罰款。」⑮

---

⑬ 毛澤東：《湖南農民運動考察報告》（一九二七年三月），見：《毛澤東選集》，中文版第一卷，第一四頁。

⑭ 同上，第一七頁。

⑮ 同上，第二四—二五頁。本文最後一部分「十四件大事」發表在《嚮導》（一九一期，一九二七年三月一二日）和《共產國際》（第二二期，一九二七年五月三一日）時未登。

在這些「劣紳」中不僅有武漢軍隊三十五師師長何鍵母親的舅舅——他被戴高帽子遊鄉，還有武漢軍隊其他將領的家屬⑯。武漢軍隊的官兵家屬也受到沒收土地的衝擊。因此，湖南農民協會的攻擊特別在武漢軍隊的將領和士兵中引起了不滿，甚至氣憤。

士兵和工人糾察隊的直接衝突在一九二七年五月十九日已有發生，工人糾察隊企圖以武力衝進何鍵部隊留守在長沙的司令部⑰，搶奪士兵的槍枝，結果糾察隊被解除武裝。次日，二十三團團長許克祥在長沙得到消息：長沙工會和農會的領導準備在五月二十五日起義，於是他會同其他軍官採取了反抗措施。一九二七年五月二十至二十一日夜許克祥的士兵攻擊了長沙總工會和下屬分會，以及農民協會，並且在「幾小時內」解除了農民自衞隊和工人糾察隊的武裝，大約有三十名糾察隊隊員被殺，接着處決了許多人⑱。

---

⑯《農民自衞軍圍攻長沙》，一九二七年六月一六日，見：《……中國紀事》，見本書第一九〇頁❹，一九二七年六月號，第二〇六頁。

⑰《何鍵在信陽所發聲明態度通電》，一九二七年五月二三日，見：《國聞週報》，全第四集，第二三期（一九二七年六月一九日），第二—三頁；參見：《湖南軍農工衝突事件》，同上，第一—二頁。

⑱許克祥：《馬日事變》，見：《禍國史料》，見本書第四二頁㉑，第一卷，第三〇〇—三〇三頁；《長沙總工會致唐生智電》，見：《國聞週報》，全第四集，第二三期，第四頁。另見何鍵：《湖南剿共滙編》，見：《革命文獻》，見本書第二六頁❻，第二五輯，第一五六—一五七頁；《駐常德第一旅長熊震報告政府電》，見：《國聞週報》，全第四集，第二三期，第三頁；（柳）直荀：《馬日事變回憶》，見：《布爾什維克》，第二〇期（一九二八年五月三〇日）；《陳獨秀的投降主義與馬日事變》，見：《歷史研究》，北京，第六期（一九七五年一二月二〇日），第六七—七六頁。

許克祥在解散了國民黨省黨部以後，組織了「國民黨湖南救黨運動會臨時辦公室」，由五名軍人（包括許在內）組成主席團。他說，之所以採取這一步驟是因爲湖南激烈的農民和工人運動所造成的後果實在不堪忍受[19]。湖南省政府委員也以同樣理由退出政府[20]。

五月二十一日長沙事件迫使深受經濟封鎖之害的[21]武漢國民黨和政府採取一系列措施，以糾正土地運動和羣眾運動的過激路線。

武漢國民黨中央執行委員會於一九二七年五月二十日和二十三日向各地黨部和政府機關兩次發出通告指出，羣眾運動常常背離黨的決定，甚至與之相矛盾。過激的行爲必須加以限制，必須搞清楚革命應爲誰服務的問題[22]。要知道農民運動是爲了改善農民生活，那些不反對國民革命的人應受到保護；攻擊個人，損害財產，破壞信仰和職業自由對革命都是有害的，是反革命的。因此，各黨部有權隨時嚴格抵制這些破壞安定和秩序的行動[23]。輕率的工農運動危害了民族革命的

---

[19]《湖南救黨運動會討共產黨電》，見：《國聞週報》，全第四集，第二三期，第五頁。

[20]《湖南省委員等辭職電》，同上，第四—五頁。

[21]《汪精衛之講演》，一九二七年五月一三日，見：《國聞週報》，全第四集（一九二七年六月一二日），第二—三頁。

[22]《國民黨中央第一次通告》，一九二七年五月二〇日，同上，第四頁。

[23]《國民黨中央第二次通告》，一九二七年五月二〇日，同上，第四—五頁。

前途，忽視了工商業，卽民族革命同盟者的意義。這樣做，不僅孤立了工農，而且動搖了民族革命的基礎。應該盡一切努力，充分保護工商業的利益㉔。武漢政府還以同樣的精神發布了一系列訓令㉕。

羅易從世界政治的角度出發認爲，「帝國主義國家的銀行和各部」是一九二七年五月十三日和二十一日事件的幕後策劃者㉖，而中國共產黨領導在機關報《嚮導》《湖南政變特輯》上卻非常冷靜和實事求是地對待了五月二十一日事件。

陳獨秀在《湖南政變與討蔣》開頭承認，湖南農民運動開始時那些不成熟的、黨的領導未能有效控制的行動，如逮捕、罰款、禁止稻米外運、平分土地、「宗教革命（打毀寺院和祭堂）」以及「道德革命（婦女解放）」等等，確實使社會處於恐懼之中。此外，這些事件亦直接同不成

㉔《國民黨中央第三次通告》，一九二七年五月二三日，同上，第五頁。

㉕《武漢政府訓令》，見：《國聞週報》，全第四集，第二三期，第四頁；一九二七年五月一三、一四、二四日訓令，同上，第二二期，第六頁；參見：《晨報》，一九二七年五月二三日，一九二七年六月六日和七日，見：《……中國紀事》，見本書第一九〇頁❹，一九二七年五月號，第三〇〇—三〇一頁，一九二七年六月號，第五八—五九頁，第八〇—八二頁。

㉖羅易：《中國的革命與反革命》（一九二七年六月一日，漢口），見：《國際新聞通訊》，第七〇期（一九二七年七月一二日），第一四九〇頁；中文見：《嚮導》，第一九七期（一九二七年六月八日），第二二五五—二二五七頁。

熟的湖南農民運動有關。但陳獨秀否認，工人糾察隊企圖搶奪士兵的武器。他說，這完全是藉口，這個可笑的詭計同一九二七年四月蔣介石在上海的陰謀沒有兩樣[27]。陳氏在文中指出，實際上，蔣介石是湖北夏斗寅叛亂和湖南長沙許克祥政變的後臺，是蔣介石製造了這兩起事件，這是蔣介石推翻武漢政府的整個計劃的一部分[28]。如果武漢政府不下決心解決湖南問題，不消滅武漢的「小蔣介石」，人們有理由擔心，在打垮蔣介石之先，武漢政府就有可能被推翻[29]。

《嚮導》上有關五月二十一日事件的文章可以歸納爲以下幾點內容：(1)必須承認，湖南的工農運動尚不成熟，工農組織發展過快，黨無法領導和控制[30]。(2)湖南事變的幕後指揮者是蔣介石[31]。(3)在攻擊土豪、劣紳和大地主時，忽略小地主和小商人的利益是錯誤的[32]。

㉗ （陳）獨秀：《湖南政變與討蔣》，見：《嚮導》，第一九九期（一九二七年六月二二日），第二一八二頁。

㉘ 同上。

㉙ 同上，第二一八四頁。

㉚ 《長沙事變經過情形》，第一部分，見：《嚮導》，同上，第二一八四頁。

㉛ 同上，第二一八六頁；參見：《長沙政變與鄭州開封的克復》，見：《嚮導》，第一九七期（一九二七年六月八日），第二一五二—二一五五頁。

㉜ 《湖南農民運動的眞實情形》，見：《嚮導》，第一九九期（一九二七年六月二二日），第二一九四—二一九六頁。

中國共產黨看到，這些事件對於「第二次北伐」和國民革命會帶來多麼深遠的影響，武漢政府不得不兩線作戰，而且，自己陣營的這一線比起北洋軍閥更為危險。瞿秋白在《革命的國民政府之危機》一文中因此稱武漢和南京的鬥爭不僅是爭奪領導權的鬥爭，而且是生死存亡的鬥爭。瞿認為，如果不首先推翻反動的南京政府，則不可能打倒北洋軍閥，而武漢政府甚至有可能被蔣介石消滅[33]。陳紹禹在題為《中國革命前途與革命領導權問題》的文章中堅決要求擴大和鞏固黨的責任和革命政權——武漢政府，以保證中國的非資本主義的發展[34]。

一九二七年六月四日中國共產黨中央委員會發表《中國共產黨告全國農民羣眾》，號召書說：「因為要鞏固同盟軍，對於小地主無論如何是不能加以擾害的。革命軍人正在向帝國主義與軍閥作戰，也是農民的友軍。對於他們的土地也不能沒收，對於他們的家屬更不能波及。革命兵士大部分是無土地的貧農出身。對於他們家屬有侵害，對於他們有奪取財物的行為，都是有害於農民運動。這些幼稚行動給反動派的軍閥官僚有很好機會去鼓動兵士來反對農民運動。禁止這些

---

[33] （瞿）秋白：《革命的國民政府之危機》，一九二七年六月一三日，見：《嚮導》，第一九八期（一九二七年六月一五日），第二一七〇頁。

[34] （陳）紹禹：《中國革命前途與革命領導權問題》，同上，第二一七五頁；參見（張）太雷：《武漢革命基礎之緊迫的問題》，見：《嚮導》，第一九七期（一九二七年六月八日），第二一五七—二一五九頁。

幼稚行動是農民協會的重大責任。」㉟

正在這時，莫斯科發來了五月指示，其要點是：

「沒有土地革命，就不可能勝利。沒有土地革命，國民黨中央委員會就會變成不可靠的將軍們的可憐的玩物。必須反對過火行爲，但不能用軍隊，而要通過農民協會……

國民黨中央委員會的某些老領袖害怕事變，正在動搖和妥協。必須從下面吸收更多的新的工農領袖到國民黨中央委員會裏去。這些新的工農領袖的大膽的呼聲會使老頭們堅定起來，或者使他們變成廢物。國民黨的現存機構必須予以改變……

必須根除對不可靠的將軍們的依賴性。動員兩萬左右的共產黨員，加上湖南、湖北約五萬的革命工農，編成幾個新軍，用軍官學校的學生來充當指揮人員，組織（目前還不遲）一支可靠的軍隊。否則就不能保證不失敗。這個工作是困難的，但是沒有別的辦法。

㉟《中國共產黨告全國農民羣衆》，同上，第一九七期，第二一五〇頁；英文見諾恩／尤金：《羅易赴華使命》，見本書第三一八頁㊾，第三一八—三二〇頁。參見：《中國共產黨致中國國民黨書》，一九二七年六月四日，見：《嚮導》，第一九七期，第二一五一—二一五二頁；德文簡介見：《國際新聞通訊》，第六四期（一九二七年六月二二日），第一三五〇頁；英文見諾恩／尤金，同上，第三一四—三一七頁。

組織以有聲望的、不是共產黨員的國民黨人爲首的革命軍事法庭。懲辦和蔣介石保持聯繫或唆使士兵殘害人民、殘害工農的軍官。不能只是勸告。現在是開始行動的時候了。」㊱

五月二十一日事件以後，在中國共產黨領導內部的中國同志和羅易、鮑羅廷進行了多次討論，陳獨秀根據討論的內容於六月十五日以黨的名義對共產國際的五月指示發了一封復電，內容是：

「農民運動在湖南發展特別迅速。國民革命軍百分之九十是湖南人，整個軍隊對農民運動的過火行爲都抱有敵意。夏斗寅叛變和長沙事變是這種普遍敵意的表現。在這種情況下，不僅是國民黨，就是共產黨也必須採取讓步政策。必須糾正過火行爲，節制沒收土地的行爲。對土豪劣紳和土匪的聯合進攻（雖然得到小地主和一般地主的支持）應加制止，使我們有可能集中力量抗擊反動派……否則，將立即引起與大部分反動軍隊的衝突，與國民黨發生分裂，而我們將變成一個反對黨。國民黨中總的情緒是既要與蔣介石作鬥爭，同時也要鎮壓共產黨。在最近的將來，繼續留在國民黨內在客觀上大概是不可能的。

你們的指示是正確而重要的，我們表示完全同意；中國共產黨設法要建立民主專政，但在短

㊱ 斯大林：《國際形勢》，一九二七年八月一日在聯共（布）中央委員會和中央監察委員會聯席全會上的講話，見：《共產國際》，第三八、三九期（一九二七年九月二九日），第一八四六－一八四七頁。

時期內不可能實現。用改組的辦法驅逐汪精衞尤其困難。當我們還不能實現這些任務的時候，必須與國民黨和國民革命軍將領保持良好關係。我們必須吸引住他們的左派領導人，並達成一個共同的政綱，如果同他們分裂，要建立我們自己的軍事力量將是很困難，甚至是不可能的。」㊲

共產國際在五月指示中提出的列寧的一個重要觀點——「建立絕對可靠的自己軍隊」，雖然是正確的，但爲時太晚了。如果必須保持同國民黨的統一戰線，中國共產黨除了同現在是「左派」的領袖和動搖的將領採取「靈活」的策略和「周旋」而外，沒有別的選擇。共產國際的五月指示說，「必須反對過火行爲，但不能用軍隊，而要通過農民協會」，但是農民協會已經被軍隊打垮了。莫斯科的指示表明，共產國際的基本政策根本沒有改變，這個指示要在國民黨內部貫徹完全是幻想。一句話，五月指示暴露了，主觀的認識同客觀實際相距是多麼遙遠。中國共產黨六月四日告農民羣眾書和六月十五日復電中所表達的修改至今過激的土地運動和羣眾運動路線的主張，在中國的統一戰線破裂後不久，甚至到現在都被稱爲「中國共產黨機會主義領導」的政策，人們特別指責陳獨秀沒有具體執行共產國際對中國土地革命的指示。這是不符合事實的，需要作一點說明。

一九二七年六月四日，布哈林在蘇共莫斯科委員會上發表了關於共產國際執行委員會第八次

㊲《陳獨秀根據政治局意見致共產國際電》（一九二七年六月一五日），見諾恩／尤金：《羅易赴華使命》，見本書第三一八頁㊾，第三三九頁。

全會成果的報告，在談及長沙五月二十一日事件時，他說：「武漢政府的處境相當困難。軍事危險更大。軍隊掌握在不十分可靠的軍人手中，軍官和將領拼命反對正在開展的土地革命……長沙政變製造了一個反革命策源地，今後還會有另外的策源地相繼出現。另一方面，財政和經濟形勢也非常困難。僅僅維持軍隊一項就需要許多錢，在政策上也不可能無償地從農民那裏拿來這支軍隊所必需的東西。在革命中心武漢有許多大的紡織廠和礦山，但是大資本家把大部分工廠關閉了，自己逃往上海，還把銀行的存款提了出來。一部分中等資本家，甚至有一些小資本家也逃跑了。經濟生活深受其害……這種形勢帶來了許多困難，武漢政府被迫同小資本家，甚至同一部分中等資本家周旋……中國共產黨人必須在保持與小資產階級聯盟時，保證他們的財產和國民革命軍士兵的土地不受侵犯，必須盡一切力量把羣眾發動起來……。」[38]

布哈林的觀點大體上不是同中國共產黨的領導關於武漢形勢、如何對待「士兵」和小資產階級的觀點一樣嗎？他的觀點不也是對共產國際第八次全會決議的修正嗎？土地革命的現實打破了反帝「神聖同盟」的神話[39]。

武漢國民黨中央執行委員會所採取的旨在改正過激的土地運動和羣眾運動、保護工商業的上

---

[38] 布哈林：《共產國際執行委員會全會成果——一九二七年六月四日在蘇共莫斯科委員會上的報告》，見：《國際新聞通訊》，第六五期（一九二七年六月二四日），第一三七二頁。

[39] 西爾格：《第二封信》，見：《一九二七年中國革命中的階級鬥爭》，見本書第三四一頁[48]，第五四頁。

述措施得到了中國共產黨的全力支持。有人說只是在這個意義上可見，誹謗武漢政府要實行共產主義政策是站不住腳的㊵。

這使人想起布哈林和斯大林在上海政變後討論中國形勢時提出的策略。我們在前面說過，布哈林當時說，必須盡量避免使中國人民的敵人藉口叫嚷中國「蘇維埃化」，共產黨人要把俄國的組織形式搬到中國。斯大林也說，不能給中國人民的敵人以新的武器來和革命作鬥爭，來製造新的傳奇，說中國現在不是在進行民族革命，而是在人爲地移植「莫斯科的蘇維埃化」㊶。

這條「機會主義」路線來源於不惜一切代價「保持同小資產階級的聯盟」，在五月二十一日長沙事件——第二次上海式政變後也是如此。

一九二七年六月底，維克多・西爾格在他從列寧格勒發出的《第二封信》中寫道：「民族資產階級是資產階級、中產階級、農民和無產者的共同努力的凝聚結果。儘管如此，如果由此得出結論，認爲這些完全不同的、甚至互相對抗的力量可以用共同的行動得到共同的結果，從而在無產階級和貧農爲一方、資產階級爲另一方之間成爲敵人之前可以完成一段發展過程，未免太幼稚

㊵ 高一涵：《武漢國民政府與共產黨》，見：《嚮導》，第一九八期（一九二七年六月一五日），第二一七九頁。

㊶ 布哈林：《中國民族革命運動的危機與工人階級的任務》，見：《國際新聞通訊》，第四五期（一九二七年四月二六日），第九二一頁；斯大林：《中國革命問題》，同上，第九二三—九二四頁。

和簡單化了……」㊷

西爾格認爲，進退兩難的處境依舊是：動員羣眾還是同將領合作（動員羣眾，當然不排斥利用將領；可是利用某些將領必然會排斥動員羣眾）。通往中國民族統一和眞正獨立的最短道路不是經過蔣介石、馮玉祥和國民黨左右派所控制的城市，而是經過起義中的農村和紅色工人糾察隊的陋室。西爾格以列寧在一九一七年三月革命初期的指示爲例，他說：「列寧在離開流亡地蘇黎世之前，曾在《遠方來信》中提出了進行革命的藝術準則，準則的第一條就要求武裝人民，作爲羣眾眞正力量的首要表現」，不能有將軍們參加，因爲無產者只有先戰勝將軍們，爾後才能利用他們。二者必居其一：尊重列寧的學說，還是利用武漢的「小蔣介石」以保持統一戰線；共產國際選擇了第二種辦法，取勝的準則就是「靈活」、「周旋」和「妥協」㊸。共產國際執行委員會第八次全會決議明明白白寫道：「共產黨沒有任何理由『原則上』反對靈活的策略。對政府的政策負責的共產黨，如果在任何條件下都反對妥協的策略，就是說一定要立即全線出擊，這簡直是一種愚蠢的做法。」㊹

㊷ V・西爾格：《第二封信》，前出，第四六頁。

㊸ 同上，第五七—五八頁。

㊹ 《共產國際執行委員會第八次全會關於中國問題的決議》，見：《國際新聞通訊》，第五八期（一九二七年六月七日），第一二五一頁；參見：《奧托・鮑爾論共產國際對中國的策略，幾點說明》，見：《國際新聞通訊》，第六〇期（一九二七年六月一〇日），第一二七七—一二七八頁。

十一　國民黨，將軍們的可憐玩物

促成南京和北京和解，促成南京和武漢聯合反共，這是一九二七年六月政治發展的特點❶，其他各條戰線上的軍事行動只起次要作用。

而南北議和又多少取決寧漢聯合，基於這個原因，蔣介石因此把他的影響和精力全集中在爭取將領閻錫山、唐生智、特別是馮玉祥身上。

共產黨人聯合武漢的左派領袖也是朝着這個方面努力。在這樣的背景下，一九二七年六月十日至十三日召開了河南鄭州會議，馮玉祥是這次會議的主角。鄭州會議決定：(1)成立「開封政治委員會」，負責陝西、甘肅和河南三省的一切政務，任命馮玉祥爲該委員會主席；(2)任命馮玉祥

❶《益世報》《晨報》《黃報》《交通日報》一九二七年六月一日—三〇日的通訊社消息、報導和評論，見：《……中國紀事》，一九二七年六月號，第二三頁，第三五—三七頁，第三七—三九頁，第三九—四〇頁，第五〇頁，第七二—七三頁，第七三—七五頁，第八六—八九頁，第九八—一〇四頁，第一〇九頁，第一一四—一二〇頁，第一二三—一二四頁，第一二四—一二八頁，第一三一—一三八頁，第一四八—一五一頁，第一六五—一六八頁，第一七八—一八二頁，第一九二—一九五頁，第二一三—二一五頁，第二二〇—二二一頁，第二三五—二三七頁，第三〇〇—三〇一頁，第三八八—三八九頁。

爲河南省政府主席；(3)擴大國民革命軍第二軍（總司令爲馮玉祥）爲七個軍團。唐生智雖然由於戰功卓著晉升爲第四軍總司令，但必須把他駐紮在河南的部隊撤回漢口❷。

六月十日，鄭州會議開會當天，白崇禧致電唐生智，白在電報中告訴唐，南京有意與唐合作：雙方應眞誠商談問題，不要讓敵人利用內部分歧；如能携手合作乃是革命之大幸❸。唐氏在南京的常駐代表也證實了南京的這個意圖❹。

六月六日閻錫山聲明，他和他的部下願在國民黨三民主義旗幟下戰鬥。但他表示要保持自己的獨立，等待寧漢聯合的進一步發展，也就是說馮玉祥的決斷❺。民族資產階級的武裝力量儘管內部矛盾重重也日益聯合起來，國民黨，確如布哈林所說，愈來愈成爲「反革命將軍們的可憐玩

---

❷《晨報》和《黃報》一九二七年六月一〇日至二八日的消息和報導，同上，第一二八—一三〇頁，第一六九—一七〇頁，第一九六頁，第二一六—二一七頁，第二七三頁，第二七四頁，第二八二頁，第三一五—三一六頁，第三五九—三六〇頁。

❸《蔣唐進行妥協》，《晨報》，一九二七年六月一四日，同上，第一七〇頁。

❹《蔣唐妥協問題》，同上，第二一五—二一六頁。

❺《晉閻發表就職宣言》，一九二七年六月一一日，同上，第一三八—一三九頁；參見：《交通日報》，一九二七年六月一四、一六、二一日，同上，第一七〇—一七三頁，第一九七—一九九頁，第二七一—二七三頁。

物」❻。

鄭州會議一週後，一九二七年六月二十日至二十一日舉行了江蘇徐州會議，參加會議的除了蔣介石和馮玉祥這兩個主角外，還有國民黨中央執行委員會委員，國民黨中央監察委員會委員以及南京的將領。會議的中心議題就是共同反對武漢，把共產黨人逐出武漢❼。

會議結束以後，蔣介石和馮玉祥發表了《聯合聲明》，他們強調，由他們統率的士兵是三民主義的信徒，他們願爲實現三民主義消滅帝國主義的工具而戰，以完成民族革命的任務❽。此外，馮玉祥還致電汪精衞和武漢的其他領導同志，馮在電報中說，在武漢地區商人、商販、廠主和地主受到工人和農民的迫害，甚至在前線作戰的士兵家屬亦受到迫害。一些壞分子假借民族革命之名犯了一系列罪行，現在又躋身於黨內。應該把鮑羅廷和其他政府中的（共產）黨員（如果

---

❻ 布哈林：《中國革命的突變》，見：《國際新聞通訊》，第七〇期（一九二七年七月一二日），第一四八六頁。

❼ 參見吳敬恆：《徐州會議報告》，一九二七年六月二四日，見：《革命文獻》，第一五輯，第七九〇—七九一頁；蔣介石：《在上海全體黨員大會之演說》，一九二七年七月六日，見：《蔣胡最新言論集》，見本書第二六五頁㊳，第一部分，第二二七—二二九頁；《寧漢拉攏馮玉祥之意圖》，《黃報》，一九二七年六月三〇日，見：《……中國紀事》，見本書第一九〇頁❹，一九二七年六月號，第三九〇—三九一頁。

❽ 《蔣馮通電全文》，《晨報》，一九二七年六月三〇日，同上，第三八六—三八七頁。

他們願意）送到國外休養，與其他人則可以合作。馮氏最後希望武漢同志盡快下決心消除分歧，實現與南京合作⑨。

當然，馮玉祥同南京合作是和某些條件相聯的，例如得到財政支持以及分得占領的地區⑩。馮對南京的態度也不十分明朗，此外從《聯合聲明》可以看出，蔣介石要推翻武漢政府的立場也未得到這位搖擺不定的將領的承諾。

但是，武漢和南京這兩個營壘必須聯合起來，首先是因為經濟和財政上的困難，不僅武漢困難重重，南京也叫苦不迭⑪。封鎖長江從經濟上看對寧漢兩陣營都是致命的。因此，實行寧漢聯合，實際上取決於蔣馮唐的三角關係，而不取於各方對共產黨的態度；因為在反共這一點上，所有政黨多少是一致的。

七月四日蔣介石電告馮玉祥，說他的部隊已經作好進攻武漢的準備，希望馮氏告訴他是否願

⑨ 同上，第三八七—三八八頁。

⑩ 《蔣馮妥協速成之內幕》，《交通日報》，一九二七年七月二日，同上，一九二七年七月號，第一九一二一頁；《南行歸客談妥協》，《黃報》，一九二七年七月二七日，同上，第三五九—三六一頁；參見：一九二七年八月號，第三三頁。

⑪ 《南京人民生活困難》，《晨報》，一九二七年六月二三日，同上，一九二七年六月號，第三〇四—三〇六頁。

意共同行動⑫。七月十六日蔣氏接着發出第二份電報，催促馮明確表態⑬。馮玉祥未作反應。不僅如此，馮玉祥與武漢仍保持着頻繁的接觸⑭。因爲，按馮玉祥的想法，南京和武漢聯合只能在下述條件下進行：⑴排除蔣介石的軍事獨裁；⑵把共產黨員及其志同道合者送國外學習⑮。共產黨人判斷，馮玉祥不相信蔣介石，因此不想去冒他的三萬人軍隊有朝一日被蔣吞掉的危險；再說馮氏也不願置於蔣的軍事獨裁之下。由於這個原因，馮氏必須在反共鬥爭中，在致力於寧漢聯合的過程中站在武漢這一邊；而在蔣介石和唐生智接近時，馮只想扮演中間人角色，眞正的意圖是要把蔣搞掉⑯。在眼下馮玉祥還不想同蔣敵對起來。

再說那個野心勃勃、成竹在胸的佛教徒唐生智，雖然與南京處於交戰狀態，但這並非出於政治信仰，而是不滿蔣介石在國民革命軍中頤指氣使的地位。一旦寧漢聯合，唐氏也害怕失去他在湖南和湖北的地盤，因此，徐州會議期間，唐生智曾通過他在南京的常駐代表建議，解散南京和

---

⑫《晨報》，一九二七年七月七日，同上，一九二七年七月號，第八七頁。
⑬《晨報》，一九二七年七月一九日，同上，第二五二—二五三頁；參見：第二九八—二九九頁。
⑭《馮玉祥與武漢合作》，《晨報》，一九二七年七月七日，同上，第八六頁；參見：第一一九—一二〇頁，第二五六—二五七頁。
⑮《寧漢妥協之前途》，《晨報》，一九二七年六月三〇日，同上，一九二七年六月號，第三八五頁。
⑯《馮寧漢晉四派鼎立》，《晨報》，一九二七年六月一五日，同上，第一七九頁；參見：第三五八—三五九頁；《晨報》，一九二七年七月二〇日，一九二七年七月號，第二七九頁。

武漢政府，重新組織政府⑰。這個建議的目的實際上是排除蔣介石的軍事獨裁。這樣，蔣介石就成了障礙。由於蔣氏的領導作風和「軍事獨裁」，他除了得到白崇禧和何應欽的同情外，在兩個營壘的軍政要人那裏很少有好感。蔣氏的地位問題成了必須解決的問題，一九二七年八月中旬蔣介石引退，對此我們下面再談。

在反對蔣介石「軍事獨裁」這一點上，一九二六年三月被蔣氏逼出廣州的汪精衞和唐生智是一致的⑱。共產黨人，其中包括羅易和鮑羅廷堅持認爲，汪精衞是左派國民黨領袖，他們希望（也是共產國際和羅易關心的事）在唐生智統率下擴大軍力，儘管寧漢聯合只是一個時間問題，與共產黨破裂也只需要一個「合法」的藉口。

一九二七年六月一日羅易把上面提到的共產國際五月指示交給汪精衞看⑲。汪精衞立卽告知唐生智，共產國際和共產黨準備解決國民黨及其軍隊⑳。汪精衞說，羅易認爲國民黨左翼將被迫

⑰《天下大事究竟如何》，《晨報》，一九二七年七月一一日至一三日，同上，一九二七年七月號，第一七六頁；參見：一九二七年六月號，第二二五－二二六頁，第三三六－三三七頁，第三四三－三四四頁，第三四五頁，第三七五－三七六頁。

⑱《寧漢戰爭之前途》，《晨報》，一九二七年七月二三日，同上，一九二七年六月號，第三〇〇頁。

⑲汪精衞：《武漢分共之經過》，一九二七年一一月五日在廣州中山大學的演講，見：《汪精衞言行錄》，見本書第三〇七頁㉑，第一一一頁。

⑳蔡和森：《機會主義史》，一九二八年，見：《禍國史料》，見本書第四四頁㉖，第一卷，第五九二頁。

與共產黨人合作到底，否則遲早要被國民黨右派消滅；因此羅易主張把共產國際的五月指示告訴給國民黨。鮑羅廷不贊成這樣做，他認爲國民黨左翼畢竟也是國民黨的一部分，與共產黨是有區別的；如果左翼知道五月指示的內容，不可避免地要同共產黨分裂。鮑羅廷在中國同志的支持下指責羅易輕率，說是應該把羅易送回老家去㉑。

汪精衞知道共產國際的五月指示後，認爲現在是掌舵的時候了。一九二七年十一月五日他在廣州中山大學所作的《武漢分共之經過》的報告中指出，雙方在統一戰線開始時就已經計劃着破裂。汪精衞說，斯大林和布哈林主張共產黨員加入國民黨，用意是逐漸奪取國民黨的領導權，耗盡國民黨的力量，然後一旦時機成熟，再消滅餘下的力量。孫中山的容許共產黨員參加國民黨的政策是由時間和情況而定的。一方是爲共產主義，另一方是爲三民主義，結果雙方勢必不能永久合作，關鍵問題是雙方何時分手㉒。

爲了形象地回答這個問題，汪精衞把國民黨和共產黨的統一戰線比作乘船：「有兩隊人一起乘船從香港到上海，到上海後一隊人想繼續乘船至天津，另一隊人想到日本。從香港到上海這一段路沒有問題，國民黨和共產黨的合作在國民革命期間也是這樣……分手的時間是到達上海以後

㉑ 汪精衞：《武漢分共之經過》，見前⑲，第一一二頁。

㉒ 同上，第一〇二、一〇三頁。

……因爲無論是國民黨還是共產黨都願意完成國民革命……可是時機成熟以後，國民黨想把民族革命朝着三民主義的方向引導，而共產黨希望把民族革命往共產主義推進，這樣衝突就不可避免了。任何一個政黨都必須對分裂的時間（即使還不成熟）作相應的準備。在容共政策實現以後，隨之而來的必然是同共產黨的分裂，這是我們大家都清楚的，分裂的時間是在到達上海以後……。」㉓莫斯科共產國際的五月指示是信號，說明爭奪大舵的時刻到了㉔。

一九二七年六月中旬以後，武漢國民黨中央非共產黨員委員商討與共產黨人分裂的形式，非共產黨員軍事將領在軍隊中採取了安全措施，等待國民黨中央的進一步指示㉕。唐生智現在公開反對共產黨了，他於一九二七年六月底從漢口抵長沙，並從那裏向武漢國民黨中央執行委員會發出電報：「經過對時局的仔細研究，我認爲工農運動領導不正確，運動失去了領導人的控制，恐怖活動開始發生……許克祥的行動乃是受了正義感的驅使，並沒有越過法律界限，也沒有破壞紀律，因此不應開除出軍隊，只應從輕處理。此外，我請求授予我全權，對那些踐踏國民政府命

㉓ 同上，第一〇三—一〇四頁。

㉔ 同上，第一一一—一一二頁。參見：《第三國際宣告與武漢脫離》，《黃報》，一九二七年七月二三日，見：《……中國紀事》，見本書第一九〇頁❹，一九二七年七月號，第三〇三頁；《武漢國共分家因爲第三國際命令》，《晨報》，一九二七年七月三〇日，同上，第四一一—四一二頁。

㉕ 汪精衛，同上，第一一二頁。

令的人以反革命論處，因爲這些人企圖以這種方式謀求在黨內的特殊地位。」㉖

國民黨的「左派」領袖和武漢軍隊中的將領正在準備與共產黨分裂時，中國共產黨卻在自己的機關報上大肆宣傳打倒蔣介石和鞏固工人、農民、小資產階級革命聯盟的重要㉗。

過去（今天也如此）人們討論、寫文章，大多圍繞這些問題，如：中國共產黨領導同志，羅易和鮑羅廷對武漢的緊迫形勢是如何判斷的，他們在一九二七年五月二十一日事件後直到七月十三日共產黨員退出武漢政府這段時間是如何考慮一個可行的策略的，他們犯了什麼錯誤，可以執行什麼路線，應該和必須採取什麼路線等等㉘。但是人們忘記了：在這個關鍵時期，中國共產黨人和共產國際駐中國代表究竟有多大的活動餘地，能夠在短短的時間內「靈活」地「保持與小資

㉖《湖南的形勢》，見：《國際新聞通訊》，第六九期（一九二七年七月八日），第一四七二頁；參見：《晨報》，一九二七年六月二八日，七月二日和三日，見：《……中國紀事》，見本書第一九〇頁❹，一九二七年六月號，第三七六—三八一頁，一九二七年七月號，第一八一—一九頁，第四〇頁，第四四—四五頁，第一七八頁。

㉗（陳）獨秀：《中國國民黨之危機及其出路》，一九二七年七月一日，見：《嚮導》，第二〇〇期（一九二七年七月八日），第二一九八—二一九九頁；（張）國燾：《革命勢力聯合與時局》，同上，第二一九九—二二〇〇頁；（瞿）秋白：《革命失敗之責任問題》，同上，第二二〇一—二二〇三頁；（蔡）和森：《國家統一與革命勢力的聯合》，同上，第二二〇三—二二〇五頁。

㉘蔡和森：《機會主義史》，見：《禍國史料》，見本書第四四頁㉖，第一卷，第五七四—六〇〇頁；瞿秋白：《中國革命與共產黨》，同上，一九二八年，第一〇五—一二〇頁。

產階級的聯盟」，與現在已經公開反對無產階級的那些過去因爲無產階級不可能依靠自己的武裝力量因而以爲可以依靠的「武漢的小蔣介石們」進行「周旋」？作爲世界革命總參謀部的共產國際在這個關鍵時刻又制定了什麼路線？共產國際的這條路線又是根據對武漢形勢的怎樣估計制定的？

蔡特林六月底在《國際新聞通訊》上發表文章，稱中國統一戰線的破裂爲「中國革命的新階段」，但他指的是：「兩月前，反對派說北伐有重大意義，現在又說，北伐僅僅加強了資產階級的力量，無論他們怎麼說，北伐總是引起了工農運動的空前高漲。」蔡特林認爲，還有長沙軍官的叛變遭到了「武裝工農的堅決反對」，已經被鎮壓下去。文章接着說，「我們黨一直關注着中國發生的事件，關注着中國共產黨戰友的成功與失敗，我們相信中國革命的力量。」㉙

關於五月二十一日的事件，《眞理報》六月二十三日的社論估計，武漢陣營的內部分歧將不可避免，面對這樣的前途閉上眼睛，或者驚慌失措，都是失去理智的表現。這次軍官叛變的社會和政治意義，從根本上說同蔣介石一樣是「信念的突變」。社論現在才讓人記住列寧的話：「小

㉙ 蔡特林：《中國革命的新階段》，見：《國際新聞通訊》，第六五期（一九二七年六月二四日），第一三七五頁，第一三七六頁；參見多里奧（巴黎）：《中國的革命力量》，同上，第六六期（一九二七年六月二八日），第一三九八—一三九九頁；唐心石：《蔣介石的力量表演與武漢政府》，同上，第六七期（一九二七年七月一日），第一四二八頁。

資產階級力量是動搖的力量」，並批評說：「國民黨和武漢政府未能在萌芽狀態消滅長沙的反革命，突出說明了小資產階級的不徹底、不堅決和意志薄弱。當土地革命不是在字面上而是行動上到來的時候，小資產階級領袖公開表現出他們的力量是動搖的力量，正是在這裏隱藏着中國革命的巨大危險性。」武漢許多政治家，尤其是軍事首領的動搖還由於下述情況而顯得格外危險：北伐是在與資產階級的聯盟中、是在它的領導下進行的一次反對帝國主義和北洋軍閥的戰爭，在這個總任務尚未完成時，民族陣營內的分歧已經發生了。國民黨如果不依靠羣眾，不組織羣眾和武裝羣眾，便不能在反對帝國主義、北洋軍閥和蔣介石的鬥爭中成爲勝利者㉚。

爲什麼莫斯科現在才想到列寧的教導——武裝羣眾？倫茨納在七月八日的《國際新聞通訊》上寫了一篇題爲《中國革命的困難》的文章來爲此辯護，他的理由是：革命未能創建自己的軍隊，是因爲農民未能發動起來；農民運動一直到今年年初才初具規模。革命要創建自己的軍隊在無產階級的主力被農民羣眾分割的條件下是異常困難的，因此必須改組武漢的軍隊。

《共產國際》在七月五日也發表了《困難的轉折》的社論，社論說：「改組軍隊」必須在軍隊的某些將領不可信賴的時刻着力進行。當然，改組不可能不遇到內部衝突、部分的叛變和部分

㉚《中國革命的發展與國民黨領袖的動搖》，《眞理報》社論，一九二七年六月二三日，見：《國際新聞通訊》，第六六期，第一三九七頁。

的失敗，但是它最終一定會在土地革命的發展和工人階級的聯合潮流中取得成功㉛。其實關於軍隊的改組問題，陳獨秀早在第五次代表大會的報告中就指出過，軍隊的動搖是有其社會根源的；不改變軍隊的社會基礎便不能改組軍隊。

倫茨納分析了武漢的形勢以後說：「中國革命最重要的特點，就其薄弱的方面而言，就是帝國主義的武裝干涉，缺少眞正的革命軍隊，最重要的工人中心爲革命農民地區所分割，革命幹部只能在戰鬥過程中培養（幹部質量的增長又不能適應數量的增長）。儘管有這些弱點，但是中國革命在一定階段仍然前進了，勝利了。當然鬥爭愈嚴酷，民族革命陣營內部的矛盾就愈深刻，中國革命的弱點也愈明顯。」㉜

但是布哈林不贊成倫茨納的冷靜分析。布哈林在七月一日出版的《國際新聞通訊》上用《中國革命的目前時刻》一文對中國共產黨的領導作了輕微的批評，他說：「如果共產國際的指示眞正執行了，武漢的形勢也不至於如此危急。」㉝布哈林的態度在下面兩篇文章中尤爲明顯，一篇是登載在六月三十日《眞理報》上的《中國革命形勢》，另一篇是發表在一九二七年七月十二日

㉛《困難的轉折》（社論），見：《共產國際》，第二七期（一九二七年七月五日），第一三〇三頁。

㉜倫茨納（莫斯科），《中國革命的困難》，見：《國際新聞通訊》，第六九期（一九二七年七月八日），第一四六九—一四七〇頁。

㉝布哈林：《中國革命的目前時刻》，見：《國際新聞通訊》，第六七期（一九二七年七月一日），第一四二六頁。

《國際新聞通訊》上的《中國革命的突變》。

布哈林首先指出，蔣介石、唐生智這些軍閥的和解，意味着資產階級所有重要的軍事力量已經聚集在南京劊子手的周圍了㉞。其原因主要是資產階級的激進分子和激進的知識分子爲土地運動和農民運動的高漲所嚇倒。勝利已危在旦夕——布哈林終於認識到——「靈活」「周旋」已不可能，武漢的革命作用已經完結㉟。

布哈林批評說，武漢的態度完全是一副投降姿態。因此，布哈林的結論是：共產黨人一分鐘也不能留在武漢「政府」裏了㊱。

中國共產黨員退出國民政府會不會引起退出國民黨呢？布哈林回答說：「我們認爲，不會。」他說，中國情況與英國不同。首先，共產黨員在國民黨下層組織中，尤其在工人和農民的組織中

㉞ 布哈林：《中國革命的突變》，見：《國際新聞通訊》，第七〇期（一九二七年七月一二日），第一部分，第一四八五頁；參見：《危急之秋》，《眞理報》社論，一九二七年七月六日，同上，第一四九一頁。

㉟ 布哈林：《……突變》，同上，第一四八五、一四八六頁。

㊱ 同上，第一四八五、一四八六頁。參見：《眞理報論共產黨人留在國民政府問題》，一九二七年七月七日，見：《國際新聞通訊》，第六九期（一九二七年七月八日），第一四七二頁；《危急之秋》，《眞理報》社論，一九二七年七月六日，同前，第一四九一頁。

不僅有影響，而且常常起主導性的影響；其次，中國共產黨現在必須轉入地下，必須建立地下機構，在全中國範圍內把它的陣線連接起來。共產黨人在中國革命目前這一階段對國民黨的策略正是從這種考慮決定的。布哈林要求，即使國民黨決定驅逐共產黨員，共產黨員也應該爲爭取國民黨內的地位而鬥爭，就像英共黨員在英國工黨和英國工會內所做的那樣。共產黨員之所以應該留在國民黨內，目的是爲了推翻領導㊲。文章說，大家知道，共產黨在國民黨內的影響正不斷增長，國民黨的基層組織已經在共產黨的領導下，蔣介石集團正因爲如此才把矛頭對準武漢，因爲他們認爲左派國民黨是共產黨的「代理人」。現在很清楚，什麼逮捕、處決鮑羅廷，什麼把共產黨人趕出武漢政府和國民黨中央，完全是蔣介石的口號。但是在敵對的集團要求時退出國民黨，「這是一個罕見的策略」㊳。現在反對派公開要求共產黨員退出國民黨，布哈林問：「……這是爲什麼？難道國民黨的上層領袖動搖了？國民黨的黨員羣眾會『無動於衷』？對待羣眾組織的態度什麼時候是由於『最上層』的變化而決定的？」㊴布哈林愈是強詞奪理，他的理由愈是站不住

㊲ 布哈林：《……突變》，同上，第一四八六頁；參見：《困難的轉折》（社論），《共產國際》，第二七期，同上，第一三〇二頁；《艱難的時期》，《眞理報》社論，一九二七年六月二九日，見：《國際新聞通訊》，第六八期（一九二七年七月五日），第一四五二—一四五三頁。

㊳ 布哈林：《中國革命的形勢》，見：《共產國際》，第二八期（一九二七年七月一二日），第一三五〇頁。

㊴ 同上。

腳。布哈林在同一時期的另一篇文章中說過一句話更證明了這一點，他說：國民黨變成了反革命將軍們的可憐玩物㊵，國民黨不過是民族資產階級頭面人物的聯盟！

布哈林說，不難看出，現在的形勢極其尖銳地提出了中國革命兩條發展道路問題，就是說，中國革命的自由主義發展道路和平民主義發展道路的鬥爭正是目前階級較量的內容。現在，形勢愈是危急，愈是應該支持武漢的第三陣營，愈是應該動員工人、農民和小資產階級爭取平民主義道路。這種可能性是存在的，現在放棄這種可能性是毫無道理的㊶。

可是，武漢政府爲什麼會失靈呢？布哈林回答說，其中的原因是因爲中國共產黨領導在前一段時間頑固地抵制共產國際的決議。共產國際不斷發出了關於中國共產黨獨立自主、開展土地革命、武裝工農、清算反革命、國民黨民主化的指示㊷，但是中國共產黨沒有經得起「考驗」。布哈林指責說：「中國共產黨政治局在整個時間內阻撓土地革命的開展，他們把向北京和其他地方的軍事討伐與革命的內部問題對立起來，他們的革命公式似乎是：『把注意力吸引到外部的統一的反帝鬥爭』、『喚起』階級衝突的發展彷彿會使階級鬥爭的整個歷史過程沉睡下去，彷彿共產

㊵ 布哈林：《……突變》，見本書第三八九頁❻，第一四八六頁。

㊶ 布哈林：《中國革命的形勢》，見本書第四〇〇頁㊳，第一三四八、一三五一頁。

㊷ 布哈林：《……突變》，見前㊵，第一四八六頁。

黨人的目標不是爲民族革命中的無產階級領導權而鬥爭，而是反對爲此而鬥爭！」㊸他說，在中國共產黨領導內還存在社會民主黨分子，突出的事實是，像陳獨秀這一類黨的機會主義領袖竟然宣傳退出國民黨。這樣，他們會愈來愈脫離羣眾，愈來愈成爲「聯合在一起」的政客㊹。

按照布哈林的意見，第三陣營、即武漢陣營的軟弱，首先在於中央政府沒有足夠可靠的武裝力量；此外，危險的是在這個陣營裏有蔣介石的密探和典型的、動搖的、低級的政客存在，這些人在危機時刻肯定會與自由主義者合作。他們對土地革命的恐懼會把他們投入蔣介石的自由主義信徒的懷抱㊺。

布哈林在這裏又談了中國共產黨領導的機會主義錯誤，他寫道：

「如果考慮到，甚至擔任領導職務的**共產黨員**也犯了機會主義錯誤，那末就很容易理解，與下層的發展完全矛盾的武漢**政治領導**的軟弱和龐雜乃是武漢陣營的致命傷。

㊸ 同上，第一四八七頁；參見曼達梁：《爲什麼中國共產黨的領導失靈了？》，見：《國際新聞通訊》，第七三期（一九二七年七月一九日），第一五六八—一五六九頁；第七四期（一九二七年七月二二日），第一五八八—一五八九頁和第七五期（一九二七年七月二六日），第一六〇四—一六〇五頁；曼達梁：《中國資產階級的民族改良主義與共產黨人的任務》，見：《共產國際》，第三〇期（一九二七年七月二六日），第一四四六—一四五九頁。

㊹ 布哈林，同上，第一四八六頁。

㊺ 布哈林：《中國革命的形勢》，見本書第四〇〇頁㊳，第一三四六—一三四七頁。

如果共產國際的指示得到貫徹，**如果**土地革命沒有受到阻撓，**如果**武裝工農的工作大力進行，**如果**忠誠的軍隊團結一致，**如果**明確的、爲羣眾所理解的政策得到實施，**如果**關於國民黨民主化的指示正確執行了，**那末**武漢的形勢就不至於如此危急了（着重號爲原文所有）。」㊻

武漢的軟弱眞的由於中國共產黨領導同志的機會主義錯誤嗎？維克多·西爾格不同意這種見解。七月二日他在發自列寧格勒的《第二封信》的附言中說：武漢的弱點在於「系統地輕視階級鬥爭，這一點在動搖的、在動搖中樂於傾向資產階級的中間階級那裏尤爲常見。他們害怕動員羣眾，武裝羣眾，害怕號召羣眾奪取土地。他們害怕仿效布爾什維克一九一七至一九一八年的偉大榜樣。他們願意依靠將領（軍閥），想同將領一起準備奪取北京，他們不依靠起義的羣眾，而依靠反革命分子領導的兵痞。布哈林用這麼許多『如果』勒住我們的脖子！我們當然也可以用一個『如果』來概括這許多『如果』：『如果小資產階級不是小資產階級的話』。」㊼

一九二七年七月七日反對派在聲明中猛烈抨擊了武漢事件：「把一切押在所謂有組織的革命中心——武漢政府這張牌上，造成了中國革命的災難性分裂，使圈子愈來愈小，我們黨的領導在

㊻ 同上，第一三四七頁。

㊼ 維克多·西爾格：《第二封信》，見：《一九二七年中國革命中的階級鬥爭》，見本書第三四一頁㊽，第五九—六〇頁。

中國運用的策略是在資產階級革命中執行孟什維克策略的典型例子。」㊽

反對派認爲，根據一九一七年俄國革命的經驗，在無產階級處於日益危險的形勢下，雙重統治是唯一的拯救辦法。瓦倫斯基．希比爾雅可夫在一本題爲《蔣介石叛變的根源何在？》的小册子裏寫道：「中國革命下一時期的最重要的任務就是要組織中國的眞正革命力量，以掃除今日橫亘在中國民族革命運動道路上的障礙。如何實現呢？我們認爲，中國共產黨人不妨想一想俄國革命勝利的經驗和道路。在掃除了組織一切力量建立統一戰線的幻想以後，中國共產黨必須在革命中向中國勞動人民指明爲俄國革命的經驗所檢驗和證實的革命鬥爭的形式和方法。不管國際資產階級代理人如何叫嚷中國蘇維埃化了，也不管中國的資產階級如何惱怒，我們相信，中國革命或遲或早總會走蘇維埃道路，總會通過蘇維埃完成它的勝利進程。」㊾倫茨勒認爲瓦倫斯基．希比爾雅可夫的小册子是「一本混亂不堪的書」，並且把他在七月五日《共產國際》上發表的文章冠以這個題目。倫茨勒說，蘇維埃口號在現時無異是炸毀「兩種力量聯盟」的口號。「事實上，這個口號破壞了武漢陣線（在革命的現階段武漢陣線是眞正的革命陣線），它把國民黨和共產黨對

㊽ 引自布哈林：《……突變》，見本書第三八九頁❻，第二部分，見：《國際新聞通訊》，第七一期（一九二七年七月一五日），第一五一一頁。

㊾ 引自倫茨勒：《一本混亂不堪的書》，見：《共產國際》，第二七期（一九二七年七月五日），第一三三五頁（參見西爾格，同上，第七三頁）。

立起來，就是說，它導致了破裂。」[50]

共產國際按照布哈林的意見，一九二七年七月十四日通過了《共產國際執行委員會關於中國革命當前形勢的決議》[51]，中國共產黨中央委員會又根據共產國際決議的精神於一九二七年七月十三日發表了《對政局宣言》[52]。

共產國際的決議以及在一九二七年七月中旬以前對決議中所涉及問題的討論說明，共產國際一直未能打消把中國的一切力量組成統一戰線的幻想。當武漢國民黨的「左派」首領已經決計同共產黨決裂並且對共產黨採取進攻措施時，共產國際還是把它的全部努力集中在避免同武漢國民黨的破裂上。

說到中國共產黨的錯誤和武漢的弱點，羅易在一九二七年九月十七日舉行的共產國際執行委員會東方秘書處一次會議上報告中國共產黨在第五次代表大會以後的形勢認爲，黨的——羅易所

---

[50] 同上，第一三三五—一三三六頁。

[51] 《共產國際執行委員會關於中國當前形勢的決議》，見：《國際新聞通訊》，第七三期（一九二七年七月一九日），第一五七二—一五七四頁。

[52] 《中國共產黨中央委員會對政局宣言》，一九二七年七月一三日，見：《嚮導》，第二〇一期（一九二七年七月一八日），第二二一四—二二一五頁。德文見：《國際新聞通訊》，第七七期（一九二七年八月二日），第一六五五頁。

中國共產黨中央委員會機關報《嚮導》在出完這一期後停刊。

說的「黨」，應該理解為共產國際——政治錯誤之一是錯誤地判斷了蔣介石的分裂：「蔣介石在分裂時並沒有帶走全部的資產階級，有些部分還留在武漢的國民黨內。黨在那時把武漢國民黨看成一個統一的左派組織，它不知道動員武漢國民黨內的小資產階級去反對反革命分子，結果，反革命反而乘機把小資產階級拉到自己一邊。武漢政府只有在繼續發展革命的條件下才能繼續保持它的獨立生存，而革命要想繼續發展也只有發展農民革命。但武漢政府完全為地主利益的影響所征服，因此成了農民革命的敵人。這樣對武漢政府來說唯一敞開的道路就是蔣介石的道路，於是立即發生了共產黨和國民黨的關係問題。」㊸

如何解決這種關係，共產國際執行委員會在上述決議中提議「不要退出國民黨」。布哈林解釋這一點時說：今天，當武漢政府倒向反革命陣營的時候，對待國民黨的關係是：「我們必須盡最後的努力，完全掌握國民黨的羣眾，以便推翻以汪精衞為首的國民黨左派首領。」㊹爭取國民黨這個「反革命將軍們的可憐玩物」領導權的鬥爭，似乎應該一直繼續到中國革命慘痛失敗的最後一刻。但是兩週以後，也不得不放棄這「最後的努力」了，於是提出了「中國蘇維埃」的口號。

㊸《第五次代表大會時中國共產黨的形勢》，見《共產國際》，第四二期（一九二七年一〇月一九日），第二〇七三頁。

㊹布哈林：《關於聯共中央委員會和中央監察委員會聯席會議的結果——報告全文，八月一一日於蘇共列寧格勒黨員幹部大會》，見：《國際新聞通訊》，第八九期（一九二七年九月六日），第一九三五頁。

十二　第一次革命浪潮平息了……

一九二七年七月十三日中國共產黨發表了《對政局宣言》兩天以後，國民黨中央執行委員會常務委員會七月十五日在武漢召開了第二十次擴大會議。汪精衛在會議的講話中報告了共產國際五月指示的內容，並要求國民黨採取適當措施❶，所謂「措施」有：⑴在一個月內召開中央執行委員會第四次大會，以處理和解決政治委員會主席團提出的問題；⑵開會之前處置所有違反國民黨原則和政策的講話、文章和行爲；⑶由政治委員會決定委派重要同志去蘇聯商談更有效的合作事宜❷。

中央執行委員會政治委員會在一九二七年七月十六日的報告中，詳細敘述了共產國際的五月指示對國民黨以及對統一戰線的意義；報告指出，在這份莫斯科指示中所表達的對國民黨的政策

---

❶《汪精衛報告分共問題》，一九二七年七月一五日，見：《禍國史料》，見本書第四四頁㉖，第一卷，第三四九—三五一頁。

❷《國民黨中央決議》（武漢，一九二七年七月一五日），見：《國際新聞通訊》，第七三期（一九二七年七月一九日），第一五七〇頁；李雲漢：《從容共到清黨》，見本書第二八頁⑬，第二卷，第七三九—七四〇頁。

已經爲中國共產黨《對政局宣言》所證實。這兩個文件在原則上破壞了「允許共產黨參加國民黨」的政策，因此中國共產黨必須對統一戰線的破裂負責❸。爲了使這次「和平的破裂」合法化，武漢國民黨在以後幾天發表了一系列聲明、指令和文章❹。

與共產黨分裂後，武漢政府集中力量反對「蔣介石的軍事獨裁」❺，這個鬥爭得到了馮玉祥的全力支持。七月十四日，馮氏聯名徐謙和孔祥熙向武漢和南京發出內容相同的電報，建議召開一次特別會議，以處理黨內問題和澄清前一階段衝突的責任；在特別會議上被確認爲負有責任的

---

❸《容共政策之最近經過》，一九二七年七月一六日政治委員會主席團報告，見：《禍國史料》，見本書第四四頁㉖，第一卷，第三五一—三五四頁；參見：《晨報》，一九二七年七月一七、一八、二三日，見：《……中國紀事》，見本書第一九〇頁❹，一九二七年七月號，第二三一—二三五頁，第三一三—三一四頁。

❹《武漢分共之重要文件》，見：《國聞週報》，全第四集，第三〇期（一九二七年八月七日），第一—四頁；第三一期（一九二七年八月一四日，第一—五頁和第三二期（一九二七年八月二一日），第一—二頁。

❺《武漢國民政府宣言》，一九二七年七月二八日，見：《國聞週報》，第三一期，第四—五頁；參見：《蔣介石未來之命運》，《晨報》，一九二七年八月四日，見：《……中國紀事》，見本書第一九〇頁❹，一九二七年八月號，第五三—五六頁；《奉寧寧漢之前途》，《晨報》，一九二七年七月二七日，同上，一九二七年七月號，第三七三—三七五頁。

人應該辭職，以讓路於黨的其他領袖，領導今後的鬥爭❻。

蔣介石這時的處境十分困難。以往對外說，同武漢之爭是因爲武漢與共產黨狼狽爲奸；如今武漢聲明與共產黨決裂，「消滅武漢」的鬥爭也就隨之失去令人信服的力量。蔣介石愈是反對武漢，就愈陷於孤立。新的形勢要求推進寧漢聯合，而不是反對武漢的鬥爭。這樣，蔣介石成了重建統一國民黨的障礙，最終爲南京、他自己的陣營所犧牲。但是，蔣介石決心從軍事生涯的頂峯退下來，決定的因素是兩個陣營將領的態度。

早在一九二七年八月七日蔣介石就寫了退引聲明，後來又收回辭呈，因爲他還想作最後的努力。可是，以後幾天，事件迭起，再作努力也沒有任何意義了。

八月九日唐生智發表激烈的《討蔣通電》，通電稱：蔣介石自孫中山逝世後利用黨的黃埔軍校，培植自己的勢力，並認爲中國革命必須在共產國際的領導下。蔣氏感到自己羽毛豐滿之後，排擠政府和黨的領袖，自任主席。北伐期間，蔣更篡奪了軍隊、黨部和政府的大權，實行軍事獨裁。唐生智在通電最後號召一切忠誠的黨員同志起來推翻蔣介石❼。

---

❻《馮玉祥徐謙孔祥熙之寧漢宣和電》，一九二七年七月一四日，見：《國聞周報》，第三三期（一九二七年八月二八日），第一頁。第三三期還刊登了關於武漢北京會談和蔣介石退野的其他電報。

❼《唐生智討蔣通電》，一九二七年八月九日，同上，第四—五頁。

國民黨中央得到唐生智的火力掩護後，於是在八月十日以政治委員會主席團的名義通電全體黨員，堅決聲明——矛頭當然是對準南京——黨中央和國民政府不承認除武漢外有第二個黨第二個政府。武漢還決定，鑒於共產黨人在南昌的暴動（八月一日），徹底斷絕同共產黨的一切關係❽。八月十二日晚，蔣介石召開形勢座談會，討論株洲前線軍事失利問題。廣西軍軍長李宗仁對蔣介石表示不滿，他和白崇禧公開主張寧漢聯合。蔣介石怒氣沖沖未等會議結束就離開了會場❾。蔣介石看到自己陣營兩個有影響的將領也不支持他了，被迫於一九二七年八月十三日發表辭職聲明《告國人書》。聲明說，兩個陣營的同志必須清除不和和互相猜疑的氣氛，武漢同志應該來南京商談黨的未來政策。由於人們把他——蔣介石，視爲聯合之障礙，因此，他願爲黨的利

---

❽《武漢之外不許有第二政府》，《晨報》，一九二七年八月一四日，見：《……中國紀事》，見本書第一九〇頁❹，一九二七年八月號，第二〇〇—二〇一頁；《寧致漢電》，一九二七年八月八日和《漢復寧電》，一九二七年八月一〇日，見：《國聞週報》，第三三期，見本書第四〇九頁❻，第三—四頁；見：《革命文獻》，見本書第二六頁❼，第一七輯，第一四六—一四七頁。

❾《十二晚庭院會議》，《晨報》，一九二七年八月二三日，見：《……中國紀事》前出，一九二七年八月號，第三二八—三三〇頁；參見：第一〇八—一一一頁，第二二一—二二九頁，第二二六—二二八頁，第二三四—二三六頁。

益作出任何犧牲⑩。

八月十九日，武漢國民黨接着決定將國民政府和中央黨部遷至南京⑪。隨着一九二七年八月二十日《遷都聲明》⑫的發表，寧漢聯合遂告完成，國民黨在中國革命中的一個重要階段也告結束。

---

⑩《蔣介石告國人書》，一九二七年八月一三日，見：《國聞週報》，第三三期（一九二七年八月二八日），第六—九頁；《告國人書》也全文發表在一九二七年八月二〇日的《晨報》上，見：《……中國紀事》，見本書第一九〇頁④，第三〇一—三〇九頁，《革命文獻》上有刪節，同上，第十五輯，第七九一—七九七頁，簡短摘要見《國際新聞通訊》，第八四期（一九二七年八月一九日），第一八二九頁，題爲《蔣介石聲明》。

關於蔣介石辭職的評論有：(一)眞理報：《論寧漢聯合》，一九二七年八月一七日，見：《國際新聞通訊》，第八四期，第一八三〇頁；(二)唐心石：《蔣介石下野之後》，同上，第一八二五—一八二六頁；(三)《蔣介石離寧之重要意義》，武漢政府機關報社論，一九二七年八月一五日，見：《國聞週報》，第三三期，同上，第九—一〇頁；(四)《蔣下野原因》，《晨報》，一九二七年八月二四日，見：《……中國紀事》，同上，一九二七年八月號，第三二八—三三〇頁；(五)關於蔣辭職背景的一組文章，見：《晨報》，一九二七年八月二四、二五、二六、二七日，同上，第三二一—三二三頁，第三三八—三四一頁，第三五三—三五六頁，第三七三—三七六頁。

⑪《晨報》，一九二七年八月二三日，同上，第三一一—三一二頁。

⑫《晨報》，一九二七年八月三一日，同上，第四二三—四二六頁。

武漢同共產黨人決裂，特別是寧漢聯合，無論在國民黨的發展上還是在中國革命中都意味着兩個階段的更替。一個統一的國民黨的建立，正如A·洛索夫斯基所說，「意味着整個資產階級反對工農運動的統一陣線的建立和中國革命發展一個嚴峻階段的開始。」⓭

布哈林由此得出結論說，很顯然，人們已不能再贏得羣眾反對左派國民黨的首腦了。《眞理報》一九二七年七月二十六日的文章《中國共產黨的策略任務》說，正因爲如此才提出蘇維埃化作爲進一步宣傳的口號⓮。文章說，蘇維埃必須是勞動羣眾對付資產階級的機構，在中國建立蘇維埃的口號從現在起是正確的⓯。布哈林在一九二七年八月十一日蘇共列寧格勒黨員幹部大會上

⓭ A·洛索夫斯基：《中國革命的危機》，見：《共產國際》，第三八／三九期（一九二七年九月二九日），第一八七二頁。

⓮ 布哈林：《關於聯共中央委員會和中央監察委員會聯席會議的結果——報告全文，八月一一日於蘇共列寧格勒黨員幹部大會》，見：《國際新聞通訊》，第八九期（一九二七年九月六日），第一九三五頁。

⓯ 《中國共產黨的策略任務》，《眞理報》，一九二七年七月二六日，見：《國際新聞通訊》，第七六期（一九二七年七月二九日），第一六二六頁。另見斯大林：《現實問題的幾點說明》，見：《國際新聞通訊》，第七七期（一九二七年八月二日），第一六四六頁。斯大林：《俄國反對派的政治面貌》，見：《共產國際》，第四二期（一九二七年一〇月一九日），第二〇四〇—二〇四一頁；《從國民黨到蘇維埃的困難轉折》（社論），同上，第二〇三三—二〇三四頁。

報告時說，因此，中國共產黨人在南昌組織了暴動，目的是撤離南昌（因爲南昌已被敵人包圍），向廣東、向南方轉移，以便通過工農進軍擴大自己的隊伍。布哈林繼續說：「我個人相信，這一次破釜沉舟的嘗試在順利發展的條件下可以是我們策略的最好說明……。」⑯

這個策略的內容，如一九二七年八月九日聯共中央委員會和中央監察委員會聯席會議的決議所云，就是「徹底地進行力量的改組：反對一切統治階級和帝國主義，組織起工人、農民和城市貧民的聯盟。在此意義上，革命轉入自己發展的更高階段，即直接爲建立工農專政而鬥爭的階段。」⑰

托洛茨基把遲遲接受蘇維埃口號的舉動稱之爲「整個斯大林中國路線公開破產的聲明」，因爲，只有當中國革命還沒有徹底失敗時，蘇維埃口號對於中國才是正確的⑱。

維克多・西爾格指出：「在中國，當人民革命處於高潮時，人們應該組織羣眾的權力機關（這個組織叫蘇維埃或者叫別的什麼名字，都不重要，重要的是事實），當時國民黨領袖還沒有

---

⑯ 布哈林：《……的結果》，同上，第一九三四頁。

⑰ 《關於國際形勢——中央委員會和中央監察委員會聯席會議決議，布哈林同志報告後於一九二七年八月九日通過》，見：《國際新聞通訊》，第八三期（一九二七年八月一六日），第一八一一頁。

⑱ 托洛茨基：《關於中國蘇維埃口號》，見：《中國——被扼殺的革命》，見本書第二八九頁㊼，第一卷，第二〇八頁。

力量同共產黨破裂，把共產黨人打入地下。這些機關本可以監督、鼓勵和促進革命民主和公共權力，共產黨人本應該準備奪取政權。當然，這樣可能引起同反革命的衝突，但是國民黨不可能隨意選擇時機，無產階級會以更好的裝備和更好的組織來對付國民黨。現在太遲了：一九二七年七月二十六日在《眞理報》上發表的中國蘇維埃口號，只是一個宣傳口號，當然是一個很好的宣傳口號。因爲，無產階級現在只能進行秘密活動，而秘密活動是無法組織蘇維埃的。」⑲

對於反對派來說，中國革命是「徹底」失敗了。他們認爲，同自由資產階級聯盟的孟什維克道路導致了這次革命的可怕失敗。

一九二七年九月托洛茨基批評說，開始人們把一切希望寄托在蔣介石、唐生智和馮玉祥身上，然後寄托在「忠誠的、經過考驗的」汪精衞身上。所有這些屠殺工農的劊子手都一個個被譽爲「反帝戰士」，「我們的同盟者」。在這裏托洛茨基又引用了列寧在一九一七年三月說過的話：「我國革命是資產階級革命，**因此**工人應該贊助資產階級——波特列索夫、格沃玆迭夫、齊赫澤之流這樣說道，如同普列漢諾夫昨天說過的一樣。我國革命是資產階級革命，——我們馬克思主義者說道，——**因此**工人應該使人民看清資產階級政客的騙局，教導人民不要相信空話，只

⑲ 維克多·西爾格：《第三封信》，列寧格勒，一九二七年八月一日，見：《一九二七年中國革命中的階級鬥爭》，見本書第三四一頁㊽，第七三頁。

能依靠本身的力量，本身的組織，本身的團結，本身的武裝。」托洛茨基說，對於國際無產階級來說再沒有比把列寧說成「同資產階級聯盟」的信徒更大的罪惡了⑳。西爾格認爲：「錯誤顯然在於把激進的資產階級看成反帝革命的領導階級，因此資產階級的軍隊，不論它是什麼性質的，就是神聖不可侵犯了。」㉑

反對派因此反對布哈林及其追隨者企圖把中國革命遭受可怕失敗的全部過失推給中國共產黨，拉狄克寫道：「一九二六年三月以後，共產國際實際上執行的是孟什維克政策……中國革命的失敗不是共產國際代表錯誤地執行共產國際路線的結果，而是這條根本錯誤路線的結果……人們不能要求一個剛剛存在六年的、由大學生的組織發展起來的年青黨的領導非常成熟……中國共產黨領導是犧牲者而不是過失者……中國共產黨立足於共產國際的決議，服從共產國際的決議，雖然它完全明白，蔣介石的轉變（一九二六年三月二十日）意味着什麼……中國共產黨自從得到共產國際的同意隸屬於國民黨後，也開始對無產階級用起陳腐的孟什維克語言了。」㉒

---

⑳ 托洛茨基：《我們的國際形勢和戰爭危險》，《一九二七年左派反對派的基礎》第九章，一九二七年九月，見：《中國——被扼殺的革命》，見本書第二八九頁㊼，第一卷，第二〇二—二〇三頁。

㉑ 維克多·西爾格：《第五封信》，列寧格勒，一九二七年九—一〇月，見：《一九二七年中國革命中的階級鬥爭》，第一〇一頁。

㉒ 引自馬爾蒂納夫：《共產國際在被清算的法庭上》，見：《共產國際》，第三二期（一九二七年八月九日），第一五四二頁。

共產國際和蘇共領導，布哈林和斯大林現在不得不被迫對付反對派的有力挑戰和嚴厲譴責。在一九二七年八月初聯共中央委員會和中央監察委員會聯席會議上，以及以後不久，布哈林和斯大林在許多次講話中根據革命失敗的新情況對中國革命表示了態度。他們的觀點後來爲聯席會議所接受，並且在布哈林一九二七年八月九日的報告後寫進《關於國際形勢》的決議。

決議對共產國際在中國的基本路線是這樣寫的：

「共產國際路線的基本特點在於，它是根據對革命的各個**不同**的階段和各個**不同**的**階級重新組合**的分析而制定的。

當中國革命處於這樣的發展時期，即當民族資產階級是革命的，就是說：(1)他們同帝國主義進行着眞正的鬥爭；(2)他們不阻礙共產黨人以革命精神教育工農羣眾和建立工農革命組織；(3)他們不阻礙共產主義的無產階級獨立黨的建立、鞏固和壯大的時候，共產國際曾主張支持民族資產階級。**蔣介石**叛變以前的廣州政權和北伐時期的情況就是這樣的。

蔣介石的政變表明階級力量發生了新的組合。因此，共產國際在這個新的發展階段上提出了新的策略路線，即工人、農民和小資產階級結成聯盟同帝國主義者和張作霖的聯盟以及同蔣介石資產階級進行堅決無情的鬥爭。留在國民黨左派和武漢政府內的一部分激進的小資產階級宣布討伐蔣介石，並給共產黨以進行工作的可能。共產黨當時**應當**利用**這種**可能來組織『對卡芬雅克們的反擊』和動員羣眾……

這樣，後一階段也就要求相應地改變策略和口號：退出武漢政府、共產黨人對這個不再是『眞正革命的』政府也要宣戰。」㉓

誰失靈了？什麼是中國革命失敗的原因？決議第二十五點說：

「儘管共產國際的策略是正確的，可是中國革命還是遭到了重大的失敗，這首先是由於國內和國際階級力量的對比關係；其次，是由於工農羣眾還來不及組織足夠的力量去戰勝敵人（外國帝國主義、以張作霖爲首的封建主義和反革命的民族資產階級）的聯合行動的力量；最後，這種失敗是由於工人階級還來不及建成一個組織上鞏固的羣眾性的共產黨。另一方面，必須承認，中國共產黨的領導不斷違背共產國際的指示，因此，它對中國工人階級和農民所遭受的失敗要負應有的責任。」㉔

兩天以後，八月十一日，布哈林在蘇共列寧格勒黨員幹部大會上報告聯共中央委員會和中央

㉓《關於國際形勢——聯席會議決議》，見：《國際新聞通訊》，第八三期（一九二七年八月一六日），第一八一〇頁。

㉔同上，第一八一〇—一八一一頁。

監察委員會聯席會議結果時說：「當然，在失敗的時候證明我們策略正確是非常困難的。」㉕

布哈林特別強調了以下的事實——這在俄國黨內爭論中國革命問題的過程中頗有特點——：「中國事件第一次向我們提出了半殖民地國家革命的重大問題。在這以前，我們解決了與許多革命相聯繫的策略問題，例如德國的、奧地利的、匈牙利的以及我們的革命。但是我要說，我們只是粗線條地提出了東方革命的問題，不很具體，也就是說沒有解決**怎樣革命**的問題（著重號爲原文所有），在什麼條件下提出什麼口號等等。」㉖

布哈林認爲，反對派（托洛茨基和季諾維也夫）要求在中國重複一九○五年布爾什維克策略的論點似乎很有說服力，但是他們忽略了在中國革命中逐點運用一九○五年的策略並不是列寧主義的觀點。還是在共產國際第二次代表大會上，列寧在關於殖民地問題的提綱中就着重提出了帝國主義和殖民地國家的差別。這個客觀存在的差別也必然以某種形式反映在策略上；問題是以什麼形式反映，怎樣反映㉗。

布哈林接着說：「我們共產黨人就是要無條件地利用反帝運動，即使這個運動在發展初期是由非無產階級成分領導的，我們也要關注這個運動……中國問題的整個複雜性在於，事情開始中

㉕ 布哈林：《……的結果》，見：《國際新聞通訊》，第八九期，見本書第四一二頁⑭，第一九三四頁。

㉖ 同上，第一九三二頁。

㉗ 同上。

國資產階級就領導着人民反對帝國主義和封建勢力；它促進了民族力量的發展，它幫助人民登上了獨立的舞臺；這也是我們在革命的一定階段同資產階級採取和解策略的理由。」㉘

這種和解表現在什麼地方呢？支持北伐。從廣州到上海共產黨一直支持蔣介石的北伐。「我們從中也得了益處」㉙。還有一個事實，「蔣介石進行北伐，一部分主要是反對中國的封建主，一部分也反對支持封建主的帝國主義……蔣介石在進行北伐時是資產階級利益的代表，不是勞動人民和工農利益的代表。但資產階級在這些年中也可以起革命作用……。」㉚

布哈林在報告中突然停頓的地方，或者說，他有意無意遺忘的地方，羅易在一九二七年九月《共產國際》上發表的《中國的革命與反革命》一文給補上了，當然，不是按照布哈林的意思。

㉘ 同上，第一九三四頁。

㉙ 同上。

㉚ 同上，第一九三三頁。關於與反對派的分歧見斯大林：《關於國際形勢（一九二七年八月一日）——在聯共（布）中央委員會和中央監察委員會聯席會議上的講話》，見：《共產國際》，第三八—三九期（一九二七年九月二七日），第一八二九—一八六二頁；斯大林：《俄國反對派的政治面貌》，同上，第四二期，見本書第四一二頁⑮，第二〇三九—二〇四七頁；《聯共（布）中央委員會和中央監察委員會聯席會議》，同上，第三四期（一九二七年八月二三日），第一六三一—一六四〇頁；倫茨勒：《中國共產黨領導錯誤的思想根源》，同上，第三三期（一九二七年八月二六日），第一五八八—一五九四頁；卡爾·克賴比施：《蘇共中央委員會上的中國問題》，同上，第三五期（一九二七年八月三〇日），第一六八九—一六九四頁。

羅易指出，一九二六年三月二十日蔣介石走了幾着成功的棋以後，還不敢與地道的右派反革命分子等同起來，他還需要在中央政府的旗幟下掛帆前進。「資產階級重新掌權以後，認識到必須把權力向各省擴張，以便擺脫廣東羣眾運動的重壓。所以，在北伐的背後隱藏着反革命右派的願望，這就是把革命擠進資產階級方向和領導的狹窄航道。然而客觀情況大大超過了主觀因素，革命並沒有顧及到資產階級的願望。北伐解放了巨大的革命力量，完全擺脫了資產階級的控制。北伐非但沒有鞏固右派的勢力，反而把民族運動變成了巨大的、具有強烈革命性的羣眾起義，從而大大加強了左派的地位。由於蔣介石領導的封建資產階級右派沒有能力把國民黨變成代表本階級利益的組織，於是就分裂了國民黨。」[31]

「革命力量對分裂毫無準備。國民黨被垂直地而不是平行地分裂了。封建軍閥和資產階級作爲一個階級是反對革命的，但是它有代表在革命陣營內部。武漢集團的領袖人物大多數就其思想和階級屬性來說是封建資產階級的，這裏種下了重新妥協的根苗。在羣眾運動革命壓力下形成的激烈的階級分化，以及從武漢集團中趕走封建資產階級分子，加速了分裂的過程。」[32]接着羅易還指出缺乏軍事準備，他說，無論是廣東時期，還是北伐中無限制的自由時期，人們都沒有利用

---

[31] 羅易：《中國的革命與反革命》，《共產國際》，第三七期（一九二七年九月一三日），第一七九八—一七九九頁。

[32] 同上，第一七九九頁。

起來武裝工人和農民㉝。

造成這一切的原因，按羅易看法，是由於錯誤認識了同國民黨的統一戰線。羅易寫道：「共產黨領導對統一戰線的錯誤認識阻礙了工人和農民進行尖銳的階級鬥爭；另一方面，大地主和資本家卻在不間斷地有意識地組織力量進行階級鬥爭。這種對統一戰線的錯誤認識，在蔣介石發動三月二十日的政變後，阻止了反蔣鬥爭，使得他有可能鞏固自己的勢力；在蔣介石領導的封建資產階級右派分裂國民黨時，未能向羣眾指明這次行動的反革命意義，沒有使羣眾平行地按照階級分化的準則解散國民黨，而是垂直地爭取威信和人物……甚至在分裂以後，已經可以明顯看出資產階級的作用很有限而且不可靠時，共產黨領導、尤其是陳獨秀還死抱住對統一戰線的錯誤認識不放。」㉞

這裏需要對羅易對統一戰線的嚴厲批評作一點說明：在當時，一九二七年九月，羅易還不屬反對派之列，兩年以後他才被開除出共產國際。至於這裏提到的「陳獨秀」的名字，如果人們以批判的眼光注視着共產國際在中國的路線，想起其他一、兩個名字，那是可以用斯大林和布哈林的名字來替換的。

一九二七年十一月中旬，《國際新聞通訊》發行特輯，標題是：《蘇共中的反對派》，這一

㉝ 同上，第一八〇一頁。
㉞ 同上。

期收進了《中國問題與反對派》文件。這份官方文件總結了共產國際和反對派對於中國革命問題的立場。

十三 認識

關於一九二四——一九二七年中國共產黨和國民黨統一戰線的歷史，我想根據我對有關材料和文章的研究綜述如下：

（一）

當時，對於共產國際，中國統一戰線問題的核心是無產階級同資產階級的聯盟問題。卡爾·馬克思在反對共同敵人問題上，不贊成無產階級同民主資產階級聯合，因爲「這種聯合無疑會使無產階級受到損害，而只對小資產者有利。無產階級會完全喪失它辛辛苦苦爭得的獨立地位，而重又降爲正式資產階級民主派的附庸。因此，無產階級對於這種聯合應該採取極堅決的拒絕態度」。「在反對共同的敵人時，不需要任何特別的聯合。既然必須進行反對共同敵人的直接鬥爭，兩個黨派雙方的利益也就會暫時趨於一致，因而將來——也如迄今有過的情形一樣——自然會產生出這種只適合一定時機的需要的聯盟。」（馬克思/恩格斯：《中央委員會告共產主義者

同盟書》，一八五〇年三月）

列寧在一九二〇年根據變化了的蘇俄內部和外部的政治形勢對馬克思的這個思想作了修正。因爲，按照列寧的見解，東方的反帝民族運動應該同「世界共產主義」的利益、卽蘇維埃政權的利益聯繫在一起，並且在國際範圍內協調一致起來。因此，列寧認爲，同殖民地和落後國家的革命運動暫時合作是必要的，同資產階級結盟也是允許的，只要某些前提已經具備。

列寧在共產國際第二次代表大會（一九二〇年）最後一次會議上提出的並爲大會通過的關於英國共產黨員參加英國工黨的前提是「……只要這個黨允許附屬它的組織擁有現在的批評自由，擁有爲了無產階級專政和蘇維埃政權而進行宣傳、鼓動和組織活動的自由……」。列寧關於同東方革命運動暫時合作以及英國共產黨員參加工黨的觀點，應該是共產國際解決中國革命最重要的問題，特別是中國共產黨和國民黨之間關係問題的一般前提。

但是，列寧關於同資產階級結盟的基本思想，在同國民黨建立統一戰線時（一九二三——一九二四年）完全被忽視了。尤其嚴重的是，在一九二六年三月二十日「反革命」事件後直到一九二七年七月統一戰線的徹底破裂，中國共產黨員繼續留在統一戰線內更是同列寧的統一戰線的策略相矛盾的。

（三）

一九二一年在共產國際推動下建立的作爲中國革命戰鬥部隊的中國共產黨是一次人爲的早產。當時的客觀條件尚未成熟。中國共產黨人從共產主義運動產生時所面臨的任務就比英國共產黨人和西方共產黨人在當時所面臨的任務要困難得多。他們必須支持反帝的資產階級民族運動，同時必須提高工農羣眾的階級覺悟，並以階級鬥爭的思想教育他們。要在半殖民地中國的具體歷史和經濟情況下，把這兩項任務結合起來，正如維經斯基在一九二四年所說，是「一項極其困難的工作，它要求我們東方的同志具有非常豐富的經驗」。

這樣的經驗，年青的中國共產黨還不具備。解決這個困難任務它只有依仗作爲世界革命總參謀部的共產國際的經驗和直接指示。但是共產國際關於中國共產黨員參加國民黨的兩次指示（一九二三年一月十二日和五月二十四日），不僅不符合共產國際第二次和第四次代表大會決議的精神，而且從指示的本質來看也是同馬克思和列寧關於無產階級如何對待資產階級革命民主派的基本思想相矛盾的。

決定共產國際對共產黨和國民黨統一戰線採取「黨內合作」這一形式，有以下三個因素：

(1)民族範圍內階級鬥爭的利益應該同「世界共產主義的利益」，就是說同俄國蘇維埃政權的利益聯繫在一起，並且在國際範圍內協調起來；

(2)在中國，唯一認眞的民族革命政黨是國民黨；

(3)工人階級卽中國共產黨還沒有成爲完全獨立的社會力量。

共產國際認爲，可以利用中國的反帝民族運動爲自己的目的服務，即使這個運動在開始階段還不是由無產階級的力量領導。共產國際把代表資產階級的國民黨看成是一個包含許多階級的反帝的「革命聯盟」，在同國民黨建立統一戰線時期完全忽視了中國資產階級在資產階級民主革命中的眞正作用，它的社會結構，特別是它的民族性。

孫中山從聯俄政策引出了「容許共產黨員參加國民黨」的政策。但是，這個容共政策從本質看並不具備列寧提出的、共產國際第二次代表大會通過的關於英共參加英國工黨的前提。因爲容共政策是以中國共產黨員接受國民黨的思想和紀律爲前提的。孫中山的意圖是「防災避難」，他希望爲數不多的共產黨員隨着時間的流逝逐漸消化在國民黨內。爲了維護共產國際和孫中山的威望，對於這種「黨內合作」形式的任何反抗，不僅在共產黨內也在國民黨內都一次一次地被壓制下去了。

（三）

是的，中國共產黨在那時是無產階級的政黨；但是無產階級的領導權並不像眞正資本主義國家那樣，也不像革命前的俄國革命那樣是由無產階級直接實現的。無產階級的領導權是通過爭奪依靠小資產階級城鄉羣眾和激進知識分子的國民黨組織實現的。

共產黨在這種環境下所採取的策略行動，堅決反對國民黨資產階級思想對共產黨的影響，反對國民黨在反帝現實政策上的小資產階級的搖擺傾向，特別是掀起反帝運動的浪潮等等，是中國共產黨直到孫中山逝世時（一九二五年三月十二日）的主要任務。中國共產黨在執行這些任務時部分地得到了勝利。

孫中山逝世後，中國共產黨集中全部力量爭奪國民黨的組織和開展羣眾運動。一九二五年的「五卅運動」達到了高潮。

儘管共產國際極力推崇這個運動，但是通過工人罷工和羣眾運動來奪取中國民族革命政權的有限效力早在工人運動初期就已經很明顯了。L·格勒一九二五年九月在全面分析了上海罷工以後指出：「罷工的時間愈長，愈可以明顯看出，民族革命的主要目標不可能通過罷工——即使不斷地進行——只有通過全中國人民的武裝鬥爭，通過一場勝利的戰爭才能達到。」

格勒的話表明，在中國這樣一個半殖民地國家，要奪取政權，既不能通過工人罷工，也不能通過羣眾的政治罷工——罷工的最高形式；格勒的話還表明，人們不應該像共產國際對中國那樣機械地把西方發達國家工人罷工和政治罷工——這種全面的革命鬥爭形式，一九〇五年在俄國資產階級民主革命時才第一次運用——的經驗搬到中國這個半殖民地國家來。簡言之：中國革命的主要鬥爭形式是武裝奪取政權。但是，格勒在一九二五年發表的重要言論不過是一個認識，以後一直沒有作為「基本任務之一」而付諸實現。

（四）

羣眾運動的分歧愈來愈明顯，關於「黨內合作」之意義和目的的討論又提到日程上來。戴季陶——在限定的條件下亦指西山派——在他的洋洋大作《國民革命和中國國民黨》中竭力主張黨外合作，主張在保持民族獨立的前提下同蘇俄結盟。

陳獨秀在一九二五年中共十月會議上指出，戴季陶的文章說明，資產階級企圖鞏固自己的權力，以便控制無產階級；這也是向反革命過渡的標誌。因此，他要求共產黨員退出國民黨。共產國際相反，它要求建立與國民黨左派的緊密聯盟，並要求通過這個聯盟擴大和鞏固與民主派廣大階層的聯合。

爭奪國民黨領導權的鬥爭隨着國民黨第二次全國代表大會的召開（一九二六年一月）達到了高潮，共產黨人在會上起了主宰一切的作用。中國共產黨人奪取國民黨領導機關的勝利也是新衝突的信號，突出的表現是一九二六年三月二十日事件。這一事件以及由蔣介石提出的由國民黨中央二屆二中全會通過的《整理黨務案》（一九二六年五月）非常清楚地說明：「資產階級企圖鞏固自己的權力，以便控制無產階級。」共產國際不顧這些事實，也不顧在上海和莫斯科同時要求退出國民黨的高漲呼聲，仍然堅持共產黨人留在國民黨內，保持同蔣介石的統一戰線。

另一方面，共產國際又沒有指示中國共產黨，對當時同蔣介石已經明顯的不可避免的破裂作好準備。說得明白一點，作爲世界革命總參謀部的共產國際應該指示中國共產黨：⑴分裂是不可避免的，羣衆運動的發展愈迅速，共產黨在政治上和組織上愈強大，分裂會愈快；⑵必須對分裂有所準備，革命鬥爭的矛頭在一段時間內只能也必須對準國民黨。

爲了不惜一切代價保持統一戰線，共產黨人不得不對蔣介石作出策略上的讓步，其結果也不得不支持在蔣介石領導下的北伐。共產黨人如何對待蔣介石這個資產階級代表的問題，實質上也就是無產階級如何對待中國資產階級和中國革命的問題。事件的進程說明，共產國際繼續支持蔣介石是一個原則性的錯誤。

（五）

一九二六年七月以後國民革命軍在北伐中取得迅速的、意料不到的勝利，給中國共產黨創造了一個新的形勢，也帶來了新的困難任務。共產黨現在必須表明，它能不能按照自己的意圖來鞏固革命軍的勝利，能不能在新占領的地區創造出把工農羣衆聚集在「民族革命旗幟下」的局面。

但是形勢發展表明，中國共產黨人的羣衆工作並不能同占領的迅速並駕齊驅，並立即在那裏立足。成功的湖南農民運動是一個例外，這個運動是同唐生智持機會主義態度密切相關的，也是在這個背景下發生了上海工人的第一次起義（一九二六年十月）。這次起義失敗了，它的政治意義在於引起了共產黨的策略變化：從羣衆運動到羣衆起義。

根據第一次起義的經驗，以後接連發生了第二次（一九二七年二月）和第三次（一九二七年三月）上海工人起義。這三次短命的起義再一次說明，工人罷工和工人起義既不能推翻軍閥統治也不能奪取政權。在上海和莫斯科的共產黨人與孫中山和蔣介石不同，一直未能認識到中國革命是「槍桿子裏面出政權」這個道理。

北伐是雙方角逐的過程。北伐中雙方都集中一切力量擴大和鞏固自己的勢力，目的是把敵手排除出去。當共產黨人企圖通過羣眾運動和工人起義達到這個目的時，蔣介石卻堅守這個原則：「誰有了軍隊，就有了政權」。事件的過程表明，蔣介石由於北伐的「輝煌勝利」愈來愈贏得權勢、影響和威望。簡言之：「資產階級爲自己的目的完全成功地利用了北伐」。

（六）

國民革命軍的勝利愈大、愈快，在國民黨內和國民革命其他方面爭奪領導權的鬥爭也愈激烈，統一戰線的破裂也愈來愈接近。

一九二七年一月以後的政治鬥爭是圍繞着國民政府和中央黨部的遷都之爭展開的，首都是設在共產黨控制下的武漢，還是在蔣介石的大本營南京。在這場鬥爭的背後隱藏着鮑羅廷和蔣介石這兩個對手的爭權活動。蔣氏進行這場權力之爭着眼於同共產黨人不可避免的破裂，而鮑氏是想在保持統一戰線的情況下解除蔣介石的武裝。（一九二六年十二月十六日共產國際第七次全會關於中國形勢的決議認爲，要求中國共產黨員必須退出國民黨的觀點是錯誤的。）

武漢和南京的衝突到了一九二七年三月戲劇性地尖銳起來，倒蔣運動也隨着國民黨二屆三中全會（一九二七年三月）在武漢的召開達到了高潮。根據三中全會決議蔣氏失去了許多重要職位。換句話說，蔣通過三中全會被排除出了黨政的「集體」領導之外，但是沒有被解除武裝，因爲蔣介石在這次全會後心馳神往的是國民革命軍總司令這個位置。這是通向政權的關鍵，也正是在這裏以鮑羅廷爲首的共產黨人犯下了策略上的錯誤。

蔣介石對於反對他的武漢三中全會並沒有善罷甘休，共產黨的「勝利」使他得出結論，現在是徹底同共產黨人決裂的時候了。一九二七年開始後蔣氏竭力尋求同北方和帝國主義（日本和英國）取得和解，特別三中全會以後不久蔣同上海大資本家的接觸就是證明。同時，蔣介石決心盡一切力量發動旨在占領南京和上海的軍事行動。

對於中國這種危險的發展形勢，共產國際的三名代表早已在他們的《上海來信》上（一九二七年三月十七日）向莫斯科的共產國際執行委員會指出了，通信說，蔣介石迅猛向上海推進，其用意在於，占領上海就可以使他在同左派爭奪國民黨領導的鬥爭中得到絕對優勢。中國資產階級希望通過蔣介石保住在民族革命中的領導權。他們認爲，上海已成爲決定無產階級能否取得領導權的鬥爭焦點，蔣介石在這種環境中已成了反革命旗幟。

斯大林在莫斯科舉行的歷次全會上一直隱匿了這封由三個斯大林分子寫的《上海來信》。再者，莫斯科還激烈反駁統一戰線「國民黨分裂」的謠言，反駁的根據就是蔣介石表示服從武漢三中全會決議的一紙聲明。

統一戰線中的階級鬥爭在占領上海（一九二七年三月二十二日）以後顯著地尖銳起來。中國革命的全部問題現在全都顯露出來，事件接連爆發，三週後上海發生了「蔣介石及其同夥的反革命政變」。

使得莫斯科共產國際目瞪口呆的上海政變在這時發生，其實並不奇怪，如果發生了相反的情況倒是值得奇怪了；因爲一九二七年四月十二日上海事件並不是不可避免的，人們完全可以預見以至排除這場危機。

共產國際作爲世界革命總參謀部本應及時認識到形勢的變化和特點，以及革命發展到一定程度的特點，以便在忠於主要目標的情況下制定相應的策略。共產國際非但沒有這樣做，反而隱瞞和輕視從革命危急時刻產生的中國眞正的形勢；共產國際「首先應該力求儘量客觀、準確地判明這一形勢，以便把馬克思主義的策略建立在它應當依據的唯一穩固的基礎上，即建立在事實基礎上。」（列寧：《遠方來信》），這就是實際的政治形勢。

（七）

斯大林和布哈林由於同俄國反對派存在着激烈的意見分歧（我們還將談到），因此一直堅持對中國革命的一貫認識。他們不準備承認錯誤，更不想改正錯誤；相反，他們要使錯誤永久化。一九二七年五月共產國際第八次全會的決議就是一個例子。

共產國際認爲，上海的「反革命政變」只是中國革命「一定時間的部分失敗」，人們現在應該考慮羣眾運動發展的力量和可能：開展羣眾運動，使農村的農民運動和城市的工人運動向廣度和深度發展。前提是：使武漢政府成爲一個「農民和工人革命運動的政治和組織中心」，進而成爲一個「工農革命專政的機關」。照共產國際看來，這才是防止分裂和失敗的「根本保證」，才是中國革命勝利發展的保證。

共產國際執行委員會第八次全會決議是根據斯大林和布哈林在會上發表的觀點寫成的。從決議可以看出，共產國際繼續着同樣的策略，因而釀成了上海事件的重演，而這一次是動搖的國民黨左派領袖和武漢將領的不流血的政變。莫斯科的共產國際看不到國民黨左派和武漢政府的「弱點」。羅易在一九二七年九月指出：「武漢政府只有在繼續發展革命的條件下才能保證自己的獨立生存。若要繼續發展革命，必須發展農民革命。但武漢政府屈從於大地主的利益，與農民運動爲敵，因此擺在武漢政府面前的唯一道路就是蔣介石的道路。」這樣，立卽產生了共產黨和國民黨的關係問題。正是激烈的工人羣眾運動，尤其是湖南和湖北的農民運動加速了動搖的國民黨左派領袖和武漢將領的不流血事件的過程。

此外，共產國際對羣眾運動（尤其是在中國革命危急關頭作爲奪取政權手段的羣眾運動）的弱點，一直沒有認識。總而言之：共產國際第八次全會決議對上海事件後的形勢和力量對比關係的估計在這次全會後就已經證明是錯誤的，從這種估計產生的策略路線導致了「中國大革命」的失敗，以及同中國國民黨統一戰線的徹底破裂。

就是一九二七年七月十四日《共產國際執行委員會關於中國革命當前形勢的決議》也未能排除共產國際在中國建立一切反帝力量統一戰線的幻想。在武漢國民黨「左派」領袖已經決定同共產黨分裂並且採取了反共的進攻措施時，共產國際還一味地盡一切努力避免同武漢國民黨破裂。這次決議發表兩周以後，這「最後的努力」也不得不放棄，提出了「中國蘇維埃」的口號。

但這時「第一次革命浪潮平息了……」

（八）

以托洛茨基和季諾維也夫爲首的反對派對斯大林和布哈林中國策略的根本性的批評開始於上海事件，包括在俄國黨內分歧的範圍內。反對派的批評基於對中國革命的馬列主義分析，強調中國共產黨在國民黨中政治和組織的獨立地位。托洛茨基指出（一九二七年四月），那種認爲共產黨員退出國民黨就意味着合作破裂的觀點是荒謬的，這不是合作的結束，而是奴役的結束。

但是反對派在一九二七年四月上海事件以後不久提出的解決中國革命問題的辦法也是不很現實和無法實現的。（托洛茨基和季諾維也夫）根據列寧思想要求立即在中國建立蘇維埃，從當時中國的情況來看也是不現實的，不僅缺少實現這個主張的政治基礎，就是階級力量的對比關係、無產階級本身的組織程度、城市勞動羣眾的團結和農民對無產階級的依靠程度、以及羣眾政治覺悟的水平等等在當時也都沒有發展到足以使中國共產黨可以立即創立蘇維埃的程度。人們還不應忽視，在中國這樣一個半殖民地國家民族的反帝因素對於吸引羣眾參加鬥爭比起提出和創立中國蘇維埃更有意義。

反對派在上海事件後不再要求中國共產黨員退出國民黨了，它甚至贊成共產黨員留在國民黨內。季諾維也夫說，中國共產黨人可以而且必須留在國民黨內，「但是只能在列寧提出的關於英國共產黨員參加工黨的條件下。」反對派要求「中國共產黨員在國民黨內取得完全的政治和組織的獨立」，雖然是列寧主義的，但是很難實現，事實上必然會強迫共產黨員退出國民黨。

但是反對派在一點上是完全正確的，它認爲共產國際的無條件職責是向反對派和整個工人階級說明當時國民黨的眞實情況，向整個國際無產階級通報情況，而不要企圖隱瞞從階級鬥爭中產生的事實。

至於反對派提出的「公開討論」的要求正確與否，我們不妨讀一讀布哈林的一段話（一九二七年九月）：「中國事件第一次向我們提出了半殖民地國家革命的重大問題。在這以前，我們解決了與許多革命相聯繫的策略問題，例如德國的、奧地利的、匈牙利的以及我們的革命。但是我要說，我們只是粗線條地提出了東方革命的問題，不很具體，也就是說沒有解決怎樣革命的問題。」

正因爲共產國際不具有這方面的經驗，所以對中國革命問題進行「公開討論」是重要和必要的，這樣的討論應該以馬列主義的學說和事實爲基礎，同時考慮到中國情況的特點。但是，情況並不是這樣，俄國共黨和共產國際對待中國問題的方式使「中國大革命」失敗。

（九）

關於中國革命問題的討論，尤其是關於一九二七年革命失敗的原因的討論，在一九二八年和一九二九年（與共產國際第六次代表大會和東滿鐵路的衝突相聯繫）在俄國共黨和共產國際內，以及在中國共產黨內一直激烈進行着❶，一般說來，也就是本書第三章所敘述的內容。因此，在這裏對已經敘述的事件、立場、觀點等等就不再重複了。共產國際和蘇共領袖控制討論的情況說明，所謂黨性是由當時占統治地位的黨的路線決定的，因此人們不能從經驗中得到認識。

共產國際沒有從中國革命的重大失敗中吸取教訓，因而在三十年代共產國際在中國又重複了同樣的錯誤。

一九二七年九月二十七日斯大林在共產國際執行委員會主席團和共產國際監察委員會聯席會議上說：「共產黨人不會再參加國民黨了，卽使革命的國民黨再度出現在舞臺上。」❷但是，還

❶ 見共產國際一九二八—一九二九年期刊上的文件和文章。

❷ 斯大林：《俄國反對派的政治面貌》，見：《共產國際》，第四二期（一九二七年一〇月一九日），第二〇四一頁。

是這個斯大林在一九三六年又要求中國共產黨同國民黨組成反對日本帝國主義的反帝統一戰線；因爲，從共產國際的全球利益看，中國應該在東方拖住「日本法西斯軍國主義強盜」。由於國民黨在國內影響很大，所以中國共產黨遵照共產國際的意見不得不承認國民黨在反帝統一戰線中的領導作用，以便鞏固和擴大這個統一戰線。由此產生的策略路線就是：兩黨在統一戰線中互相尊重政治和組織獨立，長期合作❸。毛澤東從反對國民黨的長期鬥爭出發沒有輕易接受這條片面的統一戰線的策略路線，因爲斯大林的這一條統一戰線表明，共產國際並泱有從一九二七年中國革命的失敗中得到應有的認識。

（十）

在研究了一九二四——一九二七年中國共產黨和國民黨的統一戰線的歷史後，我們可以提煉出二十年代中國革命的兩個核心問題：同資產階級的聯盟和奪取政權的方法。

(1)同資產階級的聯盟

我們在前面說過，馬克思在反對共同敵人的問題上，不贊成同民主資產階級聯合。列寧認爲同殖民地和落後國家的革命運動暫時合作是必要的，同資產階級結盟也是允許的，只要某些前提

❸ 郭恒鈺：《毛澤東取得政權的道路與共產國際》——以「抗日民族統一戰線」的形成爲例，一九三一—一九三八年，帕德博恩，一九七五年，第一三—一二一頁。

已經具備。

在中國同資產階級的聯盟，就是說，中國共產黨和國民黨的統一戰線，按照共產國際的觀點在策略上之所以必要，因爲：第一，東方的反帝民族運動根據列寧的看法是同「世界共產主義的利益」、即俄國蘇維埃政權的利益聯繫在一起的，因此應該在國際範圍內協調起來。第二，在中國唯一認眞的民族革命政黨是國民黨。第三，工人階級即中國共產黨還沒有成爲完全獨立的社會力量。

如果嚴格地執行列寧關於英共參加英國工黨所提出的前提——正如俄國反對派所強調的那樣——那麼，無論是孫中山在世時中國共產黨和國民黨的統一戰線，還是孫中山逝世後中國共產黨人留在國民黨內都是不可能的。核心問題並不在於「黨內合作」的形式；這種合作形式對共產黨人產生了致命影響，因爲人們要求不顧一切地、甚至遭到慘重失敗也在所不惜地保持統一戰線，而不去考慮發生的情況。取勝的秘訣在於共產黨人同國民黨建立統一戰線時的策略，也就是說「同資產階級既聯合又鬥爭的策略」。毛澤東在一九三八——一九三九年制定的統一戰線策略，主要的依據就是對一九二七年中國革命失敗的認識。毛澤東寫道：

「中國共產黨的政治路線的重要一部分，就是同資產階級聯合又同它鬥爭的政治路線。中國共產黨的黨的建設的重要一部分，就是在同資產階級聯合又同它鬥爭的中間發展起來和鍛鍊出來的。這裏所謂聯合，就是同資產階級的統一戰線。所謂鬥爭，在同資產階級聯合時，就是在思想上、政治上、組織上的『和平』的『不流血』的鬥爭；而在被迫着同資產階級分裂時，就轉變爲武裝鬥爭。如果我們黨不知道在一定時期中同資產階級聯合，黨就不能前進，革命就不能發展；如果我們黨不知道在聯合資產階級時又同資產階級進行堅決的、嚴肅的『和平』鬥爭，黨在思想上、政治上、組織上就會瓦解，革命就會失敗；又如果我們黨在被迫着同資產階級分裂時不同資產階級進行堅決的、嚴肅的武裝鬥爭，同樣黨也就會瓦解，革命也就會失敗。所有這些，都是在過去十八年的歷史中證明了的。」❹

可以說，毛澤東緊密結合中國的實踐，修正和繼續發展了列寧的統一戰線的策略。

(2)奪取政權的方法

毛澤東能夠成功地運用這個有力的統一戰線策略，也只有在中國共產黨被迫同資產階級分裂以後進行眞正的武裝鬥爭的時候。這樣，隨之就產生了武裝問題，也就是同資產階級聯合和武裝鬥爭的相互關係問題。

北伐期間，共產黨，正如毛澤東在一九三九年指出的那樣，還沒有徹底了解武裝鬥爭的重要

---

❹ 毛澤東：《〈共產黨人〉發刊詞》（一九三九年一〇月四日），見：《毛澤東選集》，中文版第二卷，第五七一—五七二頁。

性，還沒有了解「武裝鬥爭是中國革命的主要鬥爭形式」❺。換句話說：「革命的中心任務和最高形式是武裝奪取政權，是戰爭解決問題。」❻這就是說，在中國這樣一個半殖民地國家工農羣眾運動不能作爲奪取政權的主要手段。

從武裝鬥爭奪取政權這個主導思想出發，毛澤東說，「我們來看一看國民黨的歷史，看一看它是如何地注意於戰爭，是有益處的。蔣介石代替孫中山，創造了國民黨的全盛的軍事時代。他看軍隊如生命。『有軍則有權』，『戰爭解決一切』，這個基點，他是抓得很緊的。」毛澤東繼續說：「對於這點，我們應向他學習。在這點上，孫中山和蔣介石都是我們的先生。」❼從這個經驗中，毛澤東得出了最重要的取得勝利的理論：「每個共產黨員都應懂得這個眞理『槍桿子裏面出政權』。」❽

毛澤東的結論是：「這一特點（武裝鬥爭），這一半殖民地的中國的特點，也是各個資本主義國家的共產黨領導的革命史中所沒有的，或是同那些國家不相同的。這樣：㈠無產階級同資產階級建立或被迫分裂革命的民族統一戰線，㈡主要的革命形式是武裝鬥爭，——就成了中國資產

❺ 同上，第五七二頁。
❻ 毛澤東：《戰爭和戰略問題》（一九三八年一一月六日），同上，第五〇六頁。
❼ 同上，第五一〇—五一一頁。
❽ 同上，第五一二頁。

階級民主革命過程中的兩個基本特點。這裏，我們沒有把黨同農民階級和黨同城市小資產階級的關係作爲基本特點。……由於這兩個基本特點……我們黨的建設過程，我們黨的布爾塞維克化的過程，就處在特殊的情況中。黨的失敗和勝利，黨的後退和前進，黨的縮小和擴大，黨的發展和鞏固，都不能不聯繫於黨同資產階級的關係和黨同武裝鬥爭的關係。……所以，統一戰線問題，武裝鬥爭問題，黨的建設問題，是我們黨在中國革命中的三個基本問題。正確地理解了這三個問題及其相互關係，就等於正確地領導了全部中國革命。」❾

歷史，是建立在行動和痛苦之上的經驗，是認識的對象❿。上述內容是毛澤東根據中國革命第一階段的經驗而得到的認識，這個認識也爲以後的歷史證實了。

---

❾《〈共產黨人〉發刊詞》，中文版第二卷，第五六七—五六九頁。

❿ 多爾夫・施特恩貝格爾：《歷史是經驗，歷史是認識》，《法蘭克福總滙報》，一九七七年七月二三日。

編後語

本書原名 *Die Komintern und die Chinesische Revolution* —— Die Einheitsfront zwischen der KP Chinas und der Kuomintang, 1924-1927. Paderborn Schöningh Verlag, 1979.

一九八五年大陸學人李逵六首作中譯的工作。本書在編譯過程中，頗多參考李書譯本之處，特別是一些關鍵性的字眼，儘量以原來之面貌呈現給讀者，讓國人能間接瞭解現今大陸史學界對民國初年政局的看法與認識，這也正是本局出版此書之目的。

*憲法論叢……鄭彥棻著
*憲法論集……林紀東著
*國家論……薩孟武譯
*中國歷代政治得失……錢　穆著
*周禮的政治思想……周世輔 周文湘著
*先秦政治思想史……梁啓超原著 賈馥茗標點
*儒家政論衍義……薩孟武譯
*清代科舉……劉兆璸著
*當代中國與民主……周陽山著
*釣魚政治學……鄭赤琰著
*政治與文化……吳俊才著
*排外與中國政治……廖光生著
*中國現代軍事史……劉　馥著 梅寅生譯
*世界局勢與中國文化……錢　穆著
*中華文化十二講……錢　穆著
*民族與文化……錢　穆著
*楚文化研究……文崇一著
*中國古文化……文崇一著
*社會、文化和知識分子……葉啓政著
*儒學傳統與文化創新……黃俊傑著
*歷史轉捩點上的反思……韋政通著
*中國人的價值觀……文崇一著
*紅樓夢與中國舊家庭……薩孟武著
*社會學與中國研究……蔡文輝著
*比較社會學……蔡文輝著
*我國社會的變遷與發展……朱岑樓主編
*開放的多元社會……楊國樞著
*三十年來我國人文社會科學之回顧與展望……賴澤涵編

*龍樹與中觀哲學……………………………………………楊惠南著
*公案禪語………………………………………………………吳　怡著
*禪話……………………………………………………………周中一著
*禪學講話……………………………………………………芝峯法師譯
*禪骨詩心集……………………………………………………巴壺天著
*中國禪宗史……………………………………………………關世謙著
*魏晉南北朝時期的道教……………………………………湯一介著
*從傳統到現代
　—佛教倫理與現代社會………………………………傅偉勳主編
*維摩詰經今譯…………………………………………………陳慧劍著

*文學與音律……………………………………謝雲飛著
*中國文字學……………………………………潘重規著
*中國聲韻學……………………………………潘重規 陳紹棠著
*訓詁通論………………………………………吳孟復著
*翻譯新語………………………………………黃文範著
*詩經研讀指導…………………………………裴普賢著
*莊子及其文學…………………………………黃錦鋐著
*離騷九歌九章淺釋……………………………繆天華著
*陶淵明評論……………………………………李辰冬著
*鍾嶸詩歌美學…………………………………羅立乾著
*杜甫作品繫年…………………………………李辰冬著
*杜詩品評………………………………………楊慧傑著
*詩中的李白……………………………………楊慧傑著
*寒山子研究……………………………………陳慧劍著
*司空圖新論……………………………………王潤華著
*歐陽修詩本義研究……………………………裴普賢著
*唐宋詩詞選
——詩選之部…………………………………巴壺天編
*唐宋詩詞選
——詞選之部…………………………………巴壺天編
*清真詞研究……………………………………王支洪著
*苕華詞與人間詞話述評………………………王宗樂著
*元曲六大家……………………………………應裕康 王忠林著
*四說論叢………………………………………羅　盤著
*紅樓夢的文學價值……………………………羅德湛著
*紅樓夢與中華文化……………………………周汝昌著
*中國文學論叢…………………………………錢　穆著
*牛李黨爭與唐代文學…………………………傅錫壬著

*迦陵談詩二集……………………………………………………葉嘉瑩著
*品詩吟詩……………………………………………………邱燮友著
*談詩錄……………………………………………………方祖燊著
*情趣詩話……………………………………………………楊光治著
*歌鼓湘靈—楚詩詞藝術欣賞……………………………………………………李元洛著
*中國文學鑑賞舉隅……………………………………………………黃慶萱 許家鸞著
*中國文學縱橫論……………………………………………………黃維樑著
*浮士德研究……………………………………………………李辰冬譯
*蘇忍尼辛選集……………………………………………………劉安雲譯
*西洋兒童文學史……………………………………………………葉詠琍著
*文學原理……………………………………………………趙滋蕃著
*文學新論……………………………………………………李辰冬著
*分析文學……………………………………………………陳啓佑著
*文學欣賞的靈魂……………………………………………………劉述先著
*小說創作論……………………………………………………羅　盤著
*借鏡與類比……………………………………………………何冠驥著
*情愛與文學……………………………………………………周伯乃著
*鏡花水月……………………………………………………陳國球著
*文學因緣……………………………………………………鄭樹森著
*解構批評論集……………………………………………………廖炳惠著
*中西文學關係研究……………………………………………………王潤華著
*比較文學的墾拓在臺灣……………………………………………………古添洪 陳慧樺主編
*從比較神話到文學……………………………………………………古添洪 陳慧樺主編
*神話即文學……………………………………………………陳炳良等譯
*現代文學評論……………………………………………………亞　菁著
*現代散文新風貌……………………………………………………楊昌年著
*現代散文欣賞……………………………………………………鄭明娳著
*細讀現代小說……………………………………………………張素貞著

* 音樂人生……黃友棣著
* 音樂與我……趙　琴著
* 爐邊閒話……李抱忱著
* 琴臺碎語……黃友棣著
* 音樂隨筆……趙　琴著
* 樂林蓽露……黃友棣著
* 樂谷鳴泉……黃友棣著
* 樂韻飄香……黃友棣著
* 樂圃長春……黃友棣著
* 樂苑春回……黃友棣著
* 音樂伴我遊……趙　琴著
* 談音論樂……林聲翕著
* 戲劇編寫法……方　寸著
* 戲劇藝術之發展及其原理……趙如琳譯著
* 與當代藝術家的對話……葉維廉著
* 藝術的興味……吳道文著
* 根源之美……莊　申著
* 水彩技巧與創作……劉其偉著
* 繪畫隨筆……陳景容著
* 素描的技法……陳景容著
* 立體造型基本設計……張長傑著
* 工藝材料……李鈞棫著
* 裝飾工藝……張長傑著
* 人體工學與安全……劉其偉著
* 現代工藝概論……張長傑著
* 籐竹工……張長傑著
* 石膏工藝……李鈞棫著
* 色彩基礎……何耀宗著

*都市計畫概論……………………………………………王紀鯤著
*建築設計方法……………………………………………陳政雄著
*建築基本畫……………………………………………陳榮美 楊麗黛著
*建築鋼屋架結構設計…………………………………王萬雄著
*中國的建築藝術………………………………………張紹載著
*室內環境設計……………………………………………李琬琬著
*雕塑技法……………………………………………………何恆雄著
*生命的倒影………………………………………………侯淑姿著
*文物之美
——與專業攝影技術………………………………林傑人著